教育部哲学社会科学系列发展报告
MOE Serial Reports on Developments in Humanities and Social Sciences

中国经济增长报告2017

新常态下的增长动力及其转换

China Economic Growth Report 2017
Changes of Growth Impetus under the New Normal

主　编　刘　伟
副主编　苏　剑　蔡志洲

北京大学出版社
PEKING UNIVERSITY PRESS

图书在版编目(CIP)数据

中国经济增长报告.2017:新常态下的增长动力及其转换/刘伟主编.—北京:北京大学出版社,2017.12
(教育部哲学社会科学系列发展报告)
ISBN 978-7-301-29062-0

Ⅰ.①中… Ⅱ.①刘… Ⅲ.①中国经济—经济增长—研究报告—2017 Ⅳ.①F124.1

中国版本图书馆 CIP 数据核字(2017)第 310870 号

书　　　名	中国经济增长报告2017——新常态下的增长动力及其转换
	ZHONGGUO JINGJI ZENGZHANG BAOGAO 2017
著作责任者	刘　伟　主编　苏　剑　蔡志洲　副主编
责任编辑	孙　昕　郝小楠
标准书号	ISBN 978-7-301-29062-0
出版发行	北京大学出版社
地　　　址	北京市海淀区成府路 205 号　100871
网　　　址	http://www.pup.cn
电子信箱	em@pup.cn　　QQ:552063295
新浪微博	@北京大学出版社　@北京大学出版社经管图书
电　　　话	邮购部 62752015　发行部 62750672　编辑部 62752926
印　刷　者	北京大学印刷厂
经　销　者	新华书店
	730 毫米×980 毫米　16 开本　22.25 印张　412 千字
	2017 年 12 月第 1 版　2017 年 12 月第 1 次印刷
定　　　价	68.00 元

未经许可,不得以任何方式复制或抄袭本书之部分或全部内容。
版权所有,侵权必究
举报电话:010-62752024　电子信箱:fd@pup.pku.edu.cn
图书如有印装质量问题,请与出版部联系,电话:010-62756370

目　　录

绪　论 ·· 1

第一章　全球经济：从"大稳健"到"新平庸" ································· 8
　第一节　当前全球经济形势有所缓和，但依然未能摆脱低迷态势 ········ 8
　第二节　不确定的世界：全球货币政策分化和升级 ························· 14
　第三节　未来十年：全球经济增长的新航线 ·································· 19
　第四节　"新平庸"时代中国面临的机遇与挑战 ····························· 23

第二章　中国经济增长潜力与动力转换 ·· 25
　第一节　中国经济潜在增长率估算与评价 ···································· 25
　第二节　中国经济增长动力转换 ·· 39

第三章　中国经济：新常态、新挑战和新应对 ······························· 51
　第一节　中国经济"起飞"的历史逻辑 ··· 51
　第二节　当前中国经济的外部环境和内部条件正在发生深刻变化 ······ 53
　第三节　新常态下中国经济新表现与新风险 ································· 56
　第四节　未来中国经济大趋势 ··· 59
　第五节　下一阶段宏观经济政策取向 ·· 62

第四章　新常态下的宏观调控与供给侧结构性改革 ························ 66
　第一节　新常态下的经济失衡的特点 ·· 66
　第二节　新常态下经济失衡的动因 ··· 71
　第三节　新常态下宏观调控方式的转变 ······································· 75
　第四节　新常态下的供给侧结构性改革 ······································· 76
　第五节　稳中求进：新常态下宏观调控的总基调 ··························· 79

第五章 宏观经济周期波动与预判——宏观经济联立模型 ... 86
第一节 宏观经济计量模型体系 ... 86
第二节 模型的理论基础和结构 ... 87
第三节 短期宏观经济形势自然走势展望 ... 92
第四节 总供给层面形势预判分析 ... 93
第五节 总需求层面形势预判分析 ... 94
第六节 宏观经济政策模拟分析 ... 96
第七节 结论与政策建议 ... 99

第六章 基于中国特色和总供求模型的宏观调控体系 ... 103
第一节 现有的宏观调控体系的局限性 ... 103
第二节 一个新的宏观调控体系：总体框架 ... 109
第三节 价格管理及相关工具 ... 111
第四节 需求管理及相关工具 ... 115
第五节 供给管理政策及相关工具 ... 119
第六节 各种政策的组合方式 ... 122
第七节 总结 ... 123

第七章 产业结构调整 ... 125
第一节 中国产业结构高度化进程下的产业驱动机制 ... 125
第二节 生产性服务业及其与制造业融合发展的中美对比 ... 141

第八章 区域发展、对外开放与经济增长 ... 152
第一节 雄安新区——京津冀一体化战略点睛之笔 ... 152
第二节 雄安新区与中国新城新区发展模式转型 ... 155
第三节 一带一路：全球价值双循环研究 ... 159

第九章 金融发展与金融风险 ... 183
第一节 信任、金融与经济增长：理论进展与中国经验 ... 183
第二节 潜在"流动性陷阱"风险 ... 192
第三节 金融资金"脱实向虚"风险 ... 204
第四节 不要把金融危机妖魔化 ... 214

第十章 体制改革与经济增长 ·· 217
第一节 深化改革开放促进经济增长 ······································ 217
第二节 看不见的"另一只手" ·· 228
第三节 确实发挥市场决定性作用,优化人口与土地空间配置 ·········· 237

第十一章 供给侧改革与收入分配 ·· 250
第一节 21世纪以来不同所有制类型企业及就业的发展和变化 ········ 255
第二节 不同所有制类型的投资 ·· 272
第三节 国民收入的分配与再分配的变化 ································· 280
第四节 近年来中国居民收入分配的变化 ································· 296
第五节 主要结论 ··· 310

第十二章 供给侧改革与能源格局 ·· 313
第一节 世界能源格局走势分析 ·· 313
第二节 电力体制改革能否降低电价 ······································ 323
第三节 产业政策与深化电力行业供给侧结构性改革 ··················· 331

参考文献 ·· 337

绪　　论

从长周期角度看,以 2008 年次贷危机爆发为起点,全球经济结束了危机之前长达 20 余年的以高增长与低通胀、低失业率以及低波动为特征的繁荣时期,伴随着全球化与信息化动能的消耗殆尽,经济开始进入下行通道。后金融危机时代的世界经济在经历了大衰退之后,并没有很快走上复苏之路,整体上持续低迷,踏上了较低的经济增长率以及较高的失业率并存的艰难之路。按照国际货币基金组织总裁克里斯蒂娜·拉加德(Christine Lagarde)和美国前财政部长劳伦斯·萨默斯(Lawrence Summers)的看法,2008 年金融危机之后的全球经济,尤其是主要发达经济体进入了"新平庸"或者"长期停滞"时期。

技术进步缓慢、低生育率与收入分配恶化引致了世界经济呈现出长期波动与低速增长、失业率高企并存的"新常态"特征。首先,技术进步缓慢,全要素生产率下降。技术进步是决定经济增长的核心变量,相关研究显示,作为拥有目前科技尖端科学技术的美国,其全要素增长率增速显著下滑。与此同时,欧洲、日本等主要发达国家的创新能力也十分有限,逐渐下滑的美国技术外溢也会使得欧日国家技术创新低迷长期化,这些不利因素均会导致生产率增长出现不同程度的减速。其次,人口生育率下降,劳动参与率下滑,劳动力供给减少。从 21 世纪开始,美国经历了劳动参与率下降、劳动力供给数量减少的困境,尽管这在一定程度上有利于美国在短期内实现低失业率,但却削弱了劳动力人力资本积累,降低了长期经济增长潜力;欧洲、日本也经历了不同程度的人口老龄化。欧、日两大经济体自 20 世纪 90 年代以来,劳动人口比下降,老龄化程度加剧,在很大程度上制约了技术进步,导致经济增长潜力显著下降。最后,收入差距加大进一步抑制了发达经济体的增长潜力。金融危机之后,美国、英国、加拿大等国家收入不平等现象不断恶化,贫富差距扩大将进一步导致健康和机会的不平等,这种分配模式的延续将影响人力资本积累、就业,导致经济长期停滞。

中国经济发展进入新常态,是中国经济发展阶段性特征的必然反映。诚然世界经济增长乏力对中国经济产生了较为明显的负面影响,然而,在内部一系列客观因素的共同作用下,中国经济也由高速增长转入中高速增长。按照世界银行的分类标准,中国自 1998 年由低收入转为中低收入经济体,2010 年又进一步跃升到中高收入组别,开始向现代发达国家过渡。根据经济增长理论,任何一个阶段,经济增长达一定程度,要素持续投入都会导致边际效应递减,进入中等收入阶段的国家都会面临经济减速的挑战。改革开放30多年来,主要依靠劳动力、资本、自然资源等要素投入规模扩张支撑了中国经济高速增长。进入"十二五"(2011—2015)以来,中国经济进入转型经济发展阶段,推动经济高速增长的传统动力衰减,新旧动力正处在转变之中,经济进入"新常态"。引发的主要原因至少可以从以下五个方面来概括:全球化红利衰退、人口红利消失、产业结构调整、创新能力不足、资源环境约束。第一,正如前文所述,2008年金融危机之后,全球经济进入了全面调整的新时期,外部需求大幅减弱,向国内输入"通缩"因素,这对对外资与外贸依存度较高的中国经济将产生负面影响。第二,中国人口结构拐点出现,人口老龄化程度加剧。2011年中国适龄劳动人口比重为74.4%,10年以来首次下降,同时"刘易斯拐点"的出现,推动了劳动力成本不断上升,传统意义上的廉价劳动力供给已经消失。人口老龄化社会所衍生的储蓄率、资本投入增长率下降,技术进步缓慢与劳动力供给数量减少三个因素相叠加,将会直接降低未来中国经济潜在增长率。第三,资源从第二产业向第三产业转移,劳动生产率下降。作为世界普遍规律,服务业的劳动生产率将显著低于制造业,再加上中国的服务业多为低端服务业,其生产率与制造业生产率的差距尤为明显。因此随着资源从效率低的第一产业转移到效率高的第二产业的发展模式转变为从制造业转到低端服务业,中国经济整体的劳动生产率必将下降,对经济增长速度产生不利影响。第四,技术进步的干中学效应消失,自主创新没有成功地提高全要素生产率对经济增长的贡献。内生经济增长理论认为全要素生产率(TFP)是决定经济增长的核心,要素在其投入达到一定程度的时候会出现边际收益递减。在中等收入阶段,"干中学"带来的技术进步会逐渐衰退,需要刺激经济主体内在创新能力提升技术进步来实现TFP贡献率上升。目前中国与发达国家之间的创新能力仍然存在差距,实现从过去的依靠技术外溢的"赶超"转型为自主创新驱动的技术进步将是较为艰难的任务。第五,目前中国面临着资源相对不足,生态环境承载能力减弱的缺陷,资源环境压力加大已经难以支撑粗放型经济增长,资源环境约束已经成为阻滞中国经济增长的硬约束。

随着世界经济的深度调整以及中国经济步入新常态,"十三五"(2016—2020)期间,经济增长新旧动力转换态势将进一步深化,探寻经济增长动力转换规律,挖掘促进经济增长的潜力因素,培植驱动经济增长的新动力,将是新常态背景下避免经济增长失速、避免陷入"中等收入陷阱"的关键问题之一。中国经济增长动力转换主要表现在:在需求层面,需求动力由依赖投资、出口逐步向消费带动转变;在供给层面,供给动力由"要素驱动"向"创新驱动"转变;在结构层面,产业动力由传统制造业向高端服务业带动转变;在区域层面,区域动力由东部带动向区域协同发展转变；在政策层面，深化供给侧结构性改革，实现从"一维"需求管理向"三维"价格管理、需求管理和供给管理相统一的宏观调控体系转变。

既然新旧经济增长动力转换是"十三五"期间新的历史要求，那么如何理解新常态下的经济增长动力及其转换？经济增长的新动力在哪里？如何挖掘和培育新动力以实现新旧动力转换？本书将对以上问题提供答案。

第一，认识金融危机之后世界经济发展新特征，分析中国经济发展的阶段性演进的全球背景。经济金融全球化不可逆转，各国加强双边和多边之间的深度合作为中国经济开启了新的窗口。一方面，新技术的出现将促进国际产业分工纵深发展。另一方面，信息技术和电子商务的加快发展，将进一步改变全球经贸方式，使国际贸易和投资活动更加便利，推动全球化深度发展。然而，全球经济长期低迷，已经而且将继续对新常态下的中国经济发展带来挑战。首先，全球经济低迷将持续向国内输入"通缩"；其次，中国已成为一些国家实施贸易保护主义的首要对象，尤其是钢铁、铝业和光伏等领域成为贸易摩擦重灾区，严重影响相关行业出口。最后，全球再工业化对中国产业结构转型升级带来较大影响，特别是美国再工业化进一步拉大中美技术差距，降低中国制造业传统竞争优势。

第二，识别中国经济潜在增长能力以及全要素生产率贡献因素的转变，评价中国的可持续发展能力以及"中等收入陷阱"风险。首先，基于包含三种生产要素以及就业效率生产函数对中国经济潜在增长率的分析结果显示，潜在经济增速的下滑可以显著解释中国经济进入"新常态"以后的实际经济增长率下行，预计2015—2020年间，中国经济潜在增长率将大概率维持在5.9%—6.7%。随后，以开放经济模式下的内生经济增长理论为基础，通过考察在不同经济发展阶段知识技术创新引致技术进步的直接效应和技术外溢、技术吸收能力引致技术进步的间接效应，其研究结果显示，研发技术投入和人力资本积累直接推动了全要素生产率的提升，国内区域间技术外溢对技术进步也产生了正向促进效应；当经济处在中低收入阶段时，TFP增长动力主要来自对国外先进技术学习、模仿的知识外溢效应以及经济结构转型的结构性加速效应，在中高收入阶段，人力资本和国内科学研发资本引致的技术创新是促进全要素生产率提高的主要动力。

第三，剖析增长动力转换过程中的中国经济新常态特征，为经济面临的新挑战提供应对策略。新常态下中国经济呈现换挡减速的主要特征源于维持过去中国经济高速增长的传统比较优势的衰减。具体表现为：一是劳动力正在变得越来越"老"，人口数量型红利减弱；二是生产要素正在变得越来越"贵"，传统比较优势在衰减；三是自然环境越来越不"干净"，环保压力与日俱增；四是供给无法满足中高端需求。为了保持经济持续增长，避免"大起大落"，成功跨越"中等收入陷阱"，需要做出如下应对：一是促进制造业由全球价值链低端向中高端延伸；二是扩大中等收入群体,促进消费驱动型增长;三是创造有利于中国发展的内外部环境;四是加强金融回归本源,服务于实体经济。

第四,在中国经济发展达到新的水平、经济增长动力转换的要求下,解析新常态下经济失衡新特征与供给侧改革的内在逻辑关系。经济新常态下的新失衡要求宏观经济政策做出调整。进入新常态后中国经济总量失衡的根本原因在于结构性矛盾,供给侧的调控强调结构性调控,对于中国新常态下的经济失衡更具针对性。在经济下行和通货膨胀压力双重风险并存的条件下,总需求侧的宏观政策调整在方向上和作用有效性上均面临极大的局限,要求宏观调控方式发生根本变化,特别是需要在实施需求侧政策管理的同时引入供给侧政策管理,供给侧管理的结构性特征等又要求全面深入推动一系列制度改革。虽然需求侧的政策调控不可或缺,但从根本动因上缓解矛盾必须依靠供给侧结构性改革。

第五,分析短期宏观经济波动状况,探讨新常态下经济失衡特征。随着中国经济体制改革的不断深入,在经济转型促使经济高速增长的同时,也促使宏观经济供求结构发生显著的变化,产出不仅仅由供给侧或者需求侧单独决定,而是由需求和供给两侧共同作用决定。基于国民收入(SNA)核算体系研制供给端和需求端双导向的中国季度宏观经济计量模型,研究发现,中国经济短期呈现需求和供给"双收缩",形成经济下行压力增加的格局,其中供给收缩的幅度可能大于需求,经济"滞涨"风险上升。鉴于经济增速的下滑压力主要源自供给端,宏观调控政策组合中应当综合运用需求管理和供给管理,实施以供给侧扩张为主的需求、供给双扩张的政策组合,供给侧的扩张力度应大于需求侧。

第六,创新宏观调控体系,尝试从根本上消除经济失衡。传统需求管理政策伤害了经济健康,不利于经济的长期持续发展,需要在总供求模型的基础上考虑中国特色,提出一个新的宏观调控政策体系。首先,以总供求模型为基础,超越传统的宏观调控对60年前提出的IS-LM模型的依赖。其次,考虑改革开放的实践。最后,把创新引入宏观调控的大框架,提出创新支持政策:需求型创新和供给型创新,提出在产能过剩的情况下,需求型创新是稳增长的关键和必要条件。这一宏观调控体系有助于消除现有的宏观调控体系的多个方面的局限性:一是提出了旨在促进价格灵活性的价格管理,避免传统的宏观调控治标不治本的问题;二是引入创新支持政策保证需求的质量,避免经济的"肥胖症";三是通过引入价格管理和供给管理,避免需求管理效果的巨大外溢性;四是通过强调消除价格刚性、恢复市场功能,减少对政府宏观调控的依赖。

第七,分析中国产业结构升级过程中的产业演进机制,探讨产业结构调整路径,进一步提高经济增长效率。从产业结构高度化角度看,中国第二产业经济增长的驱动力主要来自第二产业内部的资本要素流动,并且第二产业部门间的要素流动处于相对封闭阶段,尚未对第三产业形成充分带动性。应当以创新经济来加速中国工业化进程,并通过优化主导产业结构、升级主导产业的产业链两种方式推进经济增长。从产业结构调整角度看,服务业已经在中国产业结构中占据主导地位,作为联结工业生产与服务业发展的重要纽带,发展生产性服务业成为解决上述问题的关键之一,加强生产性服务业与制造业的融合发展,在促进生产性服务业发展的同时,注重制造业自身发展水平的提升。

第八,明确区域间生产力布局和经济发展均衡,为经济发展注入新活力。从京津冀区域发展战略看,无论基于创新转型、生态保护,还是均衡发展、经济发展阶段,京津冀打破各地的行政区划障碍,推进一体化发展进程是必然的发展趋势。在合理地提高区域间资源配置自由度的同时加强区域间知识、技术的传播,可以在促进区域经济共同增长的同时避免突出的极化问题。雄安新区是吸引京津冀以致全球创新要素资源的集聚区,借力首都功能疏解,通过引智和引资双轮驱动成为京津冀地区的重要高新科技产业中心。从"一带一路"发展战略看,在世界经济低迷背景下,以往由发达国家主导的国际经济合作已经不能推动世界经济的进一步发展。中国处于全球价值链中间的位置,联通发达经济体与发展中经济体的经济合作,形成了双循环的全球价值分工体系。"一带一路"通过增加发展中国家与世界经济的联系,将更多国家纳入全球价值链片段化生产中,参与全球价值链上的国际分工,为世界经济发展带来更加公平的发展机遇。

第九,识别、防控金融风险,为经济增长动力转换提供稳定的金融环境。首先,良好的信任水平可以降低交易成本从而促进金融的深度发展。应当加强包括政府、企业以及个人信用的信用体系建设,规范信用制度建设,防范过度信任而导致的盲目投资,扰乱金融市场秩序。其次,尽管中国不具备传统"流动性陷阱"的表象特征,但"流动性陷阱"风险逐步上升。真实资金成本较低,资金没能流向实体经济,利率对货币流通速度的边际弹性逐渐扩张,流动性偏好倾向增加。最后,金融脱离本源,"脱实向虚"风险增加,对宏观经济造成较大的负面影响。一方面,大量的以投机为目的的资金在虚拟经济中沉淀会造成资金损耗,损害经济体系的金融效率;另一方面,银行体系的流动性外流将导致货币信用创造能力减弱,造成货币政策从工具目标向中介目标的传导过程受阻,不利于实体经济复苏。然而,在一个正常的市场经济中,金融危机是经济周期的一个环节。如果经济失衡很厉害、覆盖面很广、涉及的人群利益结构复杂,那么金融危机可能成为解决经济失衡问题的唯一手段。

第十,理解经济体制改革与经济增长动力转换之间的关系,深化改革将提高经济主体效率。新常态下中国经济增长蕴含着多重风险。短期内,资产泡沫问题依然显著、局部风险不断扩大、债务的结构性风险日益突出;长期内,一些深层次

教育部哲学社会科学系列发展报告
MOE Serial Reports on Developments in Humanities and Social Sciences

的结构性问题并没有解决,民间投资增长下滑压力仍然存在,结构转型压力依然较大,创新能力亟待提升。这就要求进一步对内改革、对外开放,破除改革进程中的种种壁垒和障碍,避免制度创新滞后而陷入"中等收入陷阱"。

第十一,认识收入分配差距对经济增长动力转换的影响,收入分配和再分配的改革将为经济增长带来新的拉动力。从所有制结构来看,伴随中国社会主义市场经济建设和改革,分配领域中的国民收入初次分配格局发生了深刻变化。公有制为主体的基本制度,能够从本质上决定"劳动报酬"的"按劳分配"性质,决定要素收入的"共享"可能,从而在根本上克服资本主义私有制下的资本利润集中并无限积累,消除绝对或者相对贫困,在制度上抑制经济危机和周期性失衡。从国民可支配收入结构来看,非金融企业部门和政府部门的比重下降,金融机构部门和住户部门的比重上升。企业生产活动对金融机构的依赖增加了金融机构收入的同时也增大了企业生产成本中的融资费用。从居民内部的收入分配结构来看,城乡差距是中国城乡居民收入差距扩大的重要原因。过高的收入分配差异会从供给侧结构上严重影响国民经济投资及资本形成结构,并影响需求结构。而中国城乡居民及城镇居民内部收入差距扩大的主要影响因素是行业因素,一是农业和非农业就业人员之间平均劳动报酬存在很大差异;二是在非农业内部,传统行业与新兴行业之间存在较大差异;三是国有经济部门与非公经济部门及相应的垄断性行业和一般竞争行业存在较大差异。此外,产业结构高度与地区的劳动者报酬水平存在明显联系。

第十二,分析能源格局变化,推进能源行业改革,提升经济增长效率。从世界能源格局走势来看,北美"页岩气革命"、新兴市场国家经济快速发展、全球气候变化和新能源突破发展等因素促使世界能源格局产生五个方面的变化:快速发展的新兴市场国家将带动能源需求持续增长;可再生能源的比重迅速上升;能源供应更趋多极化、多元化;能源贸易重心从大西洋盆地向亚太地区转移;全球能源供需趋于平衡,能源价格将缓步上升。从电力行业改革效果来看,由于电价受多种因素影响,改革带来的成本下降不能充分传导到价格下降上,而可能会增加企业利润。电力市场化改革应注重引入市场机制,让可再生能源电力尽可能参与市场竞争,使得可再生能源发电项目考虑其经济性及市场消纳能力,有效避免强制性收购造成的扭曲和无序开发。

本报告是系列年度报告《中国经济增长报告》的第 14 部。以往的报告分别为:

1.《中国经济增长报告 2004——进入新一轮经济增长周期的中国经济》;
2.《中国经济增长报告 2005——宏观调控下的经济增长》;
3.《中国经济增长报告 2006——对外开放中的经济增长》;

4.《中国经济增长报告 2007——和谐社会与可持续发展》;
5.《中国经济增长报告 2008——经济结构和可持续发展》;
6.《中国经济增长报告 2009——全球衰退下的中国经济可持续增长》;
7.《中国经济增长报告 2010——从需求管理到供给管理》;
8.《中国经济增长报告 2011——克服中等收入陷阱的关键在于经济发展方式转变》;
9.《中国经济增长报告 2012——宏观调控与体制创新》;
10.《中国经济增长报告 2013——实现新的历史性跨越》;
11.《中国经济增长报告 2014——深化经济改革与适度经济增长》;
12.《中国经济增长报告 2015——新常态下的宏观调控与结构升级》;
13.《中国经济增长报告 2016——中国经济面临新的机遇和挑战》。

本期报告的主编为刘伟(中国人民大学校长、教授、博士生导师),副主编为苏剑(北京大学教授、博士生导师)和蔡志洲(北京大学中国国民经济核算与经济增长研究中心研究员、副主任),课题组成员包括刘伟(中国人民大学校长、教授、博士生导师,第四章、第十章第一节、第十一章),苏剑(北京大学教授、博士生导师,第六章、第九章第四节、第十二章第三节)蔡志洲(北京大学中国国民经济核算与经济增长研究中心研究员、副主任,第十一章)、林卫斌(北京师范大学教授、能源与战略资源研究中心副主任,第十二章)、张辉(北京大学经济学院教授、副院长,第七章第一节、第八章第一节、第八章第三节)、蔡继明(清华大学教授,第十章第三节)、王生智(北京邮电大学教授,第十章第二节)、冯科(北京大学经济学院副教授,第九章第一节)、冯奎(中国城市和小城镇改革发展中心,第八章第二节)、周景彤(中国银行国际金融研究所宏观经济研究主管,第一章、第三章、第七章第二节)、李波(北京工商大学经济学院讲师,第二章、第五章、第九章第二节、第九章第三节)、李佩珈(中国银行国际金融研究所研究员,第一章)、梁婧(中国银行国际金融研究所研究员,第七章第二节)、唐毓璇(北京大学经济学院博士后,第八章第三节)、易天(北京大学经济学院博士研究生,第八章第三节)。本报告部分章节的全部或主要内容曾在其他学术刊物上发表过,为简洁起见,本报告中没有一一注明。本报告受"教育部哲学社会科学发展报告资助项目"(10JBG002)资助,部分专题受到国家社会科学基金重点项目"我国中长期经济增长与结构变动趋势研究"(09AZD013)资助。

第一章　全球经济:从"大稳健"到"新平庸"

2008年国际金融危机爆发,全球经济由危机前二十年(20世纪80年代中期到2007年)的"大稳健"时期走向自20世纪30年代以来的"大衰退"。时至今日,全球经济仍未彻底摆脱衰退的阴影,低迷期持续之久为战后首见。2011年至2016年,全球经济增速平均仅为3.2%,比危机前五年(2003—2007)低1.9个百分点。国际货币基金组织(IMF)总裁拉加德在2014年10月发表的一场演讲中,将这种情况称之为"新平庸"(New Mediocre)。美国学者萨默斯则认为,世界经济正处于"长期停滞"(Secular Stagnation)状态。所谓"新平庸",主要是指由于投资不足以及低信心、低增长、低通货膨胀所造成的经济恶性循环,使经济增长持续低于长期平均值,而且就业疲弱不振。总的来说,未来五年全球经济呈现"低增长、大分化、高债务、高波动"的发展特征。

第一节　当前全球经济形势有所缓和,但依然未能摆脱低迷态势

2017年是全球金融危机爆发后的第九个年头,全球经济金融形势有所缓和。实体经济高频统计与景气调查指标显示,自2016年下半年至今,全球经济逐步摆脱持续六年低速运行的态势。从工业生产、贸易和投资等"硬指标"看,截至2017年一季度的数据均显示全球经济加快增长,创下近六年新高(图1.1);从采购经理人指数、消费者信心指数和经济合作与发展组织(OECD)领先指数等"软指标"看,二季度全球经济继续维持较好的增势(图1.2)。全球经济企稳复苏的推动因素主要包括:(1)在各项政策的支持下,"一带一路"地区特别是中国的基础设施投资快速增长,产生较强的贸易拉动效应;(2)美国和欧洲发达国家的政策不确定性下降,有力地巩固了投资者和消费者信心;(3)大宗商品价格回暖,对中东、非洲和拉美等地区的经济起到一定拉升作用。

展望全年,全球经济可能呈现前高后低的走势,预计2017年增长2.8%左右(见表1.1)。这一增速虽然达到最近6年来最高水平,但依然处于增长潜力之下。近期,主要国际组织也对2017年全球经贸发展保持谨慎乐观态度。国际货币基金组织(4月)、世界银行(World Bank)(6月)对2017年全球经济增长的预测分别

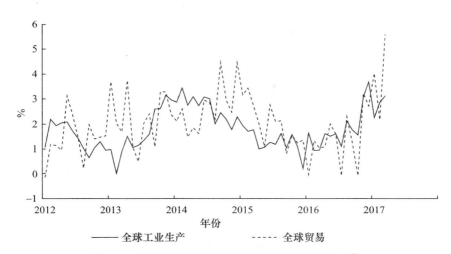

图 1.1　全球工业生产与国际贸易(同比增长率,%)

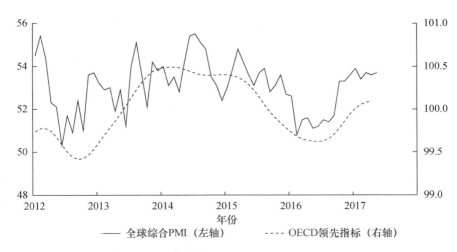

图 1.2　全球 PMI 与 OECD 领先指标(指数)

资料来源：CPB、OECD、Wind,中国银行国际金融研究所。

为 2.9%(市场汇率衡量)和 2.7%,联合国贸发会议(6 月)预测外商直接投资(FDI)增长 5%,世界贸易组织(WTO)(4 月)预测全球贸易增长 2.4%。

表 1.1　2017 年全球主要经济体关键指标预测　　　　　　　　　单位:%

地区	国家	GDP 增长率 2015	GDP 增长率 2016	GDP 增长率 2017f	CPI 涨幅 2015	CPI 涨幅 2016	CPI 涨幅 2017f	失业率 2015	失业率 2016	失业率 2017f
美洲	美国	2.6	1.6	2.0	0.1	1.3	2.2	5.3	4.9	4.8
	加拿大	0.9	1.5	2.0	1.1	1.4	2.0	6.9	7.0	7.1
	墨西哥	2.6	2.3	2.3	2.7	2.8	3.3	4.4	3.9	4.0
	巴西	−3.8	−3.6	0.5	9.0	8.8	5.5	8.5	11.0	11.5
	智利	2.3	1.6	2.0	4.3	3.8	2.9	6.2	6.5	7.6
	阿根廷	2.7	−2.3	2.6	16.0	25.0	23.0	7.3	9.2	8.5
亚太	日本	1.1	1.0	1.0	0.8	−0.1	0.5	3.4	3.1	3.2
	澳大利亚	2.4	2.5	2.5	1.5	1.3	2.1	6.1	5.7	5.7
	中国	6.9	6.7	6.8	1.4	2.0	2.0	4.1	4.1	4.1
	印度	7.5	7.9	7.6	5.9	5.0	5.0	—	—	—
	韩国	2.6	2.8	2.8	0.7	1.0	1.9	3.6	3.7	3.3
	印度尼西亚	4.9	5.0	5.2	6.4	3.5	4.2	6.2	5.6	5.6
欧非	欧元区	2.0	1.8	1.7	0.0	0.2	1.0	10.9	10.0	9.5
	英国	2.2	1.8	1.5	0.0	0.7	2.5	5.3	5.0	5.2
	俄罗斯	−3.7	−0.2	1.0	15.5	7.0	5.0	5.6	5.5	5.4
	土耳其	6.1	2.9	2.5	7.7	7.8	8.2	10.3	10.9	10.5
	尼日利亚	2.7	−1.5	0.6	9.0	15.6	17.1	9.0	12.1	—
	南非	1.4	0.3	0.8	4.5	6.6	6.0	25.4	26.7	27.0
	全球	2.7	2.5	2.8	2.8	2.9	4.0	—	—	—

注:f 为预测。
资料来源:中国银行国际金融研究所。

尽管全球经济出现复苏,但依然未能摆脱低迷态势,全球经济进入较强复苏周期的可能性不大(图 1.3)。主要原因有:一是主要经济体的政策调整。美联储处于加息周期和缩表前夜,对美国乃至全球经济的抑制效应将会显现;中国在"去杠杆、去产能"和房地产调控政策下,经济应能保持平稳增长,但难以加速上升。中美两大经济体对全球经济增长的贡献几乎占据半壁江山,缩表阴影弥漫全球经济。与此同时,欧洲和日本温和复苏的态势虽会持续,但增长动力仍然不足。二是尽管"一带一路"基建投资对全球经济的拉动效应逐渐显现,但中东地区地缘政治日趋不稳定,大宗商品市场供大于求状况仍未调整到位,这将会抑制该地区民间投资的启动,国际投资者何时改变观望态度尚需观察。此外,非洲与拉美地区受大宗商品市场低迷周期和主要经济体外部需求不振的影响,复苏力度不强。

回顾过去的八九年,各个经济体为应对危机都采取了很多政策。尽管许多国家在货币政策、财政政策等方面做了很多努力,有些国家甚至把货币政策用到极

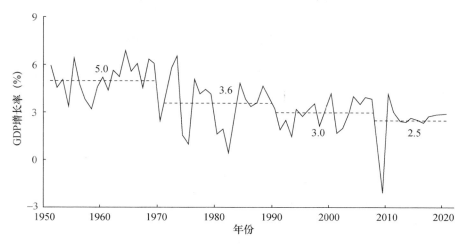

图 1.3　全球经济运行低于潜在水平
资料来源：WTO，中国银行国际金融研究所。

限，不惜使用负利率政策；有些经济体大力协调财政政策和货币政策。但回头来看，政策效果并不理想。

第一，全球经济增长依然缺乏明显起色和亮点，经济增长双重分化。发达国家、发展中国家的增长前景都不乐观，若干新兴市场国家在 2015 年陷入了金融危机，比如巴西、俄罗斯陷入衰退。与此同时，全球经济增长分化态势更加明显，不仅有发达经济体内部的分化也有新兴经济体之间的分化，这意味着原有的贸易、投资和产业循环体系正在被打破，促进上一轮经济增长的全球化红利有所衰减。一方面，发达经济体除美国经济表现亮眼之外，其他发达经济体依然处于疲弱的复苏通道中。欧元区在逐渐摆脱"欧债危机"影响后，在欧洲央行量化宽松的推动下，2017 年欧洲经济稳定复苏，但依然面临英国脱欧、难民危机等多重压力，复苏趋势尚不稳固，通货紧缩、失业率高企和公共债务困境继续拖累经济增长。日本经济难改疲弱态势。受安倍政策效力衰减、消费税上调等因素的拖累，日本经济产出缺口依然为负，短期仍有重陷衰退和通缩的风险，安倍经济学能否成功激发经济长期增长潜力还有待验证。

另一方面，新兴市场形势更为严峻，全球增长格局由危机期间的"东升西降"转为危机后的"西升东降"。新兴经济体在危机后率先实现复苏，成为抵御危机深度恶化的中坚力量。但自 2011 年开始，在发达经济体复苏步伐有所加快的同时，新兴市场经济体的复苏态势却明显减弱，全球增长"西升东降"格局日益凸显。近两年来，新兴经济体的经济增速普遍放缓，分化也在加剧。印度经济增长强劲，2016 年上半年 GDP 增长率为 7.1%，全年有望达到 7.3%；受"三期叠加"因素影响,近年来中国经济增速略有下滑,但相比全球多数经济体,2016年前三季度6.7%的经济增速在全球仍属于较高增速;受俄乌冲突、欧美制裁和石油价格大幅下跌的影响,2015年以来,俄罗斯经济出现恶化,GDP同比下降3.8%,进入新一轮衰退周期;受原油等大宗商品价格下跌和通货膨胀高企影响,巴西经济陷入"滞胀"的风险加大,2016年上半年,广义消费物价指数保持在8.0%的历史较高水平,GDP出现-3.8%的负增长。

第二,全球贸易和投资持续低迷。2008年金融危机之前,全球贸易在十多年内一直以两倍于全球产出的增速扩张。自2011年以来,全球范围内产业转移放缓,国际投资不振,大宗商品价格下行,汇率震荡扭曲贸易成本,全球贸易增长大幅放缓,不仅低于危机前自身水平,也低于同期GDP增速,这一现象为过去20年少有现象。根据世界贸易组织统计,2015年,世界贸易量增长2.8%,连续四年低于世界经济增速;贸易额从2014年的19万亿美元大幅下降13%至16.5万亿美元。2016年全球贸易增长率仅1.8%,创金融危机以来新低(图1.4)。与此同时,贸易和投资保护主义有所抬头,各类贸易争端事件频发。根据WTO统计,2008年至2016年,G20国家出台的贸易限制措施达到1671项,其中1263项(76%)仍在实施。全球投资形势也不容乐观,联合国贸易和发展会议(UNCTAD)报告显示,2007年全球FDI达到2万亿美元的历史高点,金融危机以来持续低迷,始终未恢复至危机前水平。2015年全球FDI同比大幅增长38%,也仅达到1.76万亿

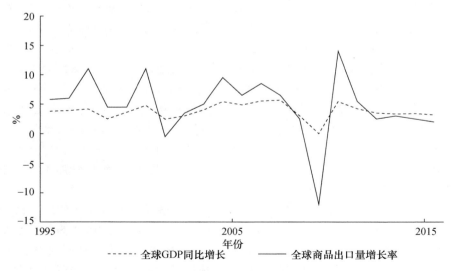

图1.4 全球贸易增长开始低于全球GDP增长率

资料来源:World Bank,WTO。

美元。与此同时,2016年英国脱欧公投、美国总统大选中都体现出严重的保护主义、孤立主义等"逆全球化"倾向,给全球贸易形势蒙上阴影。特朗普竞选时就提出,一旦当选将通过课征高税等手段来修正美国贸易不平衡现状;上任伊始就签署文件正式退出跨太平洋伙伴关系协议(TPP),并试图对北美自由贸易协定(NAFTA)、WTO规则等进行重新磋商。

第三,全球主权债务风险上升。金融危机中,各国政府为防范危机蔓延,采取了史无前例的救助措施,这些扩张性财政政策为应对危机起到积极作用,但也造成各国债务,尤其是政府债务快速攀升。根据IMF报告,2015年全球债务占GDP比例为227%,而2002年为200%,发达国家公共债务占GDP的比例从2007年的76%上升到2015年的105.8%,远远超过60%的国际警戒线;发达国家财政赤字占GDP的比例从2007年的1.1%飙升到2009年的8.8%,即使近两年来有所下降,2015年仍达到3%的国际警戒线。历史地看,这两个衡量财政状况的指标均创下了二战以来的最高纪录,财政赤字水平甚至超过了20世纪30年代大萧条期间的水平。从国别看,日本和美国政府债务率上升最大,美国从2007年的64%上升至2015年的105.1%,日本则从2007年的183%上升至2015年的246%(表1.2):

表1.2 各国政府债务率

年份	美国	日本	德国	英国	中国
2006	63.6	186.0	66.3	42.5	31.5
2007	64.0	183.0	63.5	43.6	34.8
2008	73.0	191.8	64.9	51.8	31.7
2009	80.0	210.2	72.4	65.8	35.8
2010	94.8	216.0	80.3	76.4	36.6
2011	99.1	229.8	77.6	81.8	36.5
2012	102.4	236.8	79.0	85.8	37.3
2013	103.4	242.6	76.9	87.7	39.4
2014	104.8	246.4	73.1	89.5	41.1
2015	105.1	246.1	69.5	91.1	43.5
2016	104.9	247.0	66.6	91.7	46.2
2017	104.3	248.6	64.1	90.7	48.1
2018	103.6	249.5	61.6	88.9	49.2
2019	103.9	250.7	59.2	86.1	49.8
2020	104.3	251.6	56.9	83.2	49.8

资料来源:IMF。其中2017—2020年为预测值。

第四，金融市场波动明显加剧。受国际经济低迷、美联储加息预期等影响，全球金融市场的波动性明显上升。外汇市场呈现出美元一枝独秀、其他货币总体贬值、汇率波动加剧的局面。其中，美元指数从 2014 年下半年以来持续走高，并多次突破 100 大关（图 1.5）。而欧元、日元、英镑则出现不同程度的贬值。新兴市场尤其是巴西、俄罗斯、马来西亚等大宗商品出口国货币则大幅下挫至历史低位，全年贬值幅度均超过 10%。大宗商品市场曾经历断崖式暴跌，近期出现回升势头。2008 年金融危机之后，全球经济遭受重创，大宗商品价格也随之大幅下挫。其中又以金属矿石以及农产品的下跌势头最为明显；而能源价格在地缘政治因素以及实体需求依旧较为强劲的作用下，处于高位震荡态势。2016 年以来，受美国经济持续走强、中国房地产市场回升等因素影响，大宗商品价格在沉寂了几年之后再度出现大幅上升。2016 年年初至今，黄金价格上涨接近 30%。美国商品期货交易委员会（CFTC）的 WTI 原油期货价格，从 2016 年 1 月份低点的 27.5 美元/桶升至目前（2016 年 10 月）的 43 美元/桶左右，涨幅高达 56%。

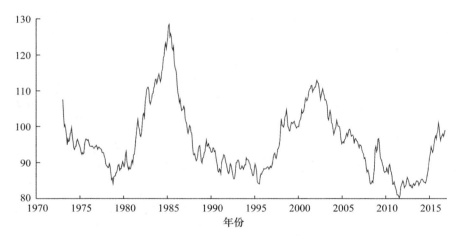

图 1.5　1973 年以来的美元汇率指数
资料来源：WTO，中国银行国际金融研究所。

第二节　不确定的世界：全球货币政策分化和升级

本次危机发生前，主要发达经济体的中央银行主要运用利率调控手段以实现宏观调控目标。2008 年金融危机破坏了市场的正常运行和金融稳定，并且带来了全球萧条和通货紧缩的威胁。为应对全球金融危机，各国都相继出台了史无前例的宽松货币政策，欧洲央行、日本央行、瑞典央行和美联储不断下调央行基础利率，2008 年至 2016 年全球央行降息次数超过 660 次，平均每 3 个交易日降息 1

次。除降息等常规货币政策之外,货币宽松的方式更是花样百出,不仅包括各类资产购买计划还包括负利率等政策,货币政策不断从常规走向非常规。

所谓非常规货币政策,是指在名义利率为零或接近于零,中央银行无法通过进一步降低基准利率来刺激经济的背景下,央行转而通过大规模购买国债和抵押贷款支持证券(MBS)等多种形式,直接向银行体系或金融市场注入流动性,以减少企业和居民的融资成本以刺激投资和消费,从而达到振兴经济的目的。在金融危机的不同阶段,美、欧、英、日央行采用不同的量化宽松货币政策。总的来说,主要分为两类:一类是向市场注入流动性的货币政策,如资产购买和常规工具的非常规操作,另一类是刺激经济复苏的货币政策操作,这类操作以资产购买计划为主。

受各国经济复苏周期不同步等因素影响,2014年全球货币政策走向分化。一方面,发达经济体告别过去同步宽松局面,新西兰率先加息、美联储完全退出量化宽松政策(QE),欧洲、日本加码宽松,并在2014年年底开始实施"负利率"政策。另一方面,新兴经济体货币政策同样分化,俄罗斯、巴西连续加息,智利、土耳其和匈牙利下调基准利率。货币政策分化趋势延续至2015年和2016年。预计,2017年全球货币政策分化将更加明显。

1. 美国进入加息和缩表并行的货币政策新周期

2014年,美联储理事会正式宣布退出QE,并将货币政策的重心放在联邦基金利率调节之上。2015年12月16日,美国联邦公开市场委员会(FOMC)宣布调高联邦基金利率25个基点,从而终结了实施近七年的美元零利率政策。这是继2014年分步退出购债计划之后,美联储推进货币政策正常化的又一重大步骤。2016年年底和2017年上半年,美联储又连续三次加息,并在2017年3月底的议息会议纪要显示,已经开始讨论缩减资产负债表,并且制定了初步原则和计划,未来一段时间,美国将进入加息和缩表并行的货币政策新周期。

美联储缩表的背景和原因。目前美国经济复苏基本完成,美联储开始从特殊形态下的超宽松货币政策向正常货币政策回归,继续维持以应对危机和衰退为目标的、高于历史水平的资产规模已不再合理。而且值得警惕的是,美国股票市场领先经济增长,三大股指均已超过危机前水平,投资者风险偏好早已恢复,对高收益的追逐导致金融风险上升。因此,货币政策需要提前反应,为预防下一次衰退留余地。

截至2017年6月14日,美联储总资产从危机前的0.9万亿美元左右上升到4.5万亿美元,飙升5倍;总资产占GDP比重从6%上升到24%。从资产结构上看,美联储所持有的证券(国债、MBS和联邦机构债券)总规模为4.26万亿美元,占全部资产的94.1%。其中,国债规模为2.46万亿美元,占比54.5%;MBS规模为1.78万亿美元,占比39.4%。这部分正是美联储三轮QE累积起来的资产,也是未来"缩表"的主要对象。在期限分布上看,中长期国债为2.34万亿美元,占全部资产的51.7%,占国债总规模的94.9%;MBS几乎全是10年期以上,占全部资产的39.4%。在"控盘"比例上,美联储持有的MBS约占整个市场规模8.5万亿美元的20%;国债持有比例相对低一些,持有规模相当于整体国债市场规模的15.4%。

美联储缩表的可能路径。根据美联储2014年"货币政策正常化原则与计划",美联储开始改变再投资政策(即缩表)的时机取决于经济和金融状态的发展程度,即发展到不太可能需要重启量化宽松的程度。2017年3月议息会议上,美联储官员建议当联邦基金利率目标上升到某一特定水平时,可以开启缩表。美联储曾就此做过一次调查,结果表明:债券市场一级经销商和投资者预测值大部分落入1.26%—1.75%区间,中间值是1.51%;缩表时间大约在2017第四季度或2018年上半年(表1.3)。

表1.3 缩表开启时利率目标预测值调查结果　　　　　单位:%

利率目标	≤0.75	0.76—1.00	1.01—1.25	1.26—1.50	1.51—1.75	1.76—2.00	≥2.01
债券一级经销商选项占比	0	2	13	25	28	20	12
市场投资者选项占比	0	2	12	28	32	15	11

资料来源:纽约联储,中国银行国际金融研究所。

通过分析美联储缩表的历史表现(美联储历史上发生过的缩表相对规模一般是回落并稳定在6%左右,目前美联储资产占GDP比重约为25%),结合当前美国经济金融现状,我们认为,美联储资产不可能缩减到危机以前规模,各方倾向于维持相对大的规模。预计,如果美联储继续维持利率走廊货币政策调控机制,缩减规模将相对有限,将缩减1.2万亿美元左右资产;如果回归原先的公开市场操作调控机制,可能将缩减2.7万亿美元左右的资产。目前看,耶伦更倾向于后者,即更大规模地缩减资产负债表。

在缩表方式和程序上,从美联储6月议息会议公布的缩表原则和计划看,美联储打算主要采取渐进式自然缩表方法,在开始时设定每月缩减规模:政府债券为60亿美元,MBS为40亿美元;并每三个月按同样规模上调一次,直至政府债券上限达到300亿美元,MBS达到200亿美元,则维持这一每月缩表规模,直到美联储认为资产规模缩减到了有助于有效实施货币政策的水平,则结束缩表程序。基于此计划,预计第一年缩表3 000亿美元,之后每年缩表6 000亿美元,如果美联储缩表2.7万亿美元,缩表将持续5年左右。

美联储缩表将对全球和中国经济金融形势带来较大的影响。由于美国资产回报率长期维持在低位,缩表进程的开启,叠加特朗普的减税措施,全球美元流动性将大幅度减少,新兴经济体也将卖出美元回收本币流动性,全球将普遍迎来资金紧张局面,将对新兴经济体汇率和全球大宗商品价格走势带来冲击。这也将加大中国资本外流压力,对人民币汇率带来不利影响,并加大境内债券市场的调整压力。与此同时,美联储无论是减少美债投资规模还是直接抛售美债,都会使美债价格大幅下跌,给我国外汇储备投资带来估值损失。

2. 欧洲央行等五个国家和地区启动负利率政策,未来货币政策谨慎转向

为防止资金大量流入影响其汇率稳定,丹麦央行在2012年7月首次推出负利率政策,2014年4月欧债危机缓和后恢复了正利率,但在2014年9月再次引入负利率。2014年6月,欧洲央行首次将存款利率下调至−0.1%,并在2014年9月、2015年12月和2016年3月分别降息三次至−0.4%。2017年,欧元区经济迎来了第五个连续增长年头。2017年6月,欧洲央行货币政策回归正常化的预期上升,欧洲央行利率决议声明中删除了可能会再次下调利率的措辞,表示量化宽松将继续直到通胀持续回升。但考虑到欧洲经济整体依然疲软且面临诸多不确定性,其货币政策转向过程将极为谨慎。预计,未来一段时间,其货币政策可能削减QE规模或小幅度加息。欧洲央行货币政策回归正常化,基本结束全球主要央行货币政策的分化趋势,将带动全球流动性收紧转向。

3. 日本央行推出量化质化货币政策(QQE)

自2013年"安倍经济学"实行以来,日本央行推出QQE货币政策,其资产购买规模从2012年的每年40万亿日元升至每年80万亿日元,日本央行的资产持有规模随之急剧增加,严重扭曲了资本市场。2016年1月,日本央行引入"带有负利率的质化量化宽松"政策,以尽早实现2%的通胀目标。截至2017年3月日本央行持有的国债占国债余额的45%,央行的大量购债对其他投资者造成了挤出效应,并导致长期利率下降和收益率曲线的过度平坦。而日本央行持有的ETF已突破市场总量的55%,破坏了股票市场的定价功能。可见,日本央行的量化宽松已趋于极限。2017年,日本经济显现出复苏态势增强的迹象。GDP连续五个季度实现正增长,为十年来连续增长时间最长的一次,但日本央行短期内仍难以退出宽松的货币环境。我们认为,未来日本货币政策仍将大概率保持宽松,QQE政策将持续温和加码,并可能与财政刺激政策配合运用。

4. 新兴经济体货币政策也表现出不同的分化趋势

拉美和非洲主要的新兴经济体为对抗严峻的通货膨胀和资本外流压力,采取了加息举措。2014年3月初、7月底和10月底,俄罗斯3次加息,将基准利率由

5.5%大幅提高至9.5%。巴西央行也在2014年多次加息,将利率上调至11.75%。亚太和欧洲主要新兴经济体为刺激经济增长、增加投资,主要采取降息政策。智利多次下调利率,9月降至3.25%。中国也于2014年11月22日起下调金融机构人民币贷款和存款基准利率。

货币政策分化,将对未来全球流动性格局产生有别于以往的复杂影响。从历史上看,欧美特别是美国货币政策的调整往往伴随着严重的外溢效应,成为全球金融市场的不稳定因素。值得注意的是,发达经济体货币政策分化,也将使美联储加息的外溢效应弱化。一方面,欧洲央行和日本央行的再宽松,将降低新兴市场面临的资本流出风险。另一方面,即便美国开始加息周期,受制于通胀增长有限,加息进程也将相当缓慢。只要美联储加息节奏有度,新兴市场很难重现大幅动荡的格局。

加剧了全球资本流动的不确定性和复杂性,新兴市场资本外流风险加大。一旦美国启动加息进程,美国市场投资回报率上升,更多资金将流向美国股票和债券市场,资本将从新兴市场回流美国。相关数据显示,新兴市场资本净流入已从2007年年底的5 080亿美元下跌至2015年年底的-5 940亿美元。双赤字国家风险更大。货币政策分化不仅使政策实施国难以达到预期的宏观经济目标,还会引发国际上"以邻为壑"的恶性竞争,跨境资本流动规模和方向发生逆转,诱发新的金融风险。2016年,阿根廷、阿塞拜疆以及埃及等国家在资金流出压力下已经放弃了固定汇率制度。历史经验看,财政和经常账户赤字、高度依赖外部资金(外债比例较高)、风险抵御能力差(外汇储备不足)以及依赖能源出口的新兴市场国家可能会受到更大的冲击。

大宗商品价格承压,非美货币贬值压力上升。由于美元是全球大宗商品的基准计价货币,美元的持续升值导致国际大宗商品价格的进一步下降。与之相伴的是其他国家包括中国对大宗商品需求的下降,国际大宗商品市场遭遇重创。包括原油在内的大宗商品已处于供应过剩引致的周期性下跌进程中,而美元走强对大宗商品价格构成进一步打压。根据国际金融协会(Institute of International Finance,简称IIF)的报告,随着国际油价暴跌和石油美元大幅缩水,新兴市场能源出口国2015年在全球市场净撤资额高达80亿美元,这是十八年来首次净撤资。2016年11月末,美元指数进一步上涨至127.9,达到十年来最高水平。欧元、日元分别贬值18.4%和13.3%,新兴经济体货币普遍下跌,俄罗斯卢布和巴西雷亚尔在经历2015年的暴跌之后2016年开始企稳。

推高资产价格,资金"脱实向虚"压力加大。在实施了长期的宽松货币政策后,全球资本市场充斥着低廉的资本。由于发达经济体债券收益率不断下行,导致全球投资者不断追逐风险资产,推高发达市场股市以及新兴市场股市、债市等市场价格。与此同时,全球经济不振,市场的不确定性增加,在金融市场出现波动时,传统的日元、黄金等避险资产同样具有较高的吸引力。各类资产价格的同步上涨,加大了资金"脱实向虚"压力,为未来金融危机的再次爆发埋下了伏笔。

负利率等量化宽松政策难以解决"流动性陷阱"等经济结构性问题。负利率政策是在全球经济增长停滞,以及通货紧缩的双重压力下产生的,其背后的结构性问题是长期资本和投资回报率的下降,因此,如果负利率政策持续下去还将通过实体投资回报率的下滑降低长期实际利率水平,并导致名义利率进一步下降,因此形成了一个相互影响、相互加强的"负向循环"。与此同时,通缩的原因主要在于经济的结构性问题,如人口老龄化、居民消费不旺、私人部门融资需求不足。仅靠负利率等宽松政策无法解决上述问题,也无法从根本上带动经济增长。

第三节 未来十年:全球经济增长的新航线

从经济周期的动力机制看,经济周期与技术创新、人口结构变化、全球化进程、产业结构、制度变迁等因素密不可分。未来十年,在上述因素的共同作用下,全球经济仍将继续呈现"低增长、低通胀、高债务、高不确定性"的新常态,全球经济增长格局、贸易投资发展、产业分工模式和全球治理体系等也将呈现新的变化。

第一,新的增长动力尚未形成,增速低于危机前水平。危机爆发前五年,全球经济金融运行呈现"脱实向虚"、产业空心化苗头,金融市场规模和交易量远超实体经济需求。本次金融危机使西方各国重新意识到发展实体经济的重要性,开始推进"再工业化"战略,页岩汽油、低碳经济、互联网+、3D打印等行业成为新一轮全球产业竞争的焦点。预计到2020年,3D打印等市场规模将达到125亿美元。但总体看,新的领先产业还没有大规模形成,关键技术和商业模式创新还缺乏实质性突破。根据IMF世界经济展望的最新预测,在2015—2020年间,发达国家的潜在产出年均增速仅为1.6%,仍然远低于本轮全球金融危机之前2.25%的潜在产出增速,而新兴市场的潜在产出年均增速将由过去5年的6.5%下降至未来5年的5.2%。

第二,新兴经济体继续崛起,长期向好局面未发生变化。21世纪前十年,新兴市场经济体增长强劲,但在过去几年其增速呈下降态势,近期可能进一步放缓。中国经济放缓及其不确定性,以及大宗商品价格下降的持续性影响,为新兴市场发展前景蒙上了阴影。但是,从长期看,新兴市场国家经济增长仍然保持诸多有利条件。一是新兴经济体的工业化和城市化进程远未结束,其后发优势依然存在;二是新兴经济体和发展中国家不仅拥有庞大的消费市场,还有雄厚的外汇储备和国内储蓄,研发支出显著增长,高新技术产业逐步兴起,其企业在世界500强中所占数目及市值日趋增加;三是南南合作因金融危机而强化,新兴经济体的领导层管理危机的能力增强；四是经济持续强劲发展,国内财富效应开始凸显,使新兴经济体的中产消费群体迅速壮大。据世界银行估计,到2030年,发展中国家将有12亿人口进入中产阶层,相当于全球人口的15%。

分国家来看,那些经济总量相对较大、增速较快的新兴经济体将引起市场更多的关注。一方面,传统的"金砖四国"(BRICs,由巴西、俄罗斯、印度和中国组成)继续保持优势。另一方面,"迷雾四国"(MIST,由墨西哥、印尼、韩国和土耳其组成)、"灵猫六国"(CIVITS,由哥伦比亚、印度尼西亚、越南、埃及、土耳其和南非组成)"和"金砖十一国"等新概念组合的国家快速发展,共同成为全球经济发展的主动力。

亚洲将成为世界经济中增长最快的区域。尽管这一趋势自21世纪以来已经开始出现,但发生根本性转变是在2008年金融危机期间,并且未来十年亚洲还将继续巩固其领先地位。根据OECD预测,2007—2030年,亚洲各发展中经济体实际GDP年均增长率将达到5.5%,明显高于北美的2.1%和欧洲的1.5%。根据IMF提供的数据,2010—2015年,亚洲、北美和欧盟的名义GDP年均增长率将分别为8.3%、4.6%和2.9%,GDP规模将分别达到233 190.8亿美元、216 187.7亿美元和194 820.8亿美元;到2015年,亚洲、北美和欧盟分别占世界经济的28.5%、26.4%和23.8%,而2009年分别为24.9%、28.4%和28.4%。如果不出意外,亚洲经济规模将于2014年超过北美,成为全球最大的地区板块经济。

中国有望在2028年前后超过美国成为全球第一大经济体。2010年中国超过日本成为全球第二大经济体。近年来,尽管劳动力和土地等生产要素成本在上升,比较优势在衰减,潜在增长率有所下降,但城镇化、改革红利及技术创新等驱动因素依然未变,中国依然处在加快发展的重要战略机遇期。我们对潜在增长率的研究表明,未来十年我国经济保持年均7%左右的增长是完全可能的。按此增速测算,预计在2028年,中国将超过美国成为全球第一大经济体,中国GDP总量将达到23万亿美元,同期美国约为22万亿美元。

第三,美国"软硬"实力无人能敌,未来五年内其超级大国地位不会发生根本性变化。从全球大国兴衰的变迁来看,决定一国综合实力的因素除了国内生产总值这一反映国家财富创造能力的指标外,还包括劳动生产率、科学技术、教育水平、跨国公司竞争力、军事及政治结盟能力、金融"软实力"等各种反映经济金融竞争能力的指标。目前来看,美国在这些方面的能力仍然无可匹敌,这决定了美国的超级经济大国地位不会发生根本性变化。预计2020年前后,美国仍将是全球第一大经济体,GDP总规模有望达到20万亿美元。

在劳动生产率方面,根据联合国工业发展组织(UNIDO)相关数据显示,2015年,美国制造业人均产出为11.5万美元,为中国的5.8倍。在科学技术方面,世界知识产权组织(WIPO)相关数据显示,2015年度,美国申请的专利数量为5.7万个,占全球专利数量约为28%,位居全球第一。在跨国公司竞争力方面,《财富》杂志报告显示,2015年,世界跨国公司500强中,美国占了128家,与上年度持平,上榜企业数量位居第一,中国上榜企业数量为106家,位居全球第二。但美国500强企业的质量更是远远好于中国。从盈利能力看,2015年,世界500强上榜公司平均利润为32亿美元,中国上榜企业剔除15家上榜的金融机构之后,平均利润只有14.5亿美元,约为世界平均水平的一半。从主体看,中国上榜企业大都是国有企业,在行业分布上也主要集中于金融、能源、矿产等行业,民营企业及新兴产业相对较少,而美国上榜企业分布的行业既有传统制造业,更有高科技企业,也有服务性行业。在金融"软实力"方面,例如全球储备货币地位、金融市场规模等各个方面,美国的地位更是无人能及。2016年,全球外汇储备余额为超过11万亿美元,其中币种确认的外汇储备余额约为6万亿美元,美元、欧元、日元和英镑四大国际储备货币占世界外汇储备的比重分别约为62.9%、12.8%、2.7%和1.6%,将人民币作为储备货币的国家略有增加。

第四,产业回归实体经济,战略新兴产业和绿色经济成为角逐重点。本次金融危机使西方各国重新意识到发展实体经济的重要性,并开始把重归实体经济、推进"再工业化"战略提上调整产业结构的议事日程。美国提出了"再工业道路",德国开始实施"工业4.0计划",日本则提出了"新增长战略"。目前,美国制造业已出现周期性复苏迹象,2011—2016年美国制造业再次领先整体经济增长,诸多指标达到近30年最佳水平,并且资本开始从新兴市场回流。制造业名义增加值/名义GDP占比也止跌回升,从2009年11.9%的历史低点上升到2016年的12.4%。

从中长期来看,美国制造业复兴的大环境、市场机会及优势条件已具备,结构性复兴很可能成为大概率事件。一是政府与企业重新认同了制造业在经济中的关键作用,并提出"再工业化"和重振制造业的国策。2013年,在研发投入方面,美国制造业仅占GDP的11.9%但却占全球研发投入的70%。这决定其主要功能不仅是创造更多就业,而是更大程度地推动其他领域发展及就业增长,以推动整体产业竞争力的提升。二是美国出口制造的产品依旧占据产业链高端,高技能技术密集型占46%,而低技能技术密集型仅占14%。三是服务化制造业领先。美国服务化制造业在全部制造业中占比达55%,远高于日本、西欧的30%和中国的22%,为全球之首。这使其在全球制造业更加服务化的环境中,更有机会再次占据制高点。

值得注意的是,美国"再工业化"不是简单地重新重视和发展传统制造业,而是以高新技术为依托,重点发展高科技含量、高附加值、创新型的先进制造业,这使得全球产业分工和竞争格局也将出现新的变化：一是战略新兴产业和低碳经济成为各国"再工业化"角逐重点。危机后，各国将产业发展的重点都放在了新能源、新材料、生物医药等行业，发达国家以应对气候变化、加强环境保护的名义，利用全球气候变化谈判平台，着力推动"碳交易""碳排放"等新的全球规则，试图确立以发达国家为主导的全球减排机制，使其减排的技术和资金优势得到进一步发挥。二是制造业和服务业深度融合，产业边界越来越模糊。随着互联网技术和传统产业的融合更加深入，客户需求更加个性化和多样化，对企业的产品创新、个性化定制、快速反应能力提出了更高要求。这使得制造业、软件、信息、金融、贸易等行业的边界越来越模糊，制造业服务化或将成为新的趋势。

第五，全球贸易投资规则面临重构，贸易保护主义和逆全球化抬头。美国贸易保护主义的抬头是近年来全球区域经济合作趋势转变的缩影。由于全球金融危机以来世界政治经济格局发生变化，经济全球化路径随之发生深刻转变。WTO 多边贸易体制举步维艰，各国转而以诸边、双边方式推进区域经贸合作。一方面，全球贸易碎片化风险进一步上升。随着特朗普上台后美国正式退出 TPP，跨大西洋贸易与投资伙伴协议（TTIP）谈判也陷入困境，由美国主导的两大区域经济合作协定面临难产风险。两大协议难产并不意味着美国贸易霸权的退出。从根本上说，TPP 和 TTIP 是美国维护其在国际贸易规则领域领导权的一种手段，目的是通过拉拢亚太或欧洲国家，形成符合美国国家利益的贸易合作圈。没有了 TPP 和 TTIP，美国仍会在其他领域谋求贸易主导权，例如强势主导 NAFTA 谈判，或对 WTO 规则提出修改意见。这意味着，全球贸易规则将面临更大的不确定性，给各国贸易发展带来新的风险。

另一方面，新兴市场将寻求弥补美国缺口，区域合作格局面临重新洗牌。多边贸易协定的推进难度较大，而各种区域性的自由贸易协定将大幅增加，可能会导致国际投资和生产的转移与重新布局，使得全球产业链、价值链面临重组，国际贸易投资格局更趋多元化。这客观上有利于新兴市场争取国际贸易话语权、构建更加合理的国际经济新秩序。例如，近期亚洲多个国家对亚太自贸区、区域全面经济伙伴关系协定（RCEP）表现出更积极的态度。RCEP 若建成，将是世界上涵盖人口最多、区域最广、成员最多元、发展最具活力的自贸区，对世界经济发展和全球贸易投资便利化将起到积极的推动作用。

第六，地缘政治冲突加剧，全球经济运行的不稳定因素增加。受全球复苏进程曲折、区域经济竞争加剧、民族矛盾激化等多因素影响，全球地缘政治冲突将比过去十年更加激烈，成为影响全球经济稳定的最大不确定性因素。危机后，全球地缘政治风险明显上升。恐怖主义阴影挥之不去。中东北非冲突不断，伊拉克、叙利亚战火已持续数年，并引发欧洲难民危机。英国脱欧以后，全球经济增长的不确定性上升,政治博弈也更加复杂,英国与欧盟间双边关系协议有待重塑,欧盟成员国内部可能进一步分化。2016年,土耳其、巴西、委内瑞拉等国政局出现动荡。东亚地区也不太平,朝鲜半岛安全局势、南海地区争端也存在升级的可能,影响着地区政治格局。总的来说,地缘政治冲突、政治分歧、恐怖主义、难民流动和全球流行病在内的许多非经济冲击,对相关国家、地区构成威胁。如果放任不管,可能对全球经济活动产生显著的溢出效应。

第四节 "新平庸"时代中国面临的机遇与挑战

一、主要机遇

经济金融全球化不可逆转。有限全球化在制约贸易投资增长的同时,也为各国加强双边和多边之间的深度合作开启了新的窗口。一方面,新技术的出现将促进国际产业分工纵深发展。另一方面,信息技术和电子商务的加快发展,将进一步改变全球经贸方式,使国际贸易和投资活动更加便利,推动全球化深度发展。

新一轮产业竞争有利于后发优势的形成。在新一轮全球产业角逐中,战略性新兴产业和低碳经济成为全球产业竞争焦点,在这些领域,尤其是低碳和减排技术等方面,发达国家具有一定的先发优势,但是由于信息技术的外溢能力和知识传播相对较容易,发达国家和后起国家的起点差距较小,这为中国通过后发优势进行经济赶超提供了良好的契机。

中国在全球经济地位上升。作为全球第二大经济体,第一大出口国,第二大进口国和全球外汇储备最多的国家,中国对全球经济的影响日益弥深,这为中国经济逐步实现从商品输出向资本输出,从贸易大国向投资大国的蜕变,从金融大国向金融强国转变提供了良好的契机。

人民币国际化取得重要进展。受益于中国经济的快速上升和币值的相对稳定,各国对人民币需求大量上升,人民币在跨境贸易、投资结算中发挥着更加重要的作用。根据环球银行金融电信协会(SWIFT)数据显示,截至2014年10月人民币全球支付货币排名第7位,市场占有率为1.59%,境外离岸人民币总规模超过2.5万亿人民币。未来,受益于放松资本账户管制和提高汇率机制弹性,人民币在离岸金融交易和投资以及作为全球储备货币的地位都有望进一步提升。

二、主要挑战

全球贸易保护愈演愈烈,对中国的负面影响不断加大。中国已成为一些国家实施贸易保护主义的首要对象。2016年,中国共遭遇了27个国家和地区发起的119起贸易救济案件,涉案金额达143.4亿美元,案件数量和涉案金额同比分别上升了36.8%和76%。钢铁、铝业和光伏等领域成为贸易摩擦重灾区,严重影响相关行业出口。外部环境如此严峻,对中国贸易发展提出了新的挑战。

全球再工业化对中国产业结构转型升级带来较大影响。发达国家"再工业化"战略的实施,对中国产业结构的转型升级和经济增长有利有弊。从利的方面看,美国"制造业回流"有利于中国扩大对外投资,并利用对外投资来整合世界资源、提升技术水平。吸引外资是欧美"再工业化"的重要内容,这将为中国进军发达经济体市场创造难得的战略机遇。与此同时,美国"制造业回流"也为中国通过优化进口,提高技术水平提供了有利条件。从弊的方面看,美国再工业化进一步拉大中美技术差距,降低中国制造业传统竞争优势。近年来,随着中国劳动力成本的日益上涨、人民币的持续升值等多种因素影响,中国制造业的低成本优势有所减少。与此同时,美国制造业受益于劳动生产率的快速提高、能源成本的日趋下降,其制造成本正在不断下降,这将使中美制造业成本差距不断缩小,导致中国制造业产品出口竞争力下降。

第二章 中国经济增长潜力与动力转换

第一节 中国经济潜在增长率估算与评价

中国经济在持续高速增长多年以后,出现了一些较为明显的问题。目前,中国经济已经步入世界银行定义的中等收入区间,自1978年以来的推动中国经济高速增长的动力机制正在弱化。从中长期的视角来看,从前依赖低要素成本驱动的经济增长模式已经不可延续,传统的经济增长动力发生了深刻变化,生产要素成本上升、产业结构调整升级矛盾、劳动生产率增速下降等问题及其衍生出的宏观经济困境被认为是影响中国经济增长的重要因素,中国经济已经进入"新常态"。

关于新常态的讨论,源于2008年国际金融危机之后中国经济增速的持续回落,它引起了中国经济能否持续改革开放30年来高速增长态势的讨论。部分海内外学者出于房地产泡沫、地方债务和宽松货币政策的担忧,认为中国高速经济增长即将结束,而且将要陷入全面的崩溃(Kurgman,2013)。也有不少经济学家认为中国人均GDP和城市化率还较低,有很大的工业化和城市化发展空间,对中国经济持乐观态度,认为中国仍然可以维持较高的经济增长速度(林毅夫,2012;黄泰岩,2014;张培丽,2014)。但对于中国经济增长阶段的判断已经达成了一致,认为中国经济已由起飞阶段的高速增长向中等偏上收入阶段的中高速增长转换(张平,2012;王一鸣,2014;张慧芳和朱雅玲,2016)。

就现有的文献看,大部分学者依据人口红利、全球化红利衰退、资源环境约束、全要素生产率提升难度增加、改革红利等(蔡昉,2013;刘丽和杨毅,2014;陆旸和蔡昉,2014;刘伟和苏剑,2014;汪红驹,2014;李静和李文溥,2015;牛犁,2016)视角,解释中国经济进入"新常态"的根源。

一些学者在关于中国经济增长阶段性特征和动力领域的研究做出了贡献。蔡昉(2013)深入分析了中国经济增长如何转向全要素生产率驱动型发展战略。张军等(2009)分析得出,中国经济旧模式的内在结构性矛盾日益凸显,应从机制转型与创新的角度思考改变。中国早期的经济增长基本符合新古典增长理论的基本观点,但随着经济总量的不断增大,必须重构中国经济增长的动力机制(沈坤荣和滕永乐,2013)。林毅夫(2012)认为,经济发展是一个持续的技术创新、产业升级和结构转型的过程,这取决于国家如何更有效地利用和整合土地资源、劳动力、资本和基础设施。刘世锦(2012)研究发现,中国经济增速回落是在高速增长潜力基本释放完毕的情况下出现的,它是大幅度结构变动的结果,在结构变动的背后则是经济需求和供给条件的显著变动和重新组合。刘伟(2013)则从经济发展方式的角度对增长进行研究认为,经济发展方式是一定历史和技术条件下的产物,当发展条件变了,发展方式也要随之调整。

在此背景下,中国经济能否实现可持续增长?中国是否会被"中等收入陷阱"锁定?这些重要且敏感的问题引起了学术界的关注。本章着眼于中长期视角,注重从潜在经济增长率和经济增长动力机制转换层面解释中国经济增长率下滑。探索后危机时代,中国经济是否还有增长潜力以及新常态下中国经济增长的动力机制。

鉴于此,结合中国人力资本、物质资本积累以及全要素生产率变化特征,定量研究中国经济增长的潜在能力以及经济增长动力转换。考虑人力资本对经济增长产生的两种功能:(1)受教育劳动力人口作为生产要素投入直接带来产出的增长;(2)人力资本积累不仅对经济产生水平效应,而且也具备增长效应,它作为经济增长的源泉,对全要素生产率的提升起到关键的作用。我们的研究思路是:首先,考虑中国转型经济的就业效率变化,构建包括三种生产要素在内的生产函数,即物质资本和按照受教育程度分类的劳动力就业人口:低技能和高技能劳动力,使用省级面板数据估计生产函数的要素产出弹性,并测算中国的潜在经济增长率;其次,考虑到全要素生产率(TFP)对后改革时代的中国经济增长起到的重要作用(Chow,1993;Borensztein and Ostry,1996;Young,2003;Wang and Yao,2003;Islam et al.,2006),基于生产函数的要素产出弹性,计算索洛余项衡量全要素生产率,讨论技术创新、技术外溢与技术吸收能力对技术进步的贡献,识别中国经济增长动力机制,并结合中国处在不同经济发展阶段的特征,认识中国经济增长动力机制转换。

一、潜在经济增长率估算

自改革开放以来,中国经济增长保持了连续 30 多年的高速增长,被称为"中国奇迹"。但是,自 2010 年以来,经济增速持续出现下滑,GDP 增长率从 2010 年的 10.4% 下降至 6.9%。这一现象引发了学界的广泛争论。有的学者认为经济增速下滑是周期性的,有的学者认为是结构性减速,具有长期性。经济增速减缓是由于增长缺口变化而导致的,还是由于潜在增长率变化所引起的?如果是增长缺口变化带来的,那么经济减速便是周期性的,应采取需求管理导向的扩张政策;如果是潜在增长率变化所引起的,那么经济减速就是长期的,应该以供给管理为导向实施结构性改革。由于潜在经济增长率不可直接观测,且精确的潜在经济增长率测算结果是科学判断宏观经济形势的基础,对中国潜在增长率的准确测算一直是宏观经济相关研究领域的热点、难点以及政策制定者关注的重点。

关于潜在经济增长率的研究最早可以追溯到 Domar(1946),认为经济增长率分为三种:合意增长率、实际增长率以及自然增长率。Samuelson 和 Solow(1960)认为,潜在经济增长率就是人口和技术都在充分利用的条件下经济系统所能够实现的经济增长率。潜在产出反映了经济供给方面的情况,它是在不引起通货膨胀的情况下经济所能取得的可持续的最大产出。估算潜在产出的关键点在于判断产出的变化是周期因素引起的产出暂时性变化还是由趋势变化引起的产出持久变化(Orphanides,1999),这一点对宏观经济政策的制定非常重要。通过正确估算潜在产出和产出缺口,能够获得短期产出与通货膨胀的交替关系,正确评估通货膨胀压力,为制定和评价宏观经济政策提供科学依据。在更长期方面,潜在产出还可以作为长期经济增长规划的基础,制定可持续的长期经济发展目标,避免经济增长出现巨大波动。正是潜在产出的重要性,为了寻找准确的潜在经济增长水平,经济学界和各中央银行等组织投入了相当大的资源用于估计潜在产出水平。

普遍认为估计潜在经济增长率的方法有三类(Camba-Mendez and Rodriguez-Palenzuel,2003)。第一类方法是滤波法。该方法认为时间序列数据中本身包含长期趋势成分和波动成分,并以提取的实际 GDP 增长率波动中趋势成分作为潜在经济增长率,认为只有当存在外生冲击时,实际增长率才会围绕潜在增长率上下波动(Hodrick and Prescott,1997;刘斌和张怀清,2001;高铁梅和梁云芳,2005)。随着数据分解技术的发展,基于 HP 滤波法又衍生出了 PK 滤波法(Christiano and Fitzgerald,2003;赵昕东,2008;黄涛等,2013)、BN 分解法(Beveridge and Nelson,1981;刘金全和刘志刚,2004)、BK 滤波法(郑挺国和王霞,2010;杨天宇和黄淑芬,2010;马文涛和魏福成,2011)、不可观测成分模型(Llosay and Miller,2004;Berger and Kempa,2011;郑挺国和王霞,2010;马文涛和魏福成,2011;周晓艳等,2012)、小波降噪方法(Scacciavillani and Swagel,1999;Conway and Frame,2000;Mitra and Maheswari,2011;杨天宇和黄淑芬,2010)。尽管滤波方法简单易行,但其存在两方面的不足:一是缺乏经济理论支持(Van Norden,1995),二是滤波法在处理样本尾部数据时不准确(Baxton and King,1995)。第二类方法是菲利普斯曲线法。试图利用通货膨胀率、失业率和潜在增长率之间的关系进行估算(Kuttner,1994;Blanchard and Quah,1989;Laxton and Tetlow,1992;Apel and Jansson,1999;Zhang and Murasawa,2011;安立仁和董联党,2011)。由此派生出的方法包括结构方程模型(Cerra and Saxena,2000)、结构向量自回归模型(SVAR)(Blanchard and Quah,1989;赵昕东,2008;郭红兵和陈平,2010;马文涛和魏福成,2011)和动态随机一般均衡模型(Dynamic Stochastic General Equi-

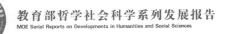

librium，DSGE）（Gali，2001；Smets and Wouters，2002；Vetlov et al.，2011；马文涛和魏福成，2011）。这种方法存在的问题在于其过多强调需求冲击的影响，而较少考虑潜在增长率的供给影响因素，因此估计出的从本质上说是对实际增长率的预测。而且对于 DSGE 模型而言，参数估计过程中的变量初始值设定对于结果影响很大，并不十分稳健（Neiss and Nelson，2005；Blanchard and Gali，2007）。第三类方法是生产函数法。主要是通过经济数据估算一国生产函数，再结合要素投入变化、要素产出弹性和全要素生产率得到潜在产出增长率的估计（中国人民银行营业管理部课题组，2001）。潜在产出水平就是非加速通胀失业率（NAIRU）下可持续的产出水平，一般是利用现实数据估算出生产函数计算得到 TFP，并对 NAIRU 下的潜在就业率水平进行估计，将其代入生产函数得到潜在产出。生产函数最明显的优势在于它建立在经济增长理论之上，全面考虑要素对经济增长的贡献度、要素利用程度和技术进步的影响，而不是依赖变量的统计关系，能充分体现潜在产出供给方面的特征。近些年，国内学术界基于生产函数法对中国潜在经济增长率进行了估算。Kuijs（2009）认为 2015 年中国潜在增长率为 7.7%—7.9%，2020 年为 6.7%；刘世锦等（2011）认为中国经济潜在增长率很有可能在 2015 年前后降至 6.5%—7.3%；蔡昉和陆旸（2012）认为中国 GDP 潜在增长率将逐渐降至 2011—2015 年的 7.19%、2016—2020 年的 6.08%。中国经济增长前沿课题组（2012）通过考察中国经济长期增长路径和效率计算得出结论，2016 年之后，随着城市化和经济服务化的推进，中国经济将进入减速通道，2011—2015 年潜在增长率在 7.8%—8.7%，2016—2020 年的潜在增长率约为 5.7%—6.6% 左右。

以上文献对正确认识和测算潜在经济增长率做出了创新性和规范性的研究贡献。可以注意到目前关于潜在增长率测算的研究成果体现出三个方面的特征：第一，潜在增长率测算结果差异性较大且普遍被高估；第二，采用趋势估计方法居多，利用生产函数法进行潜在产出估计的研究较少；第三，基于生产函数估算方法的生产函数设定缺乏对中国转型经济特征的考虑。

理论和经验研究实证了人力资本对经济增长的重要所用。微观层面的研究证据显示，受教育程度较高的劳动力拥有较高的劳动生产率。Fleisher and Wang（2001，2004）和 Fleisher et al.（2006a）使用中国企业层面调查数据研究显示，雇用受教育程度较高的劳动力会给企业带来更高的边际产出。本研究克服现有潜在经济增长率测算的研究缺陷，扩展以往利用生产函数测算潜在增长率的方法，以内生经济增长理论的 MRW 模型为基础，考虑中国经济转型过程中就业效率配置问题，构建纳入市场经济运行效率以及包括三种生产要素的生产函数，即物质资本和按照受教育程度分类的劳动力就业人口：低技能劳动力和高技能劳动力，使用省级面板数据对生产函数的要素生产弹性进行估计，并在此基础上测算样本内潜在经济增长率以及预测潜在经济增长率。

本部分余下的安排如下:第二部分为模型构建;第三部分为数据说明;第四部分基于省级面板数据,使用双向固定效应模型估计要素产出弹性;第五部分测算和预测潜在经济增长率;最后是结论。

二、模型构建

鉴于中国转型经济特征,随着中国经济市场化的深入,国有企业硬性化预算约束逐渐放松,国有企业逐渐向成本最小化或者利润最大化的市场经济主体转变,国有企业需要从竞争性的市场中借入资金来弥补损失,而且还面临与私营和准私营部门企业的经营竞争,促使其劳动生产率提升。硬性化预算约束会给国有企业带来隐形失业问题,在相同条件下,国有企业会比那些追求成本最小化或者利润最大化的企业雇用更多的工人(Fleisher and Wang, 2001)。随着国有企业改革进程加深,企业重组和混业经营等改革方案的推行会使得那些处在隐性失业状态下的工人陆续从国有企业释放出来,以提高国有企业运营效率。国有企业改革重组释放出闲置劳动力的直接结果表现为,企业雇用更少的劳动力(尤其是低技能劳动力)却获得更高的产出。也就是说,国有企业改革重组会产生劳动力投入和产出之间出现负相关,特别是低技能劳动力的产出弹性为负。因此,尽管国有企业就业效率不作为生产要素包括在生产函数中,但鉴于国有企业就业效率不仅与总产出相关,而且与劳动力就业水平尤其是与较低受教育程度群体的就业水平相关,在估计中国这种转型经济体的总生产函数时,需要考虑就业效率这一因素,否则就会因存在遗漏变量问题导致要素生产弹性估计值有偏(Fleisher et al., 2010)。

一般情况下,遗漏变量的处理方法是在总生产函数中引入代理变量。常用的方法是,加入省份虚拟变量或者同时加入区域虚拟变量和时间虚拟变量及其交叉项来识别就业效率差异。另一种相似的处理方法是引入反映国有企业改革前后具体影响的时间虚拟变量,及其与省份虚拟变量之间的交叉项,以衡量就业效率的差别。尽管上述两种方法是基于面板数据估计的标准处理策略,但却存在两个缺陷,一方面,加入较多的虚拟变量将损失较多的自由度,影响参数估计值的有效性。另一方面,虚拟变量仅能够衡量差异,较为机械化和技巧化,不能完全识别就业效率因素。

本研究采用了更为灵活的反映国有企业硬性化约束和市场竞争程度的变化带来的经济体就业效率的改变。通过使用下岗劳动力构建就业效率的代理变量(Fleshier et al., 2010),并将其直接引入生产函数中,其形式定义为:

$$E_{s,i,t}^{\delta} = [\max(1 + xiagang_{i,t}/SOE_{i,t}, E_{i,t-1})]^{\delta}$$

其中,$xiagang_{i,t}$为各省国有企业的下岗人数,SOE_{it}为国有企业就业人数,t表示时间，i 表示省份。由于假设就业效率是单调递增的，我们选择跨时间就业效率的最大化比率衡量效率的改善程度。

此外，二元经济向一元经济结构转型是中国经济步入中等收入阶段以来的又一个显著特征。农村闲置劳动力会给经济带来另一种意义上的隐性失业问题。随着户籍制度的逐渐放松，大量农村剩余劳动力从农村转移到城镇，处在隐性失业状态下的工人逐渐从农村释放出来，农村生产率获得提升。由于农村剩余劳动力多为低技能劳动力，而且其就业效率与总产出相关，在估计中国总生产函数时，也需考虑农村剩余劳动力就业效率这一因素，以处理遗漏变量可能导致的要素生产弹性估计值有偏问题。我们采用第二产业和第三产业对农村剩余劳动力吸纳能力，以反映二元经济结构调整过程带来的经济体就业效率的改变。其具体形式为：

$$E_{u,i,t}^{\delta} = \left(\frac{\mathrm{emp}_{2nd,i,t-1} + \mathrm{emp}_{3rd,i,t-1} + \Delta\mathrm{emp}_{1st,i,t}}{\mathrm{emp}_{2nd,i,t} + \mathrm{emp}_{3rd,i,t}}\right)^{\varphi}$$

其中 $\mathrm{emp}_{2nd,i,t}$，$\mathrm{emp}_{3rd,i,t}$ 分别为 i 省份 t 期的第二产业和第三产业就业量。$\Delta\mathrm{emp}_{1st,i,t}$ 表示 i 省份 t 期的第一产业就业变量。

基于此，我们将就业效率、人力资本内生于生产函数中，引入人力资本因素即加入两种类型的劳动力：拥有低技能水平的劳动力和拥有高技能水平的劳动力，以及就业效率代理变量，进一步将 Cobb-Douglas 生产函数扩展为：

$$Y_{it} = A_{it} K_{it}^{\alpha} E_{s,it}^{\delta} E_{u,it}^{\phi} L_{le,it}^{\beta} L_{he,it}^{\gamma} e^{u_{it}} \qquad (2.1)$$

其中，Y_{it} 代表总产出，A_{it} 表示技术水平，α 代表物质资本 K_{it} 的边际产出弹性，β 代表低技能劳动力 $L_{le,it}$ 的边际产出弹性，低技能劳动力定义为高中及以下受教育程度劳动力人口数，γ 代表高技能劳动力 $L_{he,it}$ 的边际产出弹性，高技能劳动力定义为大学及以上受教育程度劳动力人口数。δ 与 ϕ 分别从国有企业就业冗余和农村剩余劳动力吸纳能力的角度衡量就业效率 E_{it} 的产出效应。

对(2.1)式两边取对数，

$$\begin{aligned}\log(Y_{it}) =\, & c_0 + \alpha\log(K_{it}) + \delta\log(E_{s,it}) + \phi\log(E_{u,it}) \\ & + \beta\log(L_{le,it}) + \gamma\log(L_{he,it}) + u_{it}\end{aligned} \qquad (2.2)$$

三、数据说明

我们选取 1999—2014 年全国 30 个省份（除西藏）的面板数据进行估计，具体各个指标的数据来源与处理方法如下：

跨省可比的实际 GDP。 关于实际 GDP 的计算，首先依据《中国统计年鉴》中公布的国内生产总值指数计算 GDP 平减指数。在此基础上，计算 1985 年为基年的 GDP 平减定基指数。通过名义国内生产总值 GDP 除以 GDP 平减指数（1985 = 100）得到实际 GDP。随后，用跨省的生活成本调整指数（跨省购买力平价指数）对实际GDP进行调整,即当年的实际GDP等于实际GDP除以生活成本指数,最终得到跨省、跨期可比的实际GDP。

实际物质资本存量。选择基于OECD物质资本估算手册(OECD,2009)以及生产性估算手册(OECD,2001b)的估算方法,并以双曲线模式下年龄—效率函数(age-efficinecy profile)方法估算物质资本存量。物质资本净存量的具体计算方法和数据来源,详见《中国人力资本报告(2015)》。

不同受教育程度的劳动力人口数。选择基于永续盘存法估算的各省不同教育程度的人口数,并设定劳动力人口为16—59岁非在校生人口数。各受教育程度的劳动力人口数的具体计算方法和数据来源,参见《中国人力资本报告(2015)》。

就业效率。基于就业效率$E_{s,it}$和$E_{u,it}$的计算公式,根据《中国人口与就业统计年鉴》和《中国统计年鉴》中公布的各省国有企业在岗人数和国有企业就业人数以及三大产业就业人数来计算就业效率。

最终整理的各样本数据统计性描述如表2.1所示。从全国总量层面来看,1999年,中国实际GDP总量为1.17万亿元,在2007年上升到2.58万亿元,年均实际增长约为13.4%,金融危机之后的实际GDP增速出现下滑,到了2014年中国实际GDP总量达到4.34万亿元,实际年均增长率降为8.5%。

物质资本投入方面,1999—2014年间实际物质资本存量保持较高的增长速度。1999年中国实际物质资本存量为2.12万亿元,到2007年实际物质资本存量达到6.2万亿元,实际年均增速达到24.1%,但在随后的8年间,实际物质资本积累速度略显下降,2007—2014年年均实际物质资本存量增速较1999—2007年的年均增速下滑约2个百分点,约为22.1%,截至2014年中国实际物质资本存量约达到17.18万亿元。

表2.1 主要变量的统计描述

变量	1999年	2007年	2014年
高中及以下劳动力就业人口数	445.5	601.2	852.8
(单位:万人)	(255.5)	(368.3)	(529.2)
初中及以下劳动力就业人口数	2 038	2 056	1 878
(单位:万人)	(1 304)	(1 286)	(1 161)
实际GDP	390.2	860.8	1 448
(单位:十亿元)	(308.9)	(733.4)	(1 191)
实际物质资本存量	2 118	6 205	17 186
(单位:亿元)	(1 645)	(5 084)	(12 984)

（续表）

变量	1999 年	2007 年	2014 年
就业效率			
下岗劳动力	1.189	1.034	1.089
	(0.094)	(0.046)	(0.048)
农村剩余劳动力	1.009	1.034	1.032
	(0.050)	(0.047)	(0.0436)
样本量	480	480	480
Between N	30	30	30
Within T	16	16	16

注：(1) 东部地区省份包括：北京、天津、辽宁、上海、江苏、浙江、福建、山东、广东、海南；中部地区省份包括：山西、河北、安徽、江西、河南、湖北、湖南、吉林、黑龙江、内蒙古；西部地区省份包括：广西、重庆、四川、贵州、云南、陕西、甘肃、青海、宁夏、新疆。

(2) 表中实际 GDP 以 1985 年北京物价水平为基础的生活成本指数进行调整。实际 GDP、实际物质资本存量、分受教育程度劳动力人口数、就业效率为样本内均值，以 GDP 为例，全国 GDP 均值＝(全国各省实际 GDP 总和)/30。括号中是标准差。

劳动力投入方面，1999—2014 年，低技能劳动力就业人口数量呈现出较为明显的下降趋势。1999 年中国初中及以下劳动力就业人口数为 6.11 亿，在 2007 年该群组劳动力就业人口数量略显上升至 6.16 亿，并在随后的 8 年中出现较为显著的下滑，截至 2014 年，我国初中及以下劳动人口就业人口数降到约 5.63 亿。相比较于低级技能劳动力就业人口数出现显著下滑，高技能劳动力就业人口出现较为显著的上升，1999 年中国高中及以上劳动力就业人口仅为 1.33 亿，在 2007 年该群组劳动力人口数量明显上升至 1.8 亿，随后高中及以上劳动力人口数继续上涨，在 2014 年上升至 2.56 亿。从初中及以下和高中及以上劳动力就业人口数的这种反向变动趋势不难发现，1999—2014 年间，中国人力资本结构出现较为明显的升级。

就业效率方面，经历了 1997 年力度最大的一次国有企业下岗潮之后，国有企业改革进入较为温和的时期，1999—2014 年的国有企业改革则更关注前期国有企业下岗工人的再就业，以及国有企业资本重组效率的改革，此期间从国有企业释放的劳动力数量相比较于前期则出现了较为明显地减少。1999 年处于国有企业工人下岗的高潮时期，就业效率最高，其数值达到 1.189，随后开始下行，随着国有企业下岗工人的减少，2007 年的就业效率下降至 1.034，伴随着新一轮国有企业改革的深入，2014 年就业效率略显上升，保持在 1.089 水平左右。另一方面，户籍制度从 1998 年之后持续松动，农村剩余劳动力就业效率获得提升。1999 年处于户籍制度改革启动期，就业效率较低，其数值约为 1.009，随后开始持续上升，在

2007年和2014年分别达到1.034和1.032。

四、实证估计结果

我们分别运用面板数据的固定效应模型(FE)和随机效应模型(FE)对包含就业效率的三要素生产函数的要素生产弹性进行回归估计,并通过使用Hausman检验来判断具体使用哪个模型较为合适。固定效应和随机效应模型估计结果如表2.2所示,两个模型的拟合效果较好,固定效应模型的组内R^2分别达到0.986,而且各要素生产弹性回归系数在90%以上置信区间之内均显著不为0。然而,Hausman检验的p值显示拒绝随机效应模型设定,选择固定效应模型的估计结果则更为合理。在此基础上,考虑到数据对跨省因素的依赖,我们在固定效应模型的基础上加入省份虚拟变量,选择双向性固定效应模型(two-ways fixed efffect)对上述生产函数进行估计,并使用可以消除序列相关、异方差和截面数据相关性的稳健标准误差估计量(robust standard error estimation)。回归结果见表2.2第三列。

基于双向性固定效应模型回归结果分析认为,中国经济增长的主要动力仍然来自要素投入的增加,要素驱动型经济增长模式仍然较为明显。其中,经济增长仍然很大程度上依赖物质资本存量的增加。表2.2回归结果显示,物质资本产出弹性为0.367,且在99%置信区间内显著,说明实际物质资本上升1%,实际GDP提高0.237%。

高技能劳动力对经济增长的贡献也较为明显,其产出弹性为0.258,且在99%的置信区间内显著不为0,表明高技能劳动力就业人口数量增加1%,拉动经济增长0.258%。相比较之下,低端劳动力对经济增长的贡献程度较小且统计不显著。国有企业就业效率的产出弹性为0.219,且在10%显著性水平上显著不为0,该数值的大小反映国有企业释放下岗劳动力之后经营状况改善对经济产出的影响程度。国有企业释放下岗工人数量越多,说明国有企业隐形失业状况获得改善,企业内部资源配置获得优化,劳动力就业效率获得提升。可见,国有企业释放下岗工人数量越多,就业效率数值越大,国有企业效率越高,对经济产出将产生正面影响。由于国有企业就业效率始终保持在0—2,其数值上升幅度有限,如果下岗工人数量增加,将促使国有企业就业效率提升0.1个点,实际GDP增加0.025个百分点。此外,尽管二元经济结构转型过程中的农村剩余劳动力就业效率的产出弹性也为正,但统计不显著,如果农村剩余劳动力转移的就业效率提升0.1个点,实际GDP仅仅提高0.0022个百分点。

表 2.2 生产函数回归结果

解释变量	被解释变量:ln(real_gdp)		
	模型 1 固定效应	模型 2 随机效应	模型 3 双向性固定效应
$\mathrm{Log}(L_{he,it})$	0.390***	0.425***	0.258***
	(0.0972)	(0.0936)	(0.0896)
$\mathrm{Log}(L_{le,it})$	0.0926	0.178**	0.0538
	(0.133)	(0.0861)	(0.638)
$\mathrm{Log}(K_{it})$	0.521***	0.539***	0.367***
	(0.0330)	(0.0277)	(0.0764)
$\mathrm{Log}(E_{s,it})$	0.0794	0.0665	0.219*
	(0.120)	(0.123)	(0.112)
$\mathrm{Log}(E_{u,it})$	0.0305	0.0247	0.0220
	(0.0390)	(0.0390)	(0.0312)
常数项	−1.127	−2.105***	1.319
	(1.056)	(0.450)	(1.411)
Between N	30	30	30
Within T	16	16	16
Within R^2	0.986		0.990
Hausman test: F value (Pr>F)	39.06(<0.0001)		

注:括号中为稳健标准误;*** 在 1% 置信水平下显著,** 在 5% 置信水平下显著,* 在 10% 置信水平下显著。

由于反映就业效率的代理变量选择可能影响上述生产函数中各个要素产出弹性回归系数的敏感性,我们使用另一种就业效率代理变量处理方法,并将其代入生产函数中,检验各要素产出弹性估计结果的稳健性。将国有企业就业效率变量定义为:

$$E_{it}^{\delta} = e^{a\times \mathrm{trend\_soe} + b\times \mathrm{trend\_soe}^2}$$

衡量 2003 年开始的新一轮国有企业改革。设定 2003 年之前 trend_soe=0,2003 年以后 trend_soe=$t-2003$;将农村剩余劳动力就业效率变量定义为:$E_{it}^{\theta}=e^{c\times \mathrm{trend\_ind} + d\times \mathrm{trend\_ind}^2}$。衡量 1998 年开始的户籍制度改革,设定 2001 年之前 trend_ind=0。此外设定二次函数形式旨在捕捉国有企业部门就业效率变化(加速或者减速)调整路径。

基于此,双向性固定效应模型回归结果如表 2.3 所示,在模型中替换教育效率代理变量以后,各要素产出弹性回归结果与表 2.2 中的回归结果相似,反映出模型设定的稳健性。此时,物质资本的产出弹性为 0.369 且统计仍然显著。高技能劳动力的产出弹性为 0.257,较表 2.2 中对应的回归结果相差不到 0.01,而低技能劳动力的产出弹性仍然统计不显著。从就业效率变量的回归结果来看,2003 年开始的新一轮国有企业改革对经济增长产生了促进作用且呈现出边际效应递增,同时 1998 年开始的户籍制度改革也对经济增长产生了正向刺激,但刺激效果出现了边际效应递减。这一结果与表 2.2 的回归结果所得出的结论基本一致。

表 2.3 生产函数回归结果的稳健性检验

解释变量	模型 1	模型 2	模型 3
	固定效应	随机效应	双向性固定效应
$\text{Log}(L_{he,it})$	0.306***	0.386***	0.257***
	(0.0849)	(0.0936)	(0.0898)
$\text{Log}(L_{le,it})$	0.0416	0.172*	0.0258
	(0.141)	(0.0924)	(0.147)
$\text{Log}(K_{it})$	0.409***	0.463***	0.369***
	(0.0614)	(0.0390)	(0.0785)
Trend_soe	0.0249***	0.0162**	0.0463
	(0.00787)	(0.00628)	(0.167)
Trend_squ_soe	0.0235***	0.0193***	0.0298***
	(0.00435)	(0.00334)	(0.00432)
Trend_ind	0.110***	0.0886***	0.149***
	(0.0193)	(0.0139)	(0.0277)
Trend_squ_ind	−0.0254***	−0.0210***	−0.0307***
	(0.00434)	(0.00326)	(0.00427)
常数项	0.536	−1.297**	1.204
	(1.280)	(0.584)	(1.475)
Between N	30	30	30
Within T	16	16	16
Within R^2	0.989		0.989
Hausman test:F value($\text{Pr}>F$)	27.18(<0.0001)		

注:括号中为稳健标准误;*** 在 1% 置信水平下显著,** 在 5% 置信水平下显著,* 在 10% 置信水平下显著。

五、潜在经济增长率的测算结果

根据生产要素产出弹性的估计结果,结合各要素的增长率就可以分析得出中国经济增长的特征。基于全国层面的资本存量、低技能劳动力和高技劳动力,可以计算出全国层面的潜在经济增长率。通过图2.1可以看出,从1999年以来,中国实际物质资本存量增长率保持在9.3%—14.1%。从变化趋势来看,资本存量增速自金融危机之后,开始呈现出逐年下滑的态势,从2009年14.1%回落至2014年的12.5%。结合要素产出弹性之间的差异基本可以断定,自从在1999年中国进入了中低收入阶段之后,中国近10年以来的经济增长,仍然实施资本驱动型经济增长模式。

高技能劳动力增长率的波动性较大,在2001年以后,经历了先增加后减小的"倒U形"的走势,在2007年实现了8.6%的最高增长率,随后出现显著下滑,截至2014年,高技能劳动力增长率仅为2.9%左右。由于我国低技能劳动力占比较高,劳动力人口增长率由低技能劳动力增长率决定。低技能劳动力增长率在经历了2001年短暂的负增长之后,在2001—2004年间保持了0.5%的年均增长率。随后受到计划生育政策对劳动力数量的负向影响,低技能劳动力增长率开始负增长且幅度逐渐加大。比较低技能劳动力和高技能劳动力的变动趋势,可以推断出这样一个事实,随着人口结构变动对劳动力供给产生负面冲击,劳动力就业人口数量出现负增长,高技能劳动力人口的继续上升促使人力资本水平提高的速度大于劳动力总量增长的速度,人口因素对经济增长的贡献开始从年龄结构变化(人口红利)带来的劳动力绝对数量的增长转向人口质量层面的人力资本增长。劳动力人口受教育程度提高增加了人力资本存量,而人力资本结构升级使得劳动生产率获得提升,从而促进经济增长。

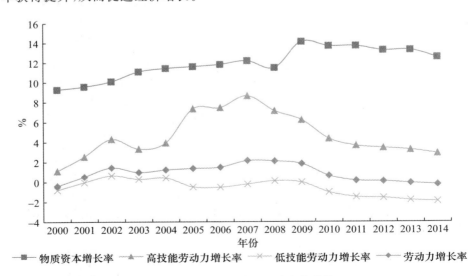

图2.1 各要素增长率的变化趋势

我们根据模型估算结果和产出弹性进一步估算出样本内(1999—2014)经济的潜在产出,并进一步计算出 2000—2014 年的中国经济潜在增长率(见图 2.2),采用下岗函数和趋势虚拟变量的双向固定效应模型估计出的经济潜在增长率结果基本一致,从而保证了估计结果的稳健性。

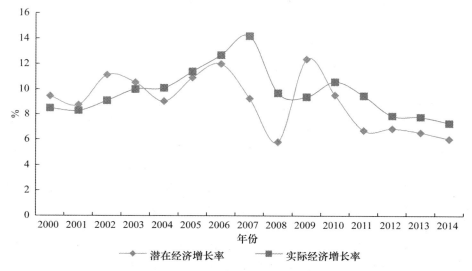

图 2.2　中国 2000—2014 年经济潜在增长率变化趋势

根据图 2.2 可以发现,2000—2014 年中国实际经济增长率和潜在经济增长率并没有呈现出同步变化的规律,产出缺口是正负交替出现的。由此表明,这一时期的实际经济增长率不仅受到潜在经济增长率的影响,来自短期经济周期中各个方面的冲击影响也不容忽视,比如短期外部冲击、政策因素冲击等等。如果暂时忽视 2007 年次贷危机、2008 年金融危机期间的经济波动,我们不难发现,后危机时代的中国实际经济增长率与潜在经济增长率基本呈现出相同的变化趋势,特别是在 2010 年中国经济进入"新常态"以后,伴随着潜在经济增长率下滑,而实际经济增长率也逐渐下滑。由此反映出,这一阶段的实际经济增长率变化在很大程度上取决于潜在经济增长率变化,这也意味着,2010 年以来中国实际经济增长率的趋势性下滑正是由于潜在经济增长率步入下行轨道所致。

结合潜在经济增长率、各要素增长率的变化趋势以及生产要素的产出弹性估计值综合分析可知,在 2008 年金融危机之后,潜在经济增长率出现了系统性下滑的趋势,这种下行趋势是由物质资本存量增速下降以及劳动力人口增速特别是高技能劳动力人口增速显著下滑共同所导致的。但潜在经济增长率没有出现像高技能劳动人口数那样明显下滑的趋势,除了高技能劳动力对产出的贡献率不高之外,物质资本存量并未出现大幅下滑、人力资本结构升级促使的人力资本存量平稳增长在一定程度上对冲了劳动力人口数量下降对潜在经济增长率的负面影响。

我们构建三种生产要素生产函数,结合"十三五"期间的劳动力结构和数量、物质资本存量的可能变化,预测 2015—2020 年潜在经济增长率的情况。技术进步方面,基于本研究对要素生产弹性的估计结果显示,中国生产函数中技术进步速度占 GDP 增长率的份额约为 21% 左右,这种情况也与大多数研究的结论相一致,认为资本驱动型经济增长模式导致全要素生产率改进空间受到挤压,全要素生产率对 GDP 增长的贡献份额有限(张平等,2014)。鉴于技术进步变化属于长期效应,假定 2015—2020 年内,技术进步不会出现明显变化,仍然保持在 21% 左右,中国经济仍然处在资本驱动增长模式向创新驱动增长模式的转换过程中。劳动力供给方面,由于劳动力数量和结构变化是长期因素导致的结果,短期内不会发生显著改变,同时基于中国渐进性的改革思路假定不会出现大力度的教育改革,大学招生率不会发生显著变化,2015—2020 年高技能劳动力增长率保持在 2.8% 左右,低技能劳动力仍然处于负增长阶段,约为 −1.72% 左右。物质资本存量方面,假设 2015—2020 年的物质资本以两种情况发生变化,一是按照 2010—2015 年平均 12.7% 的速度增长,二是按照 2010—2015 年物质资本增长率的平均降幅增长,这种情况的物质资本年均增长率约为 11% 左右。由此可以预测出 2015—2020 年中国经济潜在增长率约维持在 5.9%—6.5%(见表 2.4)。

表 2.4 2015—2020 年潜在经济增长率预测　　　　　　　　单位:%

时间	潜在经济增长率	高技能劳动力	低技能劳动力	物质资本	技术进步贡献率
2015—2020	5.9—6.5	2.80	−1.72	11—12.7	0.21
2015—2016	6.3—6.6	2.90	−1.85	11.68—12.39	0.21
2017—2020	5.9—6.4	2.74	−1.66	10.6—12.68	0.21

注:尽管 2015 年和 2016 年的潜在经济增长率属于样本外预测值,但由于这两年的实际经济增长率数据可得,表中也展示了 2015—2016 年和 2017—2020 年两个样本外时间段的计算结果。

六、结论

本节基于内生经济增长理论,结合中国经济转型过程就业效率的变化,考虑了不同人力资本积累层次的就业劳动力投入:高端技能劳动力和低端技能劳动力,并以省级面板数据为基础估计了同时包含三种生产要素以及就业效率生产函数的要素产出弹性,并在此基础上测算了中国经济潜在增长率,实证研究结果发现:

(1)潜在经济增长的确影响实际经济增长率走势,但二者并没有呈现出同步变化的规律,短期因素对实际经济增长率的冲击不可忽视。

(2) 潜在经济增速的下滑可以显著解释中国经济进入"新常态"以后的实际经济增长率下行,而潜在经济增长率下降源自物质资本存量积累乏力以及高端技能劳动力人口增速显著下滑。

(3) 假定2015—2020年技术进步速度不会发生明显变化,仍然占GDP增长率份额的21%,高技能劳动力和低技能劳动力增长率分别保持在3.9%和－1.72%左右,如果物质资本分别按照年均11%和12.7%两种情形增长,那么预计2015—2020年间,中国经济潜在增长率将大概率维持在5.9%—6.5%。

第二节 中国经济增长动力转换

除了资本和劳动投入对经济增长的贡献之外,全要素生产率或者技术进步的提高则是核心关键因素。在新古典经济增长理论框架下,由于要素投入的边际收益递减,稳态条件下要素驱动型经济增长模式不可持续,技术进步才是经济增长的源泉。内生经济增长理论将技术进步内生化为知识创新,而知识创新不仅源自一个地区研究与开发(R&D)投入和人力资本积累直接效应产生的自主创新,而且也源自对外界技术的引进、模仿及学习,即由知识外溢间接推动的技术进步。知识外溢的传导渠道包括商品贸易、资本流动、人口流动以及信息交流等等(Keller,2004)。

内生经济增长理论强调国际技术扩散效应产生的技术进步,以国际商品流动(国际贸易)与国际资金流动(外商直接投资,FDI)为主要媒介。国外的技术研发活动通过国际贸易途径对国内生产率产生重要的贡献(Grossman and Helpman,1995;Holmes and Schmitz,2001),中间产品之间的国际贸易促使技术扩散效应扩大,使得发达国家之间能够通过国际贸易促进本国技术进步(Keller,2000)。然而,由于发展中国家的低技能劳动力禀赋较高,其比较优势主要集中在技术进步提升较慢的生产部门,因为自由贸易的考虑,发展中国家选择专门从事具有比较优势的传统部门生产,致使其通过贸易手段提升生产率途径受阻。因此,在实践过程中,发展中国家或者转型国家往往借助引进外国直接投资可能带来的新的生产和管理技术及其随之而来的溢出效应(Blomstrom,1986;liu,2007),进而提高本国企业竞争力和生产率。改革开放以来,中国实施引入外资战略,吸引了大量的外商直接投资,外资流入对传统生产技术升级、企业管理效率的提升、人力资本配置、维持国际收支顺差等生产率提高、宏观经济目标具有重要的贡献(魏后凯,2002;潘文卿,2003;陈涛涛,2003;赖明勇等,2004;陈继勇和盛杨怿,2008)。

然则,大量的实证研究结果显示,FDI对东道国经济增长的作用是复杂的,FDI对发展中国家经济增长的贡献在经验研究层面不能达到一致的结论。一部分研究结果表明 FDI 对东道国的经济增长具有明显的正向效应(De Gregorio, 1992;Blomström and Sjöholm,1999;魏后凯,2002;江锦凡,2004),一部分研究结果显示 FDI 对东道国经济增长的作用不显著或者作用要经过一定的时间才能显现(Barrio et al.,2004;武剑,2002;程惠芳,2002)。经验研究未能达到一致结论的一个重要原因在于忽略了 FDI 对经济增长产生贡献的必要条件(或可形象称为"中间媒介")——技术吸收能力。Keller(1996)指出 FDI 引致外界技术转移依赖于发展中国家的技术吸收能力,而技术吸收能力由什么因素决定呢? 是东道国的人力资本积累水平。

内生经济增长理论也强调了技术进步源自人力资本的知识创新和知识溢出效应。尽管由于各个国家的经济结构、劳动力市场和教育质量存在显著差异,导致基于跨国横截面数据研究人力资本对经济增长提升程度仍未获得一致结论(Barro,1991;Mankiw et al.,1992;Benhabib and Spiegel,1994;Islam,1995;Krueger,1995;Pritchett,2001;Temple,2001),但人力资本的经济增长效应已经得到了识别,Nelson and Phelps(1966)、Islam(1995)和 Benhabib and Spiegel(1994)认为人力资本通过提高新技术的适应能力,促进全要素生产率的提升。改革开放以后,中国经济快速增长,区域经济增长差距也逐渐拉大,为转型国家的人力资本经济增长效应提供了一个重要的实证依据。Fleisher and Chen(1997)和 Demurger(2001)通过经验研究发现,二级以上或者大学教育水平上升是导致中国省级经济增长差异的重要因素。在对中国企业的数据分析中,Fleisher and Wang(2001,2004)和 Fleisher et al.(2006a)发现的证据表明,受过良好教育的工人比低教育水平的工人有较高的边际产品。Liu(2008)通过研究也证实了人力资本积累将对中国农村和城镇劳动力生产率产生正外部性。

人力资本通过两种渠道影响经济增长:知识技术创新的 Lucas 模式和技术吸收与扩散的 Nelson-Phelps 模式。前者说明人力资本是知识技术进步的重要源泉,反映人力资本对经济增长的直接效应,人力资本可以作为生产过程中的直接要素之一,通过个人的知识技术创新途径促进整个社会的全要素生产率提升。后者突出了人力资本的外部"溢出效应",人力资本是知识技术的吸收和扩散的必要条件,人力资本水平越高,对外界技术的吸收和扩散的能力也就越强,间接地推动了全要素生产率的提升,促进经济增长。由此可见,当人力资本水平伴随着技术引进而不断提升时,新的技术引进才有可能提高技术进步,促进经济持续增长(邹薇和代谦,2003;代谦和别朝霞,2006)。Borensztein et al.(1998)也认为只有当人力资本水平达到最低临界水平的时候,外资引进技术对本国经济增长的作用才能显现,人力资本的积累在中间起着关键的作用。

在现有文献研究的基础上,本部分试图利用中国经济数据实证分析技术创新、技术外溢与技术吸收能力对全要素生产率的贡献,进而识别和认识中国经济增长的动力来源。我们将人力资本、研发投入引入开放经济模式下的内生经济增长模型,集中考察技术创新和技术吸收能力、技术外溢与全要素生产率之间的关系。基于内生经济增长研究框架,一方面讨论人力资本与国内 R&D 投入对技术创新的直接效应;另一方面,在考虑对技术吸收能力即人力资本积累的基础上,分析中间产品进口、FDI 对本国技术进步产生的技术外溢效应。同时意识到,不同经济发展阶段的经济增长动力机制可能不同,在中低收入阶段有效促进经济增长的动力因素在中高等收入阶段可能失效,我们也试图探索中国处在不同收入阶段区间的经济增长动力机制,尤其是分析中国进入中高等收入阶段之后经济增长的动力机制转换及其困境,尝试中国避开"中等收入陷阱"的路径。

本部分余下的安排如下:第一部分为全要素生产率计量模型设定及数据说明;第二部分为实证研究结果与解释;最后为结论及启示。

一、模型设定数据说明

(一)模型设定

我们在内生经济增长框架下,设定全要素生产率的回归方程如下:

$$\ln \text{TFP}_{i,t} - \ln \text{TFP}_{i,t-1} = \eta_{1,i} + \eta_{2,t} + \beta_1 \text{hc}_{i,t-1} + \beta_2 \ln \text{hsp}_{i,t-2}^{\text{FDI}} + \beta_3 \text{hsp}_{i,t-2}^{\text{region}}$$
$$+ \beta_4 \ln \text{sp}_{i,t-2}^{\text{import}} + \beta_5 \ln \text{R\&D}_{i,t-1}^{d} + \beta_6 \text{ifrai}_{i,t-1}$$
$$+ \beta_7 \text{mkt}_{i,t-1} + \gamma X_{i,t} + \theta Z_{i,t} + \varepsilon_{i,t} \quad (2.3)$$

其中:

$\ln \text{TFP}_{i,t} - \ln \text{TFP}_{i,t-1}$:被解释变量,是基于上述包含就业效率的生产函数的产出弹性估算结果,应用"索洛余项"计算的全要素生产率,并取其自然对数值。

$\text{hc}_{i,t}$:解释变量,高中及以上受教育程度的人力资本存量。根据 Benhabib and Spiegel(1994)的国内创新研究框架,TFP 增长是人力资本的函数,人力资本被认为既有知识创新的直接效应,又有技术间接溢出效应。我们使用中高端技能人力资本衡量人力资本对技术进步的直接效应,用高中及以上平均受教年限表示。通过分城镇、农村以及年龄结构的高中、大专和大学受教育程度人口所占比重为权重的加权平均计算平均教育水平。受教育程度的人口数占比具体计算方法和数据来源,参见《中国人力资本报告(2015)》。

$\ln \text{hsp}_{i,t}^{\text{FDI}}$:解释变量,衡量 $\text{FDI}_{i,t}$ 通过从事生产经营活动给东道国带来的技术外溢效应。其计算公式为 $\text{hsp}_{i,t}^{\text{FDI}} = \text{hc}_{i,t} \times \frac{\text{FDI}_{i,t}}{\text{FDI}_t} \sum_{j=1}^{n} \frac{\text{FDI}_{j,t}}{K_{j,t}} \times (\text{R\&D}_{j,t}^{f})$ (Pottelsberghe and Lichtenberg, 1998),并取其自然对数。假定考虑东道国从 n 个国家引入外资,由于 OECD 国家占有全球研发投入的大部分份额,而且中国 FDI 也主要

来源于 OECD 国家，特别是其中的 G7 国家[①]。这里在实证研究中主要选取 G7 国家为样本点，即 $n=7$。

$R\&D_{j,t}^{f}$ 是 t 期 j 国的 R&D 研发投入，$FDI_{i,t}$ 是 t 期中国从 j 国吸引的外商直接投资。$K_{j,t}$ 为 t 期 j 国的资本形成。由于 $FDI_{i,t}$ 的技术溢出效应受到东道国技术吸收能力的影响，中高端人力资本存量决定了技术模仿的外溢效应（Barro and Lee, 1993），我们采用中高端人力资本水平 $hc_{i,t}$ 与 $\ln hsp_{i,t}^{FDI}$ 的交叉项来衡量 $FDI_{i,t}$ 的生产经营性技术外溢效用。

$hsp_{i,t}^{region}$：解释变量，衡量区域技术差异引致的国内技术扩散效应。一般情况下，$TFP_{i,t}$ 增长依赖于其真实 $TFP_{i,t}$ 水平与最高水平 $TFP_{max,t}$ 之间的差距，即全要素生产率差距 $\dfrac{TFP_{max,t}-TFP_{i,t}}{TFP_{i,t}}$ （Nelson and Phelps, 1966），表示高技术水平的地区向低技术水平地区的潜在技术外溢程度，根据干中学理论的假设，高 $TFP_{i,t}$ 水平的地区，其产出水平也较高，全要素生产率差距表现为产出差距。同时考虑到区域间距离因素对技术外溢的影响，区域技术扩散效应的计算公式为 $hsp_{i,t}^{region}=hc_{i,t}\times\dfrac{1}{d_{max\_i}}\left(\dfrac{GDP_{max,t}-GDP_{i,t}}{GDP_{i,t}}\right)$ （Fleisher et al., 2009）。$GDP_{max,t}$ 为国内最富裕地区的产出水平，d_{max_i} 表示距离最富裕地区的距离。同样地，我们使用中高端人力资本水平 $hc_{i,t}$ 和 $hsp_{i,t}^{region}$ 的交叉项来衡量国内区域间的技术外溢效应。

$\ln sp_{i,t}^{import}$：解释变量，衡量 FDI 企业通过国际商品贸易途径带来的技术外溢效应。其计算公式为 $sp_{i,t}^{import}=\dfrac{IM_{i,t}^{FDI}}{IM_{t}}\sum_{j=1}\dfrac{IM_{j,t}}{GDP_{j,t}}RD_{j,t}^{f}$ （Pottelsberghe and Lichtenberg, 1998），并取其自然对数值。n 仍然表示引入外资国家的数量，$RD_{j,t}^{f}$ 依然表示为 t 期 j 国的 R&D 研发投入，$IM_{j,t}$ 是 t 期中国从 j 国的进口量，$GDP_{j,t}$ 是 t 期 j 国的国内生产总值。$IM_{i,t}^{FDI}$ 表示 t 期外商投资企业的进口总量，IM_{t} 为 t 期中国进口总量。

$\ln R\&D_{i,t}^{d}$：解释变量，为 R&D 资本存量，衡量研发投入力度。由于研发投入具有长期性和外部性，一般情况以政府 R&D 支出为主要形式。我们采用国家财政科技投入的资本形成总量作为 R&D 累计的资本存量的代理变量，其计算公式为：$R\&D_{i,t}^{d}=R\&D_{i,t-1}^{d}\times(1-\delta)+R\&D\_INV_{i,t}^{d}$，并取其对数值。$R\&D\_INV_{i,t}^{d}$ 为 R&D 投资支出，δ 为折现率，这里设定为 5%。

$X_{i,t}$：向量，包含了知识外溢效应的解释变量平方项。由于技术扩散的外溢效应对全要素生产率的影响可能存在一种 U 形的非线性效应，即技术扩散积累到一

[①] G7 国家集团包括：美国、英国、法国、德国、加拿大、意大利、日本。

个临界水平的时候才能体现出正的外溢效应。

$ifrai_{i,t}$：解释变量，衡量基础设施建设水平。政府加大基础设施建设，诸如道路建设、电子通信等，有助于提升当地生产经营效率。此外，基础设施水平上升会给投资营造一个较为良好的硬性环境，吸引外商投资和人力资本的流入。由于基础设施建设与人力资本、FDI 相关，在回归估计过程中，如果忽视该因素可能会造成遗漏变量问题。这里选择城市道路面积、城市路灯照明作为基础设施建设的代理变量，并取其自然对数值。

$mkt_{i,t}$：解释变量，表示市场化程度。除了有形的基础设施以外，市场化等体制基础设施也是支持经济增长的一个重要因素，市场化改革使得资金进入门槛放宽，吸引国外直接投资动机增加。因此，市场化程度同时影响经济增长和 FDI，需要加入回归模型中。这里以非国有企业就业人数所占比重衡量，国有企业就业份额越低，市场化程度越高。

$Z_{i,t}$ 向量，包含了影响经济增长的一系列结构性因素变量。如工业化程度、城镇化程度以及对外依赖程度等。工业化程度以第二产业就业所占份额衡量，城镇化程度表示为城镇人口与农村人口比重，对外依赖程度由人均贸易总量衡量，并取其对数值。

虚拟变量 $\eta_{1,t}$ 和 $\eta_{2,t}$ 分别识别时间固定效应和个体固定效应。这里在对回归方程参数估计过程中，同时考虑了各省的个体固定效应和时间固定效应，利用双向固定效应（two-ways FE）控制其他未观测遗漏变量可能引起的偏差。

（二）数据说明

根据数据的可得性，我们选择中国 30 个省份（剔除西藏）的面板数据，样本空间设定为 1999—2014 年。按照世界银行的分类标准（见表 2.5），中国自 1998 年由低收入转为中低收入经济体，2010 年又进一步跃升到中高收入组别，开始向现代发达国家过渡。

表 2.5　世界银行对各国发展水平的划分标准　　　　　单位：美元

	1999 年	2010 年	2015 年
低收入门槛	<=755	<=1 005	<=1 025
中低收入门槛	756—2 995	1 006—3 975	1 026—4 035
中高收入门槛	2 996—9 265	3 976—12 275	4 036—12 475
高收入门槛	>9 265	>12 275	>12 475
中国	860	4 340	7 930
世界	5 297.6	9 390.5	10 547.5

资料来源：世界发展指标（2017）。

由此,本节以2010年为经济发展水平临界点,考察1999—2009年完整的中低收入阶段和2010—2014年中高收入初级阶段的经济增长动力机制差异,探索中国处在不同经济发展阶段的经济增长动力机制,分析中国步入中高收入阶段的经济增长动力转换路径。此外,本研究也比较分析了中国处于中低和中高收入阶段时,各区域知识创新和知识溢出对其技术发展水平的贡献程度,探讨区域经济增长动力机制转换情况。鉴于样本自由度的限制,我们分东部、中部和西部三个区域进行讨论。除了人力资本数据之外,本研究的数据来源为Wind宏观数据库。表2.6为变量的描述性统计。

表2.6 变量统计性描述表

变量	1999年	2009年	2014年
全要素生产率:lnTFP	1.67	1.78	1.86
	(0.49)	(0.50)	(0.51)
高中以上平均受教育水平	12.54	12.89	13.27
	(0.23)	(0.36)	(0.27)
国内区域间技术外溢	1.78	1.14	0.72
(单位:亿元)	(2.03)	(1.43)	(1.22)
进口贸易性技术溢出	0.66	3.05	5.12
(单位:万亿元)	(1.53)	(6.74)	(11.16)
FDI生产性技术溢出	0.44	0.50	0.48
(单位:万亿元)	(1.01)	(1.10)	(1.068)
R&D资本积累	8.82	128.40	445.00
(单位:万亿元)	(7.41)	(134.50)	(441.10)
城市道路面积	4.430	12.69	14.63
(单位:万平方米)	(2.45)	(6.7)	(7.76)
城市道路照明灯数量	411.5	1219	1853
(单位:万盏)	(247.7)	(892.4)	(1268)
市场化程度	14.27	39.34	56.63
	(8.05)	(39.34)	(13.67)
工业化程度	0.42	0.48	0.46
	(0.07)	(0.08)	(0.08)
城镇化程度	0.40	0.53	0.56
	(0.18)	(0.15)	(0.14)
对外开放程度	2.79	11.59	17.46
(单位:千元)	(1.39)	(18.59)	(24.16)

(续表)

变量	1999年	2009年	2014年
样本量	450	450	450
Between N	30	30	30
Within T	15	15	15

注:(1)东部地区省份包括:北京、天津、辽宁、上海、江苏、浙江、福建、山东、广东、海南;中部地区省份包括:山西、河北、安徽、江西、河南、湖北、湖南、吉林、黑龙江、内蒙古;西部地区省份包括:广西、重庆、四川、贵州、云南、陕西、甘肃、青海、宁夏、新疆。

(2)表中全要素生产率是使用双向固定效应模型估计包括三个生产要素生产函数的生产要素弹性,并结合生活成本指数调整后的实际GDP自然对数值计算出的"索洛余项"。

(3)国内区域间技术溢出、进口贸易性技术溢出、FDI生产性技术溢出变量定义见正文内容。

表中实际GDP使用了以1985年北京物价水平为基础的生活成本指数进行调整。GDP、物质资本存量、分受教育程度劳动力人口数、就业效率为样本内均值,以GDP为例,全国GDP均值=(全国各省实际GDP总和)/30。括号中是标准差。

(4)表中各变量为样本内均值,括号中是标准差。

根据表2.6中数据统计性描述发现,当中国处在中低收入阶段时,中国全要素生产率稳定增长,其自然对数从1999年的1.67上升至2009年的1.78,年均增长率约为0.65%。人力资本在此期间获得显著提升,高中及以上平均受教育水平从12.54上升至12.89,显然这与1996年以后的大学扩招不无关系。与此同时,各种途径的技术溢出也获得显著增加。从进口贸易方面来看,进口贸易性技术溢出呈现显著增长,中国通过进口商品引进技术进步从1999年的19.8万亿元上涨至2009年的91.5万亿元,年均增长率达到35%。相比较之下,引入外资产生的技术溢出程度较为有限,中国依靠FDI技术模仿性技术进步在中低收入阶段并未呈现出显著变化,1999年FDI生产性技术溢出约为13.2万亿元,到2009年则为15亿元。同时,随着西部大开发等战略的实施,区域经济增长差距和技术支持呈现收敛态势,致使该经济发展阶段,区域技术外溢呈现出下降的态势,国内区域间技术外溢指标从1999年的1.78下滑至2009年的1.14。相比较于人力资本知识外溢技术进步增长缓慢,中国政府加大了对科学技术研发投入的力度,中国研发资本积累迅速,R&D资本积累总额从1999年的264.6亿元上升至2009年的3852亿元,年均增长率约为136%。与此同时,在1999—2009年,中国硬性和软性基础设施建设水平均呈现出明显的提升。随着国有企业改革的深入,非国有企业吸纳的就业份额显著增加,该比重从1999年的14.27%上升至2009年的39.34%,增加约25个百分点。城市道路面积和城市道路照明反映的硬性技术设施建设水平也从1999年的4 430万平方米、411.5万盏增加至2009年的12.7万平方米和1 219万盏,年均增长率分别实现18.7%和19.6%。另外,在该经济发

展时期,中国经济结构也发生了较为显著的变化,第二产业比重上升预示的工业化程度增加,从1999年的42%上升至2009年的48%;城镇化程度也显著提升,城镇人口占比从1999年的约40%增加至2009年的53%;对外开放程度则提高得更为明显,人均贸易总额从1999年的0.279万元上升至2009年的1.159万元。

相比较于处在中低收入阶段,中国在步入中高等收入阶段之后,全要素生产率以及影响全要素生产率因素的运行趋势发生了较为明显的变化。全要素增长率继续提升,但上升速度有所提高,2009—2014年间,全要素生产率的自然对数值从1.78增加至1.86,年均增速约为0.89%。从全要素生产率的贡献因素来看,一方面,人力资本积累水平、市场化程度增长幅度呈现明显上升。高中及以上平均受教育水平从2009年的12.89增长至2014年的13.27,年均增长0.08年,较中低收入经济发展阶段上升0.04年;该阶段非国有企业吸纳就业份额年均上涨3.46个百分点,较前一经济发展阶段上升约1个百分点。另一方面,技术外溢程度、研发资本积累均出现显著放缓。尽管进口贸易性技术外溢继续增长,从2009年的91.5万亿元上升至153.2万亿元,但年均增幅仅为11%,远低于中低收入阶段35%的年均增速;FDI生产性技术外溢程度出现下降,从2009年的15万亿元下降至14.4万亿元,年均下滑速度约为1%;区域技术溢出程度也继续下降,国内区域间技术外溢指标从2009年的1.14下降至0.72;R&D资本积累年均增长率较中低收入阶段下降约60个百分点,仅为41%。同时,硬性基础设施建设水平增长也进入了瓶颈,城市道路面积和城市照明灯数量年均增速约为3.1%和10.4%,较前一收入阶段分别下降约15和9个百分点。此外,中高等收入阶段的经济结构也发生明显的变化,其中较为明显的是产业结构调整,第二产业就业占比从2009年的48%下降至46%,年均下降3个百分点。城镇化和对外开放程度增速也出现不同程度的下滑。

二、实证结果分析与解释

面板数据的回归首先要检验是采用固定效应还是随机效应模型。我们分别运用面板数据的固定效应模型和随机效应模型对全要素生产率回归方程进行回归估计,并使用Hausman检验筛选合适的模型。基于面板数据固定效应和随机效应的回归结果(见表2.7中第(1)列和第(2)列)显示,两个模型的各个影响因素对全要素生产率的回归系数差别不大。Hausman检验的p值显示拒绝随机效应模型设定,选择固定效应模型估计模型更为合理。在此基础上使用双向性固定效应模型(two-ways fixed efffect)对全要素生产率的计量模型进行回归,分别基于全样本空间、中低收入经济发展阶段的样本空间和中高收入阶段的样本空间的面板数据进行TW-FE回归估计,结果见表2.7的第(3)—(5)列。

表 2.7 全要素生产率面板数据回归结果

	被解释变量:全要素生产率增长率 $\ln(TFP)_t - \ln(TFP)_{t-1}$				
	随机效应	固定效应	双向性固定效应		
	全样本 (1)	全样本 (2)	全样本 (3)	中低收入阶段 (年份<2010) (4)	中高收入阶段 (年份≥2010) (5)
高中及以上平均教育水平	0.189 (0.113)	0.346* (0.194)	0.431* (0.233)	0.213 (0.362)	0.744* (0.405)
R&D研发资本	0.140 (0.110)	0.0709 (0.130)	0.201 (0.243)	0.191 (0.293)	0.541 (0.304)
进口贸易性技术溢出	0.255 (0.171)	0.105 (0.184)	0.321* (0.162)	0.278* (0.167)	0.358* (0.206)
FDI生产性技术溢出	0.276* (0.132)	0.395** (0.134)	0.275* (0.140)	0.248* (0.146)	0.323 (0.258)
国内区域间技术外溢	0.0688 (0.0799)	0.0612 (0.161)	0.193 (0.210)	0.345* (0.193)	0.155 (0.383)
城市道路面积	0.0209 (0.0140)	0.0299* (0.0163)	0.0401** (0.0175)	0.0318** (0.0133)	0.027* (0.0154)
城市道路照明灯数量	0.00333*** (0.00123)	0.00414** (0.00156)	0.00439** (0.00167)	0.00504* (0.00270)	0.00446* (0.00243)
市场化程度	−0.0038 (0.0062)	−0.0058 (0.0055)	0.0034 (0.0064)	−0.0019 (0.0067)	0.0075 (0.0073)
城镇化程度	0.0197 (0.171)	0.02 (0.196)	0.038 (0.152)	0.023 (0.169)	0.055 (0.219)
对外开放程度	0.0171 (0.184)	0.101 (0.387)	0.0868 (0.387)	0.075 (0.569)	0.0982 (0.717)
Between N	30	30	30	30	30
Within T	14	14	14	9	5
Within R^2		0.366	0.352	0.313	0.284
Hausman test: F value (Pr>F)	153.67 (<0.0001)				

注:(1) 括号中为稳健标准误;*** 在1%置信水平下显著,** 在5%置信水平下显著,* 在10%置信水平下显著。

(2) 表中高中及以上平均教育水平、市场化程度、城镇化程度取其水平值,R&D研发资本、技术扩散外溢等变量、城市道路面积和照明灯数量以及对外开放程度均为自然对数值。

基于面板数据全样本的回归结果显示,高中及以上人力资本水平和R&D研发对全要素生产率增长的贡献为正,而且R&D对TFP增长率的弹性低于人力资本对TFP的贡献。高中以上受教育程度增加1年,TFP增长率提升约0.43个百分点,且回归系数在90%的置信区间内显著不为0。R&D资本积累增加1%,TFP增长率约上升0.20%,但在10%的显著性水平下不能拒绝估计系数为0的原假设。从比较人力资本水平和R&D资本积累这两个衡量技术创新的代理变量对技术进步的贡献程度可以看出,中等收入阶段知识积累推动了中国TFP增长,尽管在该阶段中国注重研发投入,R&D资本积累获得显著提升,但是其对TFP增长的贡献仍然有限。

从技术扩散的外溢效应回归结果来看,外部的FDI知识溢出和国内区域间的技术溢出对全要素增长率均产生正向刺激效应。FDI对技术进步的贡献存在显著的正向外部性,其中,通过进口贸易途径产生的正向外溢效应大于通过在当地生产活动产生的知识外溢效应。进口贸易性技术溢出增加1%,TFP增长率增加约0.321%且在90%的置信区间内显著不为0。相比较之下,FDI生产性技术溢出对全要素生产率增长率的弹性约为0.275%且也在10%的显著性水平内显著不为0。FDI生产性技术溢出对技术进步的影响程度较小可以归因为人力资本积累水平有限,FDI生产性技术溢出在前期是负向的竞争效应为主导,促使FDI生产性技术溢出对TFP增长率的贡献低于进口引进技术带来的技术进步,但随着人力资本水平的上升,技术吸纳能力的提升将促使生产性技术外溢效应占主导地位。该结论与Barrio(2005)等人的结论基本一致。另外,区域间技术溢出对技术进步的贡献也呈现出正向的外溢效应,但在10%的显著性水平下不能拒绝系数为0的假设。

基础设施建设水平和经济结构调整变量对TFP增长率的回归结果显示,城市道路面积和城市道路照明对TFP的弹性为正,城市道路面积增加1%,TFP增长率约上升0.04%,且回归系数在95%的置信区间内显著不为0。以非国有企业吸纳就业人数占比衡量的市场化水平对TFP增长率的影响也为正,但在90%的置信区间内不能拒绝回归系数不为0的原假设。城镇人口占比的提升导致全要素生产效率上升,城镇人口占比上升1个百分点,TFP增长率上升约0.038个百分点,说明以人口迁移为特征的人口城镇化对生产效率将产生正影响,尽管回归系数统计上不显著。对外开放程度提高1%,TFP增长率提升约0.087%,说明对外开放对技术进步具有正向的推动作用。

基于面板数据将样本区分为中低收入发展阶段和中高收入发展阶段分别进行回归,其结果显示,中高收入阶段与中低收入阶段对TFP的贡献动力发生变化,中低收入阶段以依靠技术学习、模仿知识外溢加速TFP上升为特征,中高收入阶段则以技术创新促进 TFP 增长为特点。在中低收入发展阶段,进口贸易性技术外溢、FDI 生产性技术外溢以及国内区域间技术外溢对 TFP 的影响均为正,回归系数在 10% 的显著性水平下显著均不为 0。进口贸易性技术外溢增加 1%,技术进步上升约 0.278%,FDI 生产性技术外溢增加 1%,TFP 增长率上升约 0.248%,说明企业通过对国外技术的学习、模仿提升了本国的技术进步水平。此外,国内区域间技术溢出对 TFP 增长率的正向贡献更为显著,区域间技术外部性增加 1 个百分点,TFP 增长率约增加 0.345 个百分点。

在中高收入发展阶段,全要素生产率增长率的主要影响因素转换为基于人力资本和 R&D 研发的技术创新。该阶段人力资本对 TFP 的正向贡献上升,高中及以上平均受教育水平增加 1 年,TFP 增长率提高约 0.744%,且回归系数在 10% 的显著性水平上显著。R&D 研发资本增加 1%,TFP 增长率上升约 0.541%,该回归系数也在 10% 的显著性水平上显著不为 0。此外,基础设施建设水平对 TFP 的正向贡献程度略显下降,城市道路面积增加 1%,TFP 增加约 0.027%;市场化程度上升 1 个百分点,全要素生产率约增长 0.0075 个百分点。与中低收入发展阶段相比,尽管进口贸易性技术溢出仍然对 TFP 产生促进效应且影响幅度增加,但 FDI 生产性技术溢出对 TFP 的影响产生相反变化,出现倒 U 形特征,说明随着本国研发投入的增加,国内外生产技术相似性增加,学习空间逐渐缩小,引入 FDI 对 TFP 的影响则以负向的竞争性为主导,学习、模仿性技术进步效应衰退。尽管区域经济差距增加了技术外溢的空间,再加上技术吸收能力增强、区域一体化程度加深,国内区域间技术外溢效应增加,但由于我国区域间物理距离较远,区域间技术进步外溢效应呈现出边际效应递减状态,回归结果显示,区域间技术外溢增加 1 个百分点,TFP 增长约 0.155 个百分点,但在统计上不能拒绝回归技术不为 0 的原假设。

三、结论及启示

本部分以开放经济模式下的内生经济增长理论为基础,考察知识技术创新引致技术进步的直接效应和技术外溢、技术吸收能力引致技术进步的间接效应,进而识别中国经济增长的动力来源以及在不同经济发展阶段的经济增长动力机制。基于 1999—2014 年中国省级面板数据对上述问题的计量检验和实证分析,我们可以得出以下结论:

(1) R&D 研发技术投入和人力资本积累直接推动了全要素生产率的提升。FDI 国际技术外溢和国内区域间技术外溢对全要素生产率的影响差异明显。FDI 通过进口贸易渠道传递国外 R&D 技术溢出对技术进步的正向促进作用明显,而 FDI 通过生产、经营渠道引致技术进步的溢出效应相对较弱,与技术吸纳能力即人力资本存量相关。此外,国内区域间技术外溢对技术进步也产生了正向促进效应,但其正向刺激程度低于 FDI。

(2) 基础设施建设水平上升和经济结构调整对全要素生产率产生了一定的正向贡献,道路建设等硬性基础设施建设投资力度增加以及市场化软性基础建设水平上升均给经济带了效率的提升。对外开放战略也促进了生产效率的上升。

(3) 中国在不同经济发展阶段,经济增长的动力机制是不同的。当经济处在中低收入阶段时,TFP 增长动力主要来自对国外先进技术学习、模仿的知识外溢效应以及经济结构转型特别是工业化过程中的结构性加速效应。随着经济步入中高收入阶段,人力资本和国内科学研发资本引致的技术创新是促进全要素生产率提高的主要动力,引入 FDI 引致的学习、模仿性技术进步效应衰退,工业化引致结构性加速效应逐渐消减。推动未来中国经济可持续增长的引擎是技术创新。

由于支撑中低收入阶段经济增长的动力因素不一定能够在中高收入阶段继续支持经济增长,适时转换经济增长动力机制是维持经济可持续增长的关键。目前中国依靠要素投入和外向技术依附策略的经济增长模式面临转换,在经济增长方式转换过程中,应当提升人力资本存量以及对企业在研发方面的激励引致自主创新带来技术进步,进而实现本国经济增长。

第三章 中国经济:新常态、新挑战和新应对

在改革开放制度性变革、全球经济产业转移的黄金时期和要素低成本竞争优势"三碰头"的作用下,中国经济在近40年来实现了相当程度的赶超:经济总量跃升为世界第二,顺利突破"马尔萨斯陷阱"成为中高收入国家,创造了世界经济发展史上的奇迹。但近些年来,随着中国经济进入新常态,经济发展的外部环境和内部条件均在发生着深刻变化。从中长期来看,中国经济有潜力、有后劲,有条件继续保持较快增长,未来10—20年中国经济将跨越"中等收入陷阱",并有望成为全球第一大经济体。但潜在增长率高不等于实际增长率就高,潜在增长率转化为实际增长率,需要把握好以下方面:一是要保持经济持续增长,避免"大起大落"。二是促进制造业由全球价值链低端向中高端延伸。三是要扩大中等收入群体,促进消费驱动型增长。四是要主动作为,积极创造有利于中国发展的新外部环境。五是始终坚持金融服务实体经济宗旨不动摇。

第一节 中国经济"起飞"的历史逻辑

一、中国顺利跨越"马尔萨斯陷阱"实现起飞,成就斐然

1978—2016年,中国GDP的平均增速为9.7%,远高于其他经济体。2009年中国超越日本成为世界第二大经济体,2016年GDP达到744 127亿元,按照可比价格计算是1978年的30多倍。2015年中国占全世界GDP的比重上升达到15.5%。中国经济增长的内涵已发生变化,2016年中国GDP的增速为6.7%,对世界经济增长的贡献率39.6%(IMF),同期美国为16.6%。

经济结构不断升级,第三产业成为第一大产业。第一、二、三产业比例由1978年的27.7%、47.7%和24.6%调整为2015年的8.9%、40.9%、50.2%。与1978年相比,第一产业比重下降18.8个百分点,第二产业比重下降6.8个百分点,而第三产业比重提高25.6个百分点,服务业撑起了GDP的"半边天"。

人均GDP达到中等收入国家水平。随着中国经济实力的稳步提升,人均GDP也逐年增加。按年均汇率计算,中国人均GDP由1978年的不足400美元增至2016年的8 123美元,意味着中国已经步入上中等收入国家的行列。

对外贸易总量平稳增长,逐年登上新台阶。改革开放以来,中国贸易总体保持快速增长,占世界贸易的比重持续提高。2015年中国贸易总额继续保持世界第

一,进出口总额达到 39 586.44 亿美元,比 1978 年(206.40 亿美元)增长 191 倍。出口市场份额不断提高,2015 年中国出口市场份额升至约 13.4%,继续保持第一货物贸易大国。同时民营企业在中国外贸中的地位和作用不断提升,并于 2015 年超越外国企业成为出口的主力军。

二、中国经济实现"起飞"的历史逻辑

近 40 年,中国完成了相当程度上的经济赶超,经济总量跃升为世界第二,人均 GDP 达到 8 000 美元,顺利突破"马尔萨斯陷阱"即低收入陷阱,从低收入国家发展成为中高收入国家(见图 3.1),创造了世界经济发展史上的奇迹。如何理解这一阶段中国经济的快速发展?我们认为,是改革开放的制度性变革、经济全球化经历黄金时期和要素低成本竞争优势"三碰头"决定了中国过去发展的基本逻辑。

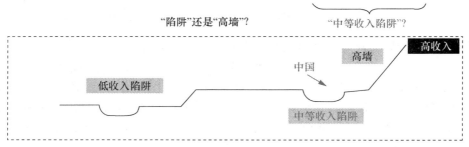

图 3.1 中国经济成长的四个发展阶段

资料来源:作者整理。

改革开放为中国带来了制度性变革。过去近 40 年中国经济保持快速发展的首要条件是改革开放。如果没有改革开放,中国可能会像 20 世纪六七十年代一样,再次错过加快发展的历史机遇。改革开放以来,中国确立了以经济建设为中心的发展战略,推进包括农村家庭联产承包责任制、国有企业改革、建立经济特区、引进外资等一系列改革,不断释放制度红利,解放和发展生产力,制度变迁有力推动了经济发展,成为经济起飞最有力的引擎。纵览各国经济发展历史,哈佛大学经济学家丹尼·罗德里克(Dani Rodrik)发现几乎所有成功发展的国家都是

依靠制造业崛起。中国加大改革开放,释放制度红利,激发市场主体活力,使社会生产力水平大幅提升,加速推进工业化,逐步实现了工业化初期供给和需求的动态平衡。

中国成功抓住了国际产业资本转移浪潮的机遇。20世纪80年代前后,发达国家面临劳动成本上升、经济增长"滞胀"和传统竞争优势衰减等问题,以跨国公司为主导的产业资本加快全球布局。发达国家积极倡导的贸易自由化、资本跨境流动,以及后来出现的互联网与信息技术相结合,推动了经济全球化进入黄金时期。与此同时,中国各地乘着改革开放的东风,大力招商引资,抓住了国际产业分工深化和转移浪潮的历史机遇,在短短的时间内建立起了庞大的工业产能。同时,在需求层面上,全球经济长期繁荣解决了中国经济"起飞"阶段所面临的需求约束问题。从20世纪80年代末到2008年金融危机之前,全球经济经历了一段长期繁荣阶段,保持了稳定增长和温和通胀,全球贸易增速持续高于GDP增速。

低要素成本优势是中国经济"起飞"的基础。从劳动力来看,二元结构下的人口红利为中国工业部门发展提供了近乎无限供给的低成本劳动力。正如诺贝尔经济学奖得主威廉·阿瑟·刘易斯(W. A. Lewis)所言,中国城乡二元结构突出,大量劳动力闲置于落后的农村和低效的传统农业,有待于向城市和工业部门转移。20世纪80年代,中国开始步入劳动年龄人口占总人口比例较高、抚养率较低的人口红利期。从土地资源来看,工业化初期,中国拥有相对富余和低廉的土地资源。为推进工业化,各地往往会以低地价甚至零地价提供土地,提高了对工业投资的吸引力。从资源环境来看,过去水土资源、生态环境的空间相对还比较大,操作层面可能忽视高能耗和高污染的相应成本。

第二节 当前中国经济的外部环境和内部条件正在发生深刻变化

近些年来,中国经济发展遇到一系列新情况、新问题,尤其是2008年国际金融危机发生以来,中国经济发展的外部环境和内部条件均在发生着深刻变化。

从外部环境看,经济全球化备受挑战,反对全球化、逆全球化思潮此起彼伏。中国过去因对外开放、国际产业转移和加入WTO而形成的黄金发展时期可能告一段落。

一是全球经济贸易正面临罕见的困局。国际金融危机爆发至今已有8年多时间,但当前全球经济仍未彻底走出危机,世界经济增长与潜在产出水平仍存在较大差距。2008年金融危机之前,全球贸易在十多年内一直以两倍于全球GDP的增速扩张,然而近年来全球贸易陷入数十年不遇的困境,近四年全球贸易增速低于GDP增速。

二是逆全球化愈演愈烈,保护主义势头空前高涨,市场变成了最稀缺的资源。

简单利用外部需求的市场条件发生深刻变化,以前生产多少都能卖出去的情况已经成为历史。更为重要的是,不只是发展中国家,发达国家也正面临这一问题。比如钢铁行业,即便是美国的钢厂,粗钢产能利用率仅为75%,远低于危机前十年间85%的平均水平。

三是国际经贸规则正在重构,规则制定也处于激烈博弈之中。中国入世时接受了主流国际经贸规则,有力促进了中国外贸外资的发展。现今,世界贸易组织的多哈回合谈判深陷泥潭,贸易投资谈判遭受冷遇。由美国主导的TPP已经被特朗普总统叫停;TPP、TTIP等区域性谈判反映了当今贸易和投资机制的封闭化、规则的碎片化。

四是在全球产业分工方面,中国正处在"两头夹击"的困境之中。中低端市场有低收入国家如印度、越南和菲律宾等国追赶,高端市场有美、德、日等发达国家占领着阵地。如果说中高端供给是经济转型发展的目标,代表着中国经济的未来,传统优势领域仍是保持外贸和经济持续增长的重要支撑,支撑着中国经济的现实。新老两大支柱同等重要,在新的柱子没立起来前,过早地抽掉老柱子,大厦必将倾覆。

五是金融改革与开放带来的挑战明显增多。人民币汇率自由化、利率市场化和资本项目开放同步推进,国内外金融联系更加密切和广泛,中国货币政策面临"不可能三角"的现实挑战;人民币在岸/离岸市场联动性增强,人民币加入SDR,人民币国际化加快推进,国际金融市场的任何风吹草动都会对中国经济金融产生一定影响;同时,人民币国际化还会增加宏观调控的难度,加大人民币现金管理和监测的难度。在商品"走出去"的同时,近年来投资、产能、资本、金融"走出去"步伐明显加快,不论从生产、需求还是投资的角度,"中国因素"在全球经济金融市场上已经变得举足轻重。以对外投资为例,2016年中国对外直接投资规模达到1700亿美元,远超过外国直接对中国的投资(1260亿美元),中国成为世界重要的资本输出国。同时,英国脱欧、南海局势、欧洲难民等"黑天鹅"事件,其影响通过货币市场、外汇市场、国际资本流动以及大宗商品市场等多种渠道传导到国内,影响国内经济和金融市场的稳定。

从内部条件看,中国劳动力传统的比较优势正在衰减。

一是劳动力正在变得越来越"老",人口数量型红利减弱。超过50%的45岁以下农村青壮年劳动力已经不再务农,其中25岁以下的农村劳动力70%以上已经离开了农村。2012—2015年,中国16—60岁的劳动年龄人口累计减少约1300万人,抚养比从2011年开始逐年上升,意味着人口数量型红利逐步削弱。随着人口老龄化速度加快,近年来我国劳动年龄人口比重和增速均不断下降(图3.2)。

二是生产要素正在变得越来越"贵",传统比较优势在衰减。2006—2015年,

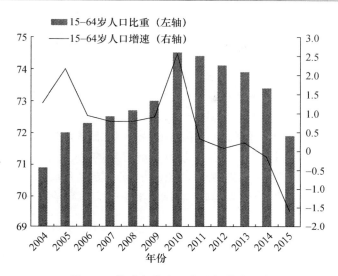

图 3.2 劳动年龄人口比重和增速下降
资料来源:Wind,作者整理。

第二产业就业人员工资年均增速约为 14%,高于其劳动生产率的年均增速 (10.3%)。外出务工人员收入也是逐年上升(见图 3.3)。目前中国东部沿海地区工人月薪超过 500 美元,已经高于印度尼西亚的 300 美元和越南的 250 美元。

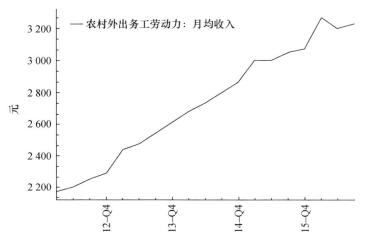

图 3.3 外出务工收入季度变化
资料来源:Wind,作者整理。

三是自然环境越来越不"干净",环保压力与日俱增。如今水土资源和生态环境的承载能力已经接近或者达到上限。中国水资源环境愈发脆弱,取水量与水资源量之比高达26%,北方地区甚至高达56%,显著高于日本、美国和德国不足20%的水平。肆虐全国大部分地区的雾霾,成为摧残人们身心的梦魇。

四是供给无法满足中高端需求。新时期,原有发展模式不能适应新形势的需要,传统的中低端供给不能很好地满足中高端的新需求,以钢铁、水泥、电解铝和煤化工等重化工业,以及纺织、玩具等为代表的劳动密集型供给,已经不能很好地满足国内外市场的需要。供给侧结构性改革加快推进,成为新时期的"二次改革"。这意味着宏观调控需要更多考虑如何培育新的比较优势和增长动力,尤其是要抓住"创新"这个"牛鼻子",使中国经济平稳地转型升级到中高端,顺利实现"跨越中等收入陷阱"的经济目标和全面建成小康社会的政治目标。

第三节　新常态下中国经济新表现与新风险

2016年以来,中国经济发展的外部环境依然复杂多变,全球经济复苏弱于预期,贸易增长持续乏力,经济和政策走势分化更加明显,欧洲难民、英国脱欧和美国大选等事件都给中国市场带来了较大冲击。但是,受稳增长政策累积效应释放、房地产市场持续升温和大宗商品价格走高等因素的影响,中国经济运行总体平稳,下行压力有所缓解。

一、经济呈现"三稳三进"特征

"三稳":一是增长稳。与上年GDP增长走势总体放缓不同,2016年中国经济走势非常平稳,一、二、三季度GDP增长均为6.7%,四季度增长6.8%,全年增长6.7%,落在政府年初确定的目标区间(6.5%—7%)之内。二是就业稳。2016年,全国新增就业达到1 314万人,提前一个季度完成全年目标(1 000万)任务。同时,城镇登记失业率(4.02%)比上年略有下降,调查失业率保持基本稳定,求人倍率(1.13)比上年末(1.10)有所上升。三是物价稳。2016年,受经济企稳、消费旺盛和能源原材料价格上涨等因素的影响,物价总体保持平稳,通缩压力有所减轻。2016年,居民消费价格(CPI)累计上涨2%,涨幅比上年同期提高0.6个百分点;工业生产者出厂价格(PPI)累计下降1.4%,降幅比上年同期大幅收窄3.8个百分点,当月同比增速已连续4个月为正。

"三进":一是经济结构快速转变。2016年,经济增长看似"风平浪静",但结构转换实则"波涛汹涌",集中体现在:消费、服务业较快增长,对经济增长的贡献率进一步提高;生产性服务业快速发展,装备制造业、高技术产业加快增长;传统行业如采矿业和六大高耗能产业增速进一步放缓。二是企业效益显著改善。受经济企稳、减税降费、PPI回升等因素影响,2016年工业企业效益明显好转,全年利润增长8.5%,而上年则为下降2.3%;亏损企业亏损额下降9.2%,上年同期则为增长31.3%。三是供给侧结构性改革加快推进,"三去一降一补"取得重要进展。钢铁、煤炭等行业去产能任务已经完成超过80%,进展快于预期,产能过剩行业供求关系发生变化,价格回升;房地产销售快速增长,不同城市之间更趋分化,待售面积和库存显著减少;企业融资、税费等成本有所降低;农业、水利、教育等短板行业投资快速增长,增速大多在20%以上。

近两三年来,尽管经济增速有所放缓,但季度间的波动变得很小,比如2017年前三个季度GDP增速均为6.7%,这主要得益于政府稳增长政策的支撑作用。有观点认为,即使不刺激经济,速度也跌不到哪里去。但事实上,如果没有2016年以来一系列稳增长政策,经济增长就很难保持在合理区间。2016年经济增长之所以能保持在6.7%,基础设施投资和房地产快速增长发挥了重要作用。根据测算,如果基础设施和房地产投资仅保持2015年全年的增长水平,GDP增速可能会降低0.6个百分点左右,若再考虑基础设施和房地产业对上下游行业的联动影响,经济增速回落幅度可能会更大。因此,在经济下行压力较大的背景下,没有稳增长政策,经济增长是很难达到6.7%的。

二、当前中国经济金融领域存在的突出风险

一是产能过剩问题突出。金融危机以来,中国诸多行业的产能过剩问题充分暴露出来;产能过剩也呈现出长期化、绝对化的演变趋势;产能利用率更是长期持续维持在较低水平。按照国际通行标准,产能利用率低于79%为产能过剩,低于75%为严重产能过剩。2014年,中国工业总体产能利用率约为78.7%,处于近4年来的较低水平。产能利用率在70%以下的行业有7个,处于严重过剩状态。不仅钢铁、煤炭等传统行业过剩,光伏、多晶硅等新兴产业也出现了过剩。产能过剩占用大量社会资源,影响了新供给的形成,还降低企业盈利和投资能力,加大经济下行压力。2015年,工业企业主营业务收入仅增长0.8%,利润下降2.3%,亏损企业数增长31.3%,同比提高了19.1个百分点。钢铁、煤炭等企业亏损面达到50%以上。

产能过剩的原因是多方面的,既有全球经济增长低迷背景下的国内外需求转弱等周期性影响,也有中国经济增长过度依赖于投资驱动、市场机制在资源配置中没有发挥决定性作用等制度性原因。根源在于以中低端为主的产业供给结构,既不能满足中国居民消费转型升级的需要,也不能适应新一轮全球竞争需要,导致企业只能在低端环节进行恶性竞争。反过来,恶性竞争又削弱了企业竞争力,进一步加剧了产能过剩。这也是中央提出要去产能的根本原因。

二是新旧动力的接续问题。传统动力正在衰减。房地产需求高峰已过,中国人均住房建筑面积已达到32.9平方米/人,高于人口密度相当的亚洲发达经济体,也接近于英、法等欧洲发达国家水平。随着老年抚养比提高、人口增速趋缓、

城镇化进程放慢,未来住房需求或将有所放缓。基础设施投资需求有空间,但面临融资来源不足困境。当前,东部地区基础设施投资已趋于饱和,中西部地区还有较大发展潜力,但面临融资来源不足的困境。例如,私人资本参与意愿和动力不足、长期信用制度缺失以及政府举债模式有待规范等。消费需求进入转型升级新阶段,但缺少与之相适应的新供给。近年国外代购、海淘、进口消费品迅猛增长,国人境外疯抢马桶盖、电饭锅等现象屡见不鲜,表明中国并非消费不足,而是缺少高品质产品供应,中国亟待一场"品质革命"。

新动力正在形成,尚不能挑起大梁。劳动力、土地等生产要素成本的快速上涨制约了中国传统制造业的发展。当前中国经济已经出现了结构优化、创新驱动加快发展的势头,2016 年 1—10 月份,工业高技术产业投资 18 274 亿元,增长 12.7%,增速比前三季度加快 1 个百分点,比工业投资高 9.7 个百分点,占全部工业投资的比重为 9.8%,比上年同期高 0.8 个百分点。但是,由于新产业的体量和规模较小,"互联网+"、绿色经济等新业态尚未形成气候,经济增长新动力还不能挑起经济发展的大梁。同时,由于创新取得成效仍需时日,中低端产品过剩、高端产品不足的供应结构错位仍将存在。

国际需求减弱,要加快从外向型经济转型。经济增长条件的变化、国际需求的减弱都使得中国的出口导向型经济不可持续。一方面,世界贸易进一步放缓,各国的保护主义势头空前高涨,欧、美等发达国家的再工业化使得全球价值链加快重构,外需将长期保持低迷。另一方面,中国低成本制造竞争优势受到挑战,出口份额面临瓶颈。2016 年中国出口占世界比重已经达到 13.2%,位居全球第一,进一步扩大市场份额的空间非常有限,需要加快从"出口—投资"的外向型经济循环向"内需—创新"的内向型循环模式转型。

三是非金融企业偿债压力加大。近年来,中国非金融企业的债务问题引发了国内外各界的高度关注。2016 年二季度末,中国非金融企业部门债务率为 166.8%。而在 2007 年,中国非金融企业部门债务率只有 79.3%,2015 年年末则上升至 160%,在七年时间内上升了约 80.7 个百分点,上升速度为全球第二,仅次于中国香港地区(90.6%)。高杠杆企业主要来自产能过剩行业(例如原材料、重化工、能源等)、房地产行业、外贸消费等传统制造行业以及部分国有企业。东北、华北、西南等老工业区企业偿债压力普遍大于其他地区。例如,从上市企业质量看,2014 年中国原材料部门的资产负债率为 74.3%,比世界平均水平高约 1.36 个百分点;2014 年东北、西南地区资产负债率约为 90%,高于西北、华北、华东、中南约 76%—82% 的水平。与此同时,部分企业的偿债压力明显加大。对于上市公司,2016 年上半年所有 A 股上市公司的净资产收益率只有 3%,相比 2015 年(6.7%)降幅明显。

第四节 未来中国经济大趋势

一、短期:不确定性大增,下行压力犹存

从经济方面看,全球政策分化持续、全球化和去全球化力量博弈进一步加剧,尤其是美国新当选总统特朗普上台给美国乃至全球经济、贸易和国际政治格局带来重大的不确定性。2017年是中国全面建成小康社会的关键之年,中国经济将进一步加快推进新旧动力切换、新旧模式转换,预计经济形势总体趋稳,但不确定性依旧存在。一是特朗普当选后的美国经济贸易投资政策变化、英国脱欧进程、各国经济走势和宏观政策不同步等,都是影响中国经济重要的外部因素;二是基础设施建设投资能否保持20%左右的高增长,房地产"新政"将影响市场预期,房地产投资回升势头能否持续面临较大的不确定性;三是制造业持续去产能、生产价格指数(PPI)上涨可持续性,都影响着工业生产和制造业投资能否持续回升;四是人民币汇率波动、跨境资本流动等风险犹存,企业杠杆率过高、资金"脱实向虚"倾向增大,金融风险对经济稳定存在潜在冲击。

二、中长期:中国经济依然具有相当大的发展潜力

从目前的基础条件、发展方向和政策导向看,中国经济发展依然具有广阔的发展空间和潜力。随着外部条件和内部格局的变化,未来10到20年中国经济将呈现以下发展趋势。

一是跨越"中等收入陷阱",并有望成为全球第一大经济体。近年来中国经济进入增速"换挡"的新常态。但是"换挡"并不是"失速",从供给和需求两方面来看,中国经济保持中高速增长的有利因素仍然存在。

供给因素方面,虽然人口数量型红利在减弱,但人口质量型红利正在形成与积累。2015年劳动年龄人口平均受教育年限增加至10.2年,普通高校毕业生人数约为681万人,平均预期寿命超过75岁,接近高收入国家平均水平(79岁)。人口质量型红利的不断积累既有利于促进劳动力与产业升级的对接,又能延缓潜在增长率的下降。资本相对充裕,中国国内总储蓄与GDP之比要远高于英、美等发达国家,也要高于日、韩、中国香港等亚洲国家和地区,这能为资本形成奠定基础。除了劳动、资本外,制度设计和创新能力是影响经济增长的关键因素。近期中央提出要着重推进供给侧的管理和改革,主要着力点就是加快改革步伐,推进减税和降低企业成本,加快创新和提高产品质量,提高供给结构对需求变化的适应性和灵活性。这也是当前和今后一个时期中国经济工作的主线,未来中国坚持市场化改革和对外开放的方向不会变,这将有助于促进经济运行效率的提升,释放新一轮的改革红利。

需求因素方面,城镇化建设和中西部发展是挖掘内需潜力的重要着力点。与

发达国家相比,中国城市化发展水平相对滞后,2015年中国常住人口城镇化率为56.1%,户籍人口城镇化率仅为39.9%。"十三五"规划明确,到2020年常住人口和户籍人口城镇化率要分别提高到60%、45%,这将带来城镇公共服务和基础设施投资的扩大,还会拉动消费的强劲增长。同时,中国地区发展不平衡性较大,2015年东部地区人均GDP为7.6万元,接近中高收入国家发展水平,相当于中、西部的1.7倍左右。按照梯度发展理论,中西部地区如能发挥后发优势,抓住东部地区产业升级和产能转移的机会,将有利于中国经济实现区域轮动发展,形成新的经济增长极。

综合来看,在改革持续推进、社会总体稳定的情况下,未来中国经济仍将保持中高速增长。根据我们的预测,未来五年平均增速在6.5%左右。预计2023年左右,中国人均GDP将超过12 500美元的国际分界线,顺利跨越"中等收入陷阱",成为高收入国家。2029年前后,GDP规模将超过美国,成为世界第一大经济体。中国占全球经济份额也将持续提升,2049年达到约26.9%,接近历史巅峰水平(1820年32.4%)。

二是消费成为经济持续增长的重要动力。全球经济仍然疲弱,中国劳动力、土地等要素成本上升削弱出口竞争力,欧、美等发达国家的再工业化使得全球价值链链条缩短。需求放缓、成本上升、价值链重构决定了外需将长期保持低迷,内部需求尤其是消费将逐渐取代外部需求,占据主导地位。未来中国也存在保持内向型经济发展的需求基础。

中等收入群体将持续扩大。中国人口规模全球最大,2015年为13.7亿人,占世界人口比重的19%,其中中等收入群体规模不断扩大,瑞士信贷银行发布的《全球财富报告2015》显示,根据其判断标准,2015年中国中产阶级人数达到1.09亿人,超越美国的9 200万人,成为全球中产阶级人数最多的国家。未来促进"中等收入人口比重上升"也是中国实现全面建成小康社会目标的重要内容。

居民消费升级空间大。根据研究,居民消费率会随着经济发展水平的提高先降低,后逐步提高。中国居民消费率已经经历了不断降低的过程,2011年开始企稳回升,2014年上升到37.9%,但这在全世界范围内仍是比较低的。与发达国家60%左右的居民消费率相比,中国消费增长潜力巨大。

三是由要素驱动向创新驱动过渡,创新驱动作用明显增强。培养和提升创新能力是保持经济持续增长的重要因素。当前经济社会发展越来越依赖于科技、文化、制度等领域的创新,国际竞争新优势也越来越体现在创新能力上,世界主要国家都纷纷出台新的创新战略。

虽然中国产业尚处于全球价值链中低端,关键核心技术受制于人的局面未根本改变,创新能力与发达国家仍有较大差距,但中国经过多年的努力,科技和创新的水平较过去有了明显提高。根据《世界知识产权指标》，2015年中国国家知识产权局以1 101 864件发明专利申请受理数排名世界第一，同比增长18.7%，连续5年位居世界首位。共授权发明专利35.9万件。其中，国内发明专利授权26.3万件，企业发明专利申请占国内发明专利申请受理量的60.2%。中国研发人员数量居于世界前列。这方面中国的华为公司表现尤为突出，2015年其研发投入596亿元，占销售收入15%，在全球同业中最高，还发布了3 898项专利，蝉联全球第一。中国产业的技术含量不断提升，高铁、核电、第四代通信、特高压输变电等一系列重大技术取得突破。巨大的市场规模、完备的产业体系和基础设施为技术、产品和产业创新提供了广阔的空间。德勤和美国竞争力委员会发布的《2016年全球制造业竞争力指数》显示，中国制造业竞争力位居全球第一。

创新是引领发展的第一动力。近年来国家连续出台推动大众创业万众创新的政策，《中国制造2025》和"互联网＋"行动计划不断推进，国家新兴产业引导基金、国家自主创新示范区加快设立，新产业、新业态、新产品和新服务不断壮大和发展。2016年5月底召开的全国科技创新大会上，习近平总书记提出要"把科技创新摆在更加重要位置"，明确了从目前的制造业大国、强国向创新性世界科技强国迈进的战略目标。未来研发投入将进一步加大，创新体系将进一步完善，人力资本水平逐步提高，这必将带动中国自主创新能力和竞争力的大幅提升，促进经济发展提质增效。

四是金融市场化程度和双向开放水平提高。经济发展的方向和重点决定了金融发展的方向和重点。未来促进供给与需求的有效对接，要求各生产要素配置，特别是资金配置效率的提高。这就要求政府放弃对金融市场和金融体系的过度干预，放松对利率和汇率的严格管制。近年来中国金融市场化发展取得较大进展，金融机构数量和规模不断扩大，多元化程度不断增强。金融机构利率管制逐步放开，以市场供求为基础的人民币汇率形成机制不断完善，人民币资本项目可兑换稳步推进。股票和债券市场的规模不断增大，2015年中国股票和债券市场市值占GDP的比重分别上升至79%、54%，与美国、日本100%、200%左右的水平相比，发展空间很大。

未来，金融市场化改革的方向不会变。利率方面，将着重完善市场利率体系和利率传导机制，使市场在人民币利率形成和变动中发挥决定性作用。汇率市场化机制将继续完善，包括延长交易时间、发展期货市场、稳步推进资本项目开放等。产业结构升级和创新驱动发展离不开科技金融的发展，这将倒逼传统金融变革，也要求发展直接融资和多层次资本市场，直接融资占比将进一步提升。

从全球成功经济体的发展看，开放是方向。未来，依托"一带一路"和对外自贸区，中国经济全球化水平将进一步提升，这需要与之相适应的金融国际化水平

加快发展;"十三五"规划就明确提出要"扩大金融业双向开放"。根据联合国贸易和发展会议提出的国际化指数,与汇丰、花旗和德意志银行等国际先进银行60%左右的水平相比,中国金融机构的国际化发展空间巨大,未来金融机构的海外布局和整合将继续扩大。过去几年,人民币国际化取得了长足发展。根据SWIFT统计,目前人民币已成为全球第六大支付货币。近期,受人民币贬值预期影响,人民币国际化有所放缓,但长远来看,人民币加入SDR将增强境外投资者对人民币资产的需求,"一带一路"建设的推进将扩大人民币投融资需求,中国推进资本账户开放和人民币自由兑换的方向不会改变,人民币国际化仍将持续推进。与此同时,中国债券市场对外开放尚存较大空间。近年来境外机构投资中国境内债券市场限制不断放松,未来在投资品种、额度、交易方式、审批程序等方面可能将进一步放宽,这将为境内债券市场带来多元化增量需求,预计到2020年,境外机构持有中国境内债券的比重有望达到5%—8%左右。

第五节 下一阶段宏观经济政策取向

尽管中国经济出现了企稳趋势,但由于不确定性增加,经济减速压力依然存在,货币政策需要特别关注稳增长、抑泡沫和防风险三大重点。

一、"稳货币"将成为宏观政策的基本取向

未来,货币政策调控的复杂性和操作难度将明显上升。从外部环境看,全球经济与政策的不确定性上升,加大人民币贬值压力,进而对货币政策形成制约。从内部环境看,供给侧结构性改革深入推进,房地产调控、企业债务、民间投资不振等问题交织,要求货币政策审慎平衡稳增长与抑泡沫、防风险的关系。一方面,要满足实体经济的有效资金需求,防止总需求短期过快下滑,另一方面,也要避免过度放水,推高债务水平和资本外流压力。总的来看,未来中国的货币政策整体将更趋稳健,并把重心放在汇率、资产价格等领域的风险管理上。

第一,降准降息概率较小。考虑到未来美元继续走强概率仍然较大,全球流动性面临拐点,对中国基础货币形成、国际收支、金融稳定等产生较大冲击。中国货币政策宽松预期延后,近期降准降息概率较小。

第二,多措并举,防范汇率超调风险。人民币汇率波动是当前市场最为关注的风险之一,尽管人民币汇率不具备长期走贬基础,但是不排除受外部环境、不稳定预期上升等影响,在某些时间段出现超调风险,需要央行做好前瞻性应对。保持汇率中枢稳定,提高人民币汇率上下波幅,宽幅震荡中顺势释放贬值压力;提高汇率波动容忍度,缓解外储过度流失压力。严厉打击管控资本外流的灰色渠道,为人民币贬值减压,措施主要包括虚构贸易、虚假直接投资转移、合格境内机构投资者(QDII)额度利用、内保外贷等银行特殊业务等。

第三，积极培育市场基准利率和收益率曲线，做好流动性管理。当前，银行业面临的流动性管理难度越来越大，2017年这一趋势将更加明显。一方面，大规模地方债置换占用了信贷额度，但又不带来相应的流动性创造（即地方债不能像国债一样作为公开市场的抵押品使用，也不能在二级市场交易流通），导致银行越来越依赖于向央行通过公开市场操作等工具融入资金。另一方面，汇率市场波动对货币市场流动性也产生了一定冲击。未来，央行将加快流动性管理创新，保障银行体系流动性合理充裕，适当扩大押品范围，适当降低中期借贷便利（MLF）等的利率，通过收益率曲线的平坦化，提高银行业为实体经济投入低成本资金的能力。

二、"三去一降一补"推进中更加注重引导产业转型升级，更加注重政策间的协调与配合

去产能方面，2017年是推进煤炭和钢铁行业淘汰落后产能工作任务的第二年，去产能还将是重点任务。通过安全、质量、环保、技术等引导产能退出，严控新增产能，加强企业兼并重组等仍是主要手段。同时将更加注重通过智能化水平和产品质量提升、节能环保改造升级等促进过剩产能行业的转型升级。2016年煤炭、钢铁行业退出目标分别为未来5年去产能工作目标的30%—45%、50%左右，均有望提前完成，这为后续去产能的推进争取了更多空间。2016年8月后煤炭价格过快上涨问题显现，预计2017年去产能节奏会有所调整，在更加注重与价格过快回升协调的同时，推动部分优势产能和有效供给的有序释放。

去库存方面，第一，因城施策仍是房地产调控的主要思路。针对一线和部分二线热点城市的政策还将继续收紧，重点是抑制过度投资、投机、违规等行为。第二，满足居住需求是房地产调控的重要着力点。人口资源环境压力较大的城市的土地供应和保障房建设会适度加大，去库存压力较大的城市仍将着力促进住房需求的合理释放；通过支持中小城市、特色小镇的基础设施和产业发展，促进不同类型城市的平衡发展。第三，促进房地产市场健康发展的长效机制将继续推进。包括培育发展住房租赁市场，推动建立全国房地产库存和交易监测平台，推进全国不动产统一登记工作等等。

去杠杆方面，2016年《关于积极稳妥降低企业杠杆率的意见》对企业降杠杆提出了7大举措；《地方政府性债务风险应急处置预案》为预防区域性系统风险做出安排，相关措施将在2017年有实质性的推动和落实。推进过程中将特别注重防范可能由此引发的金融风险，注意与企业改组改制、降低企业成本、去产能、企业转型升级等工作的结合与协调。

降成本方面，2016年《降低实体经济企业成本工作方案》对降低税费、融资、制度性交易、人工、能源、物流等6类企业成本进行了具体部署，预计2017年降成本工作将更加综合化、系统化，推进的力度也会进一步加大。

三、中长期练好内功,促进经济行稳致远

从中长期来看,中国经济有潜力、有后劲,继续保持较快增长也有条件,但潜在增长率高不等于实际增长率就高,潜在增长率转化为实际增长率,需要特别把握好以下几点:

第一,保持经济持续增长,避免"大起大落"。国际经验表明,一国经济要从不发达阶段进入发达阶段,关键是要保持经济持续增长。在经历了30多年的高增长后,中国经济潜在增长率有所下降,但依然保持中高速水平。许多研究认为,未来10年中国潜在增长率估计在6%—7%。要积极创造条件,推动潜在增长向实际增长的转变,使经济保持持续增长。一是要通过推动供给侧结构性改革,提高全社会资源配置效率,培育经济增长新动能。二是以科技创新推动产业结构向中高端迈进,根据动态比较优势定位中国在全球价值链中的位置,并做好产业、投资、外贸等领域的政策储备。三是拓宽区域发展空间,从沿海向内陆延伸,打造新增长极,推动区域协同联动发展。四是加快新型城镇化建设,促进大城市和中小城镇协调发展。

第二,促进制造业由全球价值链低端向中高端延伸。制造业是国民经济的主体,是科技创新的主战场,关系到产业能否顺利迈向中高端。这次国际金融危机爆发后,各国开始重新反思以往的发展模式,制造业再回归成为全球性趋势,美国再工业化、德国工业4.0等都说明了这一点;中国也开始加紧实施"中国制造2025"战略。近年来,全球价值链的重构给全球经济带来了革命性的变化。面对新一轮全球价值链格局的大变革,中国应积极转变发展模式,从更大范围、以更高水平上融入全球分工体系,从一般制造业向中高端制造业转变,谋求在全球价值链中地位的提升,带动中国经济向中高端水平迈进。要坚持"引进来"和"走出去"并举,加快设计、研发、营销等高级生产要素的沉淀,培育向全球价值链中高端延伸的国际竞争新优势,在巩固"中国制造""中国加工"地位的同时,重点推动"中国创造""中国营销"和"中国品牌"。

第三,扩大中等收入群体,促进消费驱动型增长。收入不均等影响经济增长的理论假说认为,收入不均等,或通过实行分配性税收转移政策打击投资者的积极性,或通过减少穷人对高回报、高增长项目进行投资的机会,或通过抑制消费需求和加剧经济波动,进而影响经济增长。我们认为,扩大中国中等收入群体,不仅有利于中国经济增长和发展模式的转变(消费驱动型),也是社会稳定的缓冲带和政治民主的前提。尽管过去几年中国中等收入群体规模不断扩大,而比重依然偏低,未来仍需进一步扩大。扩大的措施包括,增加城乡居民收入,合理设定个税起征点和税率结构,缩小区域、城乡间收入差别等。

第四,主动作为,积极创造有利于中国发展的新外部环境。过去30多年,中国发展的外部环境总体是向好和宽松的。而未来,正如前文分析的那样,外部环境面临挑战,预期总体偏紧。未来我们要准确评估世界经济政治形势及其变迁,立足自身,主动作为,努力构建新形势下有利于中国发展的新环境。首先,要基于中国参加全球分工的需求和条件,做好"取"与"舍"的顶层设计,明确战略方向和重点。其次,要积极利用G20、IMF、世界银行、金融稳定理事会(FSB)等多边平台,全面参与国际经济金融政策协调,充分发挥中国在亚投行、丝路基金、金砖国家银行等新平台中的话语权优势,提升中国在国际规则制定中的地位和作用,由国际经贸规则的跟随者、执行者转变为主导者、制定者。最后,要通过"一带一路"建设等加强区域经济金融合作,加快人民币国际化,提高中国的全球影响力。

第五,始终坚持金融服务实体经济宗旨不动摇。中国工业化发展已经进入中后期,经济正在迈向创新驱动为主的新阶段。一般而言,技术创新型企业和中小企业更需要股权融资,与之相配套的风险投资、私人股权等金融机构需要发达的股票市场满足其需求;成熟性企业和大型企业更倾向于债券融资,而固定收益市场正是连接股票市场与货币市场的关键。因此,建立和健全多层次、一体化的金融市场体系,使价格正确反映资金稀缺程度,是资本得以有效配置的重要保证。

未来,金融发展要始终坚持服务实体经济宗旨不动摇,进一步提升服务实体经济的能力,促进更多资金资源流入实体经济。一是构建与小微和初创型企业相适应的金融机构体系,将与实体经济的密切程度作为金融改革的指引方向。二是合理确定金融机构定位,制定监管指引和管理制度,提升金融产品、服务与资金需求的匹配度。三是引导好金融创新对实体经济的支持,降低企业融资成本。四是加紧建立覆盖所有金融机构和交易行为的综合统计监测体系,准确把脉金融支持实体经济力度,防止资金"脱实向虚"。五是提升服务企业"走出去"的能力。一国金融国际化程度越高、服务能力越强,越有利于其经济的全球化。随着中国企业"走出去"投资、人民币国际化的加快,中国金融机构毫无疑问已经具备进入主流市场的条件和基础。中国金融机构要不断提高全球服务能力,在当地经济金融中扮演更加重要的角色。

第四章 新常态下的宏观调控与供给侧结构性改革

第一节 新常态下的经济失衡的特点

进入新常态的中国经济具有一系列新的特点,经济发展达到了新的水平,面临新的机遇和挑战,尤其是约束经济发展的基本经济条件发生了深刻而系统的变化,因而使得经济失衡有了新特征。正是新常态下经济失衡的新特征,使总需求管理的宏观调控方式和宏观政策面临严重的挑战,具有极大的局限性。这种局限性的存在,要求引入供给侧结构性改革。

到2015年年末,中国GDP总量达到67.7万亿元,在改革开放以来的37年里年平均增长9.6%,按汇率折合为美元达到11万亿美元。从改革开放初期占全球1.8%列十名之外,上升为14%左右。自2010年起超过日本,成为世界第二大经济体(列首位的为美国,以17万亿美元以上总量占全球23%,中国相当于美国的60%)。人均GDP水平达到4.9万元,年均增长7%以上,折成美元达到7600美元以上,从改革开放初期全球末端上升至80名左右。从改革开放初期的200美元左右居世界低收入贫困状态,上升为当代上中等收入水平,按世界银行的划分,中国1998年人均GDP水平自低收入进入下中等收入阶段(从贫困进入温饱),2010年自下中等收入阶段进入上中等收入阶段(跨越温饱)。

进入上中等收入阶段的社会经济的结构性特征,突出地表现在农业现代化水平、工业化的程度、城镇化水平和三大产业结构的变化上。在这期间,中国农业劳动力就业比重从70%以上(当代低收入穷国平均水平为72%左右)降至30%左右;工业化水平从初期体系构建阶段进入到工业化后期,工业在国民经济中占比程度以及工业制造业内部结构高度显著提升,预计到2020年有望实现工业化;城镇化水平从初期不到20%上升为接近40%(按户籍计,若按通常的常住人口计则已达到56%),进入了通常所说的城镇化加速期(30%—70%);三大产业结构变化上开始出现"后工业化社会"阶段性迹象,第三产业的比重和增长速度均列首位。上述结构性变化特征,一方面表明中国经济改革开放以来在规模上显著增长,同时在质态上有深刻变化;另一方面,表明中国经济无论是从人均GDP水平上还是从结构高度上,已达到了上中等收入阶段。

达到上中等收入阶段的中国经济有新的机遇,根据经济发展史的趋势,中国经济有可能在2020年实现向当代高收入阶段的跨越。当代世界70个高收入国家,在其进入上中等收入阶段总体平均用12—13年时间,其中人口大国平均用11—12年。中国自2010年进入上中等收入阶段,根据经济史的趋势,完全有可能用10年时间,到2020年实现向高收入阶段的跨越。若实现预定的2020年GDP总量和城乡居民收入按不变价格比2010年增长一倍的目标,人均国民收入的水平即达到高收入阶段的起点水平。在此基础上,到2050年前后,中国人均国民收入的水平有可能赶上发达国家的平均水平,实现社会主义现代化。因此说我们距离现代化的目标,从来没有像今天这样近。这是前所未有的历史机遇。

但在新阶段,约束经济发展的基本条件发生了深刻变化。从供给侧来看,国民生产的总成本相对前期显著上升,包括劳动力成本、土地和自然资源成本、环境与生态成本、技术进步和创新成本等等,进而要求发展方式发生根本变化,从以往主要依靠要素投入量扩张拉动经济高速增长,转变为主要依靠创新驱动效率提升带动经济持续增长。否则,经济不具竞争力无以持续发展,成本推动通货膨胀导致经济失衡。从需求侧来看,相对于显著扩张的供给能力而言,包括投资需求、消费需求在内的总需求可能出现长期疲软。由于创新力不足,产业结构升级动力不足,导致投资机会减少,投资需求疲软;由于收入分配扭曲分化严重,导致消费倾向下降,消费需求疲软。必须根本改变经济增长方式,寻求新动力,否则,经济增长乏力,产能严重过剩,经济衰退,失业压力上升,包括总量性失业和结构性失业矛盾突出。

因而,有可能形成"中等收入陷阱",即社会经济发展长期滞留在中等收入阶段,难以穿越,社会矛盾不断加剧,甚至发生深刻危机。事实上,在当今世界70个高收入国家中,发展中国家经过发展穿越中等收入阶段进入高收入阶段的只有十几个,大部分发展中国家未能穿越。诸如20世纪70年代达到当时上中等收入水平的拉美国家,到目前大部分仍未进入高收入阶段,并且危机连续发生,在中等收入阶段已滞留40多年,人们称之为"拉美漩涡"。西方学者所谓"华盛顿共识"起初就是针对"拉美漩涡"提出的对策。又如20世纪80年代达到上中等收入阶段的东亚几国,至今也未能实现穿越,算起来也有30多年了。特别是在1997年亚洲金融危机之后,依靠低水平规模扩张形成的过剩产能被危机淘汰,经济严重衰退,人们称之为"东亚泡沫"(世界银行2006年的一份研究报告提出"中等收入陷阱"就是针对"东亚泡沫"的概括)。再如20世纪90年代达到上中等收入阶段的西亚北非诸国,发展方式转变迟缓,在2008年世界金融危机打击下,经济危机加剧,在经济危机的基础上爆发政治、社会、文化、军事全面危机,进入上中等收入阶段20多年后,不仅未能穿越,而且危机何时结束还未知,人们称之为"西亚北非危机"。①

中国经济发展进入上中等收入阶段,约束经济发展的基本条件已发生系统性变化,"中等收入陷阱"的威胁十分现实,经济增长失衡出现了一系列新的特点,进而使传统的增长方式面临根本性挑战,总需求管理的宏观调控方式的局限性日益突出。从长期发展而言,伴随中国经济发展进入上中等收入阶段,约束经济增长的基本经济条件,不论是需求侧还是供给侧相应地发生着深刻变化;从宏观总量调控而言,伴随2010年年底中国率先从反危机的政策轨道退出,从2008年年底开始采取的"更加积极的财政政策和适度宽松的货币政策"的全面扩张政策,退回到反危机之前的"积极的财政政策和稳健的货币政策";中国经济增长的失衡产生了新的变化。改革开放以来,自1978年到1998年上半年近20年的时间里,除中间少数年份外,中国宏观经济失衡的总体特征是需求膨胀,供给不足,整个国民经济表现为严重的短缺经济。主要原因在于,一方面从经济发展来看,长期忽视经济发展,发展水平落后;另一方面从经济体制来看,市场约束不力,软预算约束严重;因而短缺严重。与之相适应,宏观经济失衡的突出矛盾集中在通货膨胀压力巨大,先后发生了1985年(CPI上涨9.3%以上)、1988年(CPI上涨18%以上)和1994年(CPI上涨24%以上)三次严重的通货膨胀。因而,宏观经济政策长期采取紧缩政策,以遏制通胀。从1998年下半年到2010年年底,中国宏观经济失衡发生新变化,除少数年份外,这一阶段失衡的突出特点在于需求疲软,供给过剩,经济增长动力减弱,与前一阶段失衡的方向恰恰相反。就内需不足来看,主要原因在于,经济发展带来产能的显著扩张和体制改革深入带来的市场约束加强,因而相对于市场需求而言,产能出现过剩。与此同时,又经受了1997年亚洲金融危机和2008年世界金融危机的冲击,总需求不足的矛盾更加尖锐。因此,如何应对金融危机的影响,缓解内需疲软的压力,稳定经济增长以保障就业目标实现,成为这一阶段宏观调控的首要目标。相应地,宏观经济政策转变为围绕扩大内需的扩张性政策,自1998年下半年起为克服内需不足及工业消费品产能过剩矛盾,为缓解亚洲金融危机的冲击,放弃了长期坚持的紧缩性政策,开始采取积极的财政政策和稳健的货币政策。到2008年为缓解从工业消费品逐渐深入工业投资品领域的严重的产能过剩,为应对世界金融危机冲击,进一步采取"更加积极的财政政策,适度宽松的货币政策",强力刺激经济,直至2010年年底。

2010年年底,中国自全面反危机的政策轨道率先退出,重回积极的财政政策、稳健的货币政策轨道至今,宏观经济失衡出现了新特点。首先是经济增长速度开

---

① 参见北京大学国民经济核算与经济增长研究中心,《中国经济增长报告2015》,北京大学出版社,2015年。

始由高速增长进入中高速,甚至可能相对更低的增速,即经济增长速度的换挡期;其次是自 2008 年下半年全面反危机的刺激政策形成较严重的代价,这些代价作为反危机的成本,特别是强力扩张刺激起来的低效率重复投资的过剩产能,以及强力扩张形成的超量 M2 供应对通货膨胀的拉上压力等等,需要逐渐消化,即经济进入对反危机成本的消化期;最后是长期累积的结构性矛盾愈发突出,并且已经成为经济失衡的主要原因,需要做存量的结构性调整,因而经济进入结构调整的阵痛期,"三期叠加"的宏观态势再加上进入上中等收入阶段后供给侧及需求侧条件的变化,使得中国宏观经济失衡不同于以往。既存在潜在的通货膨胀的巨大压力,又面临经济下行的严峻威胁。双重风险并存成为经济进入新常态以来的突出特点。这就使宏观总需求调控面临严重困难。针对总需求,宏观经济政策不同于以往,既不能全面收缩(如 1978—1998 年),又不能全面扩张(如 1998—2010 年),全面收缩虽然有利于扼制潜在通胀压力转变为显性的通胀,但同时会加剧需求疲软、内容不足的矛盾,导致经济下行压力上升。全面扩张虽然有利于缓解经济"下行",但势必加剧通胀压力。因此,当经济失衡出现通胀和下行双重风险并存格局时(类似 20 世纪 60 年代末西方发达国家出现的所谓"滞涨"),总需求管理就会产生严重的局限性,以总量均衡为目的的宏观调控逻辑,自然需要引入供给管理。

从当代发达国家的宏观调控实践和正统的宏观经济理论来看,需求侧调控和管理政策是主要的方式和手段,但在存在"滞涨"风险的背景下,这种调控方式和手段出现了严重的缺陷。第一,长期使用传统的凯恩斯主义需求管理会导致金融及经济危机。2008 年爆发的金融危机产生的一个重要的根源便是自 20 世纪 70 年代以来西方发达国家为缓解"滞胀"采取需求管理政策调整形成的积弊。从货币政策来说,通过降低利率或量化宽松政策刺激出来的投资需求大都是低效率的劣质需求,看起来低利率、放宽要求标准,能够把原本不被市场竞争承认的项目作为机会,既刺激了投资需求,又降低了企业的融资财务成本。从而一方面缓解了停滞,同时又降低了成本拉动的通胀压力。但实际上这是以降低投资效率和竞争力为代价的。一旦利率上升,低利率刺激起来的企业投资及产能就会因缺乏市场竞争力而难以生存,企业经营本身会遇到严重挫折,进一步扩展便会引发金融危机和经济危机。美国 2007 年开始发生的次贷危机便是典型。从财政政策来看,通过财政扩张刺激经济增长会导致巨额债务,长期积累下来会形成政府债务危机。如果财政扩张未经市场竞争,所形成的投资需求本身也难以保证有效,即使投资于长期发展所需要的基础设施,也还存在如何平衡预算的问题,都会形成政府债务危机的压力。如果是在现代西方民主政体下,政府对选民的福利等承诺,本身就会不断加剧财政矛盾,欧洲债务危机便是典型。总体上看,传统的凯恩斯主义需求管理不仅不能从根本上克服"滞胀",而且会导致经济出现"肥胖症",其典型特征表现为:一是巨大的资本泡沫,二是严重的产能过剩,三是巨额政府债务,进而形成金融经济危机的隐患。第二,在创新力及相应的科技进步率下滑的条件下,传统的凯恩斯主义需求管理政策的效力会不断降低,由于科技进步率下滑,经济中缺乏有效的投资机会和好的消费热点,缺乏优质需求,从而使得财政政策和货币政策刺激投资者需求的效率下降,消费者的边际消费倾向也下降,政策的有效性会持续降低;同时,随着货币政策刺激出来的投资的预期收益率不断降低,投资者的投资积极性会不断减弱,最终经济将陷入流动性陷阱。到利率降无可降,甚至连预期收益率接近于零的投资机会都被利用完后,货币政策的扩张效应便无法奏效了。欧洲、日本等国目前采取了负利率政策,就是在正常的货币政策失效的情况下,不得已而采取的办法。第三,经济全球化也在抑制货币政策的效果。需求管理政策即使刺激出需求,但在经济全球化背景下,这种需求未必是对本国产品的需求,完全可能是对外国产品的需求。一国刺激需求的政策,使本国居民购买力提高(有效需求增长),但本国居民可能或者在本国市场购买外国进口品,或者到国外去购买和消费,结果本国扩张性的刺激政策带来的却是对别国的拉动效应,这就使得宏观政策的效应更具不确定性。可见,西方正统宏观经济政策理论强调以总需求管理为主要的甚至是唯一的调控模式,在其自身的实践中也面临一系列矛盾。

　　中国新常态下的宏观调控,就不仅不能照搬套用西方正统宏观经济理论和政策,而且要特别强调供给侧调控方式的引入。虽然在20世纪80年代美国里根政府期间,面对长期严重的"滞胀",提出过供给管理主张及所谓"供给学派革命",但并未成功且很快便停止了。根本原因在于,在体制机制上难以确立政府与市场的关系,引入供给管理,其政策包括财政政策、货币政策等宏观政策和产业结构、产业组织、区域结构等结构性及微观性质的政策,作用的对象是生产者和劳动者,而不是传统需求管理政策的购买者和消费者,因此,担心由于政府政策会直接干预市场生产者、劳动者主体,进而否定市场竞争,甚至担心形成"计划经济"。所以特别强调经济自由主义的私有化、市场化、自由化,但市场化和自由化的强调,又会影响和限制政府对生产者、劳动者的供给管理政策作用的有效性,从而难以实现政策的供给效应。由此陷入两难,即经济自由主义和国家干预主义孰为主的两难选择。这种两难在资本主义私有制的市场经济制度中是难以克服的。在中国特色社会主义市场经济制度中,公有制为主体多种所有制经济共同发展的基本制度与市场机制作为资源配置的决定性作用,有可能统一为整体。因而在经济调节机制上才更能协调好政府与市场的相互关系,为有效地协调需求管理和供给管理创造制度和体制条件。新常态下的双重风险并存的宏观经济新失衡,使需求管理面临严重的困难,需要引入供给侧结构性改革,而中国特色的社会主义市场经济体制培育又为这种供给侧结构性改革创造着制度可能和基础。

第二节 新常态下经济失衡的动因

新常态下经济失衡的双重风险并存的特征,看起来是总量失衡问题,实际上根本动因在于一系列结构性矛盾。需要缓解和克服这一系列结构性矛盾,依靠需求侧调控和管理是难以奏效的。需求侧的管理影响的是需求总量,或者扩张,或者抑制,难以深入结构。而供给侧结构性改革的调控目的、着眼点和政策作用,恰恰是通过影响生产者和劳动者,提高其效率和积极性,使得竞争力和劳动生产率不断提升,在效率提升的基础上推动产业结构升级,本质上结构演进是效率上升的函数,而效率上升是创新的函数。市场创新的主体恰是企业和劳动者,因此,供给侧结构性改革对于新常态下从根本上克服失衡,推动结构升级以缓解结构性矛盾具有极为重要的意义。

新常态下经济双重风险并存,重要的风险是经济下行压力不断增大,改革开放(1978—2015)37年中国经济增长平均增长率高达9.6%,但进入新常态以来(2011—2015)年均为7.9%左右,近年更是降至7%以下,主要原因首先在内需增长动力不足,包括投资需求和消费需求。投资需求改革开放以来年均增长在20%以上,进入新常态以来持续下降,2013年起降至20%以下,近年仅为13%左右。以社会消费品零售总额增长率体现的消费需求增长率也由年均15%左右,降至近年的10%左右,特别是2013年以来形成趋势性下滑,给经济增长带来严峻的下行威胁。

但究其原因,需求疲软的深层原因在于结构性矛盾。就投资需求而言,关键在于产业结构升级动力不足和资本金融市场结构性扭曲。从国有企业的投资需求增长动力不足来看,并不是缺乏资金,无论是直接融资还是间接融资,对于绝大多数国有企业,尤其是大型和特大型国有企业来说,渠道是畅通的,问题在于由于自主研发和创新力不足,特别是关键技术、核心技术的自主创新力不足。在经济发展进入上中等收入阶段,技术进步的基本方式正从模仿为主向自主研发为主转型,与此前相比,总体上技术水平与先进技术之间的差距在缩小,可模仿的空间日益缩小,越来越需要自主创新和自主研发,特别是具有强烈竞争性的核心关键技术。一旦自主研发和创新力提升缓慢,又无外来先进技术的引进,产业结构的升级便受阻。国民经济中缺乏新的有效的投资机会,如果在结构不变、技术不变的基础上,强行扩大投资规模,只能是低水平的重复投资,加剧低质量低竞争力的产能过剩。在存量中劣质产能过剩矛盾已经十分尖锐,特别是在消化反危机强行扩张形成的过剩产能压力巨大的条件下,这种低水平的重复投资不可能再继续。因此,便表现为国有企业的投资需求增长乏力,尤其是伴随改革的深化,国有企业受市场约束的程度不断提高,这种不顾市场约束的低水平的重复投资的扩张更加不可能持续。从民间民营企业投资需求增长乏力来看,一方面,在自主研发和创新力不足的条件下,民间资本同样存在有效投资机会难寻的问题;另一方面,更重要的是面临资本和金融市场结构性扭曲,在一定程度上民营企业大都是中小企业,面临中小企业融资难的全球性矛盾,同时,即使是民营大企业,在制度和体制上也面临资本金融市场的制度性歧视。国有制银行为主体的金融市场与非公经济的民营企业的融资需求之间,存在一定的机制障碍,加剧了民营企业融资困难。若依靠民间借贷,则又面临很高的融资成本,这就使得民间民营投资需求增长乏力,甚至出现持续下滑的势头。

就消费需求而言,之所以出现增长乏力,根本原因并不在于国民收入水平增长迟缓,而在于国民收入分配结构性扭曲。一是国民收入宏观初次分配上的结构性扭曲。初次分配在直接参与生产活动的政府、企业、劳动者三者之间进行,分别获取税收、资本盈余、工资报酬。长期以来,三者增长速度上,税收增速最快(年均增长18%以上,按当年价计),其次是企业资本盈余,劳动者工资报酬增速最迟缓,因而在国民收入总构成中占比不断下降,而恰是这一部分支撑消费需求。虽然在"十二五"期间强调城乡居民收入增速不能低于GDP增速,在初次分配中工资增速及份额比重有所提高,但变化并不显著,且近期以来工资增速又出现低于GDP增速的迹象。这是导致我国城乡人均居民收入增速放缓的直接原因,也是为何我国经济增长长期主要依靠投资拉动,消费需求拉动作用相对较弱的重要原因。二是国民收入分配在区域间的结构扭曲。发达与落后地区差异显著,导致消费需求增长在区域间的失衡,严重限制了消费需求总量的扩张。而区域间国民收入分配的差距,首要原因在于城乡差距,城市居民人均可支配收入与农村居民人均纯收入间相差三倍以上,从而使得城市化水平不同的地区之间差距拉开;城乡间的差距重要的原因又在于产业劳动生产率间的差距,农业劳动生产率明显低于非农产业,在GDP的构成中,农产业占比为9%,而在就业结构中,农业就业比重达30%,意味着若按市场贡献进行分配,那么30%的从事农业生产的劳动者分享9%的GDP,而70%的非农产业生产者分享90%以上的GDP,这种源自产业相对劳动生产率差距的城乡差距及相应的地区间居民收入分配的差距显著,会从总体上降低国民经济中的消费能力。三是居民之间的收入分配结构失衡,包括城市居民及农村居民在内的城乡居民收入差距较大,且长期难以明显缩小。根据国家统计局公布的相关数据,自2002年以来,我国城乡居民基尼系数始终在0.4以上,很多年份在0.45以上,有时甚至超过0.49(2007),近年来虽有所下降但幅度微弱,这就会进一步降低社会消费倾向。

可见,我国进入经济新常态内需不足进而"下行"压力增大的深层原因在于结构性矛盾。尤其是由于自主创新力不足导致产业结构升级动力不足,形成投资需求增长乏力。由于收入分配结构性扭曲导致消费需求增长乏力。要从根本上扼制经济下行,仅仅从总需求方面刺激经济是难以奏效的。问题的症结不在于扩大投资支出规模,而在于从供给侧创造有效的高质量的投资机会,使产业结构得以升级;不在于增长居民收入总量,而在于改善收入分配结构,使社会消费倾向得以普遍提高,这就需要供给侧结构性改革。供给侧结构性改革的关键在于创新驱动效率提升,推进产业结构升级,真正为投资者创造优质机会,使投资需求得以有效扩张;供给侧结构性改革要求必须把克服收入分配结构性扭曲作为重点,使消费需求的增长与国民经济增长切实相适应。就存量上来说,从供给侧"去产能、去库存、去杠杆、降成本、补短板"成为结构调整的迫切任务;就增量来说,从供给侧深化大众创业、万众创新,以创新驱动引领产业结构升级成为关键问题。供给侧结构性改革全面提升供给质量,不仅能为投资创造好的机会,使之更具竞争力,而且能够吸引并创造需求,包括投资需求和消费需求。劣质的供给不仅抑制投资需求的有效增长,同时也会抑制消费需求的扩张。

新常态下宏观经济失衡双重风险的另一重风险在于潜在的通货膨胀压力。实际上,这种潜在通胀压力主要原因并不是来自诸如经济增长速度过快等总量失衡,而是来自结构性失衡。从我国实际市场价格水平来看,PPI已经长期处在通货紧缩状态,居民消费价格指数(CPI)也已处在通缩的临界水平(考虑到统计误差的存在,CPI上涨率低于2%就应注意防止通缩)。通货膨胀的压力总体上还是潜在的,并未真正表现出来,也正是由于这种潜在的压力,使得宏观政策特别是货币政策选择上难以实施全面反通缩措施。这种潜在的压力来自两方面,一方面是需求拉上,另一方面是成本推动,而这两方面压力的深层原因重要的在于结构性失衡。

就需求拉上的压力来看,并非是由于经济增速过高带来的总需求扩张形成的拉动通胀的压力。流通中货币M2存量之所以较大,与总量政策特别是反危机时期更加积极的财政政策与适度宽松的货币政策有关,但真正难以根本性扭转的在于国际收支长期结构失衡。由于长期收大于支的国际收支领域的结构性失衡,在定期结汇的体制下,使得国家外汇储备规模大且不断上升,在汇率不变的条件下,结汇量的扩张意味着"外汇占款"规模扩张,由此增大基础货币供应量。在相当长的时期里,外汇占款成为货币供应量不断增大的首要原因,进而形成潜在的需求拉上的通胀压力。

就成本推动的压力来看,主要原因在于要素成本结构的变化。国民生产的总成本下降,在其他条件不变的条件下,可以形成良性通缩。一般而言,通货紧缩现象可以分为良性与恶性两大类,如果是因为供给侧成本下降形成的通缩,相应地可以推动经济增长,提高竞争力,增加就业,因而称之为良性通缩;如果是因为需求疲软经济增长乏力形成的通缩,相应伴随经济衰退和失业率上升,称之为恶性通缩。通缩现象的出现,需要做客观全面的分析,对良性与恶性通缩加以区分。① 中国经济进入新常态以来,从实际现象看,存在需求疲软所形成的恶性通缩压力,也存在供给侧方面生产成本下降,如国际原油价格的下跌等因素形成的良性通缩效应。但从潜在压力上看,成本推动的通胀潜在压力依然存在,主要原因在于经济进入新常态后,国民生产供给侧各方面要素成本系统性的上升。如果经济增长方式转变迟缓、效率提升滞后,全面上升的要素成本便会成为推动价格上升的重要动因。这种动因的存在根源在于投入产出结构变化不适应要素成本结构的变化,产业结构难以在创新驱动要素效率提升的基础上实现升级,难以消化要素成本的上升,从而使之进入价格,成为潜在的成本推动的压力。总体上看,供给侧的成本推动通胀的压力更为持久,短期里难以克服,而原油价格下降等良性通缩效应更具短期效应,并且也不稳定。所以,中国经济潜在的通胀压力,是需求拉上和成本推动的共同作用下的压力,这一压力之所以表现为潜在还未成为现实,主要是由于实际市场需求疲软,内需扩张不足,世界经济复苏迟缓,缺乏优质的投资机会和足够的消费热点,因而没有形成现实的通胀冲击。

既然进入新常态后中国经济总量失衡的根本原因在于结构性矛盾,那么,宏观调控就不仅需要从总需求入手,而且更需要从总供给入手。供给侧的调控强调的重点恰恰是一系列结构性调控,对于我国新常态下的经济失衡更具针对性。而无论是导致经济下行的内需不足,还是导致通货膨胀的潜在压力,主要都是源于结构性矛盾。就克服经济下行压力而言,若不在创新驱动下提升效率,创造优质投资机会,进而推动产业结构升级,就不可能真正活跃有效的投资需求,强行刺激只能是刺激劣质低效的过剩产能;若不根本扭转国民收入分配结构性失衡,提高收入分配合理性,进而提升社会消费倾向,就难以使消费需求增长与国民经济发展要求相适应;而产业结构升级和分配结构调整,都不是需求侧管理能够有效实现的,都需要供给侧结构性改革。就控制潜在通胀而言,若不扭转国际收支领域长期存在的结构性失衡,有效地实现国际收支结构再平衡,外汇占款形成的基础性货币供给压力难以缓解,潜在需求拉上的通胀压力会不断上升;若不在创新驱动基础上调整投入产出结构,难以适应要素成本结构变化,潜在的成本推动的通胀压力会持续加剧;而国际收支结构和投入产出结构的调整,关键同样在于供给侧结构性改革。可见,供给侧结构性改革对于进入新常态的中国经济之所以迫切需要,重要的在于新常态下经济失衡的新动因,在于克服新动因的需要。

---

① 刘伟、苏剑:《良性恶性双重冲击下的中国经济增长》,载《经济学动态》,2014年第12期。

第三节 新常态下宏观调控方式的转变

经济新常态下的新失衡首先要求宏观经济政策做出调整。但在双重风险并存的条件下,总需求侧的宏观政策调整在方向上和作用有效性上均面临极大的局限,要求宏观调控方式发生根本变化,特别是需要在实施需求侧政策管理的同时,引入供给侧政策管理。而供给侧管理的结构性特征等又要求全面深入推动一系列制度改革,否则,供给侧结构性改革难以奏效。从一定意义上说,虽然需求侧的政策调控不可或缺,但所起的作用更多的是对短期总量失衡程度的缓解,而不是长期深层结构性矛盾的克服,更多的是为克服深层结构性失衡赢得时间、创造条件,而不是真正从动因上缓解矛盾。从根本动因上缓解矛盾必须依靠供给侧结构性改革,而这种宏观调控方式和政策的系统性变化,又必须建立在制度创新基础上,尤其是需要以全面深化社会主义市场经济改革培育的经济机制和全面推进依法治国创造的法制条件为基础。

从宏观政策的调整来看,进入新常态针对双重风险并存的总量失衡新格局,中国宏观经济政策从全面反危机的扩张性政策调整为反危机之前的松紧搭配的积极的财政政策与稳健的货币政策。这种松紧搭配的政策组合表明财政政策与货币政策之间,在政策目标和政策方向上存在差异,这种差异的存在会使政策的有效性受到削弱。之所以难以采取"双松"或"双紧"的统一组合,根本原因在于总量失衡双重风险并存的新特点。双松则意味着全面扩张,尽管可能短期里有利于扼制下行,但不利于稳定通胀;双紧则短期里可能有利于稳物价,但会加剧下行压力。宏观调控不能只顾一种风险的防范而置另一重风险不顾,只能以这种松紧搭配的宏观政策组合来兼顾双重风险,即在宏观调整的有效性和风险性之间,首先要保证风险性可控,为此不惜降低政策的有效性,即所谓"稳中求进"。

这种政策目标和方向选择上的矛盾,本身表明总需求管理在双重风险并存条件下面临的局限性,财政和货币政策在目标和方向上难以统一,只能在松紧搭配的反方向组合过程中调整所谓松紧力度,根据双重风险变化的状态努力实现松紧适度。在经济增长政策目标的选择上,一方面考虑稳增长保就业的目标要求(城镇登记失业率控制在 4.5% 以下),确立经济增长下限目标,根据中国现阶段的经验(奥肯定律在我国现阶段的经验体现),若实现 4.5% 以下的城镇登记失业率控制目标,GDP 的年增长率不低于 6.5%;另一方面,考虑防止潜在的通胀压力转为现实的物价上涨(CPI 上涨率控制在 3% 左右),确立经济增长上限目标,根据中国现阶段的实际(菲利普斯曲线在中国现阶段的反映),GDP 增长率不超过 7% 即可;此外,考虑到中长期经济增长目标的变化,特别是 2020 年 GDP 总量比 2010 年翻一番的增长目标要求,年均增长率要达到 7.2%,在 2011—2015 年经济平均增长7.9%的基础上,2016—2020年年均达到6.5%即可实现GDP总量较2010年按不变价格翻一番目标。总之,在"十三五"期间,中国GDP年均增长率保持在6.5%—7%是适应中国现阶段就业目标、物价目标和中长期增长目标的要求的[1],松紧搭配的宏观经济政策可以围绕6.5%—7%的增长目标以及波动幅度,从总需求侧调整松紧力度。

但这种需求侧入手的宏观政策松紧力度的调整,至少存在两方面的问题。一方面,从需求侧调整经济增长速度,以控制总需求变化,进而实现预定的就业政策目标和通胀控制目标,双重目标实现的过程是矛盾的,甚至是互为代价的,扩张需求拉动经济增长,在其他条件不变的条件下,意味着通胀压力上升,这种增长是以通货膨胀为代价的。如果从供给侧加以宏观调控,提高企业(生产者)效率和劳动者劳动生产率,降低企业成本,推动产业结构升级,改善供给质量和竞争效率,那么,即使需求不变,也同样可以扩大产出,实现经济有效增长,不仅产出规模可以扩张,而且是建立在效率提升条件下的供给增加,更具竞争力,同时,不必支付通货膨胀的代价,而是无通胀的有效增长[2]。在既有经济下行又存在通胀压力的双重风险并存的时状态下,尤其需要这种无通胀代价的有效增长,才能有效克服严重的失衡。另一方面的问题是,这种松紧搭配的宏观经济政策组合,即使能够实现松紧适度,也只是从需求侧缓解总量失衡的程度,而不可能真正从结构上克服失衡的动因。而从结构上控制或改变导致失衡的动因,需要从供给侧展开结构性改革。因此,松紧搭配的宏观需求管理政策只能缓解矛盾,但并不能真正解决矛盾。供给侧结构性改革作为长期持续的国民经济结构演进过程,需要实现需求侧的短期政策目标,为长期供给侧结构性改革目标创造宏观经济条件,把总量失衡控制在一定的可承受的范围之内,为从深层结构性改革赢得必要时间,但总需求管理本身并不直接触及结构性矛盾。[3]

第四节 新常态下的供给侧结构性改革

双重风险的并存以及需求侧管理的局限,要求宏观调控方式必须改变,在运用需求管理的同时,必须引入并且更加重视供给侧结构性改革,协调供给管理与需求管理,进而使宏观调控在供求两侧、在长期与短期、在总量与结构、在生产者与消费者之间得以协调。当然,引入供给侧结构性改革,不是说可以忽略需求侧宏观调控,事实上,需求管理是宏观调控的前提内容,尤其是就短期均衡目标而

---

[1] 刘伟、苏剑:《从就业角度看中国经济目标增长率的确定》,载《中国银行业》,2014年第9期。
[2] 刘伟、苏剑:《供给管理与我国现阶段的宏观调控》,载《经济研究》,2007年第2期。
[3] 郭杰等著:《供给侧结构性改革的理论逻辑及实施路径》,中国社会科学出版社,2016年。

言,更具现实意义。并且,只要潜在经济增长率水平高于实际增长率,需求管理本身就有有效增长的意义。问题在于,不能脱离效率目标,强行刺激劣质需求拉动增长,这种劣质需求的增长会从根本上否定供给侧结构性改革。

这种宏观调控方式的改变,首先需要改革并完善宏观经济政策和一系列政府经济政策的体系及传导机制。由于供给侧结构性改革的政策作用对象不同于一般的需求管理,不是直接作用于消费者和购买者,而是作用于生产者和劳动者,因此政策的着眼点和着力点方面也有所不同。就一般宏观经济政策而言,包括财政政策和货币政策,更强调对企业(生产者)创新的支持,更强调效率提升和成本降低等方面的政策引导,或者说,在实施财政政策及货币政策时,除关注其需求效应,同时更强调其供给效应,总之,更关注企业竞争力的提高。因而,短期中减税、降息等直接关系企业成本变化的政策举措往往成为供给侧宏观调控的重要手段;长期里扶持企业自主研发,鼓励技术创新,实施产业政策包括产业结构政策和产业组织政策及区域结构政策,以及制定相应的科技发展战略,增强持续有效的人力资本投入,构建合理的国民教育发展体系等成为供给侧结构性改革的重要战略举措。

但是,正由于供给侧结构性改革的调控方式及政策体系和传导机制上的特点,使之对制度创新,特别是政府与市场机制间相互关系的协调有了更高要求。因为,一方面供给侧结构性改革的政策直接作用对象是生产者和劳动者,因此在体制机制上若协调不好政府调节与市场调节间的关系,那么,或者政府过度直接干预企业行为,甚至否定企业的市场权利,破坏市场机制公平竞争秩序导致市场失灵;或者政府缺位,导致政府失灵。另一方面,供给侧结构性改革的举措,在相当大的程度上具有长期性和战略性,有些方面还存在明显的市场失灵,不是依靠市场自发竞争便可实现的,这就要求政府调节与市场调节更有效更协调地统一起来。实现这种有机统一,这就需要相应的经济制度和体制改革,通过深化经济改革使市场在资源配置的竞争性领域切实发挥决定性作用,使政府在宏观领域和社会长期发展目标引导以及市场失灵领域切实发挥主导作用。事实上,20世纪60年代末,西方发达国家经济出现"滞胀",依靠传统的凯恩斯主义需求管理产生严重的失灵,又不可能重新回到自由竞争的古典经济自由主义的时代,因而,美国里根政府依据供给学派理论提出所谓"供给革命",但很快便失败了。重要原因就在于,在实践上难以协调政府与市场的关系,单纯依靠市场对供给方面难以发生有效调节,过多引入政府又担心对市场经济产生否定;在理论上陷入经济自由主义与国家干预主义两难选择的矛盾。事实上这种实践与理论上的矛盾,根源于资本主义生产方式,资本主义所有制基础上的市场经济社会是难以克服这种矛盾的,资本私有制下市场这只"看不见的手"难以自发地形成均衡,马克思的《资本论》深刻揭示了这一矛盾。① 这也是资产阶级正统经济学围绕国家理性干预与经济自由主义长期争论不休而又始终未能统一认识的根本原因。②

进入新常态的中国经济,引入供给侧结构性改革必须以全面深化改革为基础。就经济制度创新而言,坚持中国特色社会主义市场经济的改革方向,努力探索社会主义公有制为主体多种所有制经济共同发展的基本制度与市场经济机制有机统一的道路和方式,这是新常态下引入供给侧结构性改革的根本条件。由于供给侧结构性改革要求有效统一社会生产的社会性、自觉性和市场竞争的自发性、盲目性,而这种统一在资本主义私有制基础上的市场经济机制中是难以真正实现的,这种矛盾根源于资本主义私有制本身规定的市场竞争的自发和盲目性,只有在公有制为主体的所有制基础上构建竞争性的市场经济机制,才有可能把生产的社会性、自觉性与市场竞争的自发性、盲目性协调起来。就经济调节机制创新而言,处理好政府与市场调节机制之间的相互关系,切实使市场机制在资源配置中发挥决定性作用,使政府在宏观调控和市场失灵领域及社会长期全面发展等多方面起主导作用,这是有效实施供给侧结构性改革的机制条件。由于供给侧结构性改革对政府调节与市场调节之间的协调提出了更高的要求,只有在机制上协调好政府与市场的关系,才可能使总需求侧的调节与总供给侧的调节、使克服总量失衡与结构性失衡、使短期目标与长期目标、使针对生产者的政策与针对消费者的政策、增量调整与存量调整、中央政府与地方政府行为等等相互之间,切实有机统一,至少不发生严重冲突。

因此,深化中国特色社会主义市场化和法治化就有着特殊的意义。市场化的深入重要的在于:一方面使市场在资源配置方面发挥决定性作用,特别是需要推动要素市场化,包括劳动、资本、自然资源、技术专利、环境生态等要素的市场化;另一方面,不断完善市场经济竞争秩序,特别是市场经济的内在竞争秩序,包括市场竞争的主体秩序(企业产权制度),市场竞争的交易秩序(价格决定制度)。这两方面的深化改革,分别从程度和质量上提升市场化的水平。

法治化的深入重要的在于:一方面推动法治制度的完善,建立健全较完备的法律制度体系,提高法律供给的充分性和有效性,提高立法的效率和质量,即所谓"良法";另一方面,推动社会法治精神的弘扬,提高全社会尊法守法的自觉,即所

---

① 马克思、恩格斯:《资本论》第一卷、第三卷,人民出版社,1975年。
② 从英国古典经济学的经济自由主义传统地位的确立,到19世纪中期德国历史学派和稍后的美国制度学派对传统自由主义的质疑,再到19世纪末马歇尔新古典经济学对经济自由主义的新阐释,又到20世纪初凯恩斯革命的市场失灵论与国家干预主义的提出,直到20世纪中后期对凯恩斯主义的质疑即经济自由主义的重振,以及以经济自由主义为哲学基础的货币主义、产权学派、合理预期学派、新古典综合派、后凯恩斯主义等学说的活跃,都反映了这一争论。

谓法治的权威。对市场竞争主体的权利提供公平公正的法制保护,对政府的公权加以有效有序的规范。法治不同于法制的重要区别在于,法治是运用法律制度治理社会、国家、政府,法制则是法律制度的建设体系,有法律未必是法治。法治需要自觉遵法守法的"法治精神",而这种自觉重要的在于对政府公权、对立法、执法者本身权力运用的法律约束。特别是供给侧结构性改革具有结构性差异化效果,更需强调法治化,强调政府对公平竞争秩序的维护,否则,可能产生歧视性调控,严重破坏公平竞争,进而损害效率。否则,政府和市场的关系难以协调,供给侧结构性改革难以奏效。

显然,供给侧结构性改革是适应中国经济发展进入新常态、经济发展面临新挑战、宏观经济失衡出现新特征、总需求侧入手的宏观调控产生新局限等方面的新变化提出的新命题;供给侧结构性改革所要处理的问题并非一般性的总量失衡问题,而是针对总量失衡之所以发生的深层原因,特别是针对中国经济新常态下出现的一系列结构性失衡提出的新策略;供给侧结构性改革所运用的政策手段与总需求管理有很大的不同,政策的作用对象首先是生产者和劳动者,而不是需求侧管理政策作用的购买者和消费者,运用货币和财政政策的着力点在于强调政策对企业(生产者)的影响,即供给效应,除财政与货币政策外,针对供给侧管理所需要处理的结构性失衡问题,强调一系列结构政策的运用;供给侧结构性改革对制度创新提出了新的要求,只有在社会主义公有制为主体基础上建立市场经济机制,才能真正从根本上处理好调节机制上的政府与市场的关系,只有在坚持中国特色的社会主义市场化和法治化的进程中,才能为处理好政府与市场的关系创造必要的制度环境,才能为有效地推进供给侧结构性改革创造制度保障。

第五节 稳中求进:新常态下宏观调控的总基调

习近平总书记指出:"坚持稳中求进的工作总基调,'稳'的重点要放在稳住经济运行上,确保增长、就业、物价不出现大的波动,确保金融不出现区域性系统性风险。'进'的重点要放在调整经济结构和深化改革开放上,确保转变经济发展方式和创新驱动发展取得新成效。'稳'和'进'要相互促进,经济社会平稳,才能为调整经济结构和深化改革开放创造稳定宏观环境;调整经济结构和深化改革开放取得实质性进展,才能为经济社会平稳运行创造良好预期。"[①]为什么要在宏观调控上贯彻"稳中求进"?怎样实现"稳中求进"?这是本节要讨论的。

---

① 参见习近平:《在中央经济工作会议上的讲话》,载中共中央文献研究室编:《习近平关于社会主义经济建设论述摘编》,中央文献出版社,2017年,第321页。

一、经济新常态阶段宏观失衡的特殊性:稳中求进需要宏观调控兼顾"双重风险"

经过改革开放以来近40年的持续高速增长(平均年增长率在9%以上),中国经济发展水平达到新阶段,GDP总量从改革开放初期居世界10名之外,上升至世界第二大经济体(2010),占全球GDP的比重由1.8%上升至14%左右,到2016年年底达到74.4万亿,按汇率折算近12万亿美元,相当于世界总量第一美国的60%以上。人均GDP的水平,从改革开放初期的不足200美元,上升到2016年的5万多元,按汇率折算超过8000美元,从贫困状态进入温饱(1998)又上升至上中等收入水平(2010)。

在这一过程中,中国宏观经济失衡的特点也发生着历史性变化,自1978年至1998年上半年,除中间个别年份外,中国宏观经济失衡的突出特点是:需求膨胀、供给不足、经济短缺。究其原因,有来自发展方面的因素:经济发展水平低,生产能力低;也有来自体制方面的因素:传统体制下长期软预算约束扩张总需求。与此相适应,这一时期宏观经济失衡的主要压力来自需求拉上的通货膨胀。改革开放以来三次较严重的通货膨胀均发生在这一时期:1985年CPI达到9%以上,1988年达到18%以上,1994年达到24.1%,虽然具体原因各不相同,但根本原因在于经济短缺导致社会对通货膨胀的高预期。相应地,宏观经济政策目标以控制通胀为首要,宏观政策方向长期紧缩。自1998年下半年至2010年年底,同样除少数年份外,中国宏观经济失衡的突出特点是:需求疲软、产能过剩。究其原因,从内需不足来看,由于周期性和结构性矛盾导致增长需求动力不足,从外需疲软来看,由于先后经历了1997年亚洲金融危机和2008年世界金融危机的冲击。与之相适应,这一时期宏观经济失衡的主要压力来自需求疲软的产能过剩,改革开放以来两次持续性增速下滑均发生在这一时期:1998年后发生的国有企业大规模职工"下岗"及大量乡镇企业倒闭,2008年后的连续15个月的增长速度下滑。相应地,宏观经济政策首要目标从前一时期的反通胀转变为保增长,宏观政策方向从长期紧缩逆转为扩大内需,即1998年下半年开始的积极的财政政策和稳健的货币政策,到2008年下半年则更进一步上升为更加积极的财政政策和适度宽松的货币政策。至2010年10月,中国宣布率先从反危机政策退出以来,特别是十八大后经济进入新常态以来,宏观经济失衡具有了新的历史特点,既有潜在的通货膨胀巨大压力(成本推进),又有经济下行的严峻威胁(需求疲软),即所谓"双重风险"并存(类似"滞涨")。

究其原因,在需求侧是内需不足又加上世界金融危机的影响所形成的总需求疲软,从而使得宏观经济政策在目标和方向的选择上难以像以往那样明确,双重风险并存使得宏观经济政策不能简单地选择一重风险的管理而不惜加剧另一种风险,因而既不能全面扩张,又难以全面紧缩,因为双重风险治理所要求的政策方向是不同的,甚至是相互矛盾又互为成本的。因此,宏观经济从更加积极的财政政策和适度宽松的货币政策的全面扩张方向,调整为积极的财政政策和稳健的货币政策的"松紧搭配"的政策组合,以兼顾双重风险的防范。尽管这种政策反方向组合(持续扩张的财政政策与相对前期偏紧的货币政策)会在一定程度上削弱宏观政策的有效性,但不至于为防范一重风险而同时加剧另一种风险,从而增大宏观调控的风险。

进入2017年,基于经济在短期活跃但长期深层次矛盾依然存在,"三期叠加"的总态势依然存在,且风险特别是金融风险、债务风险、资产泡沫风险上升,宏观政策在保持稳中求进的总体格局下,坚持积极的财政政策的同时,将稳健的货币政策进一步明确为稳健中性的货币政策,相对进一步从紧,以抑制金融泡沫。显然"松紧搭配"反方向组合的宏观经济政策格局是适应新常态下双重风险并存的新失衡的政策组合,稳中求进的宏观调控首先是要兼顾新失衡的"双重风险"。"稳"为防范"双重风险"创造条件,进而为"进"赢得可能;"进"推动克服"双重风险"之所以存在的深层原因,进而为均衡增长创造基础。

二、后危机时期债务风险的严重性:稳中求进需要宏观调控守住"双底线"

就现阶段看,中短期影响经济增长的众多周期性力量中,债务周期是影响中国经济是否发生危机的重要力量。其背后的逻辑主要表现为:"债务—投资"驱动仍然是目前稳定经济增长的主要路径,以货币与银行信贷为主的债务形式投放给国有企业,以此开展由政府推出的大量以基础设施建设,房地产项目为主的投资项目,从而拉动经济增长。但投资收益率和资本使用效率的降低,逐渐弱化了"债务—投资"驱动模式的效用;与之相适应,高债务矛盾加剧,高债务带来的高风险成为经济稳定的严重威胁。

一是从国际上通用的债务危机指标看,中国债务风险隐患较大,根据国际清算银行(BIS)公布的数据,中国目前的非金融部门的总债务率[1]达到254.9%,远高于墨西哥比索危机前的债务率(77.7%)和泰国在亚洲金融危机前的债务率(188.8%),略高于美国金融危机前的债务率(238.5%),并已接近西班牙金融与经济危机前的债务率(262.1%);从企业部门的债务率来看,中国企业部门的债务率已超出上述国家发生金融危机前的企业部门债务率。从信贷缺口看,中国私人非金融部门信贷缺口债务率的实际值与长期趋势之间的缺口,自1995年以来不断攀升,到2016年第一季度已达30.1%,超过美国2008年金融危机之前(12.4%),日本20世纪90年代危机之前(20%),印度尼西亚1997年亚洲金融危

---

[1] 债务率:所有有息债务占GDP的比例。

机之前(17.3%)的水平,接近泰国发生金融危机之前的水平(35.7%)。尽管由于各国国情不同,不同国家承受债务的能力有所不同,但与其他国家横向比和与自身历史纵向比,高企的债务率及信贷缺口水平必须加以警惕,特别是考虑到中国广义政府债务率已超过了国际警戒线水平,要求政府在处理债务问题上必须高度谨慎。正如习近平总书记所说:"当前,金融风险易发高发,虽然系统性风险总体可控,但不良资产风险、流动性风险、债券违约风险、影子银行风险、外部冲击风险、房地产泡沫风险、政府债务风险、互联网金融风险正在累积,金融市场上也乱象丛生。""如果我们将来出大问题,很可能就会在这个领域出问题,这一点要高度警惕。"①

二是投机性及庞氏融资比较高,宏观经济与金融体系脆弱性上升,在"债务—投资"驱动模式下,非金融部门总债务率已经从2008年的不到150%,上升至2015年的250%,按照估算,2015年中国新负担债务的利息支出8.52万亿元,约占当年GDP的13%,占全部社会融资总额的60%,可见,社会融资总额中大部分是用来还本付息,而不是真正再投资。这可能意味着,从体系上看,中国国内融资机构中投机性融资者及庞氏融资者的比重已显著超过了对冲性投资者,经济实体逐步进入"借旧还新"→"借新还息"→"资产负债表恶化"的困境。分部门看,自2008年以来,居民部门债务以平均24%以上的速度增长,而同期居民人均可支配收入年均增速约为11%,这表明居民部门收入对其债务的保障程度呈逐年下降趋势。非金融企业部门的数据显示,国内企业部门以投机性融资者为主,且约有1/10的企业当年息税前的正利润不能完全覆盖利息,属于庞氏融资者。从政府部门看,以2015年为例,当年财政收入15.2万亿元,当年政府性债务余额超过30万亿元,利息支出1.5万亿元,如果短期债务占比超过50%,则政府的财政收入当期应付债务,那么政府部门也将成为投机性融资者。上述情况表明国内金融体系的脆弱性上升。

三是局部风险释放已经产生了一定的市场冲击,债务市场信用风险的积聚和释放已有显现;信贷市场上"偿债能力恶化—金融机构收紧—企业资金断裂—信用风险恶化"也已有所显现。虽然从目前情况看,无论是债券市场违约的冲击,还是信贷市场收紧的负面效应,都还是短期的非连续性和系统性的,尚未对这两个市场的融资功能产生更大的损害,但是由于当前国内金融体系的脆弱性和市场敏感性的提高,非预期的冲击有可能引发金融领域危机风险发生,进而导致经济衰退。在这种经济下行压力不减而债务风险加剧的条件下,在"债务—投资"驱动模

---

① 参见习近平:《在中央经济工作会议上的讲话》,载中共中央文献研究室编:《习近平关于社会主义经济建设论述摘编》,中央文献出版社,2017年,第332页。

式短期里难以根本改变的基础上,构建"稳增长"与"防风险"的双底线下的宏观体系极为重要,稳增长是缓解风险的前提,是保就业、惠民生的基础;防风险,尤其是金融及债务风险是底线。在稳增长防风险的双重底线下通过经济持续稳定增长,为化解债务风险赢得时间,逐步化解高杠杆的同时控制债务规模过快扩张,根据市场化法治化原则,在短期里及时有效地缓解债务风险,以防风险为持续稳增长创造条件,以稳增长为有效防风险创造可能。在"债务—投资"驱动模式难以根本改变的条件下,要守住稳增长防风险双重底线,宏观调控必须坚持稳中求进,以兼顾双重底线要求。

三、经济发展新理念下宏观调控方式转变的迫切性:稳中求进要求统一需求管理和供给侧结构性改革

贯彻新的发展理念转变发展方式,重要的内容在于转变宏观调控方式。宏观调控方式的转变,关键在于统一需求管理与供给侧结构性管理改革。中国经济在新常态下出现的新失衡,现象上是需求侧出现了问题,但根本原因在于供给侧。"双重风险"的新失衡之所以存在,深层次的矛盾在于供给侧结构性失衡。习近平总书记指出:"需求侧管理,重在解决总量性问题,注重短期调控,主要是通过调节税收、财政支出、货币信贷等来刺激或抑制需求,进而推动经济增长。供给管理,重在解决结构性问题,注重激发经济增长动力,主要通过优化要素配置和调整生产结构来提高供给体系质量和效率,进而推动经济增长。经济政策是以供给侧为重点还是以需求侧为重点,要依据一国宏观经济形势做出抉择。放弃供给谈供给侧或放弃供给侧谈需求侧都是片面的,二者不是非此即彼、一去一存的替代关系,而是相互配合、协调推进。"①

一是就经济下行而言,现象是由于需求不足,特别是包括投资、消费的内需不足。投资需求增长之所以疲软,重要的原因不在于需求侧的资金供应量不足,而在于供给侧的企业创新力不足,进而产业升级动力不足,因此缺乏有效的有竞争力的投资机会,对于大型和特大型企业,尤其是国有企业而言,直接融资和间接融资渠道是通畅的,投资需求增长乏力是因为实体经济中缺乏好的投资机会,在产业升级空间狭窄的条件下,强行扩大投资只能加剧产能过剩和重复投资,这是供给侧产业结构失衡所导致的;消费需求增长之所以乏力,重要的原因不在于需求侧的居民收入总量缺乏增长,而在于供给侧的国民收入分配结构性失衡,从宏观收入分配角度看,国民收入初次分配中,政府、企业、劳动者三者之间,劳动者报酬增长长期相对迟缓,从微观收入分配角度看,居民内部收入差距较大,自 2003 年

---

① 参见习近平:《在省部级主要领导干部学习贯彻党的十八届五中全会精神专题研讨班上的讲话》,载中共中央文献研究室编:《习近平关于社会主义经济建设论述摘编》,中央文献出版社,2017 年,第 99 页。

以来,城乡居民基尼系数始终高于0.4(通常所说的警戒线水平),多数年份超过0.45,最高时达到0.49(2007),2008年以后有所下降但并不显著,直到2016年仍在0.46以上。这种国民收入宏观分配和居民收入微观分配上的结构失衡,既降低了消费增长与国民经济增长的同步和协调性,也降低了全社会的消费倾向,因而消费需求疲软根本原因在于供给侧,要在根本上克服经济下行,除传统的刺激需求外,更重要的是深化供给侧结构性改革。

二是就双重风险中的通胀压力而言,现阶段我国潜在的通胀压力,有来自需求侧的矛盾,特别是M2存量已近160万亿,远远高于GDP水平,可能会形成对通胀的需求拉力。但这种需求拉力在总体上市场现实需求疲软的条件下,只能是潜在的,更现实的价格上涨的压力来自成本推动,在经济进入新常态后,要素成本,包括劳动力、土地和自然资源、生态环境、技术进步等各方面的成本系统性地大幅上升,只有从供给侧切实提高效率,提高企业竞争力,提升产业结构,才可能以要素效率和结构效率全面提高适应成本上升的压力,使成本上升的压力不至于转化为通胀的压力。因此,在需求拉上和成本推动共同作用而又以成本推动为主的通胀条件下,深化供给侧结构性改革对于抑制通胀更具有关键性;同时,在存在"双重风险"(类似"滞胀")的状况下,宏观总需求管理政策面临极大的局限,单纯的总需求管理陷入刺激增长则加剧通胀,抑制通胀则加剧下行的两难陷阱,而同时从供给侧进行调控,提高劳动生产率和企业竞争力,完善产业组织和升级产业结构,进而可以在不刺激至少不需要强烈刺激需求的条件下,增大供给产出,提高经济增长速度并增加就业,从而避开"滞涨"下宏观政策选择两难陷阱,对化解双重风险更具有效性。

三是作为发展中国家经济进入上中等收入发展阶段,总量失衡出现一系列新特点的同时,一系列发展结构性矛盾更为深刻,经济调控必须把短期调控和长期发展统一起来,短期调控主要是总需求方面的调控,更多的属于总量调控,首先是增量调控。长期调控主要是供给侧的调控,更多地属于结构调控,首先是存量调控。一方面,短期总需求调控必须适度,以保证经济的适度增长,进而为保就业、惠民生、防风险、促改革创造必要的经济增长条件,为长期深化结构性改革赢得经济增长的空间和可能。很难想象经济陷入严重总量失衡的条件下,能够展开深入的结构性改革,高失业的危机状态显然不可能加大供给侧结构性改革力度,因为由此必然加剧失业;且高通胀的过热状态显然不需要推进供给侧结构性改革,因为高通胀的泡沫经济下企业不需要"三去一降一补"。所以短期总需求调控重要的是营造适度增长的基础,使经济增长速度既能维持保就业目标实现,又能防止出现严重通货膨胀,据此,2017年中国经济政策目标提出6.5%的增长率,以维持4.5%以下的登记失业率和3%以下的通胀率目标,即所谓奥肯定律和菲利普斯曲线的要求。另一方面,稳中求进,首先是适度增长的短期目标的确定,但短期总需求的适度管理,虽然为解决根本结构性失衡赢得时间、创造了条件,并不能从根本上解决结构性深层次矛盾。解决结构性矛盾,必须从供给侧结构性改革入手,通过创新并提高生产者竞争力和效率,推动产业结构升级,克服一系列结构性失衡,才能真正实现发展方式转变,实现新的发展理念,进而从根本上克服短期总量失衡。因此,供给侧结构性改革需要短期宏观经济适度增长作为条件,而宏观经济总量失衡的根本动因的克服需要长期深化供给侧结构性改革,统一这种短期与长期、总量与结构、增量与存量的调控,是统一需求管理和供给侧结构性改革的深刻要求。只有做到这种有机统一,才能真正实现稳中求进,也只有坚持稳中求进,才可能为协调需求管理与供给侧结构性改革创造条件。

第五章 宏观经济周期波动与预判
——宏观经济联立模型

第一节 宏观经济计量模型体系

宏观经济联立方程计量模型(Simultaneous Equation Models,SEMs)可以追溯到 Tinbergen(1939)和 Klein(1950)。宏观经济计量方法与模型在第二次世界大战之后迅速发展,由于凯恩斯主义经济理论的盛行,把凯恩斯主义宏观经济理论与经济计量学的方法结合在一起,推动了宏观经济联立方程模型的发展。Klein 以及后续的研究者为美联储开发了第一代和第二代美国的宏观经济计量模型。其第一代模型收录在《1921—1941 年美国的经济波动》(Economic Fluctuations in the United States, 1921—1941)(Klein,1950)专著中,第二代模型即为著名的 Kelin-Goldberger 模型(Klein and Goldberger,1955),该模型在结构、规模和估计方法上奠定了随后宏观经济计量模型发展的基础。

20 世纪六七十年代是宏观经济计量模型发展的高潮时期,其中包括适用于短期预测的 Brokings 模型、用于结构分析和政策评价的数据库公司模型(DRI)、用于国民收入与失业预测的 Wharton 模型、用于季度预测的 Chases 模型,以及 Klein 所建立的用于预测世界经济长期增长和短期波动的世界经济模型,等等。20 世纪七八十年代在对先前模型更新之外,又有许多宏观经济计量模型问世,如美联储和宾夕法尼亚大学合作开发的用于季度预测和政策评估的 MPS 模型,以及结合主流凯恩斯经济学、新古典经济学、货币学派最新观点适用于长期经济增长的 DRI 模型。然而,面对 20 世纪 70 年代的滞涨以及理性预期学派的批判(Lucas,1976;Sims,1980),20 世纪 80 年代以后的宏观经济计量模型的开发和应用发生了重大的变化。

中国宏观经济模型研究始于 20 世纪 80 年代,从已有的文献来看,中国具有代表性的宏观经济模型包括:国家信息中心研制的"中国宏观经济模型"(祝宝良,1997)、中国社会科学院数量经济与技术经济研究所及国家统计局综合司共同研制的"中国宏观经济年度模型"(王慧炯等,2000)以及"中国季度宏观经济计量协整模型"(汪同三和沈利生,2001)、国务院发展研究中心的"中国宏观经济多部门动态模型"(王慧炯等,2000)、中国人民银行调统司的"季度宏观经济计量模型"

(刘斌,2003)、国家统计局的"宏观经济季度计量模型"(王慧炯等,2000)、吉林大学商学院"国家财政模型与景气分析"课题组的"供给需求双导向的年度经济计量模型"(高铁梅,2000)、中国社会科学院的"宏观经济季度模型 China-QEM"(何新华,2003)、东北财经大学数学与数量经济学院的"中国季度宏观经济政策分析模型"(高铁梅,2007)。

总体上,各种计量经济方法检测和分析宏观经济调控手段和效果,解释和研究宏观经济政策与实际经济运行等关注的侧重点不同,模型的预测效果以及政策评价准确程度效果也较难判断。

本部分将经济增长理论落脚于短期宏观经济形势分析层面,探讨宏观经济短期周期波动。随着中国经济体制改革的不断深入,经济转型在促使经济高速增长的同时,也促使宏观经济供求结构发生显著的变化,产出不仅仅由供给侧或者需求侧单独决定,而是由需求和供给两侧共同作用决定。结合基于生产函数的潜在经济增长率计算结果,我们根据 SNA 核算体系研制供给端和需求端双导向的中国季度宏观经济计量模型,设定短期内,有效需求和短期生产成本冲击共同决定产出、通货膨胀和就业状况。从我们研制的中国季度宏观经济模型入手,描述季度中国经济形势状况以及预判短期宏观经济形势。同时尝试对货币政策、汇率政策、生产成本冲击和财政、货币政策组合等方面进行模拟研究,检验宏观调控政策的作用结果,提出宏观经济政策调控方向,即从需求管理转变为需求管理和供给管理的统一。

第二节 模型的理论基础和结构

本模型借鉴了新凯恩斯主义经济理论和其他经济理论,主要方程为菲利普斯曲线、IS 曲线和 LM 曲线。

$$Y = f_Y(C, I, G, EX - IM)$$
$$C = f_C((Y - T), i)$$
$$I = f_I(Y, i)$$
$$EX = f_{EX}(Y^f, q)$$
$$IM = f_{IM}(Y, q)$$
$$M = f_M(Y, i, P)$$
$$\pi = f_\pi((Y^* - Y)/Y^*, CP)$$

其中,宏观经济总需求 Y 由消费 C、投资 I、政府支出 G 和净出口 EX－IM 四方面决定。消费受到居民可支配收入 $Y-T$ 和利率 i 反映的资金成本 i 的影响。投资 I 是利率 i 和产出 Y 的函数。出口 EX 取决于外部需求 Y^f 和实际汇率 q。进口 IM 由国内需求 Y 和实际汇率 q 决定。货币的交易动机和投机动机决定货币需求

M 函数形式。短期菲利普斯曲线代表总供给函数,通货膨胀率 π 与产出缺口 $(Y^*-Y)/Y^*$ 和短期生产成本冲击 CP 相关。

本模型是由 30 个方程构成的季度联立方程模型,其中包含 23 个行为方程,7 个定义方程,包含 29 个变量,其中 10 个内生变量,29 个外生变量。模型分为 6 个模块,分别为价格模块、GDP 模块、消费模块、投资模块、外贸模块、金融模块,模型数据样本区间为 2002 年第 1 季度—2017 年第 2 季度,数据来源于 Wind 数据终端关于《中国统计年鉴》中的季度宏观经济统计数据。我们对所采用的季度变量进行季节调整,剔除季节因素,使用三阶段最小二乘法估计季度联立方程模型,并在此基础上进行情景分析。

1. 价格模块

这里的潜在生产能力 Y^* 由生产函数估计得出,其结果见本报告第二章内容,然后计算产出缺口,$Y\_GAP_t = (GDP_t^* - GDP_t)/GDP_t^*$,按照菲利普斯曲线理论部分的方程,构造短期总供给方程如下:

$$\pi_t = -\underset{(0.157)}{0.208} + \underset{(0.063)}{0.962\pi_{t-1}} + \underset{(1.963)}{2.252 Y\_GAP_t}$$
$$+ \underset{(0.009)}{0.067 CRB_t} + \underset{(0.018)}{0.05 IMPI_t} + \varepsilon_{1,t} \quad (5.1)$$
$$R^2 = 0.901 \quad D.W. = 1.649$$

其中 π_t 表示通货膨胀率,实际产出和潜在产出之间的缺口 Y_GAP_t 是影响短期总供给曲线具体形式的重要变量。根据宏观经济学菲利普斯曲线的假设,当实际 GDP_t 高于潜在增长率(即产出缺口为正)会导致通货膨胀压力,缺口越大,通货膨胀率就越高;相反,当实际 GDP_t 低于潜在增长率(即产出缺口为负)会导致通货紧缩压力,缺口越大,通货紧缩程度也就越大。从公式(5.1)中回归结果来看,产出缺口对产出缺口的影响为正,符合短期供给曲线斜率为正的菲利普斯曲线理论。CRB_t 表示工业原料 CRB 指数同比增长率,反映短期生产成本价格冲击,CRB_t 指数上涨率越大,未来的通胀压力越大。回归结果显示,CRB 指数提升 1%,通货膨胀率上涨约 0.067 个百分点。$IMPI_t$ 表示进口价格指数。

2. GDP 模块

国内总需求分为四个方面,分别为消费、投资、政府支出和对外贸易。国内生产总值回归方程如下:

$$\ln GDP_t = \underset{(0.232)}{0.355} + \underset{(0.059)}{0.955 \ln GDP_{t-1}} + \underset{(0.037)}{0.017 \ln SC_t} + \underset{(0.013)}{0.029 \ln SI_t} + \underset{(0.013)}{0.003 GEXP_t}$$
$$+ \underset{(0.016)}{0.024 \ln EXPORT_t} - \underset{(0.011)}{0.021 \ln IMPORT_t} + \varepsilon_{2,t} \quad (5.2)$$
$$R^2 = 0.99 \quad D.W. = 1.401$$

式(5.2)中 GDP_t 表示国内生产总值,衡量国内总需求;SC_t 是社会消费品零售总额;SI_t 是固定资产投资;$GEXP_t$ 表示财政预算支出,用来衡量政府消费;$EXPORT_t$ 表示出口总额;$IMPORT_t$ 为进口总额。考虑到总需求的惯性,加入国内生产总值的滞后一期值 GDP_{t-1}。从回归结果来看,社会消费品零售总额、固定资产投资、政府财政支出与出口总额对 GDP 产生正影响。社会消费品零售总额上升 1%,GDP 增加 0.017%;固定资产投资增长 1%,GDP 上涨 0.029%;政府支出提高 1 个百分点,GDP 仅上升 0.003 个百分点;出口总额上升 1%,国内生产总值增长 0.024%。比较回归系数大小可见,投资需求和出口需求对经济增长的作用较为明显。此外,进口总额对 GDP 的影响为负,进口总额提高 1 个百分点,国内生产总值降低 0.021 个百分点。

3. 消费模块

消费是可支配收入和存款利率的函数,构造消费函数如下:

$$\ln SC_t = \underset{(0.104)}{-0.386} + \underset{(0.024)}{0.896 \ln SC_{t-1}} + \underset{(0.031)}{0.133 \ln GDP_t}$$
$$\underset{(0.035)}{-0.011 TR_t} + \underset{(0.001)}{0.001 RIR_t} + \varepsilon_{3,t} \qquad (5.3)$$
$$R^2 = 0.99 \qquad D.W. = 2.461$$

式(5.3)中 SC_t 表示社会消费品零售总额,它受到可支配收入和资金时间成本的影响,我们同时将衡量居民收入的国内生产总值 GDP_t 和所得税率 TR_t 加入回归方程(5.3),资金时间成本有实际利率 RIR_t 衡量。从公式(5.3)回归结果来看,消费的实际利率弹性为 0.001,居民总收入的弹性为 0.133,表明居民收入越高,消费支出越多。此外,所得税率下调 1 个百分点,消费提升 0.011 个百分点。

4. 投资模块

根据投资资金的来源以及信用的可得性、资金成本、国外投资对本国投资的外溢(或挤出)效应构造方程,全社会固定资产投资方程为:

$$\ln SI_t = \underset{(1.260)}{-8.010} + \underset{(0.099)}{0.331 \ln SI_{t-1}} + \underset{(0.242)}{1.315 \ln GDP_t} + \underset{(0.105)}{0.142 CRED_{t-1}} - \underset{(0.007)}{0.008 RIR_t}$$
$$+ \underset{(0.077)}{0.049 \ln FDI_t} - \underset{(0.004)}{0.011 INVPI_t} - \underset{(0.076)}{0.146 \ln GINV_t} + \varepsilon_{4,t} \qquad (5.4)$$
$$R^2 = 0.99 \qquad D.W. = 1.893$$

式(5.4)中 SI_t 表示全社会固定资产投资;GDP_t 表示国内生产总值;$CRED_{t-1}$ 表示前一期人民币信贷存量,反映资金的可获得性;RIR_t 为真实资金成本;FDI_t 为外商直接投资,反映外部投资对国内投资产生的外溢效应;$GINV_t$ 表示基建投资完成额;$INVPI_t$ 表示固定资产投资指数增长率。在方程(5.4)中我们考虑了固定资产投资的惯性,加入全社会固定资产投资的滞后 1 期值。回归结果显示,固定资产投资滞后 1 期的估计系数为 0.331,表明上期固定资产投资增加 1%,本月固定资产投资增加 0.331%。固定资产投资的基建投资完成额弹性为 0.146,表明当期基建投资增加1%,使得固定资产投资减少0.146%。固定资产投资的GDP弹性系数大于1,为1.315,表示经济增速上涨1个百分点,固定资产投资将上升1.315%,反映出固定资产投资对GDP的反应敏感。FDI对国内固定资产投资产生较为显著的外溢性,外商直接投资上升1%,国内固定资产投资增加0.049%。固定资产投资的信贷弹性为0.142。固定资产投资价格指数的系数为-0.011,说明固定资产投资价格增长率上涨1个百分点,使得固定资产投资下降0.011个百分点,但统计不显著。

外商直接投资方程为:

$$\ln FDI_t = \underset{(8.647)}{8.619} + \underset{(0.122)}{0.176\ln FDI_{t-1}} + \underset{(0.011)}{0.011 IR\_GAP_t} + \underset{(0.177)}{0.506\ln GDP_t}$$

$$- \underset{(0.379)}{0.496 EXR_t} - \underset{(0.974)}{0.813\ln FGDP_t} + \underset{(0.007)}{0.012\pi\_GAP_t} + \varepsilon_{5,t} \quad (5.5)$$

$$R^2 = 0.92 \quad D.W. = 1.920$$

其中,IR_GAP_t表示国内外利差;EXR_t表示人民币对美元汇率,由直接标价法计算得出,EXR_t增加表示人民币贬值;$FGDP_t$为美国国内生产总值GDP,衡量国外经济运行状况;π_GAP_t表示国内外通货膨胀率之差。回归结果显示,国内利率高于国外利率1个百分点,外商直接投资增加0.011个百分点,反映出国内投资收益率越高,吸引外商直接投资量越多。国内经济形势对外商直接投资的弹性为0.506,表明国内经济增长率上升1%,吸引外商直接投资0.506个百分点。对比投资收益率和国内经济形势弹性回归系数可以发现,外商直接投资更关注获取利润而不是短期的资本利得。外商直接投资对人民币汇率弹性为0.496,表示人民币汇率贬值1%,FDI下降0.496%。国外经济状况越好,国内吸引外资能力越差。国内物价上涨率高于国外物价上涨率1个百分点,外商对国内直接投资上涨0.012个百分点。

5. 外贸模块

该模块包括出口方程和进口方程,出口方程如下:

$$\ln EXPORT_t = \underset{(2.597)}{-6.432} + \underset{(0.065)}{0.631\ln EXPORT_{t-1}} + \underset{(0.063)}{0.288\ln IMPORT_{t-1}}$$

$$+ \underset{(0.280)}{0.662 FGDP_t} - \underset{(0.177)}{0.053 EXR_t} + \underset{(0.004)}{0.006\pi\_GAP_t}$$

$$+ \underset{(0.034)}{0.02\ln FDI_t} - \underset{(0.002)}{0.001 EXPI_t} + \varepsilon_{6,t} \quad (5.6)$$

$$R^2 = 0.99 \quad D.W. = 1.62$$

其中,$EXPORT_t$表示出口总额;$FGDP_t$表示美国国内生产总值,衡量国内出口外需状况;$EXPI_t$表示进口价格增长率。考虑到实际汇率对出口额的影响,将人民币对美元汇率EXR_t和国内外通货膨胀率之差π_GAP_t同时加入出口方程中。由于来料加工贸易在我国出口结构中占重要地位,考虑将滞后一期进口额

IMPORT$_{t-1}$和外商直接投资 FDI$_t$ 纳入出口方程。回归结果显示,前一期进口额的增长、实际利用外商投资额的增加、外部需求上升和实际汇率的贬值都会促进出口额上涨。滞后一期进口额对当期出口额弹性为 0.288,外商直接投资额对出口额的弹性为 0.02。外需状况对中国出口额冲击较大,弹性为 0.631,外部经济增长 1%,国内出口额上升 0.631%。实际人民币汇率上升对出口额产生负面影响,名义人民币汇率对出口额的弹性为 -0.053,人民币对美元汇率贬值 1%,出口额上涨 0.053%。

进口方程如下:

$$\ln\text{IMPORT}_t = \underset{(0.784)}{1.105} + \underset{(0.051)}{0.756\ln\text{IMPORT}_{t-1}} + \underset{(0.062)}{0.15\ln\text{GDP}_t} - \underset{(0.191)}{0.415\text{EXR}_t}$$

$$+ \underset{(0.006)}{0.014\pi\_\text{GAP}_t} - \underset{(0.006)}{0.008(\text{INVPI}_t/\text{IMPI}_t)} + \varepsilon_{7,t} \qquad (5.7)$$

$$R^2 = 0.99 \quad D.W. = 1.473$$

其中,IMPORT$_t$ 表示进口商品总额;INVPI$_t$/IMPI$_t$ 为固定资产投资价格指数与进口价格指数之比,代表相对价格指数(高铁梅等,2007)。回归结果显示,前期进口惯性 IMPORT$_{t-1}$、国内经济增长状况 GDP$_t$、人民币名义汇率 EXR$_t$ 与国内外通货膨胀率 $\pi\_$GAP$_t$ 对进口额产生正向影响。上期进口额增加 1%,促使本月进口额上升 0.756%。国内生产总值增加 1%,促进进口额增加 0.15%。实际人民币贬值没有对进口额产生负向冲击,表明进口不满足马歇尔勒纳假设条件。相对价格指数估计系数的符号为负,表明相对价格上升,进口额将下降。

6. 金融模块

包括货币市场均衡(LM 曲线)和信贷两组方程。货币市场均衡包括货币市场利率和货币需求方程,根据凯恩斯的货币需求函数理论和货币乘数逻辑,货币市场利率和货币需求方程构成了 LM 曲线。经验研究表明,货币市场利率受到基准利率、基础货币投放和名义人民币汇率的影响;货币需求与利率、存款准备金率负相关,与收入正相关。

LM 曲线方程:

$$\ln M2_t = \underset{(0.192)}{0.003} + \underset{(0.069)}{0.65\ln M2_{t-1}} - \underset{(0.001)}{0.003\text{EER}_t} - \underset{(0.002)}{0.001\text{EX}\_\text{EER}_t}$$

$$- \underset{(0.003)}{0.003\text{MIR}_t} - \underset{(0.011)}{0.027\text{DP}\_\text{SAV}_t} + \underset{(0.051)}{0.22\ln\text{CREDIT}_t}$$

$$- \underset{(0.001)}{0.002\pi_t} + \underset{(0.052)}{0.174\ln\text{GDP}_t} + \varepsilon_{8,t} \qquad (5.8)$$

$$R^2 = 0.99 \quad D.W. = 2.014$$

其中,$M2_t$ 表示广义货币供给量;GDP$_t$ 和 π_t 反映出实体经济状况,二者的回归系数反映持有货币的交易性需求;EER$_t$ 表示法定存款准备金率;EX_EER$_t$ 表示银行超额准备金率;DP_SAV$_t$ 表示活期与定期存款之比;MIR$_t$ 表示货币市场利率,反映持有货币的利息成本,衡量货币的投机动机。$CREDIT_t$ 表示人民币信贷量,衡量信贷对货币供给量的创造作用。同时我们考虑了货币供给量的惯性,加入货币供给量的滞后 1 期值 $M2_{t-1}$。从回归结果来看,法定准备金率、银行超额准备金率和活期与定期存款之比对货币供给量产生负向冲击,法定准备金率提升 1%,M2 上涨 0.003%;银行超额准备金率增加 1 个百分点,M2 上涨 0.001 个百分点;活期与定期存款比上升 1 个百分点,广义货币供给量增加 0.027 个百分点。比较三个回归系数可以发现,公众因素对货币供给量的影响程度大于政策因素,使用数量工具的货币政策效果较小。人民币信贷量对广义货币供给量的影响为正,弹性为 0.22。货币交易需求弹性为 0.174,GDP 上升 1%,M2 上升 0.174%。货币投机需求弹性较小,仅为 -0.003,货币市场利率下降 1 个百分点,M2 增加 0.003 个百分点。

信贷方程如下:

$$\ln CREDIT_t = \underset{(0.135)}{-0.503} + \underset{(0.024)}{0.892 \ln CREDIT_{t-1}} + \underset{(0.041)}{0.176 \ln GDP_t} \\ \underset{(0.001)}{-0.005 \pi_t} + \underset{(0.003)}{0.001 MIR_t} + \varepsilon_{9,t} \quad (5.9)$$

$$R^2 = 0.99 \quad D.W. = 1.535$$

其中,$CREDIT_t$ 表示金融机构人民币信贷余额,它受到国内经济状况和经济体系内流动性成本的影响。由此我们将国内生产总值 GDP_t 和通货膨胀率 π_t 以及货币市场利率 MIR_t 纳入信贷方程,同时也考虑了人民币信贷惯性 $CREDIT_{t-1}$。从回归结果来看,国内生产总值上升 1%,人民币信贷上涨 0.176%。货币市场利率上升 1 个百分点,人民币信贷上涨 0.001 个百分点,但在统计上不显著。

第三节 短期宏观经济形势自然走势展望

建立季度宏观经济计量模型的一个主要目的是对中国未来宏观经济形势进行预判。在预判过程中,一方面可以检验模型是否能够较为准确地反映真实的经济状况,是否符合宏观经济理论;另一方面,可以掌握宏观经济未来的发展方向,为指定宏观宏观调控政策提供依据。本节主要对 2017 年下半年、2017 年和 2018 年全年的宏观经济自然走势进行预判,预测结果如表 5.1 所示。从基于总供给和总需求框架的宏观经济计量模型预测结果来看,2017 年下半年到 2018 年,中国经济增长率将继续下滑,通货膨胀率可能出现温和上涨。预计 2017 年和 2018 年中国经济自然增长率约分别为 6.5% 和 5.9%。2017 年通货膨胀率可能维持在"1"时代约为 1.3% 左右,2018 年 CPI 同比上涨率将上升至 2.3% 左右。"三大需求"虽然继续低位运行,不可能出现显著扩张。2017 年和 2018 年社会消费品零售总额平稳增长,实际同比增长率保持在 9.7% 左右;2017 年固定资产投资实际累计同比增长率仍然处于5.7%低位,2018年可能大概率小幅回升至6.3%左右;2017年,由于出口总额同比上涨的幅度小于进口总额同比上涨的幅度,贸易顺差将呈现一定程度的缩减,出口总额同比增长率约为9.7%左右,进口总额同比增速保持在8.5%左右,但在2018年这种态势可能有所缓解。从货币金融自然走势来看,2017年以后可能出现流动性紧缩的迹象,由于经济下行压力较大,经济体系内信用风险上升,人民币信贷同比增长率逐渐下滑,预计2017年和2018年人民币信贷同比自然增长率约为13.3%左右。受到人民币信贷收缩的影响,再加上人民币贬值压力,广义货币供给量同比自然增长率也将下滑至一位数,达到9.0%左右。

表5.1 宏观经济主要指标预测 单位:%

	GDP	CPI	社会消费品零售总额	固定资产投资完成额	出口	进口	M2	人民币信贷
2017第3季度	6.63	1.28	9.42	5.68	10.39	12.48	8.93	13.34
2017第4季度	6.42	1.22	9.93	5.62	8.93	4.42	9.06	13.29
2017全年	6.52	1.25	9.68	5.65	9.66	8.45	8.99	13.32
2018全年	5.89	2.31	10.05	6.25	1.65	−0.45	10.78	13.33

注:模型预测是社会消费品零售总额的实际同比增长率;固定资产投资增速为固定资产投资实际累计同比增长率;出口和进口总额同比增长率为美元计价。

由于总供给和总需求的同时收缩,对产出和价格的影响存在两种可能:情形一,总供给收缩程度大于总需求萎缩程度,物价水平上涨率上升;情形二,供给收缩程度小于总需求萎缩程度,物价水平增速放缓。根据我们季度宏观经济计量模型的测算结果,情形一将大概率发生。中国经济将呈现出总供给和总需求"双收缩"的态势,未来经济"滞涨"风险较高。2017年总供给短期扩张冲击较弱,工业原料价格继续反弹将对总供给产生收缩效应。与此同时,有效需求显著扩张的概率不大,宏观经济可能出现"双收缩"的态势,但是供给端的收缩将较大概率大于需求端的收缩,表现为经济增长率仍然处在下行轨道上,物价水平上涨率上升,但不存在通胀压力。2018年,总供给收缩的态势或将延续,但有效需求收缩的态势将有所缓解,宏观经济可能继续呈现"双收缩",需求收缩的状况减弱,体现为经济增长率仍然具备下行空间,通货膨胀率温和上涨。

第四节 总供给层面形势预判分析

总供给可能出现一定程度的收缩。要素成本上升对总供给造成负面冲击,预计短期总供给扩张的能力将下降,甚至出现收缩。由于人口老龄化程度加深,支撑中国经济高速增长的生产要素红利逐渐消失,同时伴随着产业结构升级、国有企业改革迟缓等结构和制度红利释放受阻,调结构、去产能仍将继续。新兴产业增加值增速较快上升,但由于体量过小,仍难以对冲传统工业下滑带来的负面影响,中国潜在经济增长率可能继续下滑。

不断上升的劳动力成本继续对生产成本造成负向影响,在供给端施压经济增长。长期以来,中国利用充裕和廉价劳动力供给的成本优势,使用劳动力投入弥补资本积累不足,保持了较高的经济增长率。然而,随着人口年龄结构发生深层次的变化,人口老龄化和农村剩余劳动力供给下降,致使生产要素成本优势进入下降的轨道,而且这种趋势在短期内不可能发生逆转。人口老龄化形成的劳动力供给下降通过影响劳动力市场供求状况,进而增加企业雇用劳动力的难度而导致工资支出增加,引致生产成本上升。由于短期内企业不可能通过调整生产和技术结构提高劳动生产率来应对工资支出的增加,加之劳动力老龄化导致人力资本积累能力下降,降低劳动力生产能力,也会使劳动生产率下滑。在这种情况下,单位劳动力成本①必然上升,企业生产成本明显上升将抑制其企业扩大产能。

能源等工业原料的价格上涨致使企业生产成本上升,将拉低供给端的扩张产能区间,同时环境标准提高的压力导致的减排成本投入增加,进一步抬高企业生产成本,压缩供给扩张程度。工业原料价格方面,2017年以后,受到供需结构变化的影响,能源类大宗商品可能继续大概率反弹。以原油为例,美国贝岩油继续去库存、石油输出国组织(OPEC)达成"减产协议",未来原油供给缩减的可能性较大。从需求方面看,发达国家经济体经济复苏状况好于预期,特别是美国已经进入加息轨道,IMF预计2017年全球经济增速将较2016年上升0.4个百分点,达到3.5%,中国经济增长也在合理的区间运行,这将推升原油需求上升。可见,能源价格反弹将导致总供给收缩压力较大。我们对工业原料CRB指数反弹对GDP增速和物价水平上涨的影响分别进行经济定量预测,结果显示,工业原料CRB指数上涨促使通货膨胀率上升,GDP增长率下降。环境治理成本方面,2016年11月4日《巴黎协定》正式生效之后,中国提出单位国内生产总值的二氧化碳排放量比2005年下降2/3,这预示着未来环境治理成本将明显提高,企业的环境边际治理成本递增,致使企业生产成本上升,尤其是火电、钢铁等高耗能行业受到显著影响。企业环境治理成本的增加压缩了企业利润空间,可能迫使企业缩减产能,短期内抑制供给扩张。

第五节　总需求层面形势预判分析

有效需求并无明显扩张迹象,难以从需求端对下行中的中国经济减压。从消费需求来看,消费平稳增长但也存在下行风险。对未来收入和就业下降的预期制

---

① 单位劳动力成本是劳动力工资与劳动生产率之比,反映劳动力成本的变化。

约消费增长,新的消费领域注入服务业消费和网络消费产生的消费结构变化对消费增长的正向刺激,阻止了消费增速进一步大幅下滑。从投资需求来看,缺乏优势投资机会制约投资意愿和投资增速明显反弹的可能性,但随着新兴产业的涌现以及长期的低资金成本,对投资也产生一定程度的正向刺激,继续系统性下行的空间也将有限。外部需求方面,全球经济复苏态势上升,尤其是美国等发达国家经济体逐渐走出量化宽松货币政策,外部需求回升对前期外贸疲软的状况减压,但全球经济复苏状况也存在不确定性,外贸状况下行的压力仍在。

消费方面,消费需求呈现结构变化,消费增长平稳,但不排除下滑压力。从促进因素来看,网络消费这种新的消费点,其同比仍然将保持较高增速,同时随着网络消费体量的增长,其在消费市场中的份额也持续增加,对社会消费品零售总额的增速起到显著的拉升作用。另外,网络消费缩短了消费者的购物周期,提高消费频率,释放了潜在的购买力,在一定程度上扩大了消费需求。另一方面,尽管传统消费增速呈现出下滑压力,但随着消费结构的不断升级,服务消费需求逐渐上升,在一定程度拉升消费需求增速上升。从制约因素来看,在经济下行压力持续的背景下,公众对就业预期难以保持乐观的态度,受就业形势及就业预期的影响,消费增速可能进一步下滑。同时,由于中国消费结构仍然存在较大的提升空间,居民对传统消费品的边际消费倾向递减,尤其体现在食品、衣着和日常日用品等小商品消费方面。

投资方面,固定资产投资累计同比增速继续低速上涨,显著反弹的可能性较小。从促进因素来看,财政政策和供给侧改革刺激投资意愿和投资机会的效果逐渐显现,供给侧改革通过放松行业管制、调整企业税率、降低企业经营成本,扩大新的投资空间,提升投资意愿。另外,创新释放出促进潜在经济增长的新动力以及PPP项目降低了民间资本的投资壁垒,在一定程度上也制约了投资增速继续大幅下滑。从制约因素来看,宏观经济下行压力延续,工业去产能过程深入,处于工业产业链中下游的民间投资空间受到挤压,制造业由于比较优势削弱,其投资盈利空间也将收窄,企业投资机会不足。另外,宏观经济信用风险上升,真实的融资成本依然较高,民营企业尤其是中小企业融资面临障碍,投资能力不足。

外贸方面,发达国家的再工业化和国内要素成本上升,传统加工制造业比较优势下降,导致出口总额下行压力仍在,供给侧改革和一系列降成本措施促使工业生产继续回升,带动主要商品进口额同比增速增长,随着进口额同比增速的转正,前期"衰退型"贸易顺差的局面将逐渐削弱,贸易顺差可能有所收窄。从出口促进因素来看,供给侧降成本和财政结构性减税,减轻外贸企业的税收负担,"中性"货币政策维持低利率水平,降低外贸企业的额外融资成本。此外,全球经济增速预期提升与人民币贬值,支撑出口额增速上涨。新兴发展中经济体和发达经济体的增速均可能出现不同程度的回升,外部需求持续疲弱的压力可能获得一定程度的缓解,支撑出口增速回升。人民币名义贬值而继续走低,增加出口商品的价格优势。从出口抑制因素来看,其一,全球经济低增长局面未获得根本性改变,全球债务水平持续高位,金融市场波动幅度增大,外部需求回升仍然存在较大不确定性。其二,生产要素成本上升,作为生产要素的大宗商品价格上涨将对产业链下游的制造业产生负面影响,并结合劳动力价格上涨,外贸传统的比较优势继续减弱。从进口促进因素来看,随着国内"稳增长""调结构"政策效果的显现,国内工业生产弱势局面缓解,工业走出通缩,产业结构升级过程促使新兴产业和装备制造业增长较快,支撑进口额增速上涨。从进口抑制因素来看,国内经济处于结构调整过程中,经济依旧缺乏增长动力,经济下行风险仍在。

在经济下行压力依然较大的背景下,人民币信贷难以实现明显扩张。结合美国进入加息周期,资本外流可能促使人民币贬值幅度增加,外汇占款继续较少,制约基础货币投放。综合人民币信贷和外汇占款的可能走势,货币供给量增速出现显著上升的概率不大。

其一,经济下行压力持续的情况下,经济体系内的信用风险上升,人民币信贷不可能大规模扩张。从企业方面来看,尽管短期名义利率很低,但由于中长期债券市场不发达,阻碍利率由短期向长期传导,中长期融资成本依然在高位徘徊。此外,在优质投资机会不足的背景下,企业预期投资收益率下降,信贷意愿不足。另一方面,从银行方面看,由于经济下行压力导致信用风险上升,企业违约概率上升,银行潜在不良贷款增加,银行惜贷意愿增加。

其二,货币供给量增速较难实现显著上升。首先,基础货币投放受制。随着美国经济好转,美联储持续加息,中美利差缩小,资本外流压力增加,人民币贬值压力上升。同时中国加入特别提款权(SDR)加速了人民币国际化进程,央行更倾向于扩大人民币汇率的波动幅度,对人民币贬值的忍耐程度增加。而且,在经济下行压力的背景下,市场已形成货币宽松政策预期,人民币汇率仍将继续贬值。在这种情况下,资本外流压力上升,外汇占款也将减少,制约基础货币投放。其次,货币乘数难现明显扩张。鉴于人民币信贷难以实现扩张,货币信用创造也不会出现显著增长。

第六节 宏观经济政策模拟分析

建立季度宏观经济计量模型的另一个主要目的是对中国的宏观经济进行政策模拟。在模拟过程中,评价宏观经济调控工具对经济指标的作用效果,为指定中国宏观经济调控政策提供定量依据。我们主要对2017年第3季度到2018年第4季度中国货币政策、汇率政策、生产成本冲击和货币、财政政策组合进行模拟分析。

一、国内央行加息的货币政策模拟分析

本节考虑的央行加息的货币政策为基准利率提高0.25个百分点,即2017年第2季度开始央行调整1年期名义存款利率和1年期名义贷款利率均同时提高0.25个百分点,此时2017年第2季度到2018年第2季度1年期名义存款利率和名义贷款利率分别为1.75%和4.5%。情景模拟的结果如表5.2显示。

从情景Ⅰ的模拟结果可以看出,央行如果按情景Ⅰ的加息货币政策将存款基准利率和贷款基准利率均提高0.25个百分点,对抑制投资将会产生较为显著的作用,1年期内将致使固定资产投资平均下降0.33个百分点,且加息的货币政策对固定资产投资产生的最大刺激效应将滞后约一个季度。同时,国内利率上升将促使境外资金流入,使得人民币产生升值压力,人民币升值致使贸易顺差缩减。此外,央行加息将导致广义货币供给量显著下降,进而减缓通货膨胀压力产生显著的效果,其时滞效应也约为两个季度。按照央行加息的规律,央行加息0.25个百分点,对CPI的制约效应不明显,但会促使年均CPI同比增速下滑约0.02个百分点。

表5.2 情景Ⅰ——央行加息货币政策的模拟结果   单位:%

变量	GDP	CPI	社会消费品零售总额	固定资产投资	出口	进口	M2	人民币信贷
2017第3季度	-0.029	0.001	-0.057	-0.165	0.000	-0.535	-0.038	-0.079
2017第4季度	-0.037	-0.001	-0.140	-0.509	-0.015	0.345	-0.019	-0.190
2018第1季度	-0.022	-0.002	-0.228	-0.043	-0.033	0.739	-0.046	-0.312
2018第2季度	0.004	-0.004	-0.311	-0.369	-0.046	0.760	-0.144	-0.428
2018第3季度	0.002	-0.006	-0.330	-0.132	-0.053	0.610	-0.126	-0.453
2018第4季度	0.004	-0.008	-0.315	-0.040	-0.038	0.499	-0.110	-0.435

注:我们将用实际数据的预测值记为基准值,表中的数据表示模拟值与基准预测值相比的增长(减少)的百分点数(后文表5.3—表5.5的模拟结果也使用同样的表示方式,不再特殊说明)。

二、生产要素成本上升模拟分析

中国以重工业为主的制造业结果促使对能源依赖性较高,能源进口量较大,国际能源价格变化对制造业生产成本产生较大影响,进而对总供给产生较为显著的冲击。本节考虑未来国际能源类大宗商品价格走高对总供给端冲击的情形。假设2017年第2季度开始,工业原料类大宗商品价格CRB指数上涨10%,情景模拟的结果如表5.3显示。

从情景Ⅱ的模拟结果可以看出,工业原料价格上涨促使国内企业生产成本上

升,对总供给产生一定程度的抑制作用。国际工业原料类大宗商品价格变化,对国内需求的影响较为有限,对外贸冲击较为明显,尤其是对进口总额同比增速的影响,但时滞性效应约为两个季度。在 2017 年第 3 季度,工业原料 CRB 指数上升 10%,年均经济增长率下滑约 0.03%,效果不太明显。从工业原料价格变化对国内通过膨胀率冲击的角度看,CRB 指数上涨 10%,CPI 年均同比增长率将上涨 0.16%。

表 5.3 情景 II——生产要素成本提升的模拟结果   单位:%

时间	GDP	CPI	社会消费品零售总额	固定资产投资	出口	进口	M2	人民币信贷
2017 第 3 季度	−0.029	0.159	−0.099	0.314	−0.076	0.327	−0.037	−0.161
2017 第 4 季度	−0.029	0.173	−0.132	0.269	0.132	0.516	−0.116	−0.250
2018 第 1 季度	−0.027	0.160	−0.161	0.227	0.314	0.623	−0.182	−0.322
2018 第 2 季度	0.006	0.136	−0.120	−0.293	0.705	0.647	−0.278	−0.304
2018 第 3 季度	0.007	0.113	−0.102	−0.192	0.633	0.418	−0.227	−0.238
2018 第 4 季度	0.012	0.094	−0.084	−0.164	0.511	0.217	−0.165	−0.162

三、人民币汇率升值的汇率政策模拟分析

本节考虑人民币对美元升值的汇率政策,2017 年第 2 季度开始,人民币对美元名义升值 2%。即假设 2017 年第 2 季度,央行调整其汇率制度,将人民币对美元名义汇率法定升值 2%。模拟分析结果如表 5.4 所示。

表 5.4 情景 III——人民币升值的模拟结果(人民币对美元升值 2%)   单位:%

变量	GDP	CPI	社会消费品零售总额	出口	进口	固定资产投资	M2	人民币信贷
2017 第 3 季度	−0.004	0.005	0.003	−0.090	−0.369	−0.064	0.019	0.016
2017 第 4 季度	−0.013	0.003	0.013	−0.270	−0.737	−0.138	0.045	0.039
2018 第 1 季度	−0.022	−0.010	0.029	−0.499	−1.092	−0.202	0.074	0.075
2018 第 2 季度	−0.033	−0.024	0.048	−0.754	−1.464	−0.265	0.102	0.123
2018 第 3 季度	−0.038	−0.041	0.070	−0.983	−1.546	−0.236	0.108	0.165
2018 第 4 季度	−0.038	−0.060	0.089	−1.161	−1.571	−0.195	0.102	0.210

情景 III 的模拟结果显示,人民币对美元升值将对贸易顺差产生冲击,提升进口总额同比上涨速度,导致贸易顺差收缩。由于受到贸易顺差的冲击,国内总需求下降,国内经济将产生紧缩效应,即经济增长率和通货膨胀率同时存在下行压力。根据人民币对美元升值 2% 的情景假定,贸易顺差收窄导致 GDP 增速和 CPI

增速同时下滑,而年均 GDP 增速下降约 0.02%,年均 CPI 下降 0.03%,且时滞效应约为两个季度。此外,人民币升值产生的资本流入效应促使广义货币供给量扩张,人民币升值 2%,年均 $M2$ 同比增速上涨约 0.09%。这种 $M2$ 同比增速的提高对 CPI 同比增速产生上涨压力,在一定程度上抵消人民币贬值从实体经济途径对 CPI 同比增速产生的下滑压力。

四、财政和货币双扩张的政策模拟分析

本节将财政政策和货币政策组合的情景设定为:央行上调基准利率提高 0.25 个百分点,即 2017 年第 3 季度开始央行调整 1 年期名义存款利率和 1 年期名义贷款利率均同时提高 0.25 个百分点;与此同时,2017 年政府预算支出较 2016 年上升 10%,2018 年较 2017 年的政府预算支出也上调 10%。政策组合模拟结果如表 5.5 所示。

表 5.5 情景 IV——财政政策与货币政策双扩张的模拟结果   单位:%

时间	GDP	CPI	社会消费品零售总额	固定资产投资	出口	进口	M2	人民币信贷
2017 第 3 季度	0.018	−0.006	−0.089	0.925	−0.043	0.003	0.344	−0.136
2017 第 4 季度	0.052	−0.004	−0.213	1.822	−0.089	0.012	0.738	−0.333
2018 第 1 季度	0.093	0.007	−0.346	2.447	−0.128	0.027	1.078	−0.541
2018 第 2 季度	0.141	0.020	−0.470	2.984	−0.155	0.049	1.341	−0.734
2018 第 3 季度	0.174	0.033	−0.492	2.204	−0.143	0.076	1.149	−0.764
2018 第 4 季度	0.189	0.048	−0.463	1.477	−0.128	0.106	0.839	−0.707

情景 IV 的模拟结果显示,扩张性的货币政策将促使广义货币供给量显著增加,央行降息 0.25 个百分点,将促使年均 $M2$ 同比增长率上升约 1 个百分点。此时,财政政策和货币政策的双扩张对固定资产投资产生显著的正向刺激效应,促使年均固定资产投资增长率上升 1.97 个百分点。而双扩张的政策对消费和外贸的刺激较为不明显。由此可以发现,需求端的财政政策和货币政策双扩张将对产出和价格均产生正向刺激,年均 GDP 增长率增加约 0.11 个百分点,年均通货膨胀率上涨约 0.02 个百分点。然而,双扩张的政策组合也存在时滞效应,时滞时间大约为两个季度。

第七节 结论与政策建议

本部分基于本报告测算的中国经济潜在增长率,构建中国季度宏观经济计量模型,描述了 2002 年第 1 季度—2017 年第 2 季度中国宏观经济运行特征,预判了 2017 年第 3 季度—2018 年全年的宏观经济自然走势,并对该时期的货币政策、短

期生产要素成本冲击、汇率政策、需求管理政策组合进行模拟分析。

中国宏观经济整体走势将面临需求和供给"双收缩"的局面,供给端的收缩程度将大于需求端,中国经济增长率仍然处在下行空间,物价水平上涨率回升,经济"滞涨"风险上升。从总需求方面看,三大需求并无明显的扩张迹象。消费结构变化支撑消费平稳增长,但经济下行风险延续的影响导致消费承压,消费自然增长率将继续保持低位。去产能和缺乏优质投资机会,民间资本获利空间收窄,投资增速大幅反弹可能性不大。全球经济复苏态势不确定性增加,人民币贬值的马歇尔勒纳条件较弱,贸易顺差可能继续收窄。从总供给方面看,短期内能源、劳动力价格上涨形成的生产成本上升将拉低供给端扩大产能的空间,压缩供给端扩张幅度。

利率的模拟分析结果显示,央行实施上调利率对抑制投资过热和通货膨胀压力具有较为显著的效果。以当前的宏观经济运行状况,央行货币政策遇到了一定程度的困境。在美联储加息和资本外流的压力之下,如果央行也跟随加息以缓解资本外流压力,将会对目前系统性下行的投资增速继续施压,并且加大通货紧缩风险。

短期生产要素成本上升的模拟分析结果显示,短期生产要素价格上涨,对总供给产生紧缩效应,尤其是对通货膨胀率产生显著拉升作用。在当前宏观经济运行状况之下,如果 CRB 指数继续上涨,那么中国经济通货膨胀压力将明显增加,经济"滞涨"风险也将随之上升。

汇率的模拟分析结果表明,人民币对美元升值对经济增速和通货膨胀率的影响不显著,但是对贸易顺差的影响较为明显,表明强势人民币策略不利于缓解下行的外贸压力。

双扩张的需求管理政策模拟分析结果显示,需求端的财政政策和货币政策双扩张政策组合对固定资产投资产生显著的正向刺激,进而对产出和价格产生拉升作用,尤其是产出效应更为明显。由此可以推断,总供给曲线较为平坦,短期内需求收缩(扩张)的产出效应大于价格效用,需求管理政策的稳增长效果较为明显。同时结合短期生产要素冲击的情景分析结果来分析,总需求曲线较为陡峭,供给收缩(扩张)的价格效应大于产出效应,供给管理政策应注重中长期经济增速,短期对稳增长效应有限。

基于对中国潜在经济增长率的测算、经济增长动力转换的分析以及宏观经济自然走势的预判发现,中国面临中长期潜在增长率下滑、传统的依靠模仿外溢的增长方式向创新增长方式转换、短期需求和供给"双收缩"形成经济下行压力增加的格局。宏观经济调控仍然以"调结构、稳增长"为目标。鉴于经济增速的下滑压力主要源自供给端,中国的宏观调控政策应从传统的需求管理的一维政策升级为需求管理和供给管理相统一的二维宏观调控体系。"调结构"应是中国经济"新常态"下宏观调控的首要目标,需求管理和供给管理搭配的调控政策组合中,应以供给侧调控为主,促进产业结构升级,鼓励创新,提高全要素生产率。"稳增长"也应当是调控的重要目标,"稳增长"与保障就业是一体的,宏观调控政策组合中应当综合运用需求管理和供给管理,实施以供给侧扩张为主的需求、供给双扩张的政策组合,供给侧的扩张力度应大于需求侧。需求扩张政策方面,货币政策整体上应保持稳健,财政政策则应更加积极。稳健的货币政策应注重控制金融体系的系统性风险,并为供给侧结构性改革营造适宜的货币金融环境,完善利率管理,为实体经济提供资金支持。财政政策应当维持赤字性财政倾向,疏通财政政策传导过程的障碍,提高财政政策传导效率。供给管理层面应继续实施降低交易成本、削减企业税费负担、降低社会保险费压力等措施降低企业生产成本,以刺激企业生产积极性,同时支持企业技术改造和设备更新培育发展新产业,加快技术、产品升级,补齐软硬基础设施短板,提高劳动者对新的市场环境的适应性,通过降低准入门槛,刺激优势的投资机会,扩大有效供给,以对冲生产要素价格上涨可能引起的"滞涨"风险,缓解经济下行压力。

需求管理政策层面,根据经济自然走势,货币政策整体上应保持中性,财政政策应更加积极。货币政策方面,采取灵活适度的稳健货币政策,监控"去杠杆"的进程,注重微观主体、银行的资产负债表状况,疏通货币政策传导渠道。使用公开市场操作、非常规货币政策手段 SLF、SLO、MLF、PSL 等工具保持货币市场流动性充裕,稳定货币市场利率,干预利率期限结构,降低中长期利率,降低政府和企业的融资成本,引导资金流入实体经济。同时应关注人民币汇率波动情况,防范由大幅贬值或者大幅升值产生的跨境资本频繁流动对国际收支产生的冲击,控制汇率风险。财政政策方面,在经济下行压力,民间投资意愿不足的情况下,财政政策应偏重积极的倾向。一方面,在加大政府财政支出的同时,注意控制地方政府债务水平,减轻财政负担,处理庸政、懒政的现象,疏通财政政策传导途径;另一方面,鼓励地方政府扩大基建投资,通过政府投资及其外溢效应拉动民间投资增速回升,拉动经济增长。

由于货币政策和财政政策传导机制受阻,导致需求管理政策的边际效用递减、效果低于预期。宏观调控政策从供给管理方面刺激经济或将收到较为明显的效果。从中长期考虑,目前中国经济处于中高速增长阶段,以供给管理政策调动各种生产要素的积极性,可以优化资源配置,促进产业升级,提高全要素生产率,有助于经济走出"中等收入陷阱"。从短期考虑,供给管理政策将有助于解决产能过剩和经济结构失衡,维持经济在合理的区间内增长。同时也为提高环保标准、加快要素价格市场化等对宏观经济具有紧缩性的改革提供机会和空间。供给管理政策应注重中长期的供给侧结构性改革和刺激短期供给两个层面：一方面，供给侧结构性改革化解经济结构性矛盾。改革户籍制度，促进劳动力流动，进一步化解产能过剩和库存，国有企业混合所有制改革，放宽企业准入门槛和限制，促进民间资本进入受限投资领域，扩大民间企业投资空间，进一步放开市场竞争，同时鼓励创新，激励与发展新动力、新业态，推进传统产业的升级，提升社会全要素生产率。另一方面，减轻微观主体的经济负担，改善资源配置环境，降低生产成本和效益成本，刺激微观经济体活力。对微观企业减税，降低企业生产成本，同时采用简政放权，降低社会的交易成本，打破行业垄断，压缩寻租空间，降低隐形交易成本，调动微观主体的生产积极性，刺激企业扩大产能。具体表现为：

供给管理政策层面，构建"有效供给"平台，鼓励"双创"，改进资源配置，提高全要素生产率。一方面，解除制度瓶颈，盘活要素存量，并激发创新潜力和动力，支持企业技术改造和设备更新，促进产品的优化升级，培育发展新产业，加快技术、产品创新。同时，补齐软硬基础设施短板，从收入分配、企业生产能力、软硬件基础设施等方面加大投资，调动微观主体积极性，提高劳动者对新的市场环境的适应性，为经济增长注入新动力。此外，在化解产能过剩的过程中，注重抑制无效供给。产能过剩一是体现为有效供给不足，二是体现为无效供给过剩。以企业破产和兼并重组以及控制增量促使过剩产能出清，通过推进市场化的兼并重组，坚决淘汰"僵尸企业"，让优势企业发挥主导作用，对生产力进行重新整合，促进产业升级，提升整个产业的供给效率。另一方面，通过全方位的创新，包括制度、理论、技术、模式等创新，提高全要素生产率，推动产业转型升级。同时，通过生产要素市场化改革，发挥市场配置资源的决定性作用，使得资金、能源、劳动力等生产要素的价格反映社会边际成本。发挥政府矫正市场失灵的作用，通过使负外部性内部化的政策，促使总供给在理性的生产决策下与社会总有效需求相一致。

降低企业成本，刺激微观主体的经济活力。降低实体经济企业成本将注重降低企业的制度性交易成本、税费负担等，同时也关注减轻企业缴纳的社保费用。具体采取的措施有：第一，适时实施减费、减税政策，减轻企业的税费负担，对冲能源、劳动力成本等生产要素价格上涨导致的企业生产成本上升；第二，推进税制改革，减轻服务业税收负担，促进服务业加快发展，推进产业结构调整；第三，在减轻企业税负的同时，减轻企业负担和清理不合理的收费，进一步推动政府职能的转变，减少政府的过度介入，优化企业生产经营环境，创造更多的就业机会；第四，解决金融供给结构与融资需求不匹配问题，促进资本市场直接融资功能的上升，降低企业融资成本，增加金融支持实体经济的能力。

第六章 基于中国特色和总供求模型的宏观调控体系

近年来,随着中国宏观经济形势越来越复杂,以及各项政策的边际效力的下降,中国宏观调控当局屡次提到要创新宏观调控方式。2015年11月10日,习近平在中央财经领导小组第十一次会议上提出了"供给侧结构性改革"的观点。随着"供给侧改革"在官方文件中出现的频次逐渐增多,"供给管理"作为宏观调控政策的重要作用也在日益受到重视。

实际上,在全世界范围内,宏观调控都遇到了一系列难题,尤其是在全球化程度日益加深的背景下。因此,世界各国都面临宏观调控方式的创新问题。

那么,现有的宏观调控体系的局限性有哪些?如何建立一个新的宏观调控体系,以消除这些局限性?这个新的宏观调控体系都包括哪些内容和政策工具,各种政策工具如何组合?它们又是如何克服现有的宏观调控体系的局限性的?本文试图回答这些问题。

本章根据现在宏观经济学中流行的总供求模型建立了一个新的宏观调控政策体系,并试图把对中国经济有特殊意义的改革开放以及现在世界各国都十分重视的创新整合进这个体系。这个体系包括价格管理、供给管理和需求管理三大块;在需求管理中,又包括了创新支持政策和传统的凯恩斯主义政策。跟传统的凯恩斯主义宏观调控政策相比,这个新的宏观调控体系显然政策体系更为复杂,政策工具更为丰富,也能够消除现有的凯恩斯主义宏观调控体系的局限性。

本章由以下几个部分构成。首先,我们讨论了现有的宏观调控体系的局限性,随后提出了一个新的宏观调控体系。接着,用三个部分分别论述这个宏观调控体系的三大类政策,即价格管理政策、需求管理政策和供给管理政策。然后讨论了这些政策之间的组合方式。最后是总结,并说明这一体系是怎么克服现有的宏观调控体系的局限性的。

第一节 现有的宏观调控体系的局限性

自从"大萧条"开始,西方的宏观调控采取的就是凯恩斯主义需求管理政策。不管是针对经济衰退还是经济过热,西方的宏观调控都是针对总需求做文章。但凯恩斯主义需求管理却具有非常严重的局限性。

一、政策框架的局限性

在目前的主流宏观经济学教材以及宏观调控实践中,宏观经济政策分析方面的主要分析框架还是 IS-LM 模型,强调的是需求管理,政策工具是财政政策和货币政策。我们知道,IS-LM 模型是 20 世纪 50—60 年代发展起来的一种理论,那时的宏观经济学主要研究需求一边,对供给一边缺乏了解,也不甚重视。因此,基于 IS-LM 模型的政策体系就被称作"需求管理政策"。在 20 世纪 80 年代之后,经济学界对总供给越来越重视,理解也越来越深刻;最后在 IS-LM 模型的基础上发展出了总需求理论,在菲律普斯曲线的基础上发展出了总供给理论;二者结合起来,就形成了总供求模型(即 AD-AS 模型)。总供求模型迅速为经济学界所接受,取代 IS-LM 模型成为宏观经济学的主要理论和分析框架。

但是,虽然宏观经济理论已经取得了这样的进展,但宏观经济政策体系依然依据 IS-LM 模型,强调和倚重"需求管理政策";对"供给管理政策"依然不理不睬。在宏观经济学已经发展到总供求模型的今天,宏观经济政策的理论依据却依然是古老的 IS-LM 模型,宏观经济政策体系的发展显然严重滞后于宏观经济理论体系的发展。因此,在总供求模型的基础上重新建立宏观调控理论体系和宏观调控政策体系,就是一件顺理成章的事情了。

二、政策效果的局限性

1. 治标不治本

凯恩斯主义经济学认为,西方经济之所以出现生产过剩,就是因为西方市场经济中存在价格刚性,使得价格在短期内高于市场出清水平而且无法调整,从而妨碍了市场功能的发挥。针对产能过剩,凯恩斯主义强调需求管理,通过扩大需求来应对这一问题;但这一政策隐含的前提是接受这种刚性价格的存在,并在此前提下,采取扩大需求的方式,使得供求达到均衡。问题是,既然产能过剩的根源是价格刚性,为什么不设法消除价格刚性?一旦消除了价格刚性,市场功能就恢复了,价格机制就会重新发挥作用,自动使经济恢复均衡。但凯恩斯主义不这样做,它对这个根本原因不予理睬,只用需求管理恢复均衡。这显然是治标不治本的办法。

2. 无法同时针对多个政策目标

在目前正统的宏观经济学中存在所谓的"菲利普斯曲线",也就是通货膨胀和失业之间的交替关系。要想解决失业问题,就必须忍受较高的通货膨胀,而要解决通货膨胀问题,就得忍受高失业。这是需求管理的必然结果。

而在经济面临"滞胀"的情况下,需求管理政策的效果更差。面对"滞胀",如果想用需求管理对付"滞",就得扩大需求,其结果通货膨胀率更高;如果对付"胀",则需紧缩需求,失业率会更高。因此,在这种情况下,解决一个问题的代价是另一个问题更严重。

另外，随着经济的发展，经济本身也越来越复杂，宏观调控的目标也越来越多，比如结构调整和升级、资产价格的调控尤其是资产价格泡沫的防范，以及国际收支平衡等。面对如此多的目标，需求管理无法兼顾，往往是解决一个问题的同时制造了更多问题。

3. 导致经济"肥胖症"，最终引发金融、经济危机

凯恩斯主义政策的一个巨大缺陷是只考虑需求的数量，不考虑需求的质量。因此，只能在短期救急时使用，不能长期采用，长期采用的结果就是金融危机或者其他形式的经济危机。

首先看货币政策。货币政策调控的是利率，但利率的降低刺激出来的投资的边际收益率也越来越低。因此，投资需求的质量越来越差，最后当经济陷入流动性陷阱的时候，利率很低，就像目前的发达经济，利率已经接近0，这种利率刺激出来的投资的质量就非常差。在这种政策的刺激下，经济的规模是扩大了，但经济并没有变得更强壮，而是变得更"肥胖"、更虚弱（苏剑和林卫斌，2015：第74—78页、第93页）。一旦由于某种原因利率突然以较大幅度上升，这些投资项目就会出现亏损，亏损面一大，就会出现金融危机。实际上，2008年的美国次贷危机就是这么来的（苏剑和刘斌，2009：第59—64页）。

其次看财政政策。财政政策在刺激需求时，无非是要增加政府支出、降低政府收入，其结果必然是政府债务负担越来越重，最终引发债务危机。目前，欧洲债务危机问题还没有完全解决，美国的债务占GDP的比例已经超过了100%，日本的这个比例更是高达250%，中国的政府债务问题虽然没有那么严重，但问题也不小，中央、地方债务总和占GDP的比例已经高达50%左右。凡是采取凯恩斯主义宏观调控政策的国家都不同程度面临债务危机的威胁。

如果用财政政策刺激消费，那么刺激出来的是边际效用越来越低的消费甚至是浪费性消费，同样意味着经济出现"虚胖"。

4. "毒瘾"难戒

凯恩斯主义政策一旦被采用，往往会"上瘾"。凯恩斯主义政策本来是用来对付大萧条这样的经济危机的，是用来救命的。但凯恩斯主义政策天然地符合宏观调控当局扩大自身权力的需求，也符合相关利益群体寻租的需求，因此存在一种"自促进"机制。其结果，凯恩斯主义政策最终让宏观调控当局"毒瘾"难戒。

正常情况下，我们应该相信市场机制的功能。市场机制能够自动稳定经济，保证经济的正常运行，只有在比较极端的情况下，市场机制可能无法自动恢复均衡，此时才需要宏观调控，把经济从危机中挽救出来。比如大萧条这样的经济危机离开政府调控可能无法快速过去。在宏观调控中，一定要相信市场经济的决定

性作用,一定要相信在大多数情况下、大多数时间市场机制是能够顺畅运行的。就跟一个人一样,他一生的绝大部分时间都是健康的,身体自身的免疫功能是能够发挥作用的,遇到一些小的疾病能够自动康复,因此,在他一生的大多数时间是不需要医生的;但人终归还是有生病的时候,在这些情况下就需要医生,就需要吃药等等。但不能因为人生过一次病,从此就得一辈子都吃药、一辈子都离不开医生。一旦治好病,就不需要再吃药,不再需要医生看护。经济也一样。正常情况下应该由市场自动运行,只有在少数极端情况下才需要政府宏观调控。

大萧条过后,凯恩斯主义政策却成为"熨平"经济波动的工具,人们试图通过凯恩斯主义政策驯服经济周期。于是,第二次世界大战结束以来的70多年时间里,凯恩斯主义需求管理政策被长期化、常态化。人们似乎忘记了市场经济的自动调节功能,经济每出现一点点问题,人们就试图采用宏观调控稳定经济。其结果,经济变成了一个时时刻刻需要医生关照的病人,甚至变成"植物人",离开医生就无法正常运行。

5. 效果外溢

随着经济全球化的推进,需求管理的效果的外溢性越来越大。比如,一个国家采取了扩大需求的政策,但老百姓可能购买的不是本国产品,其结果,本国政府花了钱,其他国家却受益。这对于本国政府来说显然不是最理想的结果。而供给管理则不一样。供给管理针对的是本国企业,通过减税等其他方式进行的供给管理受益的主要是本国的企业,因此,政策效果的外溢性就不大。在全球化程度越来越大的情况下,供给管理相对于需求管理的优越性就越来越大。

三、没有照顾到中国特色

对于中国来说,宏观调控的目标当然是中国经济,但目前流行的宏观调控理论体系是以西方经济为基础建立起来的,没有照顾到中国的特色。

首先,在宏观调控理论体系中没有考虑到改革开放。众所周知,最近30多年来,改革开放是推动中国经济快速增长的最重要的推动力,家庭联产承包责任制、价格改革、国有企业改革、财税体制改革、金融体制改革、外贸体制改革以及对外开放等等都迅速改变了中国经济的运行环境和运行机制,持续推动了中国经济的高速增长。但是,这些改革开放的举措是如何影响宏观经济的?改革开放显然是中国政府调节宏观经济的手段,那么在宏观调控中如何理解改革开放,或者说如何把改革开放纳入宏观调控理论体系中,以及如何更好地利用改革开放来促进经济的发展?目前正统的西方宏观经济学没有这些内容。

其次,没有考虑到中国宏观经济本身的特点。中国宏观经济的特点很多,这里仅列举四个特点。第一,跟西方国家相比,政府权力的覆盖面和执行力明显要大得多,这使得中国政府具有大量西方国家所没有的政策工具,而即使是同样的宏观经济政策在中国也具有完全不同的效力,甚至具有完全不同的政策传导机制。第二,中国特有的所有制结构以及中国政府对国有部门的严格控制,使得中国经济的运行也具有了中国特色,在宏观调控方面也能够通过国有企业来实施和贯彻政府意图。第三,中国社会和经济的二元结构使得中国的同一个宏观调控政策在不同地区、不同人群之间的效力大不相同,户籍制度等人为割裂了中国社会和经济,也阻挠了宏观调控政策的传导,降低了宏观调控政策的效力。第四,中国特有的意识形态也使得中国政府可以选择的政策组合集跟西方国家有所差别。

最后,没有考虑到中国的发展阶段。目前正统的宏观经济理论和宏观调控理论都是以成熟的发达市场经济为基础建立起来的,适合于这些发达国家,但对于发展中国家可能未必完全适应。高收入国家的产业结构、科技水平、老百姓的消费需求结构、劳动力的文化素质、制度结构、对外开放度等等都跟发展中国家不一样,两类国家对同一个宏观经济政策的接受能力也不一样。

四、对创新考虑不足

创新是现在世界各国都非常重视的经济活动。许多国家甚至把创新上升到国家战略的高度。但在宏观经济学和宏观调控中如何把创新纳入?目前的宏观经济学在经济增长理论中确实考虑了创新,新古典经济增长模型明确提出了人均产出的增长率取决于科技进步率,内生增长理论进一步研究了科技进步率的决定因素,真实经济周期理论倒是在短期经济波动的分析中考虑了技术进步,但对这种科技进步的来源以及如何刺激技术进步则讨论甚少。即使讨论科技进步,也对科技进步的理解过于笼统,把产品创新、工艺创新等混为一谈,没有很好地理解这些创新在影响宏观经济方面的传导机制以及效果的差异。

创新研究大师熊彼特把创新活动分为5种,即产品创新、工艺创新、制度创新、资源创新(熊彼特称之为"原料创新")、市场创新。目前学术界在讨论创新的时候直接谈这5种创新,对这5种创新对经济的影响机制或途径未做区分。实际上,在笔者看来,按照这5种创新对经济的主要影响机制或途径,可以把它们分为两大类,一类是首先作用于需求一边的创新,包括产品创新和市场创新,还包括部分类型的制度创新,我们称之为"需求型创新";一类是首先作用于供给一边的创新,包括工艺创新、资源创新以及部分类型的制度创新,我们称之为"供给型创新"。

需求型创新和供给型创新都是创新,但前者首先和主要作用于需求一边,后者首先和主要作用于供给一边,因此对宏观经济的影响就不一样。前者导致产出和价格同向变动,后者导致产出和价格反向变动。因此,区分这两类创新对于理解宏观经济运行就非常重要。

（一）需求型创新

需求创新包括产品创新、市场创新和部分制度创新。

产品创新有助于扩大消费。适销对路的新消费品会给消费者带来新的、优质的消费项目，自然会刺激消费。但随着这种产品的普及，消费者的消费量越来越大，边际效用因而就越来越低，最后一旦达到饱和状态①，对这种产品的消费就进入正常状态，不再出现该产品刚刚进入消费者生活时的超常增长，它对经济增长的拉动作用就减小甚至基本上消失。这时，就需要新的消费热点来带动经济增长；如果产品创新的速度跟不上，就会出现衰退。

市场创新的目的是为现有产品找到新的市场。就宏观经济而言，要么发现了现有产品的新的性能（用途），要么是把潜在的市场激活。比如中国1999年的高校扩招，就是激活潜在市场需求的一个突出案例。当时中国高校的招生规模很小，但老百姓都希望自己的孩子能够接受高等教育，因而对高等教育的需求很大，因此一旦扩大招生规模，这种需求马上就被激活，拉动了老百姓的教育消费支出。这种方式得到的消费需求是优质需求，一方面，老百姓从高等教育中得到的投资收益率较高，另一方面，劳动力教育程度的提高也有助于经济的长期发展和社会文明程度的提高。

市场创新的另一种方式是扩大对内、对外开放。对内、对外开放可以增加消费者面临的产品的数量。以旅游业为例，对内、对外开放使得每一个消费者面临的特色旅游产品的数量都大大增加，因而消费需求就会增加，而且增加的是优质消费。因此，不管国内还是国外市场的一体化，都有助于给每一个消费者提供更多的消费品，因而能够刺激优质消费。其政策含义很明显，就中国而言，要加速国内市场的一体化，比如通过放开户籍制度、加快农村土地制度改革、改善基础设施实现各地的互联互通等方式降低要素尤其是人口流动的成本或机会成本；在国际上进一步扩大对外开放，降低人员、商品以及各种要素的出入境成本，提高跟世界经济的一体化程度，比如中国目前的"一带一路"倡议就是很好的尝试。

一些制度创新也有助于扩大优质需求，可以称之为"需求侧改革"。比如，在中国，放开计划生育政策有助于扩大消费；改革收入分配制度、促进收入分配的均等化有助于提高全国的边际消费倾向；建立健全社会保障制度有助于消除居民消费的后顾之忧，提高全国的边际消费倾向；等等。

（二）供给型创新

供给型创新包括工艺创新、资源创新和部分类型的制度创新。

---

① 或者其边际效用等于该消费的边际机会成本，比如持有现金、持有其他资产的边际收益，或者消费别的产品的边际效用；此处为了简化论述，假定达到饱和，即其边际效用为0的时候。

1. 工艺创新和资源创新

如前所述,在熊彼特给出的5种创新中,工艺创新和资源创新(或称原材料创新)能够提高生产效率,降低企业成本,促进供给。因此,也可以通过促进工艺创新和资源创新来增加总供给。

工艺创新就是企业的生产技术的提升。在企业的资本存量、劳动力雇用量等要素投入给定的情况下,企业的生产技术水平越高,平均生产成本就越低,因而生产能力就越大,供给就越大。资源创新能够使得企业摆脱对成本较高的资源的依赖,用便宜的原材料或便宜的资源进行生产,因而降低生产成本,增加供给。

2. 供给侧改革

在供给侧,制度变迁对企业和工人的生产积极性有着巨大的影响,从而也能够影响总供给。制度变迁对总供给的影响可以是正面的,也可以是负面的。中国自从1949年以来经历过剧烈且频繁的制度变迁,从中可以看到制度变迁对总供给的剧烈而迅速的影响。大跃进、人民公社、"反右"、"文化大革命"等制度变迁对总供给产生了极其负面的影响,而80年代初开始的改革开放对总供给产生了巨大的正面影响。

实际上,马克思主义政治经济学的核心也在于供给侧的制度变迁,这种制度变迁可以是改革,也可以是革命。在马克思主义政治经济学中,资本主义制度下,个人为资本家打工,所以受剥削,因此跟资本家阶级之间是天然的对立关系,因此工人的劳动积极性就不高;一旦实现了社会主义制度,工人阶级翻身做了主人,从此为自己劳动,因此就会有极大的积极性,导致生产效率的巨大提高。在马克思主义政治经济学看来,这是社会主义制度的巨大优越性之一。

目前,中国经济到了一个转折的关头,高端服务业、高端制造业将成为中国经济下一步产业升级的方向。但这些产业的发展需要一套相应的法律体系、政治制度、知识产权保护制度、文化体系等制度的支撑,全面深化改革就成为中国经济进一步发展的前提(苏剑,2015)。因此供给侧改革就成为中国经济的当务之急。

第二节 一个新的宏观调控体系:总体框架

如前所述,现在的宏观经济学已经发展到了总供求模型,所以宏观经济政策也应该以这个模型为基础,而不是继续依靠IS-LM模型。按照总供求模型,宏观经济政策体系应该包括三大类,即需求管理、供给管理和价格管理,如图6.1所示。

需求管理就是在价格不变的情况下增加需求的政策。反映在图形上,需求管理就是使得总需求曲线的位置或者斜率发生变动的政策。

类似的,供给管理就是在价格不变的情况下增加供给的政策。反映在图形上,供给管理就是使得总供给曲线的位置或者斜率发生变动的政策。

价格管理就是通过调整价格来稳定经济的政策。这个政策在计划经济下被经常用于实现其他经济或非经济目的。

在目前正统的宏观调控理论中,凯恩斯主义需求管理政策之所以存在,理由是市场经济中存在价格刚性①。市场经济之所以具有自动调节功能,就是因为价格能够自由调整,从而均衡需求。因此,在经济自由主义者那里,不需要政府干预经济,市场机制能够协调好经济的运行,使得经济处于充分就业状态。但凯恩斯主义认为,即使在成熟的市场经济中,价格也是不能完全灵活调整的,这被称作"价格刚性"或者"价格黏性",这就导致了"市场失灵"②。如图 6.1 所示,假定某一时期价格为 P_2,此时供大于求,价格应该下降从而均衡供求,但如果价格不能灵活调整,比如价格在 P_2 处固定下来,此时供大于求的状态就会持续存在下去,最后在 B 点达到均衡。此时的均衡不是瓦尔拉斯均衡,经济中存在失业。只要价格不能调整,这种情形就将持续存在。

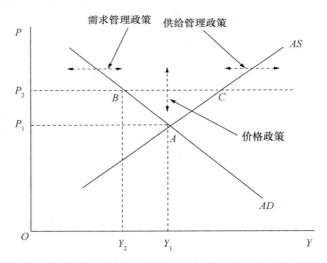

图 6.1 以总供求模型为基础的宏观调控理论体系

在这种情况下,凯恩斯主义认为,需求就决定了经济的均衡产出和就业,为了扩大就业,就应该采取扩张性需求管理政策,将总需求曲线右移,使得新的总需求

---

① 新凯恩斯主义经济学建立了大量模型论述现代发达的市场经济中价格刚性出现的原因(参见布莱恩·斯诺登、霍华德·R.文,2008年,第308—343页)。

② "市场失灵"的原因有好多,比如信息不对称、外部性、规模经济等等,但凯恩斯主义强调的市场失灵是"价格刚性",因而"价格刚性"就成为凯恩斯主义经济学的前提条件。可以说,按照目前的宏观经济学理论,没有价格刚性就没有凯恩斯主义经济学,也就不需要凯恩斯主义政策,当然也就不需要宏观调控。

曲线跟总供给曲线相交于 C 点,这样就能够消除失业,解决产能过剩的问题。

当然,在这种情况下,也可以设法压缩产能,使得总供给曲线左移,跟总需求曲线相交于 B 点,也能实现均衡。这就是供给管理政策的使用。但这个情况下,有几个问题需要回答。第一,压缩产能后的产出 Y_2 能否满足保证充分就业?由于这种政策导致的是整条短期总供给曲线的左移,此时实现的均衡在 B 点,产出是 Y_2,而充分就业的产出水平则是 Y_1,应该难以保证充分就业。第二,应该压缩哪个企业的产能?在私有产权受到良好保护的情况下,企业是否去产能是企业自己的事情,政府没有办法指令某个特定的企业去产能,因此可能形成囚徒困境,最后大家都不去产能,各个企业最终都被配给。也就是说,此时供给管理政策实施的难度很大。第三,能否保证去掉的是劣质产能?价格维持在高位意味着大多数企业只要能把产品销售出去就多少会有盈利,因此,竞争已经不再是价格竞争和成本竞争,而是市场份额的竞争。此时成本低的企业未必就有竞争优势,最终被淘汰的可能是优质产能。因此,此时如果要实施紧缩性供给管理政策回复均衡,就需要慎重设计供给管理政策,确保去产能,且去掉的是劣质产能。

显然,上述两种政策都是治标不治本的。因为既然产能过剩出现的原因是价格刚性,为什么不设法消除价格刚性呢?如果消除了价格刚性,价格从 P_2 降到 P_1,经济就会自动回复瓦尔拉斯均衡。此时,随着价格的下降,需求量增加,供给量下降,也就是一边通过价格机制扩大需求,一边通过价格机制去产能或者至少压缩产量,最终实现均衡。一旦价格刚性被消除,市场机制的自动调节功能就会自动恢复,就不再需要凯恩斯主义需求管理,也不再需要供给管理。

但是,一旦出现价格刚性,往往很难在短期内消除之。中国价格改革的艰难实践表明了这一点。所以,在短期调控中往往还是需要需求管理和供给管理的。因此,在宏观调控中,就存在三类政策:第一类是价格管理,主要目的是提高价格的灵活性,消除价格刚性,恢复市场机制的功能,让市场机制充分发挥作用;第二类是凯恩斯主义需求管理,这是在价格刚性在短期内无法完全被消除的情况下可以采取的政策,主要是通过扩大需求消除产能过剩和失业;第三类是供给管理政策,这也是在价格刚性在短期内无法完全被消除的情况下可以采取的政策,目的是通过压缩产能消除产能过剩和失业。

以下三个部分我们分别讨论这三类政策。

第三节 价格管理及相关工具

价格机制是市场经济最核心的机制。在现代市场经济中,价格主要是由市场决定的,价格调整本身也是均衡供求的手段,价格的灵活调整是市场经济正常发挥功能的前提。如果价格机制失灵,那么市场经济的功能就得不到应有的发挥,经济就会陷入持久的失衡状态。

价格机制失灵的突出表现是价格刚性的存在。如前所述,价格刚性是凯恩斯主义宏观经济学存在的前提条件。所谓"价格刚性"①,就是价格不能灵活调整的情形。在历史上,曾经出现过两种类型的价格刚性,一种是市场经济下的价格刚性,一种是计划经济下的价格刚性。图 6.2 显示了这两种情况。

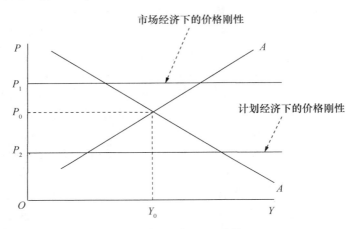

图 6.2 价格刚性的两种情形

一、两种价格刚性

1. 市场经济下的价格刚性

在市场经济下,由于价格是由市场决定的,所以说市场经济中存在价格刚性似乎有些缺乏理论基础。真实经济周期学派和新古典宏观经济学就不承认价格刚性的存在。但新凯恩斯主义经济学家的实证研究发现,在市场经济中的确存在价格刚性,并把价格刚性作为美国经济的一个特征事实(Blinder, 1994;Nakamura and Steinsson, 2008)。他们随后提出了许多模型,论述了市场经济中价格刚性存在的理由,从当事人的理性行为出发解释了价格刚性的存在(布莱恩·斯诺登、霍华德·R.文,2008)。

在市场经济中,如果存在价格刚性,那么相应的刚性价格往往高于均衡价格,因此会出现生产过剩(如图 6.2 所示)。

实际上,现代西方宏观经济学之所以存在,一个很重要的前提就是价格刚性的存在。凯恩斯主义经济学认为,因为市场经济中存在价格刚性,所以,当需求下降时,价格和工资不能降低,所以就出现了产能过剩和失业;虽然在长期内价格会

---

① 有时使用"价格粘性"这一术语,二者有差异,但意思差不多。本节不区分二者。

向均衡价格调整,但这种调整速度非常慢,调整过程将十分漫长,所以就会出现持续性的产能过剩和失业。由于价格刚性,市场已经失灵,经济已经无法凭借自身力量恢复均衡、消除失业,所以才需要政府的宏观调控,也因此才有了宏观经济学这门学科。

因此,按照凯恩斯主义经济学,经济衰退或危机的根源就是价格刚性。如果价格是灵活的,市场经济就能自动出清,无须政府干预,因此什么财政政策、货币政策都不需要。

2. 计划经济下的价格刚性

计划经济下同样存在价格刚性,而且价格刚性的问题更严重。在计划经济下,所有价格都被政府完全控制,因此价格刚性完全是政府造成的;而且政府确定的价格一般低于均衡价格,结果生产者缺乏生产积极性,而消费者需求却很大,因此出现严重短缺(如图 6.2 所示)。因此,同样是价格刚性,市场经济下导致生产过剩,计划经济下导致商品短缺。

二、价格政策的核心

不管是计划经济还是市场经济,都会出现价格刚性,价格刚性的存在导致价格机制失灵,无法起到自动调节经济的作用。因此,价格政策的核心是保证价格的灵活性,消除价格刚性,恢复市场机制的功能。理论上说,只要市场机制的功能得以恢复,就不需要其他宏观经济政策了。因此,价格管理就是治本之策。

需要注意的是,此处所说的价格政策跟历史上目标在于调控价格的价格管理或者价格管制不一样。历史上的价格管理或者价格管制包括工资—物价冻结、工资指数化等等,一般是为了防止价格大幅波动的,是形成或加剧价格刚性的;而此处的价格管理恰恰相反,是要促进价格的灵活调整、消除价格刚性的。前者妨碍市场功能的发挥,而后者促进市场功能的发挥。

三、价格管理工具:改革

在这里论述的宏观调控体系中,价格改革的核心是消除价格刚性,恢复市场功能。而价格刚性的形成往往是由于各种历史性或者制度性因素,因此这种价格管理就需要靠改革来完成。

1. 市场经济条件下的价格改革

就市场经济下出现价格刚性的原因,新凯恩斯主义学派建立了许多模型(布莱恩·斯诺登、霍华德·R. 文,2008),实际上是给出了可能形成价格刚性的多种原因,因此,要想解决市场经济下的价格刚性问题,就需要消除形成价格刚性的这些因素。由于他们提出的模型很多,找出的原因也很多,限于篇幅,此处我们针对他们提出的两种最重要的原因分别论述如下。

(1) 费希尔和泰勒提出了长期劳动合同理论(布莱恩·斯诺登、霍华德·R.

文,2008)来解释名义工资刚性的存在。他们认为,长期劳动合同导致名义工资不能随总需求状况随时灵活调整,因此就导致了就业和产出的波动。因此,要针对这种情况消除名义工资刚性,就需要针对长期劳动合同做相应改革。可能的办法有以下几种。第一,是缩短长期劳动合同的有效期,这显然有助于缓和工资刚性。但这种办法同时也减少了长期劳动合同带来的好处,因此即使采取这种办法,也不可能有效期过短,因此通过这一办法无法完全解决问题。第二,可以在工资合同中规定工资调整的条件和方式,增强工资的灵活性。第三,可以采取灵活工资制度,比如采取"底薪+提成"或者"固定工资+奖金"等方式。第四,通过对劳动法等法规的修改降低解除劳动合同的成本,也有助于缓和工资刚性的程度。

(2) 曼昆等人提出了"菜单成本"理论(布莱恩·斯诺登、霍华德·R.文,2008)来解释名义价格刚性的存在。这种理论的核心思想如下:首先,价格调整是有成本的,这种成本很小,是一个二阶的量;其次,在不完全竞争条件下,企业如果调节价格,那么其销量就会反向变化,因此总的销售收入可能变化不大,比如如果企业提价,那么销量就会下降,其结果调价和不调价相比,净收益可能很小,也是个二阶的量;最后,企业是否调价就取决于净调价收益和菜单成本的相对大小,如果调整价格的边际收益小于菜单成本,那企业就会选择不调价,这就出现了价格刚性。既然如此,那么按照这一理论,消除价格刚性的办法当然就是设法提高调价收益并降低菜单成本。就提高调价收益而言,就需要加强竞争,缓和甚至消除不完全竞争①,这就需要加强反垄断立法和执法,以及其他办法加强竞争。就降低菜单成本而言,就需要改进企业内外部的协调方式,加强信息沟通,降低信息成本等等。②

2. 计划经济下的价格改革

中国目前的经济是从计划经济转轨而来的。计划经济下的价格刚性是政府管制造成的,因此计划经济下价格管理的主要手段就是放松管制,即价格的市场化,这在中国叫作价格改革。中国的价格改革首先从农村起步,农产品价格先是提高,然后是双轨制,市场价格慢慢放开,最后完全并轨。关于转轨过程中价格改革的研究很多,此处不再赘述。

目前,中国经济的市场化程度已经相当高,到目前为止,中国的商品价格改革基本上已经完成,但要素价格体系改革还在进行之中。有些领域的价格还处于政府的严格控制之下,而且政府还经常采用传统的价格管理来强化价格刚性。目

---

① 在完全竞争条件下,企业面临的需求曲线是水平的,随着企业的产量增加,边际收益不下降。
② 按照新凯恩斯学派的观点,"菜单成本"包括调整价格涉及的所有成本,比如重新设计和印刷菜单(这也是"菜单成本"这个名词的由来)、内部沟通和协调的成本、跟客户沟通和协调的成本等等。

前,在有些情况下,政府确定的价格低于市场均衡价格,比如原材料价格和火车票价格[①];有些情况下,政府确定的价格高于市场均衡价格,比如成品油价格。所以,目前中国的价格刚性就同时具有西方市场经济下价格刚性的特征和计划经济下价格刚性的特征。因此,在促进价格灵活性方面,中国就面临比其他国家更为严重的复杂性。

第四节 需求管理及相关工具

需求管理是目前主流宏观经济学中宏观调控的核心内容,自从宏观经济学被创立起就是西方宏观调控的主要方式甚至是唯一方式,目前被世界各国采用。需求管理的主要政策包括两大类,即货币政策和财政政策。这两大类政策我们称之为"传统的需求管理政策"或者"凯恩斯主义需求管理政策"。这类政策对于调节需求的确有作用,但如前所述,这类政策有巨大缺陷,我们需要寻求对经济更为健康的需求管理方式,这就需要从需求的质量谈起。

一、需求的质量

所谓"需求的质量",指的是宏观经济中各具体需求对相关消费者或投资者带来的效用或者收益率的高低,其衡量指标是需求的边际效用或者边际收益率。因此,所谓的优质消费需求,就是能够给消费者带来较高的边际效用的消费需求,而所谓的优质投资需求,就是能够给投资者带来较高的投资收益率的投资需求。

需求的质量直接决定了经济的健康状况。比如,如果是边际效用较低的消费,那么一旦消费者的经济状况变差,那么他就会立即减少这种消费,从而导致经济衰退;如果边际效用比较高,那么就算是遇到不利的经济状况,消费者减少这种消费的积极性也不大,因而可以缓和经济的波动。投资也一样。比如说,如果一个投资项目的预期收益率是2%,那么如果利率忽然提高到3%,这个项目就会出现亏损,亏损面过大就可能出现金融危机;但如果该项目的预期收益率是10%,那么即使利息率提高到9%,这个项目也不亏损,经济还可以正常运行,大不了相关企业少赚点。

目前在宏观调控中占据统治地位的凯恩斯主义需求管理政策的一个很大的缺陷就是只关注需求的数量,不关注需求的质量。凯恩斯主义政策鼓励消费甚至浪费。现代西方经济学的基础是资源的稀缺性,在这样一个以资源稀缺性为基础的经济学框架里,浪费竟成为宏观经济政策可以接受的目标,实在是一个巨大的讽刺。同样,凯恩斯主义政策通过降息来刺激投资,也是通过牺牲需求的质量来扩大需求的数量。

---

① 尤其是春运期间一票难求的状况。

二、刺激需求的两条思路

刺激需求有两条思路,一条是提供能够给消费者或投资者带来更高的边际效用或者边际收益的消费品或者投资项目,另一条是降低需求的成本。

1. 传统的需求管理

传统的需求管理政策通过降低需求的成本来刺激需求。货币政策通过降低利率,也就是投资的成本,来刺激投资。但是,随着利率的降低,刺激出来的投资的预期收益率越来越低,因而刺激出来的是劣质投资。刺激消费的财政政策也类似,比如通过降低个人所得税的政策或者别的扩大消费的政策虽然也能扩大消费,但刺激出来的消费的边际效用越来越低,尤其是对一些耐用品,总有饱和的时候,一旦饱和,扩张性政策往往是无效的。另外,扩张性财政政策还会导致政府债务规模的扩大,埋下债务危机的隐患。因此,传统的需求管理的后果是需求的质量越来越低,经济的健康状况每况愈下。①

2. 创新支持政策

刺激需求的另外一条思路是提高投资的边际收益或者消费的边际效用,这就是我们前边说过的需求型创新。投资的边际收益增加了,比如,经济中有了高质量的投资机会,其预期收益率较高,那么即使利率不变,企业也会愿意投资,这种情况下,新的投资项目的质量就较高,需求的质量就能得到保证。就消费而言,假定经济中出现了一个新的消费品,这种新的消费品能够给消费者提供新的性能,比如电脑、互联网、无线通信等等刚刚进入居民日常生活的时候,对于消费者来说这些新产品的边际效用很高,就会成为新的消费热点,于是消费自然就会增加。随着这些消费品消费量的增加,它们的边际效用也开始降低,慢慢地它们就从一开始的奢侈品变为生活必需品,就固化为整个经济的日常总消费的一部分,此时其边际效用也就较低了。一旦达到饱和,其边际效用就降为0。此时如果要进一步扩大优质消费,就需要给消费者继续提供新的消费品。而要不断为经济提供新的优质投资机会和优质消费品,就需要持续的创新流,因此就需要鼓励创新,这种政策我们称之为"创新支持政策"或者"创新政策"②。这种政策能够保证经济的持续、健康发展,这种政策是我们此处要强调的主要的需求管理政策。

不仅需求型创新能够带来优质需求,供给型创新也有需求效应。供给型创新或者提高了企业的生产效率,或者降低了企业的生产成本,在价格不变的情况下都提高了企业的投资收益率,因此一方面提高了现有投资的质量,另一方面也提

---

① 政府购买虽然也是总需求的一部分,但我们此处不考虑它。因为一个经济的健康持续发展必须是自然的发展,而不是靠政府购买维持的发展。所以我们此处仅考虑投资和消费。政府购买其实是维护现有劣质产能的政策,这种需求一般也是劣质需求。

② 当然,"创新支持政策"也包括促进供给型创新的政策。

高了企业进一步投资的积极性,有助于扩大优质投资需求。这就是供给型创新的需求效应。但供给型创新创造的这种需求会形成生产能力,在需求型创新不足的情况下最终会陷入产能过剩,所以扩大优质需求的根本办法还是需求型创新。

三、创新支持政策与传统需求管理的优缺点

传统需求管理和创新支持政策都能够扩大需求,但二者对需求的影响效果不一样,具体来说,就是扩大出来的需求的质量不一样,因而对宏观经济的影响也不一样。创新支持政策通过提高需求的边际收益或边际效用来扩大需求,而传统需求管理政策则通过降低需求的成本来扩大需求,因此二者就在经济的健康状况、政策效果的不确定性、政策效果的滞后程度、政策效果的对称性四个方面会产生不同的影响①。

1. 经济的健康状况

所谓"经济的健康状况",指的是经济保持正常、平稳运行的能力,从另一面说就是经济的抗打击能力,或者应对各种外来负面冲击的能力。当今世界面临的问题主要是产能过剩问题,因此需求的质量就跟经济的健康状况直接相关。显然,创新支持政策是通过提高需求的收益来扩大需求的,因此扩大出来的需求的质量就较高,遇到负面冲击时抗打击能力就较强。而传统需求管理政策是通过降低需求的成本来扩大需求的,随着成本的降低,扩大出来的需求的质量也跟着降低,一旦因为负面冲击使得需求的机会成本上升,那么这种需求的成本就可能大于收益,就会被放弃,因而导致经济衰退甚至经济危机。

2. 政策效果的不确定性

创新活动不确定性很大。政府采取了创新支持政策,也无法确定会不会有期望的科研成果,也无法确定这种科研成果的经济效益如何,因此作为宏观经济政策的创新支持政策的效果不确定性很大。而传统需求管理政策针对的是现有的产品或者服务,其政策指向往往是易于控制的指标,比如利率、税收、政府支出等等,因而不确定性要小得多。

3. 政策效果的滞后程度

传统需求管理政策调控的是需求的价格(比如利率)、支出或预算,这种政策的传导过程相对较快。而创新支持政策首先影响的是企业或科研人员从事创新活动的积极性,或者扩大的是相关当事人的可用资源,这个可以很快;但创新活动本身从开始计划到最终完成再到实际应用都需要时间,最后才会导致需求的增加,这个过程可能会比较漫长。因此,相对来说,创新支持政策效果的滞后时间要

---

① 详见刘伟、苏剑,"如何刺激投资?兼谈创新支持政策与货币政策的关系以及宏观调控方式的未来走向",《中国工商管理研究》2009年第3期,第22—25页。

比传统的需求管理政策效果的滞后时间长得多。

4. 政策效果的对称性

在用货币政策调节投资时,理论上说,利率的提高是没有上限的,但在降低利率时却有一个下限,这就是所谓的"流动性陷阱",因此货币政策效果的对称性比较差。创新活动取决于我们对世界的认识的深化,世界是无限的,人类对世界的认识当然也就是无限的,因此创新活动就没有极限,创新活动的预期收益率也就既没有上限也没有下限,因此创新支持政策的效果的对称性比较好。

四、创新支持政策与传统需求管理的组合

综上所述,在调节需求方面,传统需求管理政策和创新支持政策各有利弊。传统需求管理政策经过长达80多年的实践,在宏观调控中曾经起到过很大的作用,因此在宏观调控中一定有其存在的理由。而创新支持政策也有其独特的优缺点。因此应该将二者结合起来,取长补短,合理搭配,面对不同经济形势采取不同的需求管理政策组合,更好地进行宏观调控。

创新支持政策在保持经济健康和政策效果的对称性方面优于传统需求管理政策,而后者在政策效果的滞后性和不确定性方面优于创新支持政策。因此,我们应该尽可能利用二者各自的优点,拟制其缺点。总体来说,具体原则应该是"创新支持政策为主,传统需求管理政策为辅"。考虑到宏观调控的目标最终是经济的健康、持续发展,因此,在政策组合方面,就应该优先考虑创新支持政策;同时,如果创新活动持续进行、创新成果不断大量出现的话,经济中就不缺乏优质需求,经济可以在优质需求的拉动下处于充分就业状态;此时,投资的预期收益率也就会被保持在一个比较高的水平上,利率也就可以更高一些,经济面临"流动性陷阱"的可能性就会大大降低,这种情况下就不需要传统需求管理政策来扩大需求。而如果创新成果过多,从而优质需求过大导致经济过热,我们就可以用传统需求管理政策紧缩需求;如前所述,传统需求管理政策在扩张方面的效果远不如在紧缩方面的效果大,因此这样正好也发挥了传统需求管理政策的长处。而传统需求管理政策的辅助作用也有利于克服创新支持政策效果的滞后性和不确定性方面的缺陷。比如,如果创新成果过多,导致经济过热,可用降低创新支持度的办法来消除经济过热,但此政策效果滞后太长,且不确定性太大;而如果采取货币政策就可迅速降低投资,政策效果的不确定性也相对要小得多。

由于创新支持政策的不确定性较大和滞后时间较长,因此适合于长期调控,以及粗调;同时创新支持政策能够从根本上保证经济的健康、持续发展,因此适合解决系统性问题。因此,"创新支持政策为主,传统需求管理政策为辅"的具体含义是"以创新支持政策扩张,以传统需求管理政策紧缩;以创新支持政策粗调,以传统需求管理政策微调;以创新支持政策应付中长期问题,以传统需求管理政策应对短期问题;以创新支持政策解决系统性问题,以传统需求管理政策应对随机性问题。"(刘伟和苏剑,2009:第22—25页)

第五节 供给管理政策及相关工具

一、供给管理为什么可以被用于短期宏观调控

许多人认为,总供给决定于一个经济可用的资源总量和技术水平,因此在短期内难以发生大的变化,因而也就无法用于短期调控,这种观点是不对的(Bartlett and Roth, 1983;Laffer, 1983;Tatom, 1983;苏剑,2008)。在这些人看来,尽管一个经济的可用资源和技术水平在短期内可能无法变化,但这些资源和技术是通过劳动者的使用而发挥作用的,而生产者的激励却是可以迅速发生变化的。因此,只要能够调节生产者的激励,就能够调节供给,供给管理影响的就是生产者的激励(苏剑,2008)。

中国的转轨过程也表明,供给管理完全可以用于短期调控。比如,制度变迁是供给管理的政策工具的一种,在中国这样的转轨国家,制度变迁经常发生而且可以很快。作为一个例子,家庭联产承包责任制在农村的实行对于中国农业的绩效可以说是立竿见影。国有企业改革、允许多种所有制并存等也都很快产生了效果。减税也一样,可以立即影响企业的生产成本,从而影响总供给。

因此,不论从理论上还是从实践来看,供给管理都可以被用于短期宏观调控。当然,供给管理在长期宏观调控中的作用早已被人们认识到,比如促进增长的政策。

二、供给管理的政策工具

供给管理政策工具指的是那些能够使得总供给曲线发生移动或者使总供给曲线的斜率发生变动的、并且能够由政府控制的因素。因此,供给管理政策要么影响企业面临的要素价格,要么影响企业的生产率,要么影响企业的其他负担如税收。因此,供给管理政策工具就可以从这三个方面来讨论。

(一)要素价格政策

首先需要指出的是,要素价格政策也是价格政策,跟其他价格政策一样,要素价格政策首先要着眼于增强价格灵活性,充分发挥市场机制的作用,在此前提下,政府可以通过法律、行政命令、税收等政策影响要素价格,从而影响总供给,但应该尽量避免直接管制价格。

1. 货币政策

目前,货币政策被视为需求管理政策,实际上,货币政策同时也是供给管理政策,因为它影响的是利率,而利率则是资金这种要素的价格,它不仅影响投资需求,同时也影响企业已经占用的资金的成本。因此,利率的变化直接影响企业的

要素成本,从而影响总供给(刘伟和苏剑,2007)。

刘伟和苏剑(2007)指出,货币政策的总供给效应①的大小取决于三个环节,即货币的变动先是影响利率,然后利率的变化影响生产成本,再而后生产成本的变动影响总供给。他们指出,货币需求对利率越敏感,货币政策的总供给效应就越小;一个经济的资本密集度越大,利率变动对平均生产成本的影响就越大,货币政策的总供给效应就越大;一个经济的总供给的价格弹性越大,给定的生产成本的变动对总供给的影响就越大,因而,货币政策的总供给效应就越大。

2. 工资政策

工资政策的目的当然是调节企业面临的工资成本。历史上和目前实际采取过的工资政策有工资补贴、最低工资标准的确立和调整、工资冻结、灵活工资制度、调整企业缴纳的社保支出等等。在这几种工资政策中,灵活工资制度和调整企业缴纳的社保支出二者有助于缓和工资刚性,有助于促进市场机制作用的发挥,工资补贴不影响工资刚性,而工资冻结和最低工资标准则强化工资刚性,不利于市场机制功能的发挥,应该尽量避免采用。

3. 原材料价格政策

原材料价格的变化也会影响企业的生产成本。原材料价格政策的基调依然是促进原材料价格的灵活性,促进市场机制功能的发挥。具体政策包括原材料价格管制、调整原材料市场的对外开放度及关税、原料创新(或者资源创新)等。其中,原材料价格管制显然强化了原材料价格的刚性,应该尽量避免采取。后二者只影响原材料的供应,不影响价格调整本身,因此对市场机制功能的发挥没有抑制作用。

对于中国这样资源相对贫乏的国家来说,原材料的对外依存度很大,因此调整原材料市场的对外开放度及关税直接影响可用原材料的供应和价格,因此可以影响总供给。当然,正常情况下应该更多采取扩大原材料市场开放、降低关税的政策。

在资源约束的情况下,可以通过资源创新或者原材料创新来降低原材料成本,要么对现有的稀缺资源找到替代原料,要么通过技术进步减少现有原材料的消耗,要么通过技术进步提高原材料生产的效率等等。

(二) 生产率政策:供给型创新

供给型创新包括工艺创新、资源创新和部分类型的制度创新,它们显然能够提高企业的生产率,扩大供给。

---

① 货币政策影响总供给的渠道不仅仅是利率一种,还有其他渠道,比如由于货币政策给经济带来的不确定性等(参见 Tatom, 1983: p.12)。

一些需求型创新也会同时导致总供给的增加。比如,产品创新首先增加的是新产品的供给,因此也是有助于增加总供给的。

这就导致一个问题,既然这种创新既提供需求,同时也是供给,那么这种产品创新能不能影响经济现有的供求状态呢?比如说,刚开始经济中存在产能过剩,然后有了产品创新,这种产品创新同时提供需求和供给,那么它对现存的产能过剩的幅度有没有影响,或者说有没有可能缓和甚至消除产能过剩?答案是肯定的。产品创新同时提供需求和供给没错,但这会导致收入的增加,从而通过"乘数效应"增加对传统产品的需求,缓和甚至消除产能过剩问题。

(三)调整企业负担的政策

还有其他一些政策可以调整企业的运营成本。

1. 税收和补贴政策

税收政策是20世纪80年代供给学派的主要观点。供给学派认为,减税可以提高企业生产的积极性,从而增加供给。减税和补贴降低了企业的生产成本,显然有助于促进供给。

2. 市场环境改革

通过市场环境改革,可以降低企业的交易成本和体制成本。这包括加强竞争、反垄断、完善市场体系、简政放权、改善信息披露以解决信息不对称问题,也包括通过政治体制改革、加强依法治国降低灰色成本。

通过文化体制改革和道德体系改革建立适当的文化环境并树立良好的职业道德规范,可以建立和强化人与人之间的互信,从而减少纠纷,降低交易成本和体制成本。

3. 法律手段

法律的调整也可以影响企业的成本。比如提高生产的安全标准、产品质量标准、环保标准等等都可以影响企业的生产成本,从而影响总供给。

4. 降低企业的政策性负担

这一点主要适用于国有企业。国有企业传统上承担了大量的社会功能,包括教育、医疗、养老、失业保障等等,降低这些负担有助于增加国有企业的供给。

(四)行政手段

一些行政手段也可用于调整总供给。这些手段在计划经济下经常用到。

1. 许可证制度

这种政策在许多国家都有采用,尤其在中国用得非常普遍,许多事情都需要政府审批,这实际上就是一种许可证制度。没有政府批准,企业和个人不能进入某个行业、不能进行某项投资、不能进入某个市场,这种事情在中国很常见。比如,计划生育政策中的"准生证"就是一个突出的例子,中国各个高等学校的专业

设置也需要教育主管部门许可。

2. 配额

由政府确定一个总的生产规模,然后规定各个生产者的生产规模。比如,美国的农业生产中就用到这一政策;OPEC组织在各产油国之间也分配产油配额;中国的计划生育政策规定一对夫妇只能生一个或两个孩子;高校招生方面,中国政府首先确定每年的招生规模,然后对各个高校分配招生名额;等等。

3. 行政命令

在有些情况下,通过行政命令的方式限制或增加某种产品的产量,这也是供给管理。计划经济下这种政策用得很多。这种政策近年来也经常用到,比如我们的"APEC蓝"就是这种政策限制北京周边若干行业生产的结果,20世纪90年代中后期的"限产压锭"也是这种政策的应用。

第六节 各种政策的组合方式

在本章中,我们把宏观调控分成了三大类:需求管理、供给管理和价格管理。三者作用于经济的不同方面和不同环节,因此对经济的影响有较大差异。三者之间的不同组合会对经济产生不同的影响,因此可以同时实现多个政策目标,进行多目标调控。需求管理政策会导致总产出和价格水平的同向变动,供给管理政策会导致总产出和价格水平的反向变动,而价格政策会同时影响供求。那么,这三类政策该怎么组合呢?

首先,应该优先选择价格管理。通过各种改革措施,促进价格的灵活性,尽量让市场发挥其应有的自我调节功能,从而让经济自动消除生产过剩和失业以及商品短缺等失衡现象。如果市场机制能够充分发挥作用,那么经济就不会过度失衡,对其他宏观调控方式的需求就不大。极端情形下,在古典学派所假定的完美市场经济下,就不需要政府干预。

其次,在现实经济中,价格刚性往往无法被完全消除,因此还是需要宏观调控的。此时,需求管理和供给管理之间的组合就是一个需要认真对待的问题。刘伟和苏剑(2007)指出,此时应该弄清楚经济失衡出现的原因,看看这种失衡是来自需求侧还是供给侧;一般而言,应该尽量用需求管理政策应对需求冲击,用供给管理政策应对供给冲击。

在实际应用中,需求管理和供给管理的组合可以分为四种:需求、供给双扩张;需求扩张、供给紧缩;需求紧缩、供给扩张;需求、供给双紧缩。在多数情况下,供给方面的政策倾向应该是扩张性的,但也不乏需要供给紧缩的情形,在现实经济中也不乏供给紧缩的实际案例。比如,美国对农业采取的休耕措施,为了保护粮食安全,美国采取休耕措施限制农产品的产量。再比如,中国20世纪90年代在纺织行业曾经采取过的"限产压锭",以及最近几年在钢铁业拆除低端产能的措施。实际上,在出现产能过剩的情况下,要使得供求均衡,从理论上说,一个可行的办法就是压缩产能,但这会导致失业上升,因此大多数政府都不愿采取这个政策,如果能够解决失业问题或消除高失业的负面影响,压缩产能就是可行的。

最后,在现实经济中,宏观调控往往会有多个目标,在这个情况下,在一个失衡出现时,往往不能单纯应用某一种政策,可能需要供给管理、需求管理,甚至还有价格管理三者的适当组合。这就需要根据当时的经济状况和宏观调控的目标设计合适的政策组合。

第七节 总 结

本章在总供求模型的基础上考虑中国特色,提出了一个新的宏观调控政策体系。这个政策框架的创新之处有以下几个方面。

第一,它建立在总供求模型这一宏观经济学的最新成果的基础上,超越了传统的宏观调控对 60 年前提出的 IS-LM 模型的依赖。到 20 世纪 80 年代,宏观经济学就已经从 IS-LM 模型发展到了总供求模型,但宏观调控政策体系却没有进展,还停留在以 IS-LM 模型为基础的凯恩斯主义需求管理上,没有考虑到供给管理政策在短期宏观调控中的作用,这显然严重滞后于宏观经济理论的进展。宏观经济学的发展必然会推动宏观调控体系随之发展。本章即根据总供求模型提供了这样一个新的宏观调控政策体系,它考虑了世界各国尤其是中国宏观调控中所用到的各种政策工具,理清了它们之间的内在联系。

第二,它考虑了中国特色,尤其是考虑了改革开放的伟大实践。(1)它把供给管理引入宏观调控,尤其是考虑了制度变迁对总需求、总供给的影响。中国长期以来都很重视供给管理,在这一方面有着丰富的经验,尤其是改革开放前的时期,商品严重短缺,那时我们宏观调控的重点就是扩大供给,"抓革命、促生产"就是那时的口号,体现的就是当时中国政府的政策倾向。马克思主义政治经济学的特色就包括对供给和供给管理的倚重,尤其是制度变迁对供给的意义。马克思主义政治经济学从生产力和生产关系的相互作用出发,研究生产力的发展和生产关系即社会制度的变迁,研究如何最大限度地解放生产力、发展生产力。因此,马克思主义政治经济学研究的核心内容之一就是如何促进总供给。(2)在上述基础上,它进一步考虑了改革的重要性。近 30 多年来,改革一直是中国经济发展的原动力之一,但现有的宏观调控体系却对改革影响宏观经济的渠道没有给予充分说明,本章指出,有些改革可以通过影响生产者的激励来迅速影响总供给,有些改革也可以影响总需求,还有些改革则通过影响市场功能的发挥(比如价格改革通过促进价格灵活性)来影响经济运行的状态,从而使经济趋于均衡。(3)开放可以扩大外部需求，可以通过扩大原料供应、通过引入国际先进技术和管理经验、通过引入竞争机制强化国内企业的激励机制等渠道增加供给，这就通过对开放对总需求和总供给的影响把开放引入短期宏观调控。

第三，它把创新引入了宏观调控的大框架，分析了它对宏观经济的影响。世界各国都有国家创新战略。现有的宏观经济理论在讨论创新的时候，凯恩斯主义主要考虑其长期影响；真实经济周期学派考虑其短期影响，但都是从供给一边考虑的，没有考虑其对总需求的影响，同时基本上也没有把它作为政策工具来论述。本章提出了创新支持政策，并把创新分为需求型创新和供给型创新两大类，指出在产能过剩的情况下，需求型创新是稳增长的关键和必要条件。在需求管理内部，本章讨论了需求型创新支持政策跟传统需求管理政策的效果，指出创新支持政策使经济更健康，而传统需求管理政策是伤害经济的健康的，不利于经济的长期持续发展。

这一宏观调控体系针对目前宏观经济学的前提假设即价格刚性提出了旨在促进价格灵活性的价格管理，试图从根本上消除经济失衡的原因，因此就避免了传统的宏观调控治标不治本的问题；通过引入创新支持政策保证需求的质量，就有助于避免经济的"肥胖症"；通过引入价格管理和供给管理，有助于避免需求管理效果的巨大外溢性；通过强调消除价格刚性、恢复市场功能，尽量避免政府调控，有助于减少对政府宏观调控的依赖，消除政府对宏观调控的"毒瘾"。因此，这一宏观调控体系有助于消除现有的宏观调控体系的多个方面的局限性。

这样一个宏观调控政策体系为宏观调控提供了比较坚实的理论基础、严密完整的逻辑框架、丰富的政策工具，便于通过合理的政策组合实施多目标管理。当然，本章只是一个框架性的阐述，具体细节还需要进一步研究、深化。

第七章 产业结构调整

第一节 中国产业结构高度化进程下的产业驱动机制

产业结构高度化是这样一个过程:原有要素和资源从劳动生产率较低的产业部门向劳动生产率较高的产业部门转移,新增的要素和资源也被配置到劳动生产率较高的产业部门,以此使得劳动生产率较高的产业部门的份额不断上升,不同产业部门的劳动生产率共同提高。有学者利用相应非线性回归方法对1850—2001年德国经济周期进行分析,发现三次产业由于各自生产率的差异性,使资源(特别是劳动力)不断从低效率产业向高效率产业转移(Dietrich and Kruger, 2010)。

钱纳里等(Chenery et al.,1977,1986)、赛尔奎因(Syrquin,1984)用计量实证方法和投入产出分析方法建构了工业化进程中经济结构变迁的标准模型,为后续分析结构变迁与经济增长的相互关系提供了思路。20世纪90年代以来Fagerberg(2000)、Timmer(2000)和Peneder(2003)等尝试了用新的方法测度在东亚经济的发展过程中产业变迁对经济增长的贡献。近来,关于产业结构高度化与经济增长之间关系研究方面,有学者分析印度1951—2007年时间序列发现:1988年前产业结构变迁与经济增长之间没有格兰杰因果关系,而1988年之后产业结构变迁则与经济增长显示出明显的格兰杰因果关系(Cortuk and Singh,2011)。该类研究表明:产业结构达到一定高度时会通过结构效应影响经济增长。

国内不少经济学家(刘伟和张辉,2008)使用计量经济学的方法验证了产业变迁对中国经济增长的贡献,确认了产业变化和经济增长之间的因果关系。张军等(2009)系统地通过全要素生产率分解来研究工业行业结构调整对要素效率变化起到的主导作用。林毅夫(Lin,2011)从三个方面对结构经济学进行了思考:首先,经济结构的要素禀赋会从发展的一个阶段上升到另一个阶段;其次,经济发展的每一个阶段都是从低收入的农业经济到高收入的工业经济连续变化中的一个点;最后,在每一个发展阶段市场都是资源有效分配的基础性机制。干春晖等(2011)在测度产业结构合理化和产业结构高级化的基础上,构建了关于产业结构变迁与经济增长的计量经济模型,进而探讨了二者对经济波动的影响。这些研究确认了产业结构变迁和中国经济增长之间的相关性;对于研究经济增长、产业结构变迁之外的微观行业变化情况,则有待进一步的研究。

一、中国产业结构高度化进程

基于刘伟等(2008)的研究,产业结构高度指标包括两个部分:比例关系和劳动生产率。本节将比例关系和劳动生产率的乘积作为产业结构高度的测度指标,即产业结构高度 H 为:

$$H = \sum v_{it} \times \mathrm{LP}_{it} \tag{7.1}$$

其中,v_{it} 是 t 时间内产业 i 的产值在 GDP 中所占的比重,LP_{it} 是 t 时间内产业 i 的劳动生产率。一般说来,劳动生产率是一个有量纲的数值,而产业的产值比重则是一个没有量纲的数值,因此将劳动生产率标准化为:

$$\mathrm{LP}_{it}^{N} = \frac{\mathrm{LP}_{it} - \mathrm{LP}_{ib}}{\mathrm{LP}_{if} - \mathrm{LP}_{ib}} \tag{7.2}$$

其中,LP_{it}^{N} 是经济体 N 中标准化的产业 i 的劳动生产率,LP_{if} 是工业化完成时产业 i 的劳动生产率,LP_{ib} 是工业化开始时产业 i 的劳动生产率,LP_{it} 是原始的、直接计算的产业 i 的劳动生产率,其公式为 $\mathrm{LP}_{it} = \mathrm{VA}_i / L_i$,即产业 i 的增加值与就业人数的比值。当 $H = 0$ 时,经济体 N 开始进入工业化初步阶段,而当 $H = 1$ 时就表明经济体 N 完成了工业化,也就是说经济体 N 的产业结构高度值越接近 1,其距离完成工业化的目标越近。

刘伟等(2008)基于钱纳里(Chenery,1986)的经济阶段划分的标准结构模型,利用 2005 年数据[①]对产业结构高度的国际比较发现,产业结构高度的演进和经济发展水平的提升呈现明显的相关性,发达经济的产业结构高度显著地大于 1,发展中国家的产业结构高度则显著地低于 1(见表 7.1)。从时间维度上,1985 年前中国整体产业结构高度小于零,该阶段中国经济总体仍然处于工业化起飞前的准备阶段;1985—1997 年中国进入工业化初步阶段,产业结构高度一直稳步推进;1998 年后,中国工业化进程则进入加速阶段。1998 年前中国产业结构高度年均提升约为 0.6 个百分点,而 1998 年之后年均提升则约为 3.9 个百分点。

本节在原方法的研究基础上,将产业结构高度的计算延伸到了 2014 年[②]。结果显示 2005 年后,产业结构高度的年均增速达到 5% 以上,另外第三产业的劳动生产率已经达到了钱纳里 1986 年给定的基准假设(49 441 万元/人)。进一步论证了原文的结论:(1) 中国处于工业化加速阶段,产业结构高度的提升不断加快。(2) 若以不变价增加值计算,第二产业从规模和劳动生产率上,仍然是主导产业。

---

① 数据以 2005 年的不变价格计量,人民币对美元的汇率以 2005 年的数值为准(1 美元=7.3 元人民币)。

② 为了保证 2005—2014 年数据与 2005 年前数据的可比性,采用国家统计局提供的"不变价 GDP"数据,人民币对美元汇率仍为 2005 年数值。

表 7.1　中国产业结构高度(1978—2014)

年份	第一产业 LP	第二产业 LP	第三产业 LP	产业结构高度	年份	第一产业 LP	第二产业 LP	第三产业 LP	产业结构高度
1978	−0.015	0.015	−0.095	−0.020	1997	0.035	0.099	0.075	0.079
1979	−0.007	0.018	−0.112	−0.018	1998	0.037	0.107	0.122	0.100
1980	−0.008	0.018	−0.118	−0.019	1999	0.036	0.122	0.170	0.126
1981	−0.004	0.014	−0.119	−0.021	2000	0.036	0.145	0.220	0.158
1982	−0.001	0.014	−0.111	−0.018	2001	0.039	0.162	0.284	0.194
1983	0.003	0.018	−0.102	−0.014	2002	0.043	0.195	0.340	0.234
1984	0.011	0.022	−0.076	−0.006	2003	0.048	0.230	0.391	0.273
1985	0.010	0.025	−0.025	0.006	2004	0.071	0.258	0.433	0.304
1986	0.011	0.025	−0.016	0.009	2005	0.084	0.288	0.498	0.348
1987	0.014	0.028	−0.007	0.014	2006	0.095	0.321	0.620	0.418
1988	0.012	0.029	−0.005	0.014	2007	0.107	0.352	0.762	0.498
1989	0.007	0.025	−0.004	0.011	2008	0.119	0.386	0.843	0.552
1990	0.007	0.014	−0.037	−0.004	2009	0.133	0.420	0.918	0.603
1991	0.007	0.025	0.007	0.015	2010	0.147	0.462	1.015	0.666
1992	0.009	0.042	0.045	0.036	2011	0.166	0.499	1.091	0.719
1993	0.012	0.062	0.051	0.048	2012	0.176	0.534	1.246	0.812
1994	0.020	0.071	0.048	0.053	2013	0.200	0.585	1.264	0.850
1995	0.028	0.082	0.037	0.056	2014	0.226	0.636	1.295	0.893
1996	0.035	0.090	0.041	0.063					

二、产业结构高度化进程中的主导产业群演进

对中国产业结构高度化的研究发现(张辉,2009;陈和和隋广军,2010;张辉和任抒杨,2010):无论是全国还是地方经济,在产业结构高度化加速进程中,都受到几大主导产业的推动。本节从投入产出分析出发,界定驱动产业结构高度化的主导产业群。

产业关联效应指标是界定主导产业的关键指标。罗斯托(1988)认为应该选择具有扩散效应(前向、后向和旁侧)的部门作为主导产业部门,将主导产业的产业优势辐射传递到产业链的各产业中,以带动和促进区域经济的全面发展;美国经济学家艾伯特·赫希曼(1991)在《经济发展战略》一书中,主张不均衡发展战略,提出将产业关联效应作为主导产业选择的基准即产业关联基准,发展政策的目标应挑选和集中力量发展那些在技术上相互依赖、产业关联效应强烈的"战略部门",即主导产业部门。

(一) 投入产出分析方法

投入产出分析中,影响力系数、感应度系数、直接消耗系数、完全消耗系数、直接分配系数、完全分配系数等结构系数对于解释经济问题有着重要作用:"可以定量地分析一定时期内国民经济各产业部门在社会再生产过程中所形成的直接和间接的相互依存、相互制约的技术经济联系"(列昂惕夫,1936;钟契夫等,1993;中国投入产出学会课题组,2006)。

目前学术界对于这几个系数的应用进行了大量的研究,并且对其中部分系数也展开大量讨论(Jones,1976;刘起运,2002;中国投入产出学会课题组,2007;沈利生,2010)。目前直接消耗系数、完全消耗系数、直接分配系数、完全分配系数的界定较为明确(中国统计局,2012;刘起运,2002)。对于影响力和感应度的争议较多,主要有两点:(1)计算过程的经济意义;(2)产业规模的影响(刘起运,2002)。大多数文献中使用的传统影响力和感应度系数如下(王岳平,2000)。

传统影响力系数: $F_j = \dfrac{\sum_i \bar{b}_{ij}}{\dfrac{1}{n} \times \sum_j \sum_i \bar{b}_{ij}}$;传统感应度系数: $E_i = \dfrac{\sum_j \bar{b}_{ij}}{\dfrac{1}{n} \times \sum_i \sum_j \bar{b}_{ij}}$;

$\bar{B} = (I-A)^{-1}$,其元素为 $\bar{b}_{ij}$。

对经济意义的讨论认为,传统的投入产出感应度和影响力计算存在商榷空间违背了列项加总原则,经济意义模糊。认为,B 矩阵不适用于行向加总,W 矩阵不适用于列项加总。对产业规模权重的讨论,刘起运等认为应以产出比重或者投入比重作为权重,准确衡量产业对国民经济的完全作用情况;用简单算术平均的方法则不合理(刘起运,2002;Jones, L.,1976)。刘起运(2002)的文章得到投入产出学会的广泛认同。在《我国能源部门产业关联分析——2002年投入产出表系列分析报告之六》中将其归纳为两个系数,明确了投入产出结构系数的意义和计算方法,本节使用的权重和计算方法与此相同。

1. 改进的影响力系数:

$$\overline{F_j} = \dfrac{\sum_i b_{ij}}{\sum_j \left(\sum_i b_{ij}\right) \alpha_j}, \quad (j=1,2,\cdots\cdots n) \tag{7.3}$$

其中,α_j 表示第 j 部门最终产品占国民经济最终产品总量的比例,称为"最终产出构成系数";b_{ij} 是第 i 部门对第 j 部门的完全消耗系数。分子的经济含义是:增加 i 部门一个最终产出对国民经济的带动力;分母的经济含义是:各产业增加一个最终产出对国民经济的平均带动力。影响力系数越大,表示第 i 部门对国民经济的带动作用越大。

2. 改进的感应度系数：

$$\bar{E}_i = \frac{\sum_j w_{ij}}{\sum_i \left(\sum_j w_{ij}\right)\eta_j}, \quad (i=1,2,\cdots\cdots n) \tag{7.4}$$

其中，η_i 表示第 i 部门产品的初始投入量占国民经济初始投入总量的比例，称为"初始投入构成系数"；w_{ij} 是第 i 部门对第 j 部门的完全分配系数。分子的经济含义是：增加 i 部门一个初始投入对国民经济的推动力；分母的经济含义是：各产业增加一个综合初始投入对国民经济的平均推动力。推动力系数越大，表示第 i 部门对国民经济的推动作用越大。

另外有研究关心（刘起运，2002；王巧英，2010；刘品等，2011；肖强，2010；等）：在完全消耗系数的计算中，已经考虑了行业之间的累加效应，因此不能用于列项加总的方法计算影响力系数，否则将带来重复计算。例如，煤炭开采对金属压延的带动，进而产生金属压延对装备制造的带动，因此煤炭开采对装备制造的影响已经包含了部分金属压延对装备制造的影响。这样在计算装备制造业带动力的时候，不应该重复计算煤炭开采—装备制造的完全消耗和金属压延—装备制造的完全消耗，否则将带来重复计算。笔者认为，该类重复计算带来的统计上误差的确是存在的，但是影响力系数和推动力系数等比例不受其影响，仍然可以作为研究行业在国民经济中地位重要性的理论方法。首先，影响力系数是通过特定产业的影响力与全行业的平均影响力进行比较得出的，分子与分母都进行了相同规模的重复计算，因此该系数具有实际意义。其次，影响力系数计算出的结果衡量的是产业对国民经济带动作用的当量，并不是一个明确的经济数量，而是用于横向比较的指标，因此不必拘泥于影响力系数中重复计算问题，只要该指标能准确衡量该行业在国民经济中的地位和作用即可，这也是本研究重点考察的问题。

环向系数 R_i 表示 i 产业对国民经济的拉动力和推动力之和。R_i 值越大，产业在国民经济产业结构中的关联度越高，对国民经济发展及产业结构演变的作用也越大。

$$R_i = \bar{F}_j + \bar{E}_i \tag{7.5}$$

（二）主导产业选择

本节分析中国各产业的影响力系数和推动力系数；以下为根据1987年、1990年、1992年、1995年、1997年、2002年、2005年、2007年、2010年及2012年的中国投入产出表或延长表计算得到的，影响力系数和推动力系数均大于平均水平的产业。假定该类产业为影响国民经济发展的主导产业，把所有这些主导产业称为影响国民经济发展的主导产业群(表 7.2)。①

表 7.2 1987—2012 年中国主导产业群演化趋势

行业/指标	编号	影响力系数	感应度系数	环向系数
1987 年				
纺织业	07	1.1952	1.1283	2.3236
造纸及文教用品制造业	10	1.1107	1.2010	2.3116
炼焦、煤气及煤制品业	13	1.1604	1.5419	2.7023
化学工业	14	1.1055	1.4828	2.5883
金属冶炼及压延加工业	16	1.1339	1.6220	2.7559
仪器仪表及其他计量器具制造业	22	1.0560	1.4479	2.5039
其他工业	24	1.1578	1.5654	2.7232
1990 年				
纺织业	07	1.1989	1.1856	2.3845
造纸及文教用品制造业	10	1.1388	1.1249	2.2637
炼焦、煤气及煤制品业	13	1.1683	1.4965	2.6648
化学工业	14	1.1252	1.4318	2.5570
金属冶炼及压延加工业	16	1.2284	1.5342	2.7625
其他工业	24	1.2551	1.5439	2.7990
1992 年				
炼焦、煤气及煤制品业	13	1.1459	1.2367	2.3826
化学工业	14	1.1393	1.3921	2.5314
金属冶炼及压延加工业	16	1.1423	1.7271	2.8694
交通运输设备制造业	19	1.2154	1.1371	2.3526
仪器仪表及其他计量器具制造业	22	1.1166	1.4548	2.5713
其他工业	24	1.2139	1.5055	2.7193
1995 年				
纺织业	07	1.2564	1.3113	2.5677
化学工业	14	1.1815	1.5075	2.6890
金属冶炼及压延加工业	16	1.1405	1.5390	2.6795
仪器仪表及其他计量器具制造业	22	1.1243	1.7276	2.8519
机械设备修理业	23	1.1386	1.3740	2.5126
其他工业	24	1.1849	1.4226	2.6075

---

① 本节计算中:(1) 最终产出构成系数以最终产品计算,不包含进口部分。假如加入进口部分计算,部分产业将得到负的最终产出构成系数,偏离了指数原本的经济意义。(2) 计算得到影响力系数和推动力系数后,计算全行业的平均值,该均值并不等于1。文章选取影响力和推动力均大于均值的行业作为主导产业群。

(续表)

行业/指标	编号	影响力系数	感应度系数	环向系数
1997 年				
金属矿采选业	04	1.0226	2.2742	3.2969
纺织业	07	1.0939	1.1755	2.2694
造纸印刷及文教用品制造业	10	1.0580	1.2311	2.2892
化学工业	12	1.1195	1.4772	2.5967
金属冶炼及压延加工业	14	1.1875	1.6661	2.8537
金属制品业	15	1.2094	1.1131	2.3225
机械工业	16	1.0991	1.1201	2.2191
电子及通信设备制造业	19	1.2432	1.1583	2.4015
仪器仪表及文化办公用机械制造业	20	1.1406	1.2094	2.3499
机械设备修理业	21	1.0148	1.4452	2.4600
2002 年				
造纸印刷及文教体育用品制造业	10	1.1075	1.2425	2.3500
石油加工、炼焦及核燃料加工业	11	1.0654	1.5536	2.6190
化学工业	12	1.1982	1.5116	2.7098
金属冶炼及压延加工业	14	1.1982	1.5623	2.7605
金属制品业	15	1.2693	1.1682	2.4375
通用、专用设备制造业	16	1.2323	1.0682	2.3005
电气机械及器材制造业	18	1.2859	1.1471	2.4330
通信设备、计算机及其他电子设备制造业	19	1.4232	1.2377	2.6609
仪器仪表及文化办公用机械制造业	20	1.3102	1.2381	2.5483
租赁和商务服务业	34	1.1100	1.2293	2.3393
2005 年				
金属矿采选业	04	1.0343	2.3335	3.3678
非金属矿及其他矿采选业	05	1.0730	1.4984	2.5714
造纸印刷及文教体育用品制造业	10	1.1350	1.2113	2.3463
化学工业	12	1.1911	1.5421	2.7331
金属冶炼及压延加工业	14	1.1722	1.5360	2.7082
金属制品业	15	1.2171	1.1505	2.3676
电气机械及器材制造业	18	1.2534	1.1129	2.3662
通信设备、计算机及其他电子设备制造业	19	1.4350	1.1572	2.5923
仪器仪表及文化办公用机械制造业	20	1.2873	1.1683	2.4556
电力、热力的生产和供应业	23	1.0415	1.5409	2.5824
租赁和商务服务业	34	1.1812	1.1834	2.3646

(续表)

行业/指标	编号	影响力系数	感应度系数	环向系数
2007 年				
金属矿采选业	04	1.0343	2.6599	3.6942
造纸印刷及文教体育用品制造业	10	1.1350	1.1932	2.3282
石油加工、炼焦及核燃料加工业	11	1.0015	1.5725	2.5741
化学工业	12	1.1771	1.4377	2.6149
金属冶炼及压延加工业	14	1.1722	1.3679	2.5401
仪器仪表及文化办公用机械制造业	20	1.2873	1.3292	2.6165
电力、热力的生产和供应业	23	1.0415	1.6569	2.6985
燃气生产和供应业	24	1.0462	1.1476	2.1938
2010 年				
金属矿采选业	04	1.0104	3.4620	4.4724
非金属矿及其他矿采选业	05	1.0315	1.6048	2.6363
造纸印刷及文教体育用品制造业	10	1.2464	1.3907	2.6371
石油加工、炼焦及核燃料加工业	11	0.9580	1.9328	2.8908
化学工业	12	1.2609	1.6682	2.9291
金属冶炼及压延加工业	14	1.2797	1.5562	2.8359
金属制品业	15	1.3552	1.2687	2.6238
仪器仪表及文化办公用机械制造业	20	1.3914	1.5868	2.9782
电力、热力的生产和供应业	23	1.0997	2.0387	3.1384
2012 年				
造纸印刷及文教体育用品制造业	10	1.1748	1.1769	2.3517
石油加工、炼焦及核燃料加工业	11	1.0143	1.4626	2.4769
化学工业	12	1.2344	1.3174	2.5518
非金属矿物制品业	13	1.1375	1.0981	2.2356
金属冶炼及压延加工业	14	1.2300	1.3160	2.5460
工艺品及其他制造业	21	1.2127	1.0926	2.3052
电力、热力的生产和供应业	23	1.0880	1.6738	2.7618
租赁和商务服务业	34	1.0458	1.2443	2.2901
研究与试验发展业	35	1.0006	1.0717	2.0722

根据以上分析可以发现，1987—2012 年的主导产业群基本都是隶属第二产业的工业部门。无论在中国工业化起步期还是加速期，金属冶炼及压延加工业、化学工业、石油加工、炼焦及核燃料加工业等比较传统的重化产业，其影响力系数和

推动力系数都较高,对国民经济长期高速增长起到了决定性作用。由此说明中国工业化进程与世界一般规律是有所差异的(Chenery and Syrquin, 1977;陈和和隋广军,2010)[①]。

此外,在中国工业化初期十分重要的纺织业、木材加工及家具制造业等轻工业在工业化加速期已经逐步淡出主导产业群,而金属矿采选业等重化产业的不断崛起,在一定程度上说明中国主导产业群重化的特性非常明显了。

另外,关注第三产业可以看出,2002年以后有租赁和商务服务业、研究与试验发展业和综合技术服务业进入了主导产业群。从2012年的投入产出分析来看(见表7.3),部分第三产业,如交通运输及仓储业、邮政业、租赁和商务服务业、研究与试验发展业、综合技术服务业的环向系数已经超过2,对国民经济的推动和带动力已经较显著。由此,我们观察到:(1)中国的主导产业仍以第二产业为主,且目前重化属性较为显著。(2)第三产业的主导性从2002年开始提高,但尚未超过第二产业。(3)交通、邮政、科研、商务、综合技术等五个行业对国民经济的感应度开始明显提升,但影响力仍有限。

表7.3 2012年第三产业投入产出系数

行业/指标	编号	影响力系数	感应度系数	环向系数
交通运输及仓储业	27	0.9630	1.1573	2.1203
邮政业	28	0.8825	1.2506	2.1331
信息传输、计算机服务和软件业	29	0.8942	0.7902	1.6844
批发和零售业	30	0.6193	1.0040	1.6233
住宿和餐饮业	31	0.8772	0.9048	1.7820
金融业	32	0.6964	1.2780	1.9744
房地产业	33	0.5566	0.7223	1.2789
租赁和商务服务业	34	1.0458	1.2443	2.2901
研究与试验发展业	35	1.0006	1.0717	2.0722
综合技术服务业	36	1.0303	1.0026	2.0329
水利、环境和公共设施管理业	37	0.9159	0.7034	1.6193
居民服务和其他服务业	38	0.8400	0.9009	1.7410
教育	39	0.5899	0.4870	1.0769
卫生、社会保障和社会福利业	40	0.9758	0.4600	1.4357
文化、体育和娱乐业	41	0.8234	0.7496	1.5731
公共管理和社会组织	42	0.7311	0.4663	1.1975

---

① 根据世界工业化一般产业演变规律,先是轻工业主导,然后才是重工业和重化工业起主导作用,而中国无论是工业化早期还是加速期都是重工业特别是重化工业起着主导作用。

三、产业部门间要素流动机制的模拟

本书已经确定了第二产业中工业部门对中国工业化进程和长期经济高速增长起到了关键的推动作用,也发现这种推动作用基本源于工业部门6—8个核心的行业。下面将模拟产业部门间要素流动的机制,分析其驱动机制。

公式(7.6)—(7.13)j的取值均保证,$E_j>1$ 和 $F_j>1$。设定主导产业群的拉动力为 P_i,反映行业 i 受到主导产业群的总拉动力。

$$P_i = \sum_j (B_{ij} \times \alpha_j) \tag{7.6}$$

主导产业群的推动力 Q_i,反映行业 i 受到主导产业群的总推动力。

$$Q_i = \sum_j (W_{ji} \times \eta_j) \tag{7.7}$$

其中,α_j 表示"最终产出变化百分比",$\alpha_j = \Delta X_j / \sum_j \Delta X_j$,$\Delta X_j$ 表示产业 j 的最终产出的变化①;$\sum_j \Delta X_j$ 表示所有产业最终产出变化的总和。η_j 表示"初始投入变化百分比",$\eta_j = \Delta V_j / \sum_j \Delta V_j$,$\Delta V_j$ 表示产业 j 的初始投入变化;$\sum_j \Delta V_j$ 表示所有产业初始投入变化的总和。

公式(7.8)—(7.10)反映了三次产业受主导产业群的推动和拉动情况。本节设定第一产业受主导产业的环向完全关联系数为 ω_1,反映其受主导产业群的推动与拉动力。

$$\omega_1 = \sum_{i=1}^{c1} (P_i + Q_i) \tag{7.8}$$

第二产业受主导产业的环向完全关联系数 ω_2,反映其受主导产业群的推动与拉动力。

$$\omega_2 = \sum_{i=c1+1}^{c2} (P_i + Q_i) \tag{7.9}$$

第三产业受主导产业的环向完全关联系数 ω_3,反映其受主导产业群的推动与拉动力。

$$\omega_3 = \sum_{i=c2+1}^{c3} (P_i + Q_i) \tag{7.10}$$

下面公式(7.11)—(7.13)则反映了,国民经济三次产业受主导产业群的促进而产生的产量变化速度。第一产业受主导产业促进的增速 v_1,反应第一产业受主导

---

① 在计算式,本节利用两张投入产出表的差额进行计算,遇到行业分类不一致时,利用118行业分类标准等细项重新计算行业最终产出和初始投入的增量。

产业群的促进而产生的产量变化速度。其中，λ_i 表示总产出百分比，$\lambda_i = X_i / \sum_i X_i$，$\sum_i X_i$ 表示各产业的总产量之和。$\left(\sum_{i=1}^{c1} P_i + Q_i\right) / \sum_{i=1}^{c1} \lambda_i$ 是主导产业群规模增加 1% 时对第一产业带动的产值的增速；$\left(\sum_{k=1}^{n} \Delta X_k / \sum_i X_i\right)$ 是所有产业的当年产量增速。因此 (7.11) 式反应在当年总产出增速下，第一产业受主导产业群（或所有产业）的促进。

$$v_1 = \frac{\left(\sum_{i=1}^{c1} P_i + Q_i\right) \times \left(\sum_{k=1}^{n} \Delta X_k / \sum_i X_i\right)}{\sum_{i=1}^{c1} \lambda_i} \tag{7.11}$$

第二产业受主导产业促进的增速 v_2，反应第二产业受主导产业群带来的产量增速。

$$v_2 = \frac{\left(\sum_{i=c1+1}^{c2} P_i + Q_i\right) \times \left(\sum_{k=1}^{n} \Delta X_k / \sum_i X_i\right)}{\sum_{i=c1+1}^{c2} \lambda_i} \tag{7.12}$$

第三产业受主导产业促进的增速 v_3，反应第三产业受主导产业群带来的产量增速。

$$v_3 = \frac{\left(\sum_{i=c2+1}^{c3} P_i + Q_i\right) \times \left(\sum_{k=1}^{n} \Delta X_k / \sum_i X_i\right)}{\sum_{i=c2+1}^{c3} \lambda_i} \tag{7.13}$$

根据公式 (7.6)—(7.13) 计算，标准化后三次产业增速当量[①]结果如表 7.4 所示。可以看出：受主导产业群的促进而产生的增速方面，第二产业不但处于绝对的优势地位，且第二产业受主导产业群的带动作用仍然远远高于第一和第三产业，这一定程度上说明全社会各类资源仍然主要集中于第二产业。

表 7.4 受主导产业群影响的三次产业发展参数　　　　　　　　　　单位：%

年份	第一产业 v_1	第二产业 v_2	第三产业 v_3
1987	21	50	29
1990	22	50	28

[①] 按照当年三次产业增速的比例，以全年增速为 100%，计算三次产业的增速当量，表征三次产业增速的相对值。

(续表)

年份	第一产业 v_1	第二产业 v_2	第三产业 v_3
1992	17	50	33
1995	23	51	26
1997	21	53	26
2002	15	56	29
2005	18	55	28
2007	18	57	25
2010	16	63	22
2012	14	65	21

全行业相关系数,计算公式同(7.6)—(7.13)。当 j 的取值变为 $1:n$,该系数扩大以上指标"受主导产业群"的作用为"全行业"的作用,其计算结果如表 7.5 所示。

表 7.5 受国民经济全行业影响的三次产业发展参数   单位:%

年份	第一产业 v_1	第二产业 v_2	第三产业 v_3
1987	24	46	30
1990	25	46	29
1992	19	45	36
1995	25	44	31
1997	25	41	34
2002	23	48	29
2005	26	46	28
2007	28	46	26
2010	32	-35	32
2012	30	44	26

由图 7.1 和图 7.2 可以发现,第二产业无论受主导产业群还是国民经济全行业的带动作用仍然是最高的,但从 2002 年开始,第二产业受国民经济全行业的带动作用的增速已经开始下滑,第三产业和第一产业的发展开始攀升。到 2012 年,三次产业受全行业的带动作用基本一致,增速较为协调。

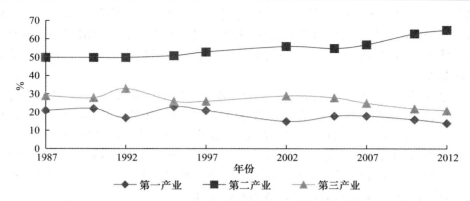

图 7.1　1987—2012 年三次产业受主导产业群影响的增速变化趋势

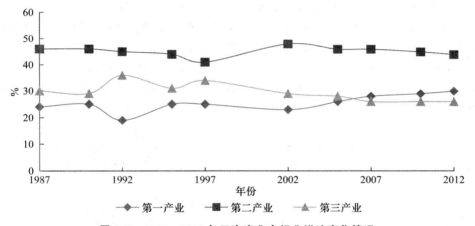

图 7.2　1987—2012 年三次产业全行业增速变化情况

从上述分析中,本节可以得出以下四点认识。第一,主导产业群对第一产业的带动力呈下降趋势,但全行业对一产的带动力呈上升趋势。由此说明,国民经济的要素从全行业结构的角度而言,开始向第一产业倾斜;但国民经济的主导产业(重点是第二产业部门)未对一产形成足够的带动作用。

第二,主导产业群对第二产业的带动力持续上升,全行业对第二产业的带动力在 2002 年以后开始呈现下降趋势。由此说明,国民经济的要素从全行业结构的角度而言,第二产业的带动力逐步放缓;而国民经济的主导产业是第二产业增长的引擎。第二产业的产业加速放缓与以上模拟结果一致,说明第二产业的发展很大程度上依赖于结构效应,行业内部的技术进步等对第二产业的增长影响较小。

第三,第二产业的环向带动力非常大,也同样说明了第二产业对其他行业的相关性很大,对国民经济持续高速增长起到一个很大的支撑面的作用。第二产业对国民经济的各个部门普遍的相关性,也在一定程度上说明了中国国民经济整体发展状况,无论当前还是未来,仍然在相当长的一段时期内会取决于第二产业的发展状况。

第四,第三产业的发展在2005年后呈现方向性的变化,首先第三产业的劳动生产率已经突破了钱纳里(1986)的假设,2012年中国第三产业的GDP占比(44.6%)已经与第二产业(45.3%)接近;其次全行业对第三产业的带动作用已经开始上升,而主导产业对第三产业的带动作用尚未明显增加;最后,第三产业对第二产业的带动力仍然有限,也就是说第三产业的发展是基于第二产业的需求产生的(结构效应),尚未形成对第二产业的有效推动力。

四、驱动机制与增长路径

本节认为中国产业结构高度化进程的内在驱动机制(见图7.3):首先,结构效应为主。驱动力来自第二产业内部的资本要素流动(结构效应),最终需求带来的驱动性较小。第二产业的核心驱动力来自工业部门的6—8个主导产业。其次,第二产业带动明显。第二产业对一产、三产的推动力在持续增强,是一产、三产增长的核心驱动力。最后是创新不足,三次产业普遍创新不足,面临劳动生产率提升的卡点。

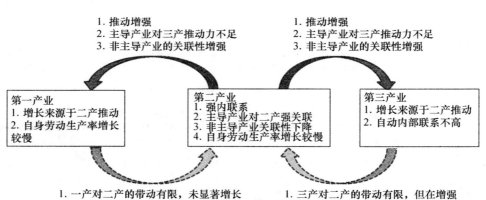

图7.3 驱动机制

基于此,本节认为当前驱动机制中存在三个结构性问题影响中国工业化加速进程,并探讨最优增长路径的三条策略。

(1)主导产业结构未能引导经济增长方向,必须打破主导产业的自循环机制,促进三次产业协调发展。当前主导产业仍为重化属性的6—8个工业部门,对第二产业的劳动生产率没有显著贡献,对第三产业的快速增长未起到显著作用。为了促进产业结构高度化的加速提升,在要素和资源分配方面,可以考虑调整目前重化的主导产业结构,重点关注对生产率有显著提升,且对第三产业有显著带动作用的产业,包括高端装备制造、产业研发服务等。中国二、三产业之间缺乏联动效应,首先是与中国经济发展阶段相关,当前中国经济处于工业化中后期,也即是经济发展阶段的转型阶段。工业化中期发展阶段的特点是制造业内部由轻型工业的迅速增长转向重型工业的迅速增长。其次,工业化进入后期阶段,在第一、二产业协调发展的同时,第三产业开始由平稳增长转入持续的高速增长。最后,中国二、三产业之间缺乏联动效应可能是由于中国出口导向战略,使得二产与国外发达经济体的三产之间联动效应弱化了国内二、三产之间应有的投入产出效应。这说明,中国未来应该在保持开放的大政方针不变的情况下,通过优化主导产业结构,突出发展第三产业中交通、邮政、科研、商务、综合技术等来强化对第二产业的服务功能;通过升级主导产业的产业链来引致提升国内相应第三产业的服务水平。

（2）主导产业的产业链环节有待提升,增强自身劳动生产率。一方面,提升产业链环节将增加第二产业当前的劳动生产率,加速产业结构高度化的进程;另一方面,将增强第二产业对第三产业的相关性,带动第三产业的快速发展。当前不论是长三角、京津冀、长江经济带的国家战略,还是自主创新示范区的推行,都在强化创新经济和产业链环节的有序升级。

（3）第三产业部门向第二产业部门间的要素流动有待增强。在发展路径上,产业结构转型的第一阶段要提升第二产业对第三产业的带动力,发展第三产业。第二阶段要提升第三产业的劳动生产率以及第三产业对第二产业的带动力,以此保证国民经济的持续增长。进一步的,第三产业对第二产业的带动将破解第二产业劳动生产率提升乏力的困境。

五、结论

按照产业结构高度化测度指标看,中国在 1985 年才从整体上越过传统社会阶段,进入钱纳里所界定的工业化初期阶段,在 1998 年进入工业化加速阶段,2008 年进入工业化中期阶段,2011 年进入工业化后期阶段。与钱纳里工业化阶段产业结构变迁轨迹有所不同的是,中国转轨经济的发展特征使得本应在工业化中期阶段才显示出对国民经济主导和引领作用的金属冶炼及压延加工业、化学工业和石油加工等重化产业就已经与该阶段特有的纺织、木材加工及家具制造业等轻型主导产业一样,成为推动工业化进程的重要力量。此外,从中国产业结构高度在 1998 年达到 0.1 之后,即进入工业化加速期的发展特征来看,工业化加速发展的起点也早于钱纳里所界定的工业化中期阶段。这样看来,由于中国转轨经济发展特征所导致的工业化初期重化产业和轻工业双引擎作用,导致中国整个工业化进程不但在产业结构演变,而且在加速发展周期,特别是工业化中后期的转型发展上都要比西方历史轨迹来得快速和复杂。

从中国改革开放以来三次产业的完全环向系数变化轨迹来看,虽然,第三产业对国民经济的整体驱动力也有了大幅提升,其总指数仍然与第二产业相距甚远,其演化成为国民经济源动力的发展历程仍然还需要相当长的一段时间。中国国民经济的源动力无论在工业化初期还是中后期,始终都主要来源于第二产业,而且经过长期发展,第二产业对国民经济的驱动力也有了比较大幅度的提升。这在一定程度上说明,中国国民经济运行所依托的第二产业支撑作用基本处于不断强化之中。金属冶炼及压延加工业、化学工业、石油加工和炼焦及核燃料加工业等重化产业是中国当前及未来一段发展周期内第二产业发展的核心动力所在。不过从2012年来看,随着第三产业中研究与试验发展业、租赁和商务服务业的快速发展,中国经济结构的优化升级已经逐渐显现。

第二产业增速波动幅度要明显高于第一和第三产业,可见中国经济无论加速发展,还是出现衰退都与第二产业高度相关。这也从另外一个层面可以看出中国目前第二产业有一种自循环倾向,即第二产业内部出现了比较明显的产业内部投入产出关系,而没有实现第二和第三产业之间有效联动发展的投入分配关系。由于第二产业内部这种自我循环机制的高效运作,以致中国经济增长进程中不得不更加依赖于投资来推动经济增长。要打破这种过度依赖投资的增长机制,必须打破第二产业内部自循环机制,实现第二、第三产业联动发展,即第二产业的投入最终要分配到第三产业,由此破除第二产业内部从投资到投资的内部循环机制,实现第二和第三产业之间投资和消费的有效平衡,最终实现中国经济增长进程中投资和消费的平衡驱动机制。根据统计公报,中国2013年三次产业结构第三产业增加值比重由2012年44.6%提升为46.1%,首次超过第二产业所占比重(43.9%),2014年第三产业增加值比重进一步上升为48.2%,与第二产业增加值比重(42.6%)进一步拉开差距。由此未来中国可以进一步通过第二产业供给改革来满足第三产业不断上升的需求变化,实现二产和三产的良性循环。

本节按照较新的投入产出结构系数的计算方法(刘起运,2002;Jones,1976;中国投入产出学会课题组,2006;沈利生,2010),计算了国内1987—2012年的投入产出系数。依托诱导系数和推动力诱导系数的构建原则,建立了驱动机制的微观模拟分析。从模拟结果可以看出,该驱动机制的分析方法有效地反映了中国产业结构高度化进程中的核心环节和存在的问题,并探讨了最优的增长路径。本节一方面回答了产业结构高度化进程中的驱动机制问题;更重要的,也作为对投入产出微观模拟的方法论探讨。进一步的,可以依据此分析思路,对比中国、日本和美国的产业结构高度化过程,寻找其中的微观机制;并以其分析各国产业空心化程度和发展轨迹。

第二节　生产性服务业及其与制造业融合发展的中美对比

随着经济增长模式的改变和经济结构的调整，服务业已经在中国产业结构中占据主导地位。服务业产值占 GDP 比重逐年增长，并于 2015 年过半，而与此同时，工业占 GDP 比重则从 2006 年开始逐年下降。这一背景下，如何协调服务业与工业的平衡发展，避免出现过早去工业化或者制造业空心化成为值得关注的重要问题。作为联结工业生产与服务业发展的重要纽带，发展生产性服务业成为解决上述问题的关键之一。本节从投入产出表出发，探究了当前中国生产性服务业的发展及其与制造业的融合现状，同时通过与美国等发达国家的横向比较，为中国发展生产性服务业提出了相关启示与建议。

一、生产性服务业的内涵与界定

随着产业分工细化和规模经济的发展，生产性服务业不断从企业内部分离和独立出来。1966 年美国经济学家 Greenfield 在研究服务业及其分类时，最早提出了生产性服务业的概念。1975 年 Browning 和 Singelman 对服务业进行功能性分类时也提出生产性服务业的概念，认为生产性服务业包括金融、保险、法律工商服务、经纪等具有知识密集和为客户提供专门性服务的行业。之后许多学者从服务功能、服务对象、服务提供者等不同角度定义生产性服务业，总的来说，生产性服务业是在产品生产和服务提供过程中，作为中间投入的服务行业。

在对生产性服务业的行业分类进行界定和统计时，国内外学者对大部分行业意见一致，如金融保险业、商务服务业、科技服务业，但对于房地产业、批发零售业是否属于生产性服务业仍有争议。一种界定的办法是通过投入产出表计算产业的中间需求率。某一产业产品的中间需求率是指国民经济对该产业产品的中间需求量与该产业总需求量（中间需求量＋最终需求量）之比。一般研究认为中间需求率大于 50% 的服务业为生产性服务业。国家统计局在统计分类时也是将中间需求率超过 50% 的行业大类确定为生产性服务业。

按照中间需求率大于 50% 的标准来看，中国服务业中的交通运输仓储、金融业、租赁和商务服务、科学研究和技术服务等行业的中间需求率一直保持在 50% 以上，属于生产性服务业。批发和零售业、住宿餐饮业的中间需求率相对偏高，其中批发零售业的中间需求率基本持续高于 50%。信息传输、软件和信息技术服务业的中间需求率低于 50%，但由于信息技术服务、电子商务支持服务等子行业中间需求率较高，其中间需求率也相对较高（见表 7.6）。

表 7.6　中国不同服务行业中间需求率的变化　　单位:%

服务业行业	1990年	2000年	2002年	2005年	2007年	2010年	2012年
批发和零售	80.1	67.2	61.8	49.5	51.7	54.8	58.7
住宿和餐饮	—		48.3	57.7	56.7	64.5	49.8
交通运输、仓储和邮政	67.2	77.4	74.3	67.1	75.0	83.9	75.0
信息传输、软件和信息技术服务	—	—	75.9	66.7	54.2	49.1	42.9
金融	97.2	72.5	80.8	68.9	76.4	79.6	81.6
房地产	—	—	28.3	19.4	25.1	21.3	28.1
租赁和商务服务			77.3	84.3	64.7	69.2	82.9
科学研究和技术服务	—	—	38.0	43.7	71.8	68.4	67.5
水利、环境和公共设施管理	25.2	51.4	32.1	44.5	31.9	27.4	24.4
居民服务、修理和其他服务				41.7	50.3	47.2	49.9
教育	23.8		6.7	10.0	9.9	3.8	6.3
卫生和社会工作			7.4	14.5	9.2	6.9	2.2
文化、体育和娱乐			35.2	48.2	48.2	49.1	37.8
公共管理、社会保障和社会组织			0.0	0.0	0.9	0.9	3.7

资料来源:中国国家统计局。

二、从国际比较看中国生产性服务业的发展特征

(一)批发零售、住宿餐饮等相对低端的服务业中间需求率较高

同样,按照中间需求率大于50%的标准来看,美国服务业中的租赁业、交通运输仓储业、专业和商业服务业、金融保险业这4类行业的中间需求率一直保持在50%以上,是典型的生产性服务业(见图7.4)。信息服务业的中间需求率也较高,尤其是在20世纪80、90年代中间需求率有明显上升,目前略低于50%,其中主要是信息和数据处理这个子行业中间需求率较高,大概在80%—90%。中美两国不同之处在于,中国的批发和零售业、住宿和餐饮业的中间需求率相对较高。如果进一步对比一些典型的发达国家和发展中国家,可以发现发展中国家的批发和零售业、住宿餐饮业的中间需求率相对偏高,表明发展中国家这两个产业用作生产资料的比例较高,这也反映出由于经济发展水平不同、产业结构不同,发展中国家生产中会有更多相对更低端的服务业用于中间投入(见表7.7)。

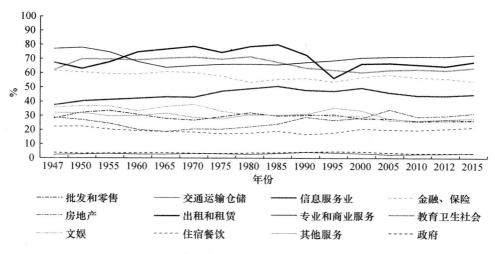

图 7.4 美国各服务行业中间需求率的变化

注：中国的商务服务业、科学研究和技术服务以及地质勘查业对应美国的专业和商业服务业。

资料来源：美国经济分析局。

表 7.7 主要国家批发和零售业、住宿和餐饮业的中间需求率对比 单位：%

行业	年份	美国	日本	新加坡	中国	印度	印度尼西亚
批发和零售业	2005	28.0	42.6	18.8	49.5	56.3	44.7
	2010	26.2	39.1	14.5	54.8	55.2	61.1
	2012	27.0	38.3	16.0	58.7	52.4	59.5
住宿和餐饮业	2005	20.1	29.5	23.1	57.7	44.0	30.2
	2010	19.9	30.9	24.7	64.5	42.8	18.2
	2012	20.7	30.7	26.4	49.8	41.3	18.1

资料来源：美国经济分析局，中国国家统计局，WIOD。

（二）生产性服务业在国民经济中的占比总体呈现上升趋势，但金融业占比明显偏高，商务服务和科研技术服务占比明显偏低

根据前述标准，我们定义交通运输仓储、金融业、租赁和商务服务、科学研究和技术服务这4个行业为生产性服务业，考虑到中国等发展中国家的情况，同时将批发和零售业纳入分析。

中国生产性服务业的占比总体呈现上升趋势，表明其增速较快，要快于第三产业和GDP的增长速度。在第三产业中，中国生产性服务业的占比较高，达到30%以上，甚至要略高于美国（见图7.5）。但是由于中国仍处于工业化发展阶段，服务业在国民经济中的占比仍相对较低，生产性服务业在GDP中的占比仍要低

于美国(见图7.6)。从生产性服务业的行业结构看,美国生产性服务业占比上升较快主要是由于专业和商业服务业在20世纪80年代后呈现明显加快的发展趋势(图7.7)。而中国金融业占比明显提高,在第三产业中的占比已超过15%,高于美国9%左右的水平,而租赁和商务服务、科研技术服务和地质勘查业的合计占比仅为9%左右,远低于美国17%左右的水平(见图7.8)。

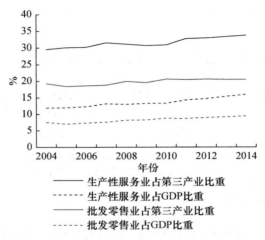

图7.5 中国生产性服务业GDP比重

注:此处生产性服务业的计算未包括批发零售业。
资料来源:美国经济分析局,中国国家统计局。

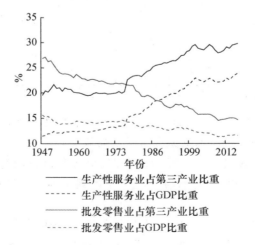

图7.6 美国生产性服务业GDP比重

注:此处生产性服务业的计算未包括批发零售业。
资料来源:美国经济分析局,中国国家统计局。

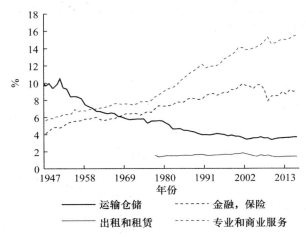

图 7.7 美国生产性服务业结构
资料来源：美国经济分析局，中国国家统计局。

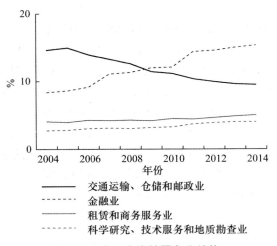

图 7.8 中国生产性服务业结构
资料来源：美国经济分析局，中国国家统计局。

(三) 生产性服务业劳动生产率相对较高，有助于带动服务业和国民经济生产率的提升

由于中国缺乏各行业就业人员数据，我们无法得到各细分行业的劳动生产率。但从美国的经验看，生产性服务业的劳动生产率往往要高于其他服务业，其较快发展能带动服务业整体生产率的提高。同时，与批发零售、住宿餐饮等其他服务业相比，专业和商业服务、金融保险、租赁等行业往往处于产业链附加值高

端,要求更加专业化、技术化的人才等资源,也是降低交易成本、实现产品增值、促进创新活动的重要行业(见图7.9)。

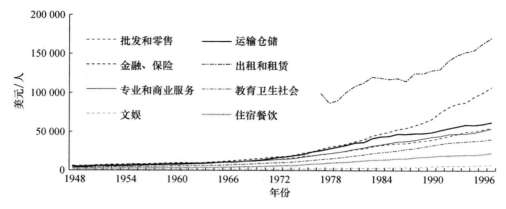

图 7.9 美国各服务行业劳动生产率
资料来源:美国经济分析局。

三、生产性服务业与制造业的融合情况及中美比较

(一)伴随产业结构的变化,制造业对生产性服务业的中间需求占比呈下降趋势

各产业对生产性服务业的中间需求占比与一国的产业结构密切相关。美国从20世纪50年代中期开始制造业比重不断降低到当前的不到12%,服务业占比上升到当前的80%左右。因此,在美国各大类产业中(见图7.10),第三产业对生产性服务业的中间需求占生产性服务业总中间需求的比重最大,特别是在20世纪80年代中后期,美国政府注重对信息技术的研发,伴随服务业的发展,生产性服务业作为中间需求更多地被服务业所利用。而随着制造业占比的降低,制造业对生产性服务业的中间需求占比不断降低。

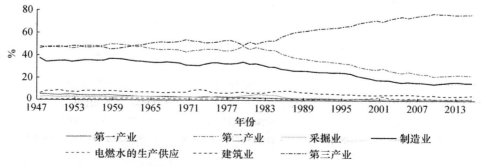

图 7.10 美国各产业对生产性服务业的中间需求占比
资料来源:美国经济分析局。

中国服务业自2015年才超过50%,制造业在国民经济的占比在2006年开始出现降低,但仍超过30%。在2006年之前,制造业对于生产性服务业的中间需求占比呈现上升趋势,但在2006年之后随着制造业占比的降低,制造业对于生产性服务业的中间需求占比有所降低。第三产业对生产性服务业的中间需求占比有所提高(见表7.8)。

表7.8 中国各产业对生产性服务业的中间需求占比 单位:%

	2002年	2005年	2007年	2010年	2012年
第一产业	6.2	4.3	3.5	3.0	2.2
第二产业	59.0	62.1	62.8	64.1	56.1
采掘业	2.9	3.5	3.5	3.3	2.9
制造业	42.8	47.1	44.9	45.4	41.9
电燃水的生产供应	2.9	4.5	3.2	2.9	2.3
建筑业	10.3	7.0	11.2	12.4	9.0
第三产业	34.8	33.6	33.7	32.8	41.8

注:某一产业对生产性服务业的中间需求占比为某一产业对生产性服务业的中间需求与生产性服务业作为中间需求的总量之比。

资料来源:中国国家统计局。

(二)中国各行业尤其是制造业对生产性服务业的利用程度相对偏低

美国大部分产业的中间投入中生产性服务业的比重呈现上升趋势,其中制造业、建筑业、第三产业的中间投入中生产性服务业占比是明显上升的,表明这些产业与生产性服务的关联性和融合程度提升(见图7.11)。而中国各产业的中间投入中生产性服务业的比重明显偏低,第三产业利用生产性服务业作为中间投入的

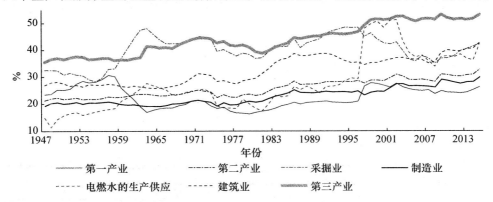

图7.11 美国各行业对生产性服务业的利用程度

资料来源:美国经济分析局。

比重是最大的,并且总体呈上升趋势,2012年达到30%以上,不过仍要远低于美国50%以上的水平。制造业中间投入中生产性服务业的占比一度呈现下降趋势,2007年之后有所上升,2012年也只有13%左右,低于美国30%左右的水平,这意味着中国各行业特别是制造业对生产性服务业的利用程度不高,这在一定程度上与中国生产性服务业发展滞后有关,也与中国制造业本身发展水平较低有关(见表7.9)。

表7.9 中国各行业对生产性服务业的利用程度

	2002年	2005年	2007年	2010年	2012年
第一产业	17.1	12.6	11.8	12.4	10.9
第二产业	15.7	12.2	10.2	11.1	14.0
采掘业	21.6	17.8	15.4	14.4	19.1
制造业	13.9	10.9	8.6	9.6	12.8
电燃水的生产供应	17.7	11.8	8.3	11.5	13.7
建筑业	15.9	11.3	13.8	19.4	16.6
第三产业	26.6	22.1	25.0	28.2	34.0

资料来源:中国国家统计局。

进一步观察不同技术类型制造业中间投入中生产性服务业的比重,美国高技术、低技术型制造业利用的生产性服务业的中间投入比重上升更快(见图7.12),中国虽然各类型制造业中生产性服务业的中间投入比重较低,但也呈现类似表现(见表7.10)。这表明随着生产性服务业的发展,低技术、高技术行业更易于与生产性服务业进行融合发展,这与各行业本身特点有关系,低技术主要包括食品、纺织等传统制造业,高技术则包括计算机等电子设备制造业、仪器仪表等行业,而中

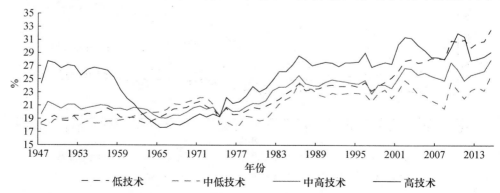

图7.12 美国生产性服务业对不同技术类型制造业的中间投入平均比重
资料来源:美国经济分析局。

低技术、中高技术行业更多是一些重工业和大型设备制造业。低技术行业竞争更激烈,会更主动与生产性服务业融合促进自身生产效率提升。

表 7.10 中国生产性服务业对不同技术类型制造业的中间投入平均比重   单位:%

	2002 年	2005 年	2007 年	2010 年	2012 年
低技术	15.0	11.5	8.6	9.5	12.5
中低技术	14.4	11.2	8.2	8.4	9.9
中高技术	12.8	10.3	9.1	10.6	13.3
高技术	11.3	9.4	8.8	10.8	14.0

注:根据 OECD 对制造业的技术密集程度标准进行分类。
资料来源:中国国家统计局。

(三)中国制造业利用的生产性服务业结构相对低端,但已表现出优化趋势

与美国相比,中国各类型制造业利用的生产性服务业更多集中于批发和零售业、交通运输仓储和邮政业等提供辅助管理作用的行业,在租赁和商务服务、科学研究和技术服务等提供管理支持、战略导向功能方面的利用程度相对较低,其中间投入中这两个行业的占比不超过 4%,远低于美国 15% 左右的水平。同时,我们也关注到美国低技术制造业的中间投入中专业和商业服务业的比重达到 16.7%,甚至要高于高技术制造业,这可能意味着传统的低技术制造业更需要相对高端的生产性服务业促进其转型升级(见表 7.11)。

表 7.11 中美各生产性服务业的中间投入平均比重   单位:%

国家	行业类型	批发和零售	交通运输、仓储和邮政	金融	租赁和商务服务	科学研究和技术服务
中国	制造业	4.2	3.6	2.6	1.5	0.9
	低技术	5.5	3.4	1.7	1.4	0.4
	中低技术	1.7	2.8	2.2	0.8	0.4
	中高技术	4.2	3.5	2.3	1.8	1.6
	高技术	4.6	2.7	3.2	1.4	2.2
美国	制造业	8.7	4.5	1.5	15.5	
	低技术	9.1	4.9	1.8	16.7	
	中低技术	6.2	6.8	1.3	11.1	
	中高技术	8.8	2.7	0.9	15.5	
	高技术	11.1	2.3	1.1	14.5	

资料来源:美国经济分析局,中国国家统计局。

从动态发展看,中国的金融业、科学研究和技术服务等对制造业的中间投入比重明显提高,租赁和商务服务业的中间投入比重在 2007 年后有所上升,表明制

造业与生产性服务业之间融合结构不断优化(见表7.12)。

表7.12 中国各生产性服务业的中间投入比重　　　　　单位:%

年份	行业类型	批发和零售	交通运输、仓储和邮政	金融	租赁和商务服务	科学研究和技术服务
2002	**制造业**	**5.9**	**4.5**	**1.6**	**1.6**	**0.3**
	低技术	7.1	4.3	1.4	2.0	0.2
	中低技术	4.1	4.9	1.6	0.8	0.2
	中高技术	5.2	4.0	1.5	1.8	0.3
	高技术	5.0	3.0	1.2	1.7	0.3
2007	**制造业**	**2.6**	**2.9**	**1.5**	**1.0**	**0.6**
	低技术	2.5	3.0	1.5	1.2	0.4
	中低技术	1.8	2.7	1.3	0.4	0.3
	中高技术	2.9	2.6	1.2	1.4	0.9
	高技术	3.1	1.9	1.7	1.1	1.0
2012	**制造业**	**4.2**	**3.6**	**2.6**	**1.5**	**0.9**
	低技术	5.5	3.4	1.7	1.4	0.4
	中低技术	1.7	2.8	2.2	0.8	0.4
	中高技术	4.2	3.5	2.3	1.8	1.6
	高技术	4.6	2.7	3.2	1.4	2.2

资料来源:中国国家统计局。

四、启示及建议

第一,重视推动生产性服务业的发展。生产性服务业贯穿于制造业的上、中、下游等各个环节,有助于效率提升、质量改进等方面,从前面的分析可以看到不仅是高技术制造业对生产性服务业的中间投入占比较高,低技术行业效率的提升同样需要生产性服务业的引领。生产性服务业对于改造传统制造业、支持先进制造业发展具有重要作用。与此同时,生产性服务业还是第三产业主要的中间投入,其发展将有助于其他服务业提高效率。而生产性服务业作为服务业的重要部分,也能直接带动服务业生产率提高。因此,在服务业占据半壁江山并且未来预计还将继续上升的情况下,需要适当培养公平竞争的市场环境、建立有效的市场运行机制,促进生产性服务业规模、质量的提升。

第二,在促进生产性服务业发展的过程中要注重引导其结构优化。从上述分析中可以看到,目前中国生产性服务业在第三产业中的占比并不算低,但从其结构看,与美国的专业和商业服务业占比较高不同,中国金融业的占比明显偏高,商务服务、科学研究和技术服务业的占比明显偏低,未来需要注重对研发、创新设计、咨询等在内的专业和商业服务业的支持,制定和完善统一的行业标准和服务标准,同时根据形势变化加强监管,引导金融业与实体经济协调发展。

第三,加强生产性服务业与制造业的融合发展。前文分析显示中国制造业对生产性服务业的利用程度明显偏低,这一方面与生产性服务业本身发展水平不足有关,但可能更重要的还在于制造业本身处于中低端水平,对生产性服务业特别是一些先进生产性服务业的有效需求不高。因此,加强生产性服务业与制造业融合发展,需要在促进生产性服务业发展的同时,注重制造业自身发展水平的提升。可以适当引导制造业的集聚发展,通过产业集聚效应和规模经济的发挥扩大对生产性服务业的有效需求。搭建企业交流平台,推动企业进行管理、业务流程创新,扩大企业对市场需求、新技术、新理念的了解。通过财政等政策积极引导企业和社会资金进行研发投入,提升产品质量。

第四,完善服务业相关统计。规范、准确的数据是推进服务业发展的重要基础,而中国目前在服务业相关统计方面仍存在数据覆盖不全面、数据滞后等问题。随着中国逐步进入以服务业为主的产业结构,需要进一步提高服务业统计质量、水平和及时性,为政府政策制定和相关企业发展提供更好的参考。

第八章 区域发展、对外开放与经济增长

第一节 雄安新区——京津冀一体化战略点睛之笔

改革开放以来,中国的经济建设取得了令世界瞩目的成就。珠江三角洲地区和长江三角洲地区作为开放的最前沿,已经发展为中国国民经济最具竞争力的地区。珠江三角洲的发展得益于 1980 年设立深圳特区,引入改革理念,通过市场化所创造出的"深圳速度";长江三角洲的发展则得益于 1990 年开发浦东,引入开放理念,通过招商引资所带来的"浦东速度"。两个三角洲的高速发展奇迹也同时带动了整个国家经济在改革开放 30 多年来的腾飞。

目前中国经济整体进入新常态结构转型升级的关键阶段,2021 年建党 100 周年,2049 年新中国成立 100 周年,因此,未来 30 年发展急需新的动力区域和点睛之笔。京津冀地区坐落于中国的华北地区,这里人口稠密,交通便利,工业基础较好,自然地理禀赋和经济禀赋均十分优越,而且拥有北京的首都优势和中国北部最重要的港口城市天津的海上交通优势。京津冀协同发展作为国家级的发展战略,在未来数十年必将成为能够带动中国经济发展新的增长极。

长江三角洲城市群 16 个核心城市拥有占全国国土总面积的 1%和约占全国 6%的人口,创造了占全国 15%的 GDP;珠江三角洲城市群 9 个核心城市占全国国土面积的 0.57%,拥有占全国 4.7%的人口,创造了占全国 12%的 GDP;京津冀城市群的 13 个核心城市,拥有占全国总面积 2.3%的土地和占全国 7.23%的总人口,创造了占全国 10.4%的 GDP。京津冀城市群在总面积和人口数量上要远大于长江三角洲地区、珠三角地区,在发展空间上所涉及的东北、西北和华北地区也远大于长江三角洲城市群所在的华东和珠江三角洲城市群所在的华南地区,但在经济总量和发展水平上却远不及前两个地区。所以,发展问题特别是环京津的河北省欠发达地区的发展问题将是京津冀协同发展的首要问题。时至今日,雄安新区横空出世,如何引燃京津冀一体化战略的点睛之笔也就尘埃落定。

应当从几个方面来看待雄安新区的发展:

第一,京津冀发展的新时代背景与深圳、浦东不可同日而语。在中国成为世界第一大贸易国和市场化程度提升到相当高度后,中国实际上已经进入需要协调国内区域之间均衡发展的阶段,而推进区域的均衡或公平发展的主要着力点则在

于打破省市行政边界分割,优化资源配置,打破地区间经济发展的藩篱,通过区域一体化来激发起发展的新活力。

第二,从空间区位和区域差异来看,相对于长江三角洲和珠江三角洲,京津冀地区的一体化程度不高,区域内差异较大,各地区定位不明确,这些因素都使得京津冀协同发展将是国内打破行政分割推进区域市场一体化和公平发展的国内示范区。

京津冀北部张家口和承德等市经济自 2001 年之后逐渐摆脱相对落后的状态,而南部京津冀人口重心所在的保定、石家庄、衡水等周边地区经济发展相对迟缓。京津冀北部发展比较好的京津唐城市群位于生态环境本就脆弱的北方地区,又存在大量重工业;与国内外其他地区相比,该地区水资源严重短缺,沙尘暴、雾霾、土地沙化等生态退化问题亟待解决。这更加剧了可持续发展与脆弱的生态环境之间的尖锐矛盾,严重制约了区域发展。目前京津冀地区的经济联系总体上被北京和天津分割为北部和南部两个相对稳定的整体,且对于北方的非中心城市来说,中心城市(北京和天津)对它们的极化效应要明显大于扩散效应;对于南方几个城市来说,几个城市之间的相互经济联系相比于对北京和天津的联系更多。

第三,从产业协同发展角度来看,1992 年以来,北京市全力发展第三产业,目前已经达到较高的专业化水平,处于第三产业全国领先和出口的地位,第三产业的专业化程度在第三产业的各个生产环节中都有体现,特别是信息传输、计算机服务业、科学研究事业等产业。同时,除了部分能源型行业外,北京市绝大多数第二产业都在往外转移,但在全国仍处于技术输出地位。当前,北京市前十位的主导产业大多是第三产业部门,包括金融保险业、房地产业以及租赁和商务服务业等,近年来新兴的或获得长足发展的行业也主要是以现代服务业为代表的第三产业,第三产业对地方经济引领和辐射带动作用呈现不断增强的趋势,而第二产业无论是轻工业还是重化工业都处于不断削弱过程中,与此对应天津市和河北省则基本呈现出与其相反的产业发展趋势。

因此,未来北京、天津和河北只有走一体化发展的道路,在紧密分工合作中加强区域整合力度,才能最终克服三方第二产业和第三产业不平衡发展的窘境,在京津"双头联动发展模式"下,主要由天津来完成工业化,由北京来完成后工业化以致现代化阶段的主要内容,河北则要在农业现代化、新型工业化和创新要素集聚发展等方面有所作为。如此,以京津为核心的京津冀经济圈,将走出一条有别于长江三角洲上海单核驱动的大都市连绵区模式。

第四,从发展阶段与人口变迁看,目前北京已进入后工业化向现代化知识密集时代迈进,第三产业的集聚是经济发展的主要推动力,即将结束其经济资源聚集阶段,已经开始呈现向外扩散辐射发展的趋势;天津还处于经济资源聚集阶段,处于工业化后期向技术密集的后工业化阶段迈进,第二产业仍占有重要地位,目前依然是经济发展的主要推动力;而河北省还处于工业化中期,主要发展的是资本密集重化产业体系。

通过对京津冀地区、长三角地区、珠三角地区人口变动及分布的对比分析,可以发现珠三角地区人口在20世纪90年代增长速度要高于21世纪前10年的增长速度,长三角地区和京津冀地区则是21世纪前10年的增长速度要高于20世纪90年代的人口增长速度。京津冀地区随着经济的发展,人口吸引力也在不断增强。

对于区域内部的各城市人口吸引力状况,北京、天津作为京津冀的两个中心城市,对周围区县人口变动造成了巨大的影响,在吸引大量劳动力的同时,也改变了京津冀各城市的人口结构。河北省的各城市人口大量涌入北京、天津,一方面推动了这两个核心城市的快速发展,另一方面也推升了河北省城市人口抚养比,对这些城市的发展以及社会的承载能力造成了巨大的压力。与此相对应,长三角地区、珠三角地区各市的人口吸引力则相对均衡。

第五,从交通设施一体化进程来看,从环渤海经济区北京、天津、辽宁、河北和山东交通基础设施投资产出系数来看,天津和河北的交通基础设施投资产出系数较大,达到0.4以上。与北京、辽宁和山东相比较后可见,天津市和河北省交通基础设施投资系数高于其他投资系数,说明相对于其他方面的投资,津冀地区交通基础设施投资更能拉动经济增长。

京津冀地区北京市作为首都和全国交通枢纽,交通基础设施建设起步很早,公路、铁路交通十分发达,交通基础设施投资对经济增长的贡献有限。对于天津市和河北省,交通基础设施水平则有待提高,进行交通基础设施投资会对经济增长有明显拉动作用。考虑到京津冀内部交通设施发展水平的差异性,那么在推进京津冀一体化的过程中应当更加重视区域间的交通基础设施不平衡问题,以降低整个区域内的要素流通成本为目标,在交通基础设施建设方面真正做到统筹全局。

无论从创新转型、生态保护,还是均衡发展、经济发展阶段等方面来看,京津冀打破各地的行政区划障碍,推进一体化发展进程也是必然的发展趋势。不过,在不存在知识溢出效应的条件下,随着资源区域配置自由度的增大,京津冀一体化过程中各个区域之间的经济差距将会逐渐拉开,极化现象将会加剧。然而,如果合理地提高区域间资源配置自由度的同时加强区域间知识、技术的传播,就可以在促进区域经济共同增长的同时避免突出的极化问题。

综上所述,雄安新区的设立应该是依托华北地区最大的湿地白洋淀这一优质生态资源,吸引京津冀以致全球创新要素资源,借力首都功能疏解,通过引智和引资双轮驱动成为京津冀地区的重要高新科技产业中心和全国借势跨越式发展的典范。长远来看,雄安新区必将是中国落实五大发展理念的示范区和引领区。

雄安新区建设的政策建议:

第一,通过引入优秀高校、研究机构资源,推进区域由农业城向高科技产业应用城的直接转变,建设和不断完善优化生活配套设施和吸引相对应的高素质人群。

第二,以优秀大学、科研机构资源为依托,通过相关政策与措施导向,发展总部经济为特色、高科技为核心竞争力的高附加值、低环境影响的研究与发展等产业。

第三,根据自然资源不同属性与主要公共设置布局位置,规划不同开发强度的物业类型。

第四,通过生态治理和保护,发展白洋淀宜人的环境和气候将是雄安新区吸引高端创新要素集聚的关键所在。

第五,住房以公租房为主,只租不售,建立群落式居住与办公功能一体化的生态社区。

第二节 雄安新区与中国新城新区发展模式转型

在雄安新区的定位上有两句话。第一句,"在河北合适的地方寻找一个非首都功能的集中承载地"。所以,雄安新区的作用一定和首都的发展紧密相连。正是因为找到了这样的一个承载地,才会使得我们首都的四个核心功能发挥得更好,使得首都在我们这个大国的崛起中发挥越来越重大的作用。从这个意义来讲,雄安新区的设立是一个全国意义的、一个有历史影响的大计。第二句话的意义,现在还没有被充分认识到,但是实际上非常重大,"用新的发展理念打造的一个新城区"。这句话包含着制度的自信、道路的自信,一种在掌握了城市发展规律之后,用新的发展规划的理念来引导我们城市从传统模式走向新模式这样一种探索。从国内方面来讲,我们的城镇化率是57%,中国已经进入了城市型的社会,在这样一个情况下,一种新的城市发展模式对于中国的意义毫无疑问是非常巨大的;从国际方面来讲,通过雄安新区的设立,可以去有效地治理大城市病,在国际社会面前也展现出治国理政的理念,这个影响也是极其深远的。

下面将分述三个问题:第一,关于中国新城新区的作用;第二,新城新区所面临的一些问题;第三,雄安新区在中国新城新区发展模式转型当中向什么地方去,它展现了什么样的一种模式。理解这些,有助于更全面地认清雄安新区的意义,有助于了解它在推动中国整个新城新区发展转型中的作用。

一、中国新城新区的作用

从世界范围来看,新城新区这个概念比较悠久。19世纪末就有了田园城市的说法,后来从英国、欧洲、日本、韩国、美国,很多国家都有讲过新城新区。而新城新区只有在中国才发展得最深入、最广泛、最持久,它已切入中国改革开放的历程中去了。

中国目前已经形成了一个庞大的新城新区体系,这个体系包括哪些内容呢?包括龙头新区,就是我们讲的国家级新区,加上雄安新区现在一共19个,国家级的经济开发区219个,高新区145个,经济特区7个,自贸区11个,还包括数以万计的省级的各类开发园区。此外,近些年来新城新区还有一些转化的形式,比如我们常说的低碳新城、高铁新城、智慧新城、行政新城、科教新城等,我们都把它们叫作新城新区。新城新区的争论很多,有截然不同的一些看法,雄安新区的设立,给这样一个争论又增加了很多新的内容,但我们从一个历史的阶段来看,新城新区在中国的作用不可低估,可以说发挥了历史性的作用,主要体现在四个方面:

第一,新城新区是经济的增长极、发动机。我们可以看到新城新区,特别是东部的国家级新区,一般生产总值占到了所在城市总量的30%左右。将高新区和经济开发区加在一起,会占到国内生产总值的1/4,仅一个中关村就有3万亿元。因此,我们说它是经济增长极。

第二,新城新区是城镇化的载体。城镇化的载体,最核心的是讲它承载了诸多的转移人口。改革开放之初,我们的城镇化率为18%,现在是57%,转移到城镇约7亿多人,特别是近些年来很多的人口实际上是转移到了新城新区,比如,上海浦东新区、北京的很多新城新区就吸纳了很多的转移人口,北京的新城新区吸纳了有500多万的人口。所以它的第二个方面作用就是城镇化的载体。

第三,新城新区是方案提供者。我们城市的很多问题,往往是要通过新城新区来解决,比方说大城市病、工业发展空间受限的问题、旧城区改造的问题,这些都需要通过设立一个新城,或者是一个新区的方式来解决。

第四,新城新区是新的功能平台。它不一定是解决你遇到的问题,而是要拓展我们的空间平台,我们近些年来观察到像高铁新城、科教新城、行政新城往往都是这样。为什么要建高铁新城呢?建高铁新城是为了满足高铁枢纽发展的需要。为什么要建临港新城?是要满足在有港口的地方,要有城市的功能,这才能够满足港口发展建设的需要。所以,我们认为它是一个功能平台。

讲新城新区的历史作用,有助于我们认识雄安新区。雄安新区从一般属性来说,它是一个新城新区。所不同的地方在于,和深圳经济特区、上海浦东新区相比,所处的历史时期不同,是有标杆意义的新城新区,是有里程碑意义的,是有全国意义的。我们讲深圳经济特区的成就有三个:一是经济上,深圳这个城市取得了巨大的发展；二是带动了城市群的发展；三是开放的意义。浦东新区也一样，存在三面的成就：一是它的经济意义；二是它推动了长三角城市群成为世界上的重要城市群之一；三是它所创造的制度改革的意义。雄安新区也类似，虽然现在的定位里面没有将经济中心放在非常重要的位置，但雄安新区的四个定位集中讲的就是发展，这个发展不是一般的小发展，而是一个跨越式发展。否则，雄安西新区怎样比肩深圳、上海？因此，我们说雄安新区是一个全面发展的新区，它包含了经济增长的意义。另外，雄安新区对于制度改革、开放也具有深远的意义。这样，当我们去理解雄安新区的时候，第一个层面就从一般新城新区的意义上考虑，再叠加它的特殊身份才可以推出它的特殊意义。

二、新城新区所面临的问题

新城新区目前也还面临一些问题，有些问题比较普遍，有些问题甚至比较严重。雄安新区在设立之后，大家自然也会关心会不会出现雄安问题与问题雄安。也就是说：它会不会重蹈以往新城新区的老路，成为人们诟病的对象，这都是大家非常关注的。反过来也要说明，国家要设立雄安新区，究竟是想引领新城新区向新的方向走，还是任由它变成一个普通的新城新区？

当讲到新城新区面临的问题时，我们大致有以下一些观察：

第一，现在规划的一般的、普通的、质量低的新城新区数量还是很多。经济进入了新常态，经济质量要上去，速度要下来，在这样一个情况下，大规模、粗放式开发的时代已经过去，但新城新区规划建设的惯性因素仍在。

第二，存在土地等资源被浪费的现象。回顾一下数据发现，过去的这些年当中，很多新城新区的人口密度都是下降的，很多的新城新区也存在圈了用地之后产出并没有如期提高的现象。

第三，新城新区千城一面的现象也非常严重，对于历史、文化、自然生态资源的保护不够充分。

第四，很多地方的新城新区存在低水平的产城结合，或是有产无城，或是有城无产，或是产城低水平结合，高水平产城融合的新城新区还比较少，未来在这方面需要进行突破。

第五，新城新区投融资发展的模式也需要得到改善，很多的新城新区是依靠土地出让换得建设的资金，由于建设资金大面积铺摊子，结果又导致需要更多的土地出让来支撑未来的发展，没有找到一个可持续的发展之路。

还有很多其他方面的问题，但我们应该关注的是"新城新区的发展取得了重要的成绩，但是发展模式需要创新"。从城市发展的意义上来说，雄安新区要成为新发展理念指导下的新城市，那么它一定要在解决以上问题方面有所创新，要树立城市的标杆、要成为引领者、要成为中国城市未来的风向标。

三、雄安新区的发展模式探索

目前从我们观察到的规划建设方面的信息来看,雄安新区未来有可能朝着什么方向做?是不是能成为鲜明的雄安模式?

第一,从规划角度来讲,雄安新区并不是一个任由其野蛮生长,然后不断修正它的发展模式的做法。与之相反,它是在一个规划引领之下,也就是要按世界眼光、国际标准、中国特色、高点定位来规划、建设与发展。一些研究经济学的人认为,新城新区比较好的模式是任由其自然生长,认为这样反映了市场对资源配置的作用。所以现在大家一谈起雄安这样的,先是规划了一个定位,他们就有不同的声音,不同的看法,因为他们认为野蛮生长比较好。但本人想指出的是,规律一旦被掌握之后,实际上就变成了一种科学认识的力量,变成一种我们改造这个城市,推动城市发展的力量。

第二,从新城新区发展的目标上来说,这个新城新区讲的是什么呢?它讲的是城市高水平的以城带产、多种功能融合发展。我们以往的很多发展,只是某一个方面单一的产业的发展,或者是单一功能的发展,但是在雄安新区的发展,强调的是绿色、智慧城市,强调的是生态宜居城市,强调的是交通便捷的城市,强调的是开放共享的城市。从城市的功能上切入,对于城市的理解比以往的时期要更深刻。反思我们以往的新城新区建设,为什么会出现很多的低水平的集聚区建设,低水平的城市人口集聚区、产业集聚区的建设,往往是由于对城市功能的理解不够。

第三,从区域关系上来讲,雄安新区建立之后,它在京津冀地区,实际上构成了一个北京"两翼"当中的"一翼",北京主城区的一个翅膀是北京的城市副中心——通州,另一个翅膀就是雄安新区,形成了主城区加两个翅膀的格局。这样一个翅膀和北京城市副中心有什么不同呢?在于它跳出了北京去规划建设这样一个新城。从区域关系上来说,这是一种在区域的大格局下去研究城市问题的思路。虽然这种思想并不超前,但在中国这样一个城市都是在行政区划范围之内,都和行政区密切结合起来的大背景之下,它的意义就非常突出了。这样一种跳出了北京去解决城市问题的思路,一方面对于北京的城市功能疏解有意义,另一方面对于雄安新区的发展也有意义。所以雄安新区的未来不是孤立的,一定是和北京的主城区以及副中心,同时也还一定和周边的这些大城市紧密结合的。因此,这是一个在大格局下面去推动新城新区发展的思路,这是在以往少有的。

第四,从城镇体系的内部构造来讲,以往我们讲一个新城新区时,往往讲的是一个单点的结构,就是单核,一个核心的结构。而现在讲的雄安新区又怎样呢?它包括雄县、容城、安新,起步区、预留下来的和保定之间未来的发展区,很显然构造的是一种组团式的格局,而不是单一中心的格局,这种组团内部是要通过网络进行连接的。因此,它体现了一种多中心、组团式、低冲击的探索。所以,我们可以比较好地预见,它走的不是一种摊大饼的道路,这是城市空间布局方面新模式的特征。

第五,从城镇体系构架的外部特征来看,以往京津冀这个地方,发展主轴是北京和天津,架构在这两个特大城市之上的发展主轴,是两个特大城市之间的连接,以此来带动区域发展,因此它是典型的特大城市的偏向。雄安新区坐落在河北,它的发展对于河北中部、南部的发展具有非常好的意义,对于河北全省也有辐射带动作用。由于雄安新区的设立,京津冀这个地方的"心脏"由线段变成了一个三角形,这个"三角形"就是北京、天津、雄安新区。这是一种通过新旧城市组合来推动城市群发展、推动城镇体系结构优化的重要方式。

第六,投资融资模式方面也有创新。在国内宏观经济下行,国际经济不同于以往高速增长这样一种时期,大家都在想雄安新区未来的发展靠什么去推动,特别是在投资这个方面。在过去的37年中,深圳大量地依靠民营资本,上海大量地依靠外资得到了发展,现在雄安新区依靠什么呢?实际上很好的模式已经在规划里面体现出来了,这就是社会资本参与,多元、可持续的投融资模式。其实在雄安新区设立之前,我们就在探索社会资本投融资模式方面的种种创新,未来在这方面也将会有很多很重大的创新,包括我们在基本公共服务方面、对外开放方面。雄安新区是一个内陆城市,但它要做一个开放的平台,这种开放的平台怎么做,如何通过交通、产业空间的布局将其打造成为这样的平台等这些方面,都是以往我们很多新城新区发展模式当中所未曾有的。这样一种模式的集成创新,我就是雄安新区发展一个重要的意义。

还有其他许多方面的创新,都在展开之中。这些创新的内容,对于一个城市来说,并不是简单地把很多的规划图叠加在一起就可以做到的。在实际的过程中,仍然需要结合各种情况,寻找出一条雄安的模式,讲好这个中国故事。这个过程不是简单地把优点叠加在雄安身上就可以实现的新型城市目标,所以未来仍然面临着诸多挑战。假以时日,我们希望看到的是,雄安新区在新城新区发展模式,在城市发展模式上,能够打造成一个标杆意义的东西,它对于引领中国进入城市型社会之后,推动城市的进一步发展,推动新城新区的进一步发展,都具有非常重大的意义。在国际上,它也可能真正做到是一种有信心的展示,能够推动中国如此众多的城市进入未来世界经济的竞争场上去。

第三节 一带一路:全球价值双循环研究

一、引言

"一带一路"是"丝绸之路经济带"和"21世纪海上丝绸之路"的简称。目前,

"一带一路"作为中国未来对外开放的重要倡议,借鉴了古代陆上、海上丝绸之路的历史内涵,在国际交往中倡议"和平合作、开放包容、互学互鉴、互利共赢"的丝绸之路精神。2015年3月27日,由国家发展改革委、外交部、商务部三部委联合发布的《推动共建丝绸之路经济带和21世纪海上丝绸之路的愿景与行动》,则是"一带一路"最为权威的官方指导。"一带一路"是在特殊的国际经济发展背景下提出的,希望通过建立一个广阔的国际合作平台、推动更大范围的跨区域社会经济交流合作,以解决全球经济发展中遇到的瓶颈和困难。"一带一路"的提出与全面推进,为实现联合国2030可持续发展目标提供了契机。"一带一路"的出发点与联合国可持续发展目标中的"消除饥饿与贫困""体面工作与经济增长""工业、创新和基础设施"这三个具体目标不谋而合。2016年11月17日,联合国大会首次写入"一带一路"倡议,并且得到了193个会员国的一致赞同。这表明推进"一带一路"战略既顺应了经济发展的需要,同时也得到了国际社会的普遍支持。

近年来随着国际交流合作的扩大,以及"一带一路"倡议的提出,"丝绸之路"的研究不断深入,学者们主要关注的领域涉及"一带一路"的具体内涵、推行路径、发展潜力等方面。"一带一路"的提出更多是借鉴"丝绸之路"的象征意义,然而"一带一路"的经济学内涵及其背后所涉及的经济学理论,则亟待进一步的关注和深入研究。"一带一路"是在全球经济发展的特殊时间点上提出的,有着特定的全球价值链分工背景,因而本节使用全球价值链的理论范式与分析方法,探索"一带一路"研究的经济范式。

全球价值链(Global Value Chain,简称GVC)理论最早源自20世纪80年代国际商业研究者提出和发展起来的价值链理论。其各个价值环节在形式上虽然可以看作是一个连续的过程,不过在具体的发展过程中,这一完整连续的价值链条在空间上被分隔(片断化),离散性地分布于各地,其地理分布特征为"大区域离散小地域集聚"。Hummels et al. (1999)是最早使用投入产出分析对GVC进行测度和分析的,他们提出了"垂直专业化指数"(即HIY),但是该指数由于假设条件与现实情况差异较大,因而存在局限性。Daudin et al. (2011)将最终品的附加值来源进行分类,理清了出口中进口投入份额、出口后再加工出口到第三国份额和加工后再出口回到母国份额。Koopman et al. (2014)在现有框架下,将总出口分解为国内和国外价值部分,并将指标与数据相联系,构建了一个统一的分析框架。王直等(2015)提出中间品贸易流的分解法,并据此构建了总贸易流的分解框架。根据已有文献和GVC相关指标,不少学者进行了实证分析。刘琳(2015)基于附加值贸易视角,使用WIOD的国际投入产生数据研究中国在全球价值链的参与程度与变化情况。廖涵等(2016)以投入产出的增加值为切入点,对中国制造业的比较优势进行研究。陈立敏等(2016)从全球价值链视角,对显示性比较优势进行调整,并据此分析中国产业的国际竞争力。张辉(2015)比较早地将"一带一路"与全球价值双循环结合起来分析,认为目前全球经济越来越变为以中国为枢纽点的"双环流"体系,其中一个环流位于中国与北美和西欧等发达经济体之间,另一个环流位于中国与亚非拉等发展中经济体之间。

现有学者的实证研究大多关注于全球价值链视角下,中国制造业的演进发展与竞争力问题。本节使用全球价值链这一理论概念,从中间品最终品贸易结构与全球价值链位置两个方面阐明"一带一路"这一国际合作平台的经济内涵。本节主要关注"一带一路"产生的必然性(Why)、特殊的发展阶段(When)、经济内涵(What)以及区域特点(Where)。

文章第二部分梳理分析世界经济中心转移的规律及中国在世界中所扮演的角色,分析"一带一路"提出及合理推进的时间节点。第三部分通过对国际贸易中中间品与最终品贸易结构的分析,理清全球经济合作表现出的新规律——全球价值双循环,并在这一理论基础上阐明"一带一路"的经济内涵与运行逻辑。第四部分通过整理沿线国家[①]产业结构发展与我国各省产业结构的匹配问题,验证"一带一路"发挥作用的区域特征。第五部分对全文进行总结。

二、"一带一路":经济全球化的新阶段

20世纪70年代,在日本的引领下,东亚国家通过产业梯度转移,带来了经济高速增长,这种模式被称为雁阵理论。Kojima(2000)指出该时期产业的发展是由作为头雁的日本向产业梯度较低的其他国家慢慢转移的。在这个过程中物质资本和人力资本开始积累,各国的产业也向资本密集型演变。同时,产业的多样化也带动着各国提高生产效率,从而更加倾向于资本密集型产业的生产。在雁阵模式下,亚洲经济实现了有次序的追赶过程。然而雁阵模式成立在产业梯度上有严格的要求,即头雁国家的产业梯度要高于其他经济体,从而能够实现引领、带动其他经济体发展的作用;同时雁身经济体也需要与雁头经济体保持相对的梯度,有能力承接来自雁头的产业转移。20世纪90年代后,随着房地产泡沫经济破灭,日本经济陷入以通货紧缩为主要特征并伴随着阶段性衰退的长期停滞阶段。随后的1996年、1997年、1998年,日本经历了连续三年的负增长,即便1999年恢复了正常的经济增长,其GDP仍未恢复至危机之前的水平。雁阵发展模式存在的基础是各经济体产业梯度差的存在,其内在动力来自雁头日本经济的持续增长。由于各国经济的发展和日本经济不景气的影响,这种产业梯度差正在逐步缩小,直接导致了雁行发展模式的逐渐终结。在20世纪90年代经历了持续十余年的萧条

---

① 本文中关注的"一带一路"沿线国家是参照"中国一带一路网"中收录沿线国家和与中国签定"一带一路"相关合作协议的国家。

之后,日本的雁头地位也开始动摇。此外,由于东亚各经济体工业化过程的快速进行,雁阵形成的基础条件——产业梯度也逐渐变得越来越不明显,产业转移的条件也不及之前优越。从而导致雁阵模式解体,东亚以至世界开始寻找新的经济合作范式。

20世纪80年代末90年代初,世界经济经历了新自由主义全球化浪潮。新自由主义认为以国家干预为策略的凯恩斯主义虽然缓解了资本主义生产过剩的经济危机,但同时也限制了资本主义自由发展,所以他们极力反对任何形式的国家干预。伴随着这一思潮的发展高涨,全球化迅速发展,一方面通过国际分工带来资源的最优化配置,另一方面通过经济交流也带动了较落后地区的经济起飞。

然而近几年,全球化趋势则有了不同以往的演变。由世界各国贸易发展情况看,发达国家贸易额在世界总贸易中占比近年来逐步下降,而发展中国家则在世界贸易中扮演着越来越重要的角色。图8.1展示了发达经济体与发展中经济体出口贸易占世界总出口贸易比重的变化情况,可以看出20世纪七八十年代起,发达经济体出口在世界的贡献度就停滞不前,到了近年来尤其是2008年金融危机之后,发达经济体出口占比表现出了急剧下降的趋势。而发展中经济体则恰恰相反,21世纪以来,随着出口贸易的繁荣发展,发展中经济体在世界贸易中占比逐年提升。

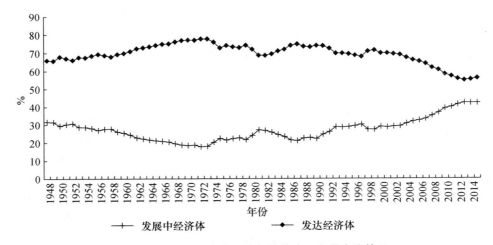

图 8.1　发达经济体、发展中经济体出口贸易占比情况
资料来源:UNCTAD。

新自由主义全球化是由美国等发达国家倡导的国际经济合作,但近年来美国等发达国家普遍感到敏感和不安,曾经的自由贸易倡导者纷纷走上向内的道路,从强调释放市场力量的新自由主义范式向主张社会保护转变。英国脱欧暴露出

欧盟增长缓慢、复苏乏力、就业低迷、难民危机的多重困境;特朗普不断抛出"废除美国贸易协定""取消跨太平洋伙伴关系协定"等贸易保护主义言论,表明了世界第一大经济体对经济全球化的复杂态度,给世界经济运行带来巨大不确定性。而发展中国家中以金砖五国为代表的新兴经济体,特别是中国和印度经济发展状况较好,与欧美国家当前的困境呈现出鲜明反差,在近年的国际贸易中展现出逐年增长的态势。

除此之外,全球贫富差距在逐步增大。经济合作与发展组织(OECD)在 *Income Inequality* 一书中指出,OECD 国家的收入不平等已经达到过去半个世纪的最高水平,其中最富有人口的收入水平是最贫穷的 10% 人口的 9 倍,这一比例在 25 年前是 7 倍。在经济全球化过程中,各国内部利益分配不均衡、贫富差距悬殊,底层群众和弱势群体获得利益少,大企业和精英阶层获得利益多,出现财富鸿沟(Piketty,2014)。同时发达国家和发展中国家之间也存在收入差距越来越大的现象。

图 8.2 反映了发达国家(以 G7 为代表)内部收入分配两极分化程度加剧,其具体表现为基尼系数近 30 年整体呈现上升趋势。根据世界收入不平等数据库(WIID)的数据显示,G7 国家中,近 30 年来美国的基尼系数最高,从 1983 年的 33.6 上升到 2010 年的 38,加拿大的基尼系数从 1983 年的 29.9 上升到 2010 年的 32(绝对不公的收入分配基尼系数是 100)。

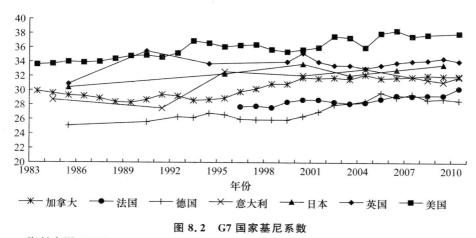

图 8.2　G7 国家基尼系数

资料来源:WIID。

图 8.3 反映了高收入与中低收入国家之间的两极化加深,根据世界银行按 PPP 统计的人均 GDP 数据,高收入国家的人均 GDP 从 1990 年到 2014 年增长了 26 780 国际元,低收入国家相应的增长仅有 896 国际元。1990 年高收入国家人均

GDP 是低收入国家的 24.5 倍,到 2015 年,这一差距扩大到 27.4 倍。

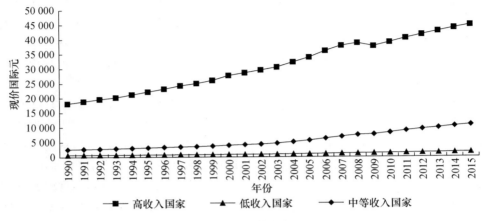

图 8.3 按 PPP 计算的人均 GDP

资料来源:世界银行。

新自由主义全球化这一合作模式,不仅带来了世界各国之间收入差距的增加,也带来了发达国家内部的收入两极化,因而诸多国家对全球化抱有迟疑态度。进一步的,全球经济形势低迷、不稳定因素屡屡出现,这种经济环境更不利于全球经济下一步的发展。因而,中国作为最大的发展中国家,提出"一带一路"倡议,一方面通过与发展中国家的经济交往与合作,帮助发展中国家建立并发展其工业体系,带动经济增长;另一方面,通过与发展中国家的深度合作,充分利用了更大范围内的资源,也将提高中国与发达国家合作的效率。"一带一路"的全球经济合作平台,既能够给中国自身经济发展提供更大的空间,推动大区域更频繁的经济交往与合作,解决产业结构进一步升级面临的瓶颈。同时,中国作为最大的发展中国家,通过发起"一带一路"经济合作平台,能够在当今国际经济格局下为发展中国家谋求更为公平的发展机遇。

世界经济的发展伴随着数次经济中心的转移。表 8.1 展示了历次全球产业转移主要引领国家的人均 GDP 水平。可以看出,1850—1900 年间英国人均 GDP 与同期美国人均 GDP 之比持续上升,此后开始下降,这表明该阶段英国人均 GDP 增长速度较快,引领着欧洲经济发展。而美国人均 GDP 与日本之比从 1960 年开始逐步下降,增长速度慢于日本。日本人均 GDP 与中国之比从 2000 年开始下降。中国 2015 年 GDP 总量是日本的 2.64 倍,虽然人均 GDP 水平还低于日本,但中日人均 GDP 比值逐年上升。近年来,中国吸引外商直接投资的同时,自身对外直接投资也逐年增长。通过与"一带一路"沿线国家的贸易、投资,影响着各国国内各行业的竞争状况,带动其产品的多样化,为这些国家更大程度地融入价值链提供了很好的机会。

表 8.1　主要国家人均 GDP 历史数据　　单位:1990 年国际元

年份	英国		美国		日本		中国
	人均GDP	占美国人均GDP比重	人均GDP	占日本人均GDP比重	人均GDP	占中国人均GDP比重	人均GDP
1850	2 330.00	1.26	1 848.67	2.71	681.19	1.14	600.00
1870	3 190.43	1.31	2 444.64	3.32	737.38	1.39	530.00
1900	4 491.81	1.10	4 090.79	3.47	1 179.51	2.16	545.39
1913	4 920.55	0.93	5 300.73	3.82	1 386.69	2.51	552.30
1930	5 440.86	0.88	6 212.71	3.36	1 850.39	3.26	567.62
1938	6 266.45	1.02	6 126.47	2.50	2 449.27	4.36	562.31
1950	6 939.37	0.73	9 561.35	4.98	1 920.72	4.29	448.02
1960	8 645.23	0.76	11 328.48	2.84	3 986.43	6.02	662.14
1970	10 767.47	0.72	15 029.85	1.55	9 713.95	12.48	778.35
1980	12 931.49	0.70	18 577.37	1.38	13 427.73	12.66	1 061.05
1990	16 429.91	0.71	23 200.56	1.23	18 789.07	10.04	1 870.93
2000	21 045.72	0.73	28 701.93	1.40	20 480.95	5.99	3 420.87
2010	23 777.16	0.78	30 491.34	1.39	21 934.90	2.73	8 031.94

资料来源:Maddison 经济历史数据库[1]。

　　从贸易视角看,中国与欧盟、北美和东亚等三大主要区域的贸易有着巨大的发展。2002 年中国对欧盟进出口总额为 1 185.473 亿美元,第一次超过日本对欧盟进出口总额(1 107.711 亿美元)。之后,中国与日本与欧盟的贸易差距进一步拉大,截至 2014 年中国对欧盟进出口贸易总额是日本的 4.3 倍。1991 年中国对北美(美国和加拿大)进出口总额仅为日本的 18.7%,但 2003 年中国对北美进出口总额达 2 083.917 亿美元,第一次超过日本对北美进出口总额(1 890.308 亿美元)。之后,中国与日本与北美的贸易差距进一步拉大,截至 2015 年对北美进出口贸易总额是日本的 3.2 倍。2000 年中国对东南亚七国进出口总额仅为日本的 27.9%,2007 年中国对东南亚七国(越南、柬埔寨、菲律宾、泰国、马来西亚、新加坡、印度尼西亚)进出口总额达到 1 721.821 亿美元,第一次超过日本对东南亚七国进出口总额(1 721.179 亿美元)。之后,中国与日本与东南亚七国的贸易差距进一步拉大,截至 2014 年中国对东南亚七国进出口贸易总额是日本的 1.6 倍。

---

[1]　为了确保数据可比性,此处数据均源自 Maddison 经济历史数据库,最新数据到 2010 年。

从工业体系发展情况来看,自 1978 年改革开放以来,中国充当了"世界工厂"的角色,获得了贸易和经济的快速增长,也从一个仅仅是工业化部门完备的国家发展成为一个制造业大国。同时按照 2010 年不变价计算,中国制造业增加值占世界比重已从 2005 年的 11.75% 上升到 2015 年的 23.84%,在世界上排名第一(见表 8.2)。

表 8.2　2005、2010 与 2015 年制造业增加值占世界比重　　　　单位:%

国家	2005 年	2010 年	2015 年
中国	11.75	18.69	23.84
美国	20.43	17.77	16.54
日本	11.14	10.43	8.93
德国	7.29	6.55	6.37
韩国	2.54	2.95	3.09
印度	1.74	2.36	2.45
意大利	3.70	2.94	2.42
法国	3.13	2.61	2.34
巴西	3.08	2.89	2.26
印度尼西亚	1.65	1.70	1.93
英国	2.66	2.15	1.93
俄罗斯	2.15	1.90	1.77
墨西哥	1.91	1.69	1.70
加拿大	2.20	1.57	1.45
西班牙	2.18	1.69	1.44

资料来源:联合国工发组织世界制造业发展报告。

从以上几个方面可以清晰地看出,中国作为第二大经济体,不仅仅在总量上已经是一个经济大国,在贸易发展、贸易结构、工业体系建构方面都对世界经济有着不可忽视的作用。作为一个大国,发起建立"一带一路"国际合作平台,也是中国履行大国责任的重要举措。

三、"一带一路":全球价值双循环

(一)中间品、最终品贸易的双循环模式

"一带一路"作为一个跨区域的合作平台,其建立是有着深刻的现实基础的。随着世界经济中心的转移,全球经济贸易也展现出与以往不同的特征。中国不仅在经济总量上处于不可替代的位置,在国际贸易中也起着承上启下的作用,一方面,中国等亚洲新兴国家与欧美发达国家保持着传统的经济往来关系,形成了价值链的上循环;另一方面,中国随着经济的高速发展,成为新兴工业化地区和全球制造中心,与资源丰富、工业化程度相对较低的亚非拉发展中国家开展经济合作,通过直接投资带动各国工业化发展,以贸易扩展当地市场,形成价值链的下循环。

全球价值链为新兴经济体环境的改善提供了便利,降低交易成本,促进经济发展,增加生产要素的多元性;对于已经嵌入全球价值链的国家,在更大的范围发挥比较优势、提高资源配置效率可能是促进其经济快速增长的重要因素(Giroud and Mirza,2015)。一方面,中国通过与发展中国家的贸易往来,将发展中国家带入全球价值链分工中,为发展中国家的经济发展提供了新的动力和增长点;另一方面,也由于更多国家参与到全球价值链上的分工,扩大了比较优势发挥作用的区域范围,这也给发达国家的经济增长提供了新的机遇。下文将从全球价值链下各国中间品与最终品贸易结构视角,分析全球贸易的双循环模式。

下文使用世界银行数据库(WDI)以及 EORA 多区域投入产出表(MRIO)数据构建相关指标,对目前全球价值双循环模式进行实证检验。根据贸易物资的用途,这里将国际贸易活动中的物质分为中间品和最终消费品。中间产品是指为了再加工或者转卖用于供别种产品生产使用的物品和劳资,如原材料、燃料等等。而最终消费品是一定时期内生产的而在同期内不再加工、可供最终消费和使用的产品。

首先,通过中国与统计中的 188 个国家[①]在中间品和最终品贸易占比情况,我们可以分析中国在与各国贸易中的重要程度。在统计的 188 个国家中,178 个国家向中国出口最终消费品的比例在 0%—15%,中国在 121 个国家最终消费品出口结构中所处的名次在 0—15,虽然多数国家向中国出口最终消费品的比例在 15% 以下,但中国在其最终消费品出口结构中占据重要地位,其排名多在 20 以下,由此可见中国是全球多数国家最终消费品出口的主要目标国。从各国中间品出口情况来看,中国是各国中间品出口的主要对手方。188 个样本国家中,有 177 个国家对中国出口中间品占该国中间品出口总额的比例在 15% 以下,出口比例最高的是安哥拉(AGO),为 50.86%,出口比例最低的是海地(HTI),为 0.01%。从各国对中国中间品出口比例在该国所有出口商中的排名来看,排名在 15 以内的国家共 148 个。全球化格局下,各国贸易对手方日益增加,贸易对象趋于多元化,但中国仍是各国重要的中间品出口国。可以看出,无论是在中间品还是最终品方面,中国与各国贸易都占较大比重。

同时,可以通过将中国与其他国家中间品、最终品出口贸易额的对比,检验中国与不同国家的出口贸易结构。为了更好地估计"中间品"或"最终消费品"的关系,我们构建了 W_1 这一指标来进行刻画,$W_1 = \dfrac{\text{出口到中国的中间品}}{\text{出口到中国的最终消费品}}$。若其大于 1,则代表该国向中国以出口中间品为主;若小于 1,则代表该国向中国以出口

---

① 此处的 188 个国家为 EORA 数据库中统计的所有国家。

最终消费品为主。图 8.4 则为 W_1 这一指标的统计图。横轴国家顺序依照世界银行数据库(WDI)2013 年人均 GDP 由高到低排列分析,因此横轴左边为较发达国家,而右侧则大多为发展中国家。

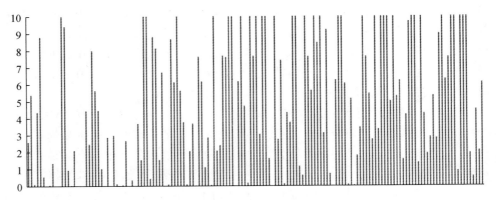

图 8.4　出口到中国的中间品/出口到中国的最终消费品比例

注:横轴左边为较发达国家,右边为发展中国家。

观察图 8.4 进行进一步分析,首先,以 $y=1$ 为基准,将横轴右端与左端相比,可看出有更多的国家样本比值大于 1,即发展中国家向中国出口以中间品为主;其次,将横轴左端与右端相比,有更多的国家样本比值小于 1,即发达国家向中国出口以最终消费品为主。

其次,通过分析各国从中国进口中间品和最终消费品的贸易额,检验中国与不同国家的进口贸易结构。本节构建了 W_2 这一指标来进行刻画,$W_2=\dfrac{\text{进口自中国的中间品}}{\text{进口自中国的最终消费品}}$。若其大于 1,则代表该国进口自中国的产品以中间品为主;若小于 1,则代表该国进口自中国的产品以最终消费品为主。

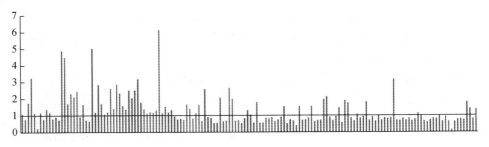

图 8.5　进口自中国的中间品/进口自中国的最终消费品

注:横轴左边为较发达国家,右边为发展中国家。

同样,从图 8.5 可以看出,首先,以 $y=1$ 为基准,将横轴左端与右端相比,有更多的国家样本比值大于 1,即发达国家从中国进口产品以中间品为主;其次,将横轴右端与左端相比,有更多的国家样本比值小于 1,即发展中国家从中国进口产品以最终消费品为主。

从以上指标的计算可以看出,发达国家、发展中国家与中国的贸易表现出截然不同的特征。具体模式如图 8.6 所示。中国利用其在全球贸易的中间节点位置,通过与发展中国家的中间品贸易,将更多国家带入全球价值分工中,带动更多区域的经济发展。

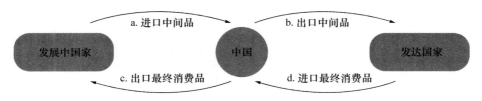

图 8.6 双循环模式

下文进一步通过行业细分数据,使用 EORA 多区域投入产出表数据,将数据中 26 个行业分为四类(如表 8.3),进一步验证世界贸易的双循环模式。

表 8.3 产业划分标准

产业划分	包含子行业
第一产业	农业、渔业
第二产业_轻工业	食品饮料、纺织、木材纸业
第二产业_重工业	其他第二产业(钢铁、电力等)
第三产业	零售业、酒店旅游等

由于第三产业商品形态较为模糊,因此本节主要分析第一产业与第二产业中贸易结果的特征。在表 8.3 的划分中,从上至下不同产业对技术以及资本的依赖程度依次上升。本部分延续上一部分的思路,在第一产业、第二产业(轻工业/重工业)三个子类中进一步研究中国与发展中国家及发达国家的贸易结构表现,该部分涉及的指标与前一部分含义相同。

1. 第一产业

第一产业,又称一级产业或初级生产,是直接从自然界获取产品的产业。第一产业相对而言对技术要求较低,主要衡量区域内自然资源以及部分劳动密集型的农渔产品等。图 8.7、图 8.8 依照世界银行数据库 2013 年各国人均 GDP 由高到低排列分析,横轴左端为较发达国家,而右端则大多为发展中国家。余下的图中横轴均按此排列,不再赘述。

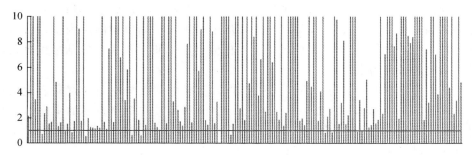

图 8.7　出口到中国的中间品/出口到中国的最终消费品比例(第一产业)
注:横轴左边为较发达国家,右边为发展中国家。

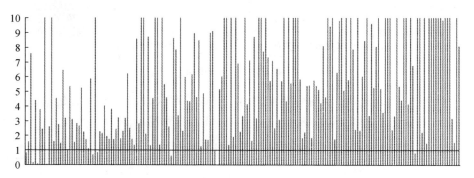

图 8.8　进口自中国的中间品/进口自中国的最终消费品比例(第一产业)
注:横轴左边为较发达国家,右边为发展中国家。

我们通过进出口到中国的中间品与最终品的比例,来分析对于其他国家在与中国的贸易中是以中间品还是最终品为主。对比图 8.7、图 8.8 可以看两个较为直观的结论。图中黑色直线表示 $y=1$,当在国家贸易中该比值在 1 左右,则表示该国在该行业与中国的贸易中中间品与最终品贸易额基本相当。从图 8.7 可以看出,无论是从发展中国家还是发达国家,中国在第一产业中的进口都是以中间品为主,发达国家与发展中国家相比没有明显的区别。在图 8.8 中,横轴右端相比于左端而言,有更多的国家样本比值大于 1。因而可以认为对于发展中国家(横轴右侧)而言,有更多国家从中国进口中间品。

因此,中国在第一产业与其他各国的贸易都表现为以中间品为主,但相较之下,中国向发达国家进口更多最终品,而发展中国家则进口相对多的中间品。

2. 轻工业

观察图 8.9 发现,总体而言,其他国家基本上是出口轻工业的中间品到中国,其中以出口中间品为主的国家占到样本国家的 88.4%。在图 8.9 中,横轴右端相比于左端,有更多的国家样本比值大于1。这说明发展中国家相较与发达国家而言,有更多的国家向中国出口中间品。

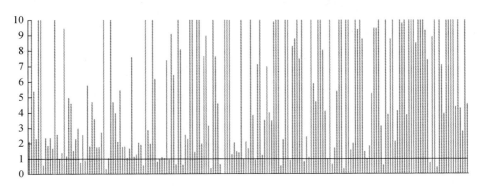

图 8.9 出口到中国的中间品/出口到中国的最终消费品比例(轻工业)
注:横轴左边为较发达国家,右边为发展中国家。

在图 8.10 中,总体而言以进口最终品为主的国家占到样本国家的 72.5%。横轴方向左端相比于右端,有更多的国家样本比值大于1,即中国更多地向发展中国家出口轻工业的最终品,而向发达国家出口中间品。

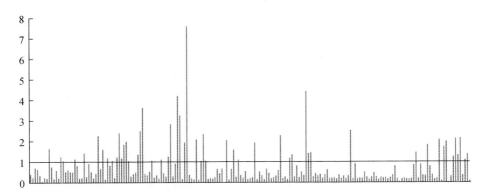

图 8.10 进口自中国的中间品/进口自中国的最终消费品比例(轻工业)
注:横轴左边为较发达国家,右边为发展中国家。

3. 重工业

对比图 8.11、图 8.12 同样可以得到两方面结论。图中直线为 $y=1$,当在国家贸易中该比值在 1 左右,则代表该国在该产品与中国的贸易中中间品与最终品基本对等。观察图 8.11 发现,其他国家基本上是出口重工业的中间品到中国,总体来说,以出口中间品为主的国家占到样本国家的 97.9%。这说明中国主要向全世界进口重工业产品的中间品。

在图8.12中,以进口最终品为主的国家占到样本国家的64.6%。横轴左端相比于右端,有更多的国家样本比值大于1。即发达国家从中国进口以中间品为主,而发展中国家则以最终品为主。在重工业的贸易中,主要进口中国重工业最终品的发展中国家比例要高于发达国家。

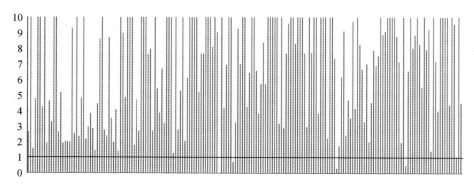

图8.11　出口到中国的中间品/出口到中国的最终消费品比例(重工业)
注:横轴左边为较发达国家,右边为发展中国家。

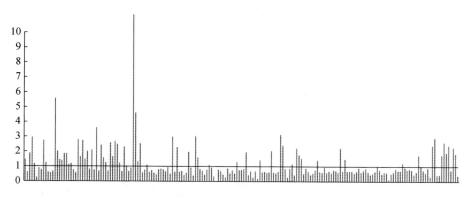

图8.12　进口自中国的中间品/进口自中国的最终消费品比例(重工业)
注:横轴左边为较发达国家,右边为发展中国家。

从中国自身的贸易比较优势来看,中国在轻工业领域展现了巨大的贸易顺差。在轻工业的中间品中,仅有21.2%的国家对中国保持顺差,而在轻工业的最终品中,这一比例更是仅有8.4%。中国广泛地向全球出口轻工业的中间品与最终品。这表现了中国在劳动力密集型产业商品贸易中仍然有巨大的比较优势。在技术与资本依赖最重的重工业贸易领域,中国也表现了广泛的比较优势。在重工业的中间品中,仅有35.9%的国家对中国保持顺差,而在重工业的最终品中,这一比例为12.7%。在第一产业,中国的进出口没有表现出绝对的优势。

(二) 全球价值链上的双循环

以上部分从国际贸易的中间品和最终品贸易结构进行分析,可以明显看出中国处于发达国家和发展中国家之间的枢纽位置。各国通过中间品贸易参与到片断化生产中,即全球价值链上的国际分工,但是每个国家在全球价值链上所处的不同位置则是由其生产附加值决定的。下文同样使用 EORA 多区域(n 国)投入产出分析表对不同国家在价值链上的位置进行分析。

图 8.13 是多区域投入产出表的结构。Z_{ij} 表示 i 国生产被 j 国使用的中间品,F_{ij} 表示 i 国生产被 j 国消耗的最终品。X_i 为 i 国的总产出,V_j 是 j 国的增加值收入。下文根据投入产出分析,首先计算出里昂惕夫逆矩阵(B),即完全消耗系数矩阵,它表示生产某行业一单位最终品所带动的所有各行业的总产出,再根据增加值矩阵V_j计算出直接增加值系数矩阵。

投入 \ 产出		中间使用				最终使用				总产出
		A 国	B 国	⋯	ROW	A 国	B 国	⋯	ROW	
中间投入	A 国									
	B 国		Z_{ij}				F_{ij}			X_i
	⋮									
	ROW									
增加值		V_j								
总投入		X_j								

图 8.13 多区域投入产出表结构

由总产出等于中间品与最终品之和,可以得到以下投入产出恒等式:
$$X = AX + F$$
根据里昂惕夫逆矩阵的定义,可知
$$B = (I - A)^{-1}$$
定义直接附加值系数矩阵:
$$V = \begin{pmatrix} V_1 & 0 & 0 \\ 0 & \ddots & 0 \\ 0 & 0 & V_n \end{pmatrix}$$
其中 $V_j = u[I - \Sigma_i A_{ij}]$,$u$ 为 $1 \times n$ 矩阵,所有元素均为 1。

再结合完全消耗系数矩阵(里昂惕夫逆矩阵)、国家的出口矩阵,可得到每个国家出口的附加值矩阵 VBE,其中 E 表示国家的总出口,包括中间品和最终品。出口附加值矩阵 VBE 的对角线元素表示一国出口的国内附加值。

根据以上方面使用 EORA2013 年投入产出表计算出统计的所有国家出口的

国内附加值,再结合世界银行中各国 2013 年 GDP 数据,整理得出一国出口中国内附加值占 GDP 的比重,作图如图 8.14,其中横轴是根据世界银行数据库 2013 年人均 GDP 按照从左到右降序排列的各国国家。

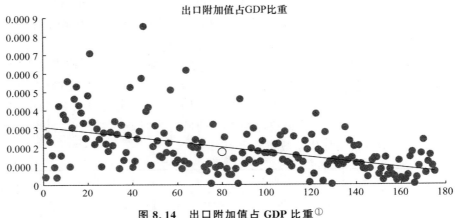

图 8.14 出口附加值占 GDP 比重[①]

从图 8.14 可以明显看出,沿着横轴从左向右,出口附加值占 GDP 比重逐渐下降。图中空心圆圈的样本点代表中国,中国无论从人均 GDP 看还是出口附加值占 GDP 比重看都处于世界的中间位置。如果将全球经济看作一个整体的价值链,那么发展中国家都位于价值链的最低端,而发达国家则位于附加值较高的价值链一端。中国则处于两者之间的位置,这也从各国在价值链上位置这一角度再次印证了全球价值的双循环(图 8.15)。

如前文分析,发展中经济体的生产始终在价值链低端环节,由于发达国家高速的技术进步,一些发展中经济体提供的中间产品技术环节达不到整体产业中片段化生产的需求,导致在价值链曲线 C 上的直接参与度降低,产业升级空间缩小,生产出口创造的附加值无法提高,社会整体福利下降。而双循环体系下,世界经济循环的两个部分将可能分别形成内部的价值链分工,即上循环价值链曲线 A 与下循环曲线 B。发展中国家尤其是处于最低端的欠发达国家可以通过下循环内部的分工,重新参与到一定的片段化生产,通过在曲线 B 上的产业升级逐步在全球化进程中获得更大的福利和附加值。中国在两个循环中的参与程度都相对较高,即同时高度参与价值链曲线 A 和 B 上的生产环节。在上循环内部,中国的工业化生产程度达到参与技术和知识密集型的产业分工,在曲线 A 上为发达国家高附加值行业提供附加值较高的中间产品及服务。处于价值链曲线 B 的下循环国家通

---

① 由于部分国家 2013 年 GDP 数据缺失,因而此图中仅包括 175 个国家。

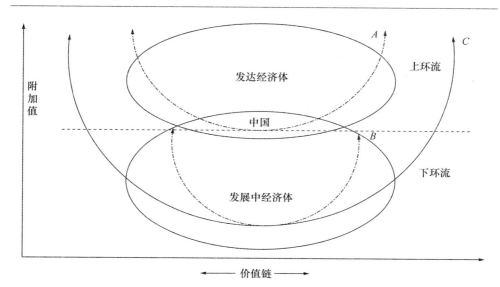

图 8.15　全球价值双循环与价值链曲线

过中国间接参与到上循环曲线 A 的生产,从而也加入了全球价值链 C 的全球分工体系。

从经济合作的角度来看,在上循环过程中,发达国家通过资本、技术等生产要素输出,将大部分加工制造、生产服务等转移到以中国为代表的新兴发展中国家,新兴发展中国家则向发达国家输出高端中间品制成品和和生产性服务,以此带动本国经济发展。下循环是在发展中国家之间展开的经济循环。中国等经济发展迅速、制造业较为发达的发展中国家通过到资源丰富的其他发展中国家直接投资,开发并进口所需的资源和初级产品,输出制成品,形成资源与制成品的贸易流;同时,下循环将本国的一些产业转移到亚非拉等发展中国家,形成投资等生产要素的流动和产业转移。中国等新兴国家一方面通过资源进口、产品和资本输出与产业转移,带动了当地的工业化和经济发展;另一方面也一定程度上解决了自身所面临的各项发展难题。

双循环体系以中国为"纽带",将陷入全球经济停滞状态的世界两极带入全球产业梯度分工之中。自全球金融危机之后,发达国家作为世界经济增长引擎的作用已大大降低,贸易保护主义与逆全球化趋势逐渐显现,而新兴发展中经济体特别是以中国为代表的"金砖国家"日益成为世界经济合作与发展的重要推动力量。全球价值双循环下的世界经济,已经由以往的单一依赖发达国家为世界经济增长引擎的模式变为发达国家与发展中国家共同带动世界向前发展的双引擎模式。

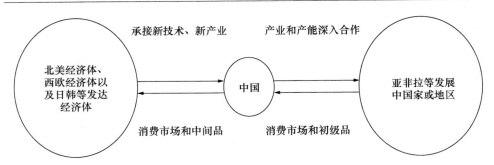

图 8.16　全球价值双循环下的经济合作模式

四、"一带一路":沿线国家经济发展

(一)沿线国家经济特征

"一带一路"沿线国家主要可以分为东南亚、南亚、西亚北非、中亚、中东欧、南欧等几个区域。从总体经济情况看,"一带一路"沿线国家经济总量较大,其中中国发挥引领作用,近年来 GDP 增速受国际大环境影响有所下滑;经济发展水平相对滞后,地区发展不平衡现象突出;产业结构上呈现"三二一"特征,农业比重相对较高;对外贸易上出口大于进口,占世界较大比重,其中能源出口地位突出,2015年受国际经济形势影响呈低迷态势;通货膨胀压力凸显;收入分配处于合理区间。①

东南亚是人口较为密集的区域,2015 年东南亚 11 国② GDP 共约 2.53 万亿美元,占世界比重为 3.4%,2000—2015 年 GDP 平均增速为 5.1%。人均 GDP 2015 年约为 4 004 美元,属于中等收入偏下国家。东南亚 11 国除东帝汶外,其他国家均为东盟成员国。1997 年 12 月,中国和东盟发表了《中国与东盟首脑会晤联合声明》,确定了中国—东盟面向 21 世纪睦邻互信伙伴关系的方向和指导原则。2010 年 1 月 1 日,中国—东盟贸易区正式全面启动,东盟和中国的贸易占到世界贸易的 13%,成为一个涵盖 11 个国家、19.96 亿人口、GDP 达 11.43 万亿美元的巨大经济体,是目前世界人口最多的自贸区,也是发展中国家间最大的自贸区。

南亚 8 国③经济中印度发挥引领作用,近年来 GDP 增速较快。2015 年南亚 8 国 GDP 共约 2.79 万亿美元,占世界比重为 3.7%。2000—2015 年 GDP 平均增速为 6.7%。人均 GDP 2015 年约为 1 600 美元,2000—2015 年人均 GDP 平均增速为 5.1%,属于中低等收入地区。在南亚 8 国中,印度是经济体量最大的国家,

---

① 此部分数据来源于世界银行,使用 2010 年不变价美元为计价单位。
② 东南亚 11 国包括印度尼西亚、柬埔寨、老挝、缅甸、马来西亚、文莱、菲律宾、新加坡、泰国、东帝汶和越南。
③ 南亚 8 国包括阿富汗、孟加拉国、不丹、印度、斯里兰卡、马尔代夫、尼泊尔、巴基斯坦。

GDP 总量占 8 国总量的 82.3%,2000—2015 年 GDP 平均增速为 7.18%。

西亚北非处于三洲两洋的交通要冲,石油资源丰富,经济支柱为石油加工出口,其石油、天然气出口在世界能源出口中占据重要地位。然而当地战乱不断,局势动荡。2015 年西亚北非 17 国① GDP 共约 3.2 万亿美元,占世界比重为 4.25%。2000—2015 年 GDP 平均增速为 4.5%。作为世界主要的石油出口地区之一,西亚北非地区人均 GDP 水平接近世界均值(2015 年世界人均 GDP 为 10 241 美元),2015 年约为 9 882 美元,属于中高等收入地区。

中亚即亚洲中部地区,深居内陆,大都是在苏联解体后成为独立国家。中亚 5 国② GDP 体量相对较小,经济发展水平相对较低;产业结构上主要依托丰富的自然资源发展油气产业,经济发展与油价紧密相关。2015 年中亚 5 国 GDP 共约 2 956 亿美元,占世界比重为 0.4%,2010—2015 年 GDP 平均增速为 7.3%。人均 GDP2015 年约为 4 306 美元,属于中高等收入地区。

中东欧泛指欧洲大陆地区受苏联控制的前社会主义国家,冷战时期的东欧国家,再加上波罗的海三国(立陶宛、拉脱维亚、爱沙尼亚)、乌克兰、白俄罗斯、摩尔多瓦等除俄罗斯外苏联的欧洲部分成员国。2015 年中东欧 13 国③ GDP 共约 3.2 万亿美元,占世界比重为 4.3%,2010—2015 年 GDP 平均增速为 3.5%。2015 年约为 10 634 美元,属于高等收入地区。

南欧孕育了古希腊、古罗马文化,确立了早期的基督教社会,为西方的思想及知识体系奠定了基础。南欧 8 国④经济体量相对较小,近年来经济增速缓慢,其中希腊深陷债务危机。2015 年南欧 8 国 GDP 共约 4 384 亿美元,占世界比重为 0.6%,2010—2015 年 GDP 平均增速为 0.8%。人均 GDP 水平高于世界平均水平,2015 年约为 13 055 美元,属于高收入地区。

从以上分析中可以看出,"一带一路"沿线国家发展相对不平衡,同时每个区域表现出不同的特点与资源禀赋。而中国作为一个大国,在新中国成立之初就建立了较为完善的工业体系,而"一带一路"沿线多国工业化程度不高,总体上仍处于工业化进程中。因此,中国一方面可以利用自己拥有的较为完善的产业结构,带动发展程度更低的国家提升制造业水平,逐渐缩小在全球产业分工体系中与产

---

① 西亚北非 17 国包括阿拉伯联合酋长国、巴林、阿拉伯埃及共和国、巴勒斯坦、伊拉克、以色列、约旦、科威特、黎巴嫩、阿曼、也门、卡塔尔、沙特阿拉伯、土耳其、格鲁吉亚、亚美尼亚、阿塞拜疆。西亚北非沿线国家中叙利亚、伊朗数据缺失,此处仅统计了其余 17 国情况。
② 中亚 5 国包括土库曼斯坦、吉尔吉斯斯坦、乌兹别克斯坦、塔吉克斯坦、哈萨克斯坦。
③ 中东欧 13 国包括保加利亚、白俄罗斯、捷克共和国、爱沙尼亚、匈牙利、立陶宛、拉脱维亚、摩尔多瓦、波兰、罗马尼亚、俄罗斯联邦、斯洛伐克共和国、乌克兰。
④ 南欧 8 国包括波斯尼亚和黑塞哥维那、希腊、克罗地亚、马其顿王国、黑山、塞尔维亚、斯洛文尼亚、阿尔巴尼亚。

业结构高的国家的差距,输出更高附加价值的工业加工品;同时,也输出自身技术和知识,以及工业化进程的经验,并获取快速发展所需的资源。下文将根据各国产业体系建立情况进行具体分析,并与中国各省进行匹配。

(二) 中国与沿线国家经济发展阶段匹配分析

中国与"一带一路"沿线国家的发展有很多内在的一致性,尤其是东南亚、南亚及中亚等国(表8.4),这种内在的一致性决定了中国和这些国家的发展具有互补和相互拉动的作用。中国在推动沿线各国发挥地缘优势的过程中同时也可以实现自身的产业升级与调整。在向上循环的国家提供产品时,中国通过贸易拉动发展处于较低阶段的国家出口产品,并进而推进自身城市化与工业化生产。通过梳理各国工业化程度,我们可以发现"一带一路"能够将沿线第二产业的产业结构高度各不相同的国家相互拉动,互补起来,实现价值链双循环上的产业协同。

借鉴钱纳里等(Chenery et al., 1977, 1986)对经济发展阶段的分类,用以下公式将人均GDP标准化。

$$\text{GDPpc}_t^n = \frac{\text{GDPpc}_t - \text{GDPpc}_{\text{begin}}}{\text{GDPpc}_{\text{finished}} - \text{GDPpc}_{\text{begin}}}$$

其中,GDPpc_t^n是经济体N中标准化的t时间内人均经济总量阶段变化指数,$\text{GDPpc}_{\text{begin}}$是工业化开始时的人均GDP,$\text{GDPpc}_{\text{finished}}$是工业化完成时的人均GDP,$\text{GDPpc}_t$是原始的、直接计算的$N$经济体的人均GDP(按照2005年美元计价)。① 当$H=0$时,经济体N开始进入工业化初步阶段,而当H越大,表示距离完成工业化的目标越近。

若从各大板块来看"一带一路"沿线国家经济发展阶段的特征,可以发现南亚国家分布处于经济发展的较低阶段,人均GDP水平还较低。处于工较高阶段的则为西亚地区资源密集型国家和部分欧洲国家。东南亚和南亚的国家大部分发展水平较低。而中东欧和西亚、中东的国家大部分处于较高阶段。

具体来看,一方面,中国工业体量庞大,增长迅猛,产能过剩与产能不足并存;另一方面,中国的产业结构既是国际分工体系中的组成部分,又保持着一定的独立性和完整性。由于中国各地资源禀赋不尽相同,区域生产力发展不平衡,产业结构多样化。齐全的产业结构,使中国拥有垂直分工体系下的劳动密集型和资本密集型产业,也拥有水平分工体系下的现代技术产业,因而在国际产业链中处于

---

① 数据以2005年的不变价格计量,将钱纳里等(Chenery et al., 1986)的标准结构模型中的人均收入1141—2822美元作为工业化的起点,而将人均收入5645—10584美元作为工业化的终点(原文以1970年美元计算,本节将它折算成2005年美元;本节中所有其他美元数据都以2005年美元计算),在这一时点之后,经济将跨入发达经济阶段(世界银行2005年划分的发达和不发达国家的人均收入的标准是10725美元,与本节10584美元的差异很小,可以忽略)。

承上启下的位置。

表 8.4 "一带一路"沿线各国与国内各省发展阶段对比(按人均 GDP 排序)

(按 2015 年计算值排序)

收入水平	国家	2010 年	2015 年	国内	2010 年	2015 年
高收入国家	卡塔尔	16.628	17.549	天津	1.838	3.557
	新加坡	10.837	12.379	上海	2.173	3.258
	阿联酋	7.847	9.313	北京	1.894	2.871
	科威特	8.671	6.568	江苏	1.001	1.774
	巴林	4.535	5.263	浙江	1.063	1.733
	沙特阿拉伯	4.159	4.579	广东	0.924	1.557
	爱沙尼亚	3.174	3.820	内蒙古	0.715	1.358
	捷克	4.404	3.789	福建	0.682	1.355
	斯洛伐克	3.632	3.489	山东	0.737	1.344
	阿曼	4.447	3.408	辽宁	0.716	1.193
	波兰	2.689	2.664			
	匈牙利	2.775	2.594			
	克罗地亚	2.900	2.422			
	保加利亚	1.290	1.306			
中高收入国家	立陶宛	2.541	3.074	吉林	0.437	0.871
	拉脱维亚	2.380	2.953	重庆	0.301	0.826
	哈萨克斯坦	1.861	2.218	河北	0.406	0.777
	马来西亚	1.844	2.014	黑龙江	0.399	0.758
	土耳其	2.089	1.851	湖北	0.292	0.709
	俄罗斯	2.239	1.842	新疆	0.291	0.707
	罗马尼亚	1.661	1.827	陕西	0.231	0.620
	中国	0.761	1.624	河南	0.265	0.614
	黎巴嫩	1.771	1.597	湖南	0.242	0.611
	马尔代夫	1.189	1.521	海南	0.250	0.583
	土库曼斯坦	0.752	1.375	山西	0.275	0.557
	黑山	1.274	1.208	青海	0.198	0.553
	泰国	0.896	1.068	宁夏	0.202	0.523
	白俄罗斯	1.067	1.047			
	塞尔维亚	0.965	0.899			
	约旦	0.641	0.858			
	波黑	0.740	0.672			
	蒙古	0.309	0.643			
	亚美尼亚	0.419	0.511			
	伊朗	1.185	−0.333			

（续表）

收入水平	国家	2010 年	2015 年	国内	2010 年	2015 年
中低收入国家	斯里兰卡	0.348	0.623	江西	0.172	0.497
	阿尔巴尼亚	0.648	0.617	四川	0.162	0.493
	格鲁吉亚	0.380	0.586	西藏	0.139	0.487
	埃及	0.311	0.546	广西	0.152	0.451
	菲律宾	0.182	0.368	安徽	0.137	0.450
	乌兹别克斯坦	0.000	0.190	云南	0.062	0.335
	乌克兰	0.381	0.172	甘肃	0.033	0.272
	摩尔多瓦	0.060	0.112	贵州	−0.073	0.137
	老挝	−0.056	0.111			
	巴基斯坦	−0.083	0.011			
	吉尔吉斯斯坦	−0.122	−0.067			
	塔吉克斯坦	−0.154	−0.109			
	叙利亚	−0.333	−0.333			
低收入国家	孟加拉	−0.151	−0.040			
	柬埔寨	−0.145	−0.053			
	尼泊尔	−0.190	−0.156			
	阿富汗	−0.196	−0.191			

资料来源：根据世界银行数据库计算。

从表 8.4 中可以看出，从 2010 年到 2015 年，中国处于工业化加速阶段，整体发展水平提升将近 30 个百分点。中国的发展阶段在"一带一路"沿线各国中，基本上处于中游偏上的位置。按照全球价值链双循环体系，中国在衔接沿线各国经济发展中起着重要的枢纽作用。因此，中国可以借助制造业水平不断提升的优势，一方面不断缩小在全球产业分工体系中与高产业结构国家的差距，提升工业品附加值；另一方面则可以向低产业高度国家输出资本与技术，并获取经济发展所需资源。

根据国际贸易的比较优势理论，中国劳动力密集型行业和资本密集型行业可以向周边的工业化程度较低的国家转移，化解自身某些行业存在的过剩产能，带动这些国家的产业升级。同时，可以吸收各发达国家的技术密集型行业，优化和提升中国自身的产业结构。同时，后金融危机时代，西方发达国家对广大发展中国家的原材料、初级产品的吸收能力下降，导致很多发展中国家转向中国寻求市场。因此中国逐渐成为对接发达国家与发展中国家的重要枢纽。

"一带一路"沿线国家有着不同的经济发展水平，并形成了不同的优势产业类型。而这些产业也形成了三种不同的梯度,即技术密集与高附加值产业(工业化后期国家)、资本密集型产业(工业化中期国家)、劳动密集型产业(工业化初期国家)。不同国家的梯度各不相同,与中国各省发展水平形成联合匹配。可以看出,中国各省发展水平呈现出明显的梯度特征,这正好与沿线各国表现出发展阶段各不相同可以良好匹配。寻找比沿线各国产业结构高度稍高的省份进行对接,将国内省份在相似发展阶段时处理特定经济发展困境与问题时的具体做法推广至相应国家,同时国内省份也可以在沿线国家进行针对性的投资、合作。在匹配后的定向合作中,由于发展阶段相似,因而经济合作的推行将更为顺利,同时能够帮助沿线国家解决其发展中遇到的瓶颈,带动沿线国家实现经济增长和产业升级。

五、结论

伴随着雁阵模式解体,新自由主义全球化风潮渐渐盛行。发达国家倡导的新自由主义全球化带来了几十年世界贸易的飞速发展,近年来发达国家则对全球化开始抱有迟疑态度,尤其是20世纪末发达国家的贸易在世界中的比重明显下降。与此同时,中国、印度、俄罗斯、巴西、南非等新兴经济体在世界贸易中比重越来越大。随着世界贫富差距逐步扩大,一方面发达国家内部收入两极分化程度加剧,另一方面发展中国家与发达国家的收入差距也在逐渐增大。在世界经济低迷的宏观背景之下,以往由发达国家主导的国际经济合作已经不能推动世界经济的进一步发展,此时中国顺势提出"一带一路"倡议,旨在通过增加发展中国家与世界经济的联系,将更多国家纳入全球价值链片段化生产中,参与全球价值链上的国际分工,从而为世界经济发展带来更加公平的发展机遇。

世界经济经历几次大的变革和转移后,中国经济迅速崛起,并来到了世界经济发展的中心,制造业生产规模、进出口贸易量以及资本积累都达到近几十年来前所未有的高度。目前在中间品、最终品贸易上,中国贸易伙伴呈现出多元化的特征,同时在与各国的进口、出口贸易中都占较大比重。具体来看,全球经济表现出一个明显的价值上的双循环。中国与发达国家和发展中国家之间的贸易表现出不同的规律,发达国家向中国出口商品以最终品为主,而进口商品则以中间品为主;与发展中国家的贸易相反,出口以中间品为主,进口则以最终品为主。在轻工业、重工业贸易中也表现出类似的特征(农业贸易中则表现不明显)。同时,在全球价值链上,发展中国家的出口贸易附加值仍比较低,发达国家则比较高,而中国则处于价值链中间的位置,联通着发达经济体与发展中经济体的经济合作,形成了双循环的全球价值分工体系。

目前,中国已经是世界上中间品和最终品的重要出口目标国,未来更是会成为全球最大的市场和资金吸纳地,在当前全球化进程面临瓶颈、发达经济体对于全球化迟疑不定之时,中国进行了从区域大国向世界大国转型的首次主动尝试,适时提出"一带一路"的倡议，借助于全球价值双循环的分工体系，努力构建一个能够全球共享发展成果的更加开放和包容的国际合作平台。不管是从经济发展阶段还是产业结构来看，中国目前都处于发达经济体与发展中经济体之间的中间水平，加上自身经济发展潜力、齐全的产业体系以及巨大的消费市场，中国与沿线各个国家都形成了一定的产业贸易互补性。这决定了中国将发挥承上启下的作用，将更多国家带入全球价值链片段化生产合作中。借助"一带一路"的国际合作平台，一方面可以通过自身发展过程中积累的可推广经验（如工业化、城镇化、基础设施建设等），帮助广大发展中国家解决发展中遇到的困境；另一方面可以通过贸易投资等方面的合作，实现更大范围的国际分工，提高资源的配置效率，为全球经济发展注入新活力。

第九章 金融发展与金融风险

第一节 信任、金融与经济增长:理论进展与中国经验

一、引言

世界各国经济增长速度的巨大差异,素来是经济学家的争论热点,历经岁月而不衰。早期学者关注增长的最直接因素,强调技术进步、人力资本和物质资本积累的重要作用。主流的经济学家更多以索洛模型为基准,对影响经济的三大传统资本进行探讨。而近些年来,学术界的关注点转向了正式制度的作用,如:将制度视为积累和创新的内在动因(Acemoglu et al.,2001),探讨在多大程度上能够将制度与人力资本等因素区分开来(Glaeser et al.,2004)。最近,经济学界开始关注根植于文化和历史之中的更深层因素即信任,试图探讨信任对经济增长、金融发展的影响。

随着中国几十年的经济发展,信任水平也发生了巨大的改变,信任已经从家庭内部延伸到更宽泛的领域,这不仅使中国经济更快地发展,也促使了金融的深度发展。但同时我们也发现,中国作为大国,不同地区经济和金融发展有着很大差距,为何南方的金融创新比北方要快一些?这些传统观点不能很好解释甚至解释不了的原因,从社会资本角度如信任或许可以很好地解释。因此,对于信任、金融和增长的关系,学者在理论和实证方面都进行过相关研究,但结论有所不同,而且基于中国数据研究的文章很少,所以本章将基于中国数据就信任对经济、金融增长的关系进行研究。

二、相关文献回顾

本节分为两部分,分别对信任与经济增长以及信任与金融发展的文献进行梳理。

(一)信任与经济增长的关系研究

对于信任与经济增长的关系,学者主要基于三种理论进行研究,分别是古典经济社会学、新经济社会学以及博弈论。

古典经济社会学在研究时把信任作为契约关系中的因素进行研究。Hobbes(1985)认为人的行为有着类似动物的冲动,是强权统治维持了社会秩序,但这违背了其认为理想社会是建立在人与人之间的契约关系而非人与政府间关系的假

设。而 Smith(1972)认为人与动物不同,人在追求自己利益的同时会考虑他人的利益,会通过交换的方式获得自己利益的最大化,经济秩序也是在这种温和逐利的方式中形成,这也是主流经济学的看法。但是,Durkheim(1973)对主流经济学观点并不认同,而认为该问题应该从微观领域寻找,在他看来,即使非常完善的契约关系中也会存在信息缺失或事件结果不确定性而不能表现个人意愿的现象,因此为了应对这种不确定性,社会上形成了一套被大家默认的规范和惯例,各方在缔结契约时都会或明或暗地遵守。

新经济社会学中学者则从社会资本的角度研究信任与经济增长,Bourdieu et al.(1970)提出了社会资本的三个层面的含义,其中宏观层面的社会资本指与集体行为和公共政策相联系的资本,而信任就是该层面的社会资本。基于该定义,Granovetter(1973)从嵌入理论角度认为人嵌入在具体的关系网络中,通过活动促使他们之间产生信任的情感从而有效维持了经济秩序。而后,Granovetter(1974)又进一步分析认为经济参与者相互信任的情感可以降低为了防止出现欺诈、破坏或处理争端所需要的交易成本,从而提高经济效率和效益。Putnam et al.(1993)则从社会资本内部进行研究,认为信任对其他社会资本,如互惠规范、社交网络等是有影响的。互惠规范限制了机会主义的行为,互惠人之间的重复交集导致他们信任水平的增加,这些都是有利于经济发展的社会资本,进而会提高国家经济水平的发展。

信任在博弈论上的分析主要体现在由重复博弈演化而来的声誉机制以及委托代理关系。张维迎(2001)提出了由声誉机制产生的"连坐制",认为声誉对个人或组织会产生重要影响,同时需要注意的是声誉所导致的信任度高低并非完全是欺骗等不良行为所引起,交易频率的高低也可能会对声誉产生影响。孙世哲(2007)基于信任的委托代理关系进行了博弈分析,得出的结论是提高信任水平可以有效地避免囚徒困境,从而使福利增加。

基于以上理论分析,学者对信任与增长的关系进行了相关实证研究。Dincer and Uslancer(2010)通过研究美国 1990—2000 年的信任调查数据,得出信任与经济增长之间有正向促进作用,并且信任水平每提高 10 个百分点可以促使人均收入提高 0.5 个百分点。Knack and Keefer(1997)、Zak and Knack(2001)等通过研究全球部分国家的数据均得出信任对经济增长有显著正向促进作用。但是也有研究学者表明,信任与经济增长之间不存在正向作用关系。Helliwell(2003)选取高收入国家的数据研究发现信任对经济增长有反作用力。Beugelsdijk et al.(2004)通过运用欧洲高收入国家的区域性数据,发现信任与经济增长之间没有显著关系。国内在该方面的研究较少,张维迎和柯荣住(2002)通过用中国的省际调查数据研究发现信任是除物质资本与人力资本之外决定一个国家经济增长和社会进步的主要社会资本。

(二)信任与金融发展的关系研究

金融市场的正常运作高度依赖于信任,由于金融活动含有对未来支付的承诺,而未来支付承诺的实现则有赖于债务人的可信性,因为法律保障不仅成本高昂,而且未必靠得住。Shapiro(1983)研究表明信誉会给外部观察者形成可信性和可预测性感知,让投资者信赖企业的产品和服务,金融合约是信任密集度最高的合约,金融机构都需要建立自己的信誉。Guiso and Jappelli(2005)通过信任的角度解释了有限股票市场参与之谜,得出投资者的股票市场参与程度和自身财富水平没有太大关系,财富水平高的投资者购买股票的比例可能相对较低。Butler et al.(2009)研究了投资者的信任水平和投资收益间的关系,信任水平较高的投资者对市场过于乐观,从而过度投资,使得收益下降。Guiso(2010)从宏观视角进一步分析发现,信任和社会资本等因素对金融市场投资、对外直接投资和欧洲国家间的对外贸易都有重要的影响。

国内在相关方面的研究还较少,崔巍(2013)把信任分为社会信任和金融信任两种,探讨信任的高低对金融市场参与和投资收益间的关系,得出社会信任水平越高,金融市场参与度越高,金融信任水平是存在峰度的倒U形关系,在金融信任较低范围,信任水平越高,投资收益越高,达到最大值后,投资收益和信任水平成反向关系。本节将把金融发展和经济增长放在一起,探讨它们与信任的关系。

三、实证分析:信任、金融与增长关系研究

研究信任与经济增长、金融发展的关系,首先要确定信任的含义。对于信任的定义,学术界至今没有统一的定论。将信任从功能分,有部分学者支持前文提到的古典经济社会学家的观点,认为信任是个体之间的契约关系,另一部分学者则支持新经济社会学对信任的定义,把信任作为社会资本的一种,是一种比较可靠的概括性的期望,认为信任是双方相互约定的结果,涉及的是基本价值标准和规范。将信任从对象分,可分为狭义的信任和广义的信任,狭义信任指只在一小群有关系的人(例如亲戚)中倡导优良的行为准则,而在小圈子之外则把自私自利视为道德上可以接受的行为。而广义信任则是在小的家庭或亲戚圈子之外亦倡导优良的行为准则。我们在研究时,把信任作为社会资本,应用其广义信任的含义,强调突破家庭界限后社会信任对金融、经济增长的作用。

对于信任的度量,目前主流的方法有三种,即问卷调查、实验室试验和现场博弈。后两种方法主要是弥补因问卷调查回答与实际行为不相符而造成对信任水平衡量有偏差,但相关学者基于问卷调查是否可以较准确地度量信任水平也做过研究。例如Dincer and Uslancer(2010)利用美国全民社会调查(GSS)数据研究发现,"信任问题"的回答与实际信任行为之间的相关关系可能会因为所选取的调查

区域的范围大小不同而不同,国家之间比国家内城市或者地区之间态度与行为的差别要大一些。本节主要考察的是中国不同地区的信任水平,对信任的度量采取问卷调查的方法。

（一）信任与经济增长实证研究

从信任是一种社会资本的角度,本节研究信任与增长的模型主要借鉴了索洛模型,认为影响经济增长的因素包括信任、人力资本和物质资本。因此选取如下指标:

（1）经济增长指标:衡量一国经济发展现状的指标,目前比较权威的仍是国内生产总值。因此,我们采用每个地区的地区生产总值作为经济衡量指标,为了体现其增长,我们采取了 GDP 增长率进行衡量。

（2）信任指标:我们采用中国社会综合调查（CGSS）发布的调查问卷中关于"总的来说,您同不同意在这个社会上,绝大多数人都是可以信任的?"问题的答案,从非常不同意到非常同意赋予 1—5 的数值,地区的信任水平由同一地区个人的信任水平平均计算得出。

（3）人力资本:主要从两方面进行考虑,一是劳动人数,二是劳动质量。劳动人数我们用每年人口增长率来进行衡量;劳动质量我们通过教育水平进行衡量,考虑到中国已经基本普及九年义务教育,所以我们采取每十万人口中高中在校人数比例来反映对应地区的教育水平,间接反映其劳动质量。

（4）物质资本:该部分也从两方面进行考虑,一是固定资产投资,二是金融资本投资。固定资产投资我们采取了初始投资额和投资增长率两方面进行衡量;金融资本投资是用金融业增加值进行度量,通过反映金融业规模看第三产业对经济的拉动作用。

基于以上指标选取,我们把经济增长指标作为被解释变量,把信任指标作为解释变量,其余指标作为控制变量,根据索洛模型有如下表达式:

$$\text{gdpgro}_i = \beta_0 + \beta_1 \text{trust}_i + \beta_2 \text{labergro}_i + \beta_3 \text{edu}_i + \beta_4 \text{invgro}_i + \beta_5 \text{inv}_{0i} + \beta_6 \text{fanadd}_i + \mu$$

其中,gdpgro_i 为各地区 GDP 增长率;trust_i 为各地区信任水平;labergro_i 为各地区的人口增长率;edu_i 为各地区每十万人口中高中在校人数占比;invgro_i 是各地区固定资产投资增速;inv_{0i} 为各地区初始投资;fanadd_i 为各地区金融业增加值。

由于社会调查数据年数不连续以及地区不统一,我们剔除了信息不完全省份,采用了 26 个省份 2010—2013 年 4 年连续数据。接下来进行实证分析。

由于时间维度比截面数据小,所以选取短面板回归,在这种情况下,由于 T 较小,每个个体的信息较少,故无从讨论扰动项是否存在自相关,我们一般假设其独立同分布。但在回归之前需要考虑模型选取固定效应估计还是随机效应估计,所以进行 Hausman 检验。检验结果显示 P 值为 0.47，大于 0.05，所以不拒绝原假设，模型选择随机效应估计。通过 Stata 软件，引入不同控制变量，对面板数据进行随机效应估计，估计结果汇总如表 9.1 所示。

表 9.1 信任对经济增长影响的实证结果

	gdpgro				
	(1)	(2)	(3)	(4)	(5)
trust	0.131034***	0.1292323***	0.1155259**	0.109916**	0.0989457**
	(3.54)	(3.48)	(3.17)	(2.97)	(2.71)
labergro		0.0018961	−0.0007619	−0.0019088	−0.0015693
		(0.79)	(−0.30)	(−0.72)	(−0.61)
edu			0.0000207**	0.0000242**	0.0000163
			(2.63)	(2.95)	(1.85)
invgro				−0.0277176	−0.0724384
				(−0.41)	(−1.05)
inv				−2.47e−06**	−3.16e−06**
				(−2.09)	(−2.65)
fanadd					−0.5210416
					(−2.26)
常数项	−0.2902116	−0.2930645	−0.3023511	−2.643934	−0.1600414
	(−2.29)	(−2.31)	(−2.45)	(−2.11)	(−1.22)
观测值	104	104	104	104	104
R-squared	0.109	0.115	0.1725	0.208	0.248
卡方检验值	12.56***	13.14***	20.85***	25.74***	31.95***

注：括号内为 z 统计结果；*** $p<0.01$，** $p<0.05$，*** $p<0.1$。

从表中回归结果可以看出信任度作为 GDP 增长率的解释变量在五次回归中显著性都比较好，前两次最好。从系数上来看，当引入人口增长率和教育水平以及资本投资等因素以后，信任度每增加 10%，GDP 增长率就将增加 0.99%。从可决系数看，增加控制变量会显著提升模型拟合程度，虽然系数值在 0.2 左右，还不是很高的水平，但仍可以看出经济增长与信任线性关系显著。从控制变量来看，教育水平以及固定资产投资这两个变量有很强的显著性，教育水平系数为正，反映提升劳动者质量可以很好地促进经济发展；但是对于初始固定资产投资系数为负，可能是从库存的角度进行解释，前期投入较大，亦造成产能过剩，库存积压，影响经济的未来发展。而对于人口增长率对经济增长一直不是很显著的原因可能是中国近几年人口红利消失，且劳动者数量的增加并不会很有效地促进经济的增长。

(二)信任与金融发展的实证研究

本节研究信任与金融发展的关系思路与上小节相同,分别从信任、经济增长和结构变化以及城镇化水平几方面进行金融影响因素研究。具体选取指标如下:

(1)金融发展指标:目前衡量金融发展的指标主要是金融相关比率,等于货币存量与GDP的比值。由于分地区的M2没有公布,我们用银行的存贷款余额进行替代。

(2)信任指标:与上节完全相同。

(3)经济指标:经济的增长对金融有促进作用,随着经济的增长,各产业发展越来越完善,会形成一定的规模效应,从而对资金的需求更为迫切,进而促使金融的发展。不仅如此,经济的增长带动收入水平的提高,使居民有更多的选择,投资者会进行更好的资产配置。我们采取人均GDP对其进行衡量。

(4)工业化程度:工业化代表着一个国家实体经济的发展,实体经济的高速发展会带来较多的投融资需求,会促进金融产品和制度的创新,有利于金融的发展,我们选取工业增长率为指标对中国各地区工业发展进行度量。

(5)第三产业占比:目前中国处于第三产业持续增长阶段,金融业作为第三产业的核心部门,第三产业占GDP的比重也会影响金融的发展。

(6)城镇化水平:历史原因造成的城乡二元结构问题一直影响着中国经济的发展,也必然影响我们金融发展的进程,同时城镇化进程中也会带来很多投资机遇,有利于金融的进一步发展。我们选择城镇人口占总人口的比例来衡量地区城市化水平。

基于以上指标选取,我们把金融发展指标作为被解释变量,把信任指标作为解释变量,其余指标作为控制变量,结合以前学者的研究,得出如下表达式:

$$\text{FIR}_i = \beta_0 + \beta_1 \text{trust}_i + \beta_2 \text{GRE}_i + \beta_3 \text{INDUS}_i + \beta_4 \text{THIRD}_i + \beta_5 \text{CITI}_i + \mu$$

其中,FIR_i 为各地区金融相关比率;trust_i 为各地区信任水平;GRE_i 为各地区的人均GDP;INDUS_i 为各地区工业增长率;THIRD_i 是各地区第三产业占GDP比重;CITI_i 为各地区城镇化水平。本节数据同样选用2010—2013年26个省份连续4年的数据。

本节也是短面板回归,首先进行Hausman检验确定回归模型。检验结果显示P值为0.66,大于0.05,所以不拒绝原假设,模型选择随机效应估计。我们采用Stata软件,通过引入不同控制变量,对面板数据进行随机效应估计,估计结果汇总如表9.2所示。

表 9.2 信任对金融影响的实证结果

	FIR		
	(1)	(2)	(3)
trust	−0.2289758	0.5692295	0.6000458
	(−0.30)	(1.47)	(1.55)
GRE		4.24e-06	0.000013***
		(0.50)	(3.49)
INDUS		−0.0002985***	−0.0003074***
		(−12.38)	(−13.45)
THIRD		0.0002844***	0.0002915***
		(10.44)	(10.96)
CITI		1.387711	
		(1.16)	
常数项	3.60397	0.152003	0.4501763
	(1.36)	(0.11)	(0.33)
观测值	104	104	104
R-squared	0.0009	0.7832	0.7803
卡方检验值	0.09	354.1***	351.56***

注:括号内为 z 统计结果;*** $p<0.01$,** $p<0.05$,*** $p<0.1$。

从表中回归的数据我们可以看出,信任度作为金融发展的解释变量结果并不显著,从系数上看,当引入人均生产总值、工业增长率、第三产业占比和城市化水平后,模型拟合效果有显著的提升,信任度每增加 10%,会促进金融发展 6%。因此,基于中国的数据,信任和金融之间的关系呈正相关,但是相关关系并不显著。除此之外,我们注意到城镇化水平与金融发展的关系也不显著,这和理论也不是很相符,原因可能在于我们截取时间比较短,城镇化水平近两年虽然发展较快,但是 2010—2013 年也正是经济下行、金融发展动荡的 4 年,所以外在的客观因素可能导致数据系数不显著。

四、信任的影响因素分析

通过前文研究发现信任对经济增长、金融发展都有正向促进作用,对经济增长的促进作用非常显著,所以本节我们分析信任的影响因素,由此分析信任影响经济、金融的路径。我们把信任的影响因素分为个体特征因素和社会因素,在个体特征因素中选取了四个客观因素和三个主观因素,在社会因素层面本节试图考察区域异质性和重大历史事件对信任的影响。

本节被解释变量为信任,信任的数据来源是中国社会综合调查,该数据样本来自对中国 31 个省份,10 000 多个个体的调查结果。信任的量化标准是,受访者被问到"总的来说,您同不同意在这个社会上,绝大多数人都是可以信任的?",对于答案从非常不同意到非常同意赋予1—5的数值。解释变量及定义如表9.3所示。

表9.3 解释变量及定义

变量名		定义
个体特征层面	Male	被调查对象是男性为1,女性则为0
	Age	被调查对象年龄
	Married	被调查对象已婚则为1,否则为0
	Edu	被调查对象受教育水平从低到高依次赋值1—7
	Fin_sat	被调查对象对家庭经济满意水平从低到高依次赋值1—5
	Press_c	被调查对象对媒体信心值从低到高依次赋值1—5
	Gov_c	被调查对象对政府信心值从低到高依次赋值1—5
社会层面	Year_1	被调查对象于1956年前出生为1,否则为0
	Year_2	被调查对象于1976年后出生为1,否则为0
	Locat	被调查对象所处地区为南方为1,否则为0

由于被解释变量是一个多元选择的变量,因此本节中将采用二元选择模型中的Logit的扩展模型进行回归。剔除变量中缺失值,样本数量最终为5 350。

本节首先对个体层面因素进行回归,然后逐步加入社会层面影响因素,由于加入社会因素后历史事件时间和年龄有较高相关性,所以把年龄变量剔除。同时为了解释的方便,回归结果中不再汇报回归系数,而是直接报告各解释变量的变化对信任水平的边际概率影响。回归结果见表9.4。

表9.4 分因素回归结果

变量名	trust	
	(1)	(2)
自变量	个体因素	全因素去掉age变量
观测值	5 350	5 350
R-squared	0.0194	0.0207
卡方检验值	264.16***	282.02***

通过两个方程的回归,可以看到两个模型都通过了检验,模型显著,而当加入社会因素后模型的拟合系数有所提高,因此,接下来我们进行信任影响因素分析时基于全因素回归的结果(表9.5)。

表 9.5 全因素与信任的关系

变量名	(1) trust=1	(2) trust=2	(3) trust=3	(4) trust=4	(5) trust=5
Male	0.0000505 (0.01)	−0.014422 (−1.21)	−0.0163998 (−1.59)	0.0256062* (1.86)	0.0051652 (0.82)
Married	−0.000298 (−0.03)	−0.0058702 (−0.28)	−0.0571075*** (−3.15)	0.081265*** (3.13)	−0.0179891 (−1.47)
Edu	0.00101086 (0.59)	−0.0003955 (−0.10)	0.0003399 (0.10)	−0.0011308 (−0.25)	0.0001677 (0.08)
Fin_sat	−0.0119486*** (−3.04)	−0.0264795*** (−2.96)	−0.0146026* (−1.90)	0.0432564*** (4.17)	0.0097747** (2.06)
Press_c	−0.0059404* (−1.92)	−0.0021583 (−0.31)	−0.0127488** (−2.10)	0.0144087* (1.78)	0.006439* (1.74)
Gov_c	−0.0138411*** (−4.57)	−0.0496525*** (−7.76)	0.0075401 (1.38)	0.0439926*** (6.00)	0.0119611*** (3.57)
Year_1	0.0003592 (−0.05)	−0.0747183*** (−4.98)	−0.0076262 (−0.61)	0.0619453*** (3.75)	0.0207522*** (2.91)
Year_2	0.0006746 (0.09)	0.038102** (2.42)	−0.0126784 (−0.88)	−0.0126321 (−0.66)	−0.0134661 (−1.37)
Locat	−0.0001921 (−0.04)	−0.0225387* (−1.93)	0.0380412*** (3.72)	−0.0294804** (−2.17)	0.0141699** (2.25)

注:括号内为 z 统计结果;*** $p<0.01$,** $p<0.05$,*** $p<0.1$。

从实证结果可以看出家庭收入满意度和对政府信心度对信任的影响都非常显著,具体表现为对家庭经济状况较满意的个人比不是那么满意的、愿意相信他人的概率最高提高 4.3 个百分点,对政府怀有较高信心的个人比不是那么有信心的、愿意相信他人的概率最高提高 4.4 个百分点。除此之外,婚姻状况在信任处于中高水平时,对信任的影响比较显著,性别、受教育程度和对于媒体的信心对信任的影响均不是很显著。

对于社会因素的影响,"文化大革命"历史事件和南北方地域差异对信任的影响是非常显著的,而改革开放对信任的影响并不显著。具体表现为出生在"文化大革命"前的人的信用水平显著高于 1956 年后出生的人,差距最高能达到 6 个百分点;而地域对信任的影响不一致,当信任水平由不太信任变为中间值时,南方人信任水平提高 3.8 个百分点,当信任水平由中间值变为比较信任时,北方人信任水平提高 2.9 个百分点。

五、结论与建议

通过对信任、金融发展、经济增长间的关系以及信任影响因素的实证研究,我们得出如下结论。

第一,信任对经济增长存在显著的正向促进关系,信任度每增加10%,经济增长率将增加0.99%。基于中国数据研究结果与国际经验数据研究结果较为相近,说明中国信任与经济增长与世界范围内的影响较为一致。

第二,信任对金融发展有正向促进作用,但统计上并不显著。可能潜在的原因是信任对金融有两方面作用,良好的信任水平可以降低交易成本从而促进金融的发展,但过度的信任可能会导致盲目投资,扰乱金融市场秩序,从而抑制金融发展。

第三,信任影响经济金融的路径受到个人和社会两大层面因素的影响。个人层面中家庭收入满意度和政府信心度对信任的促进作用最为显著,婚姻在信任水平处于中间水平时对其促进作用明显,其余个人层面指标如教育程度、媒体信心度对信任都有促进作用。社会层面部分,"文化大革命"历史事件和南北方地域差异对于信任的影响非常显著,改革开放对信任的影响不显著但有负向影响趋势。

根据研究结论,针对目前中国经济金融发展现状,以及信任机制建设情况,笔者提出以下两点建议。

第一,要加强中国信用体系建设,规范信用制度建设。信用体系建设包括政府、企业以及个人信用建设,例如央行公布个人征信,这是在可以查询企业征信后的又一重要举措,对中国的信用体系建设是很重要的一步。未来国家应该继续规范信用制度,发挥政府的统一管理作用,确定相关部门的职责,使中国信用体系可以规范、有序地推进。

第二,要继续提升政府公信力,树立政府诚信形象。在中国,无论基于经验判断还是上文实证检验,都表明政府行为对社会整体信任水平有显著作用。因此,我们应该从法律制度、民政沟通途径、政府官员素质等方面提高政府公信力。

第二节 潜在"流动性陷阱"风险①

2008年金融危机以来,面对经济衰退和通货紧缩,以零利率、量化宽松货币政策为主要特征的"流动性陷阱"逐渐蔓延全球,美国、日本和欧元区相继陷入其中,日本和欧元区甚至采取了负利率政策。随着中国经济下行风险增加,货币政策边际效应递减困境出现。从经济运行方面来看,经济增速逐步放缓。2016年第3季度GDP累计同比增长6.7%,延续缓慢下行的态势。价格水平同比增速温和回升,CPI月均同比增速维持在2%左右,PPI同比增长率由负转正,工业生产价格将进入上行轨道。尽管从数据上反映出整体的经济运行状况相对平稳,但难以掩

---

① 本节内容已发表于《上海金融》2017年第3期。

盖有效需求的疲弱及其对整体经济的支撑乏力。消费增长受阻,民间投资同比增速的快速下滑,对经济运行带来了很大的系统性下行风险。从货币政策方面来看,名义利率保持在低位,经济下行压力持续的背景下,$M1$和$M2$同比增速出现"剪刀差",企业更愿意持币观望、投资意愿降低,货币政策的边际效力下降。公众对中国是否逼近"流动性陷阱"产生担忧(刘煜辉和钱学宁,2016;刘明彦,2016;钮文新,2016;苏剑,2016),学术界也展开了"中国是否陷入流动性陷阱?""中国式流动性陷阱的具体特征以及如何应对?"等问题的讨论。近些年,多数研究基于发达国家的经验,探讨如何拓展货币政策的实施空间来摆脱"流动性陷阱"?其中,以凯恩斯主义为主导思想的货币理论和量化宽松货币政策成为解释和解决"流动性陷阱"的主流。而对于发展中国家产生类似的"流动性陷阱"现象却缺乏比较好的识别和治理办法。

本节通过对发达国家流动性陷阱特征的经验总结,并结合中国宏观经济运行状况,对中国经济的"流动性陷阱"风险进行定量识别,探索中国式流动性陷阱产生的根源及其与发达国家的差别,进而提出应对策略。首先,从西方流动性陷阱的理论和现实入手,以全球经济长周期视角总结发达国家经济陷入流动性陷阱的特征。随后,从通货紧缩风险、公众对经济运行的悲观预期风险和利率对货币流通速度的边际弹性扩张风险三个层面,识别中国是否具备逼近流动性陷阱的条件以及经济的流动性陷阱风险。通过引入 Divisia 广义货币供给量增长率指标分析货币流通速度。基于传统的货币数量方程,在控制"货币化"、资本市场、房地产市场、开放条件等影响中国货币流通速度的因素之后,采用半参数回归,估计利率对中国货币流通速度的边际弹性变化,进而判断中国经济是否陷入流动性陷阱。最后,提出通过改革创造有效需求机会的政策建议,以帮助经济脱离"流动性陷阱"轨道。

本研究的创新点包括:第一,结合西方发达国家传统意义上的通货紧缩预期传递流动性陷阱的理论与现实,从通货紧缩、公众预期以及货币流通速度三个层面,系统性分析中国经济陷入流动性陷阱的可能。第二,在传统的货币流通速度函数基础上,控制"货币化""资本市场"等因素对货币流通速度的影响,使用半参数估计方法估计货币流通速度的边际利率弹性变化趋势,进而对流动性陷阱风险进行定量识别,弥补已有研究基于货币流动速度函数线性假设的研究缺陷。第三,使用货币数量 Divisia 增长率分析货币资产流动性偏好的变化趋势,出于 Divisia 货币需求更为稳定的考虑(Stracca,2004;左柏云等,2009;李正辉等,2012),将 Divisia 广义货币总量引入中国货币流通速度函数考察利率对货币流通速度的边际弹性。

一、西方"流动性陷阱"的理论与现实

从 Keynes(1936)在其《就业、利息与货币通论》中最早提出了"流动性陷阱"的概念以后,"流动性陷阱"一词出现就意味着经济萧条、通货紧缩的临近。凯恩斯意义上的"流动性陷阱"满足两个条件:一是货币需求的利率弹性无限大,增加的货币供给量会被流动性偏好的货币需求吞没,货币当局会失掉它对利率的有效控制,利率无法进一步降低;二是由于流动性偏好心理因素的存在,名义利率降至最低水平时,人们就会产生利率上升而债券价格下降的预期,此时货币和债券完全可替代,货币需求的弹性无限大,无法刺激投资和消费,传统的货币政策失灵。鉴于"流动性陷阱"是一种极端的特例,在此之后,货币经济学者们对其存在性以及如何实施货币政策逃离"流动性陷阱"方面进行了不断的探索。在探讨"流动性陷阱"是否存在的研究中,多以实证方法检验货币需求的利率弹性是否无穷大(Friedman,1963;Tobin,1972)。由于各家学者对货币和利率统计量选择的不同,从而导致了结论不一。随着第二次世界大战后世界经济通货紧缩转为"滞涨",流动性陷阱与世界经济走势的关系也逐渐淡化。直到 20 世纪 90 年代初,日本因股市和房地产泡沫相继破灭,名义利率接近于零,物价水平持续负增长,经济进入持续衰退期。日本在 1995 年之后利率只有 0.02%,而经济增长却在长达 10 多年中保持不到 1 个百分点,出现了流动性陷阱的诸多特征。

Krugman(1998)提出了日本陷入流动性陷阱,并推动了该领域的理论创新,完善了凯恩斯"流动性陷阱"概念的理论框架,扩大了"流动性陷阱"概念的使用范围,并提出了相应的货币政策应对思路。这个时期的学者(Orphanides,2000;Eggertsson,2003;Ito and Mishkin,2004;Woodford,2005;Jeanne and Svensson,2007)关于流动性陷阱的核心思想可以理解为:金融市场受到负向冲击造成的金融资产价格急速暴跌,导致居民和企业的资产负债表明显恶化,其消费和投资能力受到严重的影响,致使消费和投资锐减,有效需求显著萎缩;有效需求的严重不足动摇了居民和企业对经济的信心,未来通货紧缩的悲观渐渐植入居民和企业的预期;消费者对经济前景的悲观导致消费意愿下滑,当投资者对经济持续悲观时,预期投资回报率极低,即使将名义利率降低到零,但真实利率仍然很高,不会产生更多的投资,进而产生"流动性陷阱"(见逻辑图 9.1)。

由于日本采用量化宽松货币政策在 21 世纪初实现了经济复苏的成功经验,针对"流动性陷阱"的"成因分析—传导机制—政策建议"应对体系似乎已经基本成熟,并成为随后指导各国应对"流动性陷阱"的基准。在 2008 年金融危机之后,各国为了刺激经济纷纷快速降低利率,市场利率迅速走低,美国在 2008 年 12 月 16 日以超出市场预期的激进姿态进入了事实上的零利率时代,联邦基金利率下调至 0%—0.25% 的历史最低区间,并推行量化宽松政策,2008—2014 年间相继推

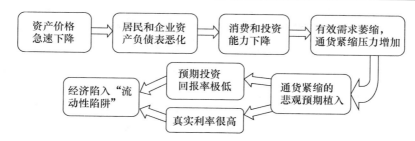

图 9.1 西方传统意义的"流动性陷阱"的传导机制

出了 3 次量化宽松（QE）。继美国之后，被欧债危机缠身多年的欧盟也推出了低息政策，为推高通胀预期，刺激经济复苏，于 2014 年 6 月正式进入"负利率"时代。作为"零利率"政策的代表，日本也在 2016 年 1 月 29 日宣布实施负利率政策，并继续加大量化宽松力度。从效果来看，除美国经济已经走出了衰退困境，步入艰难的复苏轨道，欧洲、日本经济复苏状况未见明显起色，全球仍然面临着较大的通货紧缩风险。

可见，"流动性陷阱"形成的根源是公众对未来经济复苏的信心崩溃，扩张性的货币政策在完全修复公众信心之前，很难对消费和投资产生明显的刺激，经济被困于"流动性陷阱"。主要政策观点普遍强调依靠金融变量的调整形成通胀预期，来恢复公众信心，成为"量化宽松"货币政策的理论基础。

（一）中国经济面临的"流动性陷阱"风险

结合西方流动性陷阱理论以及中国经济发展特征，我们认为中国经济是否面临"流动性陷阱"风险可以从三个方面的特征来识别：(1)经济出现通货紧缩迹象。(2)名义利率已经降至最低水平，公众对经济产生通货紧缩的悲观预期，导致利率刺激有效需求的杠杆作用失效。(3)货币政策边际效应递减，低利率水平下的货币政策对经济刺激的效果不明显，反映为利率对货币流通速度的边际弹性逐渐扩大。

（二）中国通货紧缩风险识别

判断经济是否进入通货紧缩需要关注两个关键性因素，一是价格总水平，二是价格水平持续性变化。国际货币基金组织（IMF）和国际清算银行（BIS）的定义，认为通货通缩是指"物价持续两年下跌的状态"。IMF（2003）认为，总体价格水平指标（消费价格指数 CPI 或者 GDP 平减指数）持续三个月或者半年下降，就可以在技术上判定为通货紧缩。从反映中国物价指标的走势来看，中国物价指数处于较低水平，存在通货膨胀放缓，并没有实质意义上的全面通缩风险。同时，根据当前利率水平反映的货币条件来看，真实利率依然处在较低的水平上，经济的货币条件较为宽松。

一方面,尽管 CPI 在低位运行,但仍然连续为正。如图 9.2 所示,从 2014 年开始,CPI 同比上涨率连续走低,进入"1"时代,CPI 同比上涨率从 2014 年 8 月至 2015 年 12 月经历了 16 个月的"1"时代运行,且在 2015 全年维持在较低水平,但 CPI 同比上涨率并未出现过负值,物价水平始终为通货膨胀放缓的状态。2016 年上半年,受到食品价格上涨的影响,CPI 同比增速从 2 月份开始回调,并连续 4 个月不低于 2%,随后 CPI 同比增速在 2% 左右波动。

另一方面,结合基准利率变动趋势来看,从 2014 年年底的新一轮降息周期,促使真实利率水平显著下降且接近于零。根据费雪方程,真实利率等于名义利率剔除通货膨胀率。按照图 9.2 所示,如果将 1 年期存款利率视为基准利率,那么名义利率与通货膨胀率之间的缺口在 2015 年 11 月开始便持续为负,即真实利率为负值。如果将隔夜同业拆借利率 Shibor 视为基准利率,名义利率与通货膨胀率之间的缺口缩小且并无持续为负值,真实利率水平较低。

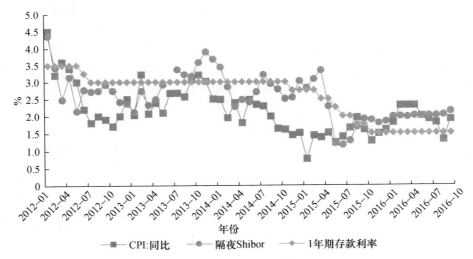

图 9.2 CPI 同比上涨率、隔夜 Shibor 与 1 年期存款利率走势

(三)通货紧缩预期与有效需求不足

根据西方发达国家的经验,经济陷入流动性陷阱的另一个预兆便是公众对通货紧缩的预期形成。当物价水平持续下降一定时间且无止跌回升的迹象时,尽管名义利率仍然为正且有继续下调的空间,但通货紧缩渐渐植入公众的预期导致有效需求大幅下滑,整体经济低迷,致使利率杠杆对有效需求的刺激作用越来越弱。

目前公众未形成对未来经济通货紧缩的预期,有效需求萎缩源自公众对未来经济增速下行的担忧,投资与消费同比增速下滑受结构性因素的影响远超于受货币因素的影响。我们使用 Wind 数据库中各个金融机构对 GDP 增长和 CPI 增长的平均预期值作为公众对经济增长和通货膨胀预期的代理指标,来解释公众预期对有效需求的影响。

如图9.3所示,公众对通货膨胀的预期并未显著带动消费和投资需求同比增速变化,在2012年7月—2013年10月的预期CPI同比上涨率显著上升阶段和2016年1—9月的预期CPI同比增速温和回升阶段,投资和消费同比增速仍然下降,反映出消费和投资决策与通货膨胀预期的相关性有限。相比较之下,消费和投资的同比增速下滑与公众对经济增速下滑预期的关系相对紧密。从2012年开始,随着中国经济向中高速增长转换,经济增长率下行探底已经渐渐植入预期,有效需求逐渐收缩,消费同比增长率进入下行轨道,固定资产投资、特别是民间固定资产投资同比增速呈现断崖式下跌。

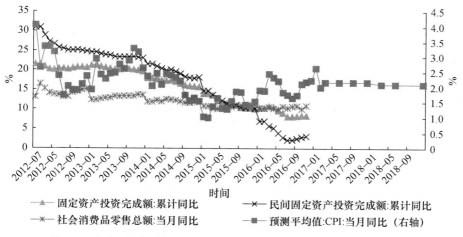

图9.3 公众对经济预期与固定资产投资、民间投资和消费之间的关系

(四)货币流通速度的边际弹性分析

1. 货币流通速度模型的构建与估计方法

根据货币数量方程,当货币政策边际效应减弱、经济面临流动性陷阱风险时,在宽松货币条件下,即使央行注入更多的流动性,这些资金不一定能够流入实体经济,反而对货币需求的刺激幅度更大,表现为单位利率下降导致货币流通速度下滑的幅度上升。

货币流通速度函数的设定是以货币需求函数为基础的,传统的货币需求模型仅从货币交易和投资两个层面考虑货币需求,即设定货币需求是收入和利率的函数。一些实证研究通过考虑经济中的多个部门汇总货币需求方程(赵留彦,2013;杜浩然和黄桂田,2016),认为"货币化"、资本市场和制度特征等因素促使货币需求扩张,货币流通速度随之下降。综合前人的研究,我们构建一个反映经济多种

特征的货币流通速度方程,将其设定为:

$$\ln(RDM2_t) = \beta_0 + \beta_1 R_t + \beta_2 \ln(FRY_t) + \beta_3 \ln(SRY_t) + \beta_4 \ln(TRY_t)$$
$$+ \beta_5 \ln(SY_t) + \beta_6 \ln(EY_t) + \beta_7 \ln(EXR_t) + \varepsilon_t \quad (9.1)$$

回归方程(9.1)等号右边的解释变量的含义分别为:

R_t 为持有货币的机会成本,一般由基准利率水平衡量,它也在一定程度上反映经济中的货币条件。参数回归中采用半弹性设定,弹性系数设定为 β_1。中国的基准利率所指的是 1 年期存款利率,但由于该利率的市场化程度较弱,难以精确度量货币资产的持有成本。我们用隔夜同业拆借利率 Shibor 衡量持有货币的机会成本。这样选取出于两种考虑,一是隔夜同业拆借利率是央行着力培育的货币市场基准利率,二是 Shibor 对通货膨胀率、可贷资金变动以及央行公开市场操作的反映较为敏感,能够体现货币市场的流动性松紧程度。

FRY_t、SRY_t 和 TRY_t 分别为实体经济的第一产业、第二产业和第三产业的经济规模变量,使用各产业的名义增加值衡量,系数 β_2、β_3 和 β_4 分别表示三个产业对货币流通速度的收入弹性,这三个收入弹性系数的差异衡量出"货币化"的影响。

SY_t 反映资本市场交易活跃程度,β_5 为资本市场交易对货币流通速度的弹性,该弹性越大说明货币流通速度对资本市场交易活跃度的变动越敏感。我们选取股票市场交易额来衡量资本市场活跃程度(赵留彦,2013)。

EY_t 为房地产交易对货币流通速度的影响,房地产市场同时具备商品市场和资本市场两种属性。随着房地产市场与资本市场、资金信贷越来越紧密,住房也成为中国居民资产负债表中的主要资产,房地产市场的交易活跃程度逐渐成为干扰居民货币需求的重要因素。β_6 衡量房地产市场交易对货币流通速度的弹性,该弹性越大说明货币流通速度对房地产市场交易活跃程度的反应越敏感。本节的房地产市场活跃程度以房地产交易额来衡量,由 30 个大中城市住宅交易面积与对应的住宅平均价格计算得出。

EXR_t 为人民币汇率,衡量持有货币的外币机会成本,在一定程度上表征国外货币资产对本币需求的替代效应(Mehrotra,2008;宋金奇和雷钦礼,2009;肖卫国和袁威,2011)。β_7 衡量货币流通速度的汇率弹性,预期 β_7 大于 0,体现国外货币资产价值上涨,本国货币需求减少,货币流通速度上升。我们选取人民币对美元汇率作为国外货币资产的机会成本。

ε_t 为误差项,其分布为白噪声。

回归方程(9.1)等号左边的被解释变量 $RDM2_t$ 为 Divisia 广义货币总量的货币流通速度,基于广义货币供给量(M2)的数量 Divisia 增长率调整后的货币总量计算得出。货币数量 Divisia 增长率为以各类资产流动性溢价为权重的加权平均增长率(Barnett,1984),它考虑了各种资产的流动性差异,反映了微观消费者最优化的原则。基于 Divisia M2 的货币需求函数不仅具有稳定性,而且货币数量 Divisia 增长率对利率的变化较为敏感,更能反映货币资产的流动性偏好特征。只要货币统计口径中所包含资产的流动性发生变化,或者不同流动性资产内部结构发生调整,即使简单加总的货币供给量不变,Divisia 货币总量也会发生改变(王宇伟,2009)。

大多数文献对于中国货币流通速度的研究多局限于线性货币流通速度函数的假设(赵留彦和王一鸣,2005;徐蔼婷和李金昌,2010;刘巍,2012;刘林和朱孟楠,2013;赵留彦,2013)。在线性函数的情况下,利率对货币流通速度的弹性为常数,设定在不同利率水平下,利率对货币流通速度的弹性不变。由于流动性陷阱的识别需要观测不同利率水平下,尤其是在利率逐渐降低时,货币流通速度的边际弹性变化,这样的假设显然不能应用于关于流动性陷阱的分析。一种处理方式是在货币流通速度函数(9.1)的基础上加入持有货币的机会成本 R_t 的平方项,这种回归方程设定认为利率对货币流通速度的边际弹性是利率的线性函数,但该假设也隐含着另一种常数假设,即利率对货币流通速度边际弹性的边际利率效应为常数。然而,在识别流动性陷阱的过程中,可能更需要观察,在利率与货币流通速度之间的关系可能不服从具体的分布情况下,货币流通速度的利率弹性如何变化。本节的分析摒弃了利率与货币流通速度关系设定的局限,选择半参数估计方式,不对模型参数的分布做任何设定,假设利率与货币流通速度之间不遵循任何一种特有的函数关系,通过非参数估计来拟合利率与货币流通速度,排除设定误差(specification error)。

2. 数据说明

我们选取 2011 年 1 月到 2016 年 9 月的月度数据对中国货币流通速度回归方程进行估计,数据主要来源于 Wind 数据终端。在广义货币数量 Divisia 增长率计算过程中,根据当前中国 M2 统计口径定义,对各类货币资产的流动性溢价进行如下设定,流通中的现金收益率为零;活期存款流动性较强,其收益率为活期存款利率;鉴于单位定期存款多以 3 个月、6 个月和 1 年定期为主,单位定期存款利率设为这三个期限的加权平均利率;个人定期存款选择 3 个月、6 个月、1 年、2 年和 3 年的加权平均利率;其他存款中包含了非存款类金融机构的存款以及住房公积金存款,这类存款分布于存款的各个期限,设定其利率为所有期限存款的加权平均利率。此外,考虑到货币流通速度回归方程的各变量会受到季节因素的影响,我们对数据进行了 X12 季节调整。对各变量进行了单位平稳性检验、长期协整检验,以排除伪回归。在协整分析过程中,差分滞后项阶数的选取按照 AIC 信息基准。

3. 估计结果

我们分别估计了线性和加入利率二次项的货币流通速度回归方程,以及基于非参数设定的利率对货币流通速度边际弹性的半参数回归方程。考虑到货币市场利率不具备1年期银行存款利率的政策性外生特征,名义市场利率对货币流通速度的影响可能存在内生性,我们选择货币市场名义利率的滞后1期值作为利率的工具变量,分别对上述三个回归模型参数进行估计,结果如表9.6所示。

表9.6 货币流通速度函数参数回归结果

	线性货币流通速度函数		利率二次项的货币流通速度函数		半参数估计货币流通速度函数	
	OLS	2SLS	OLS	2SLS	SEMI	SEMI_IV
隔夜Shibor	0.00623***	0.00708**	0.00647	0.0446		
	(0.00199)	(0.00353)	(0.0101)	(0.0525)		
隔夜Shibor×隔夜Shibor			−0.0000405	−0.00708		
			(0.00167)	(0.0104)		
第一产业增加值	0.258***	0.242***	0.258***	0.216**	0.273***	0.185**
	(0.0840)	(0.0810)	(0.0845)	(0.107)	(0.0786)	(0.0772)
第二产业增加值	0.00479	−0.0258	0.00474	−0.0872	−0.0345	0.0473
	(0.136)	(0.138)	(0.137)	(0.183)	(0.129)	(0.125)
第三产业增加值	−0.494***	−0.479***	−0.494***	−0.450***	−0.486***	−0.470***
	(0.0521)	(0.0559)	(0.0526)	(0.0812)	(0.0500)	(0.0516)
房地产市场交易额	0.00577	0.0129	0.00582	0.0215	0.00666	0.0105
	(0.0110)	(0.0100)	(0.0110)	(0.0185)	(0.0108)	(0.0102)
股票市场交易额	0.00434	0.00505*	0.00437	0.00823*	0.00570**	0.00774***
	(0.00263)	(0.00292)	(0.00292)	(0.00413)	(0.00282)	(0.00258)
人民币对美元汇率	0.143	0.173	0.143	0.257	0.194*	0.1687
	(0.103)	(0.120)	(0.104)	(0.202)	(0.111)	(0.106)
常数项	−0.215	−0.00949	−0.215	0.468		
	(0.674)	(0.736)	(0.680)	(1.156)		
样本量	69	68	69	68	69	68
R^2						
Hausman_P值	0.0315**		0.0490**			

注:(1) 括号中是标准误差,* $p<0.10$,** $p<0.05$,*** $p<0.01$;(2) 表中各变量除了利率之外,均为自然对数形式。

在控制了"货币化"对货币需求的稀释,资本市场对货币资金的"分流"之后,我们发现,利率对货币流通速度仍然具备显著的解释能力。从表9.6的第二和第三列中不难发现,线性货币流通速度函数的2SLS和OLS参数估计结果并无十分明显的差别,尽管Hausman检验的P值拒绝了模型变量全部外生的假设。基于线性货币流通速度函数的二阶段最小二乘估计结果现实,短期名义利率对Divisia广义货币供给量的货币流通速度的回归系数为正,在95%的置信水平下显著不为0。随着利率水平的下降,货币流通速度也随之下降,即名义利率水平下降1%,货币流通速度下降0.0071%。在线性货币流通速度回归方程的基础上加入名义利率平方项之后(表9.6中的第四和第五列),由于名义利率平方项与利率水平之间的相关程度较大,增加了回归方程中解释变量之间的相关程度,货币流通速度的利率弹性估计系数在95%的置信区间内不能拒绝显著为0的假设。此外,Hausman检验显示,加入利率二次项之后的回归方程仍然存在内生性问题,Hausman P值为0.0490,在95%置信区间内仍然显著拒绝模型外生假设。二阶段最小二乘与OLS对利率的参数估计结果差别明显,根据2SLS的回归结果,货币流通速度的利率弹性变化由利率水平决定,名义利率下降1个百分点,货币流通速度的利率弹性上升0.0071个百分点。

同样地,我们使用常规半参数估计(SEMI)和加入工具变量的半参数估计模式(SEMI_IV)对货币流通速度方程进行回归分析,关于SEMI_IV模式我们遵循了使用二阶段最小二乘的估计逻辑,选择隔夜Shibor滞后1期和货币流通速度方程的解释变量对隔夜Shibor回归结果的拟合值作为隔夜Shibor的工具变量,代入半参数回归方程进行估计,得出利率与货币流通速度之间的具体函数关系。由于在半参数回归方程中,利率对货币流通速度的影响以非参数形式存在,基于SEMI估计和SEMI_IV估计的短期名义利率对被解释变量货币流通速度边际弹性以核回归图的方式展示。不难发现,与图9.4相比较,在名义利率水平下,图9.5中的反映利率与货币流通速度关系的曲线斜率更为陡峭。鉴于前两个货币流通速度回归方程的内生性较为明显,我们认为基于SEMI_IV估计的利率对货币流通速度的边际弹性变化更为准确。如果以利率水平衡量经济的货币条件,那么基于半参数估计模型的货币流通速度的利率弹性变化趋势显示(见图9.5),在不同的货币条件下,利率对货币流通速度的刺激呈现出显著的差异。尤其是在利率水平低于2.5%的情况下,随着货币流通速度的利率弹性显著扩张。由此可以认为,剔除"货币化"和"虚拟经济"的干扰之后,随着货币条件逐渐宽松,利率对货币流通速度的边际弹性逐渐递增,流动性偏好倾向增加,宽松的货币政策所释放的流动性被更多的货币需求吸收。货币政策的边际效果递减程度加深,流动性陷阱的压力逐渐上升。由于自2014年12月份开始,央行持续通过降准和降息手段将货币市场利率保持在较低水平,货币条件持续宽松,基准利率从3%下调至1.5%,2014年12月—2016年9月间,短期名义货币市场平均利率约为2.02%,维持在3%以下。此时对应图9.5中的利率与货币流通速度曲线的斜率逐渐扩大,释放出经济逼近流动性陷阱的迹象。由此可以解释本轮的持续降准和降息所产生的货币政策边际效应逐渐递减。

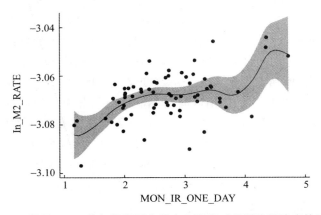

图9.4 基于SEMI的短期货币市场名义利率对货币流通速度核回归

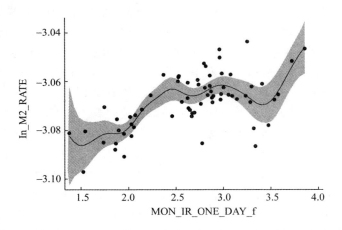

图9.5 基于SEMI_IV估计的短期货币市场名义利率对货币流通速度核回归

此外,根据SEMI_IV估计结果来看,在Divisia广义货币供给量的货币流通速度函数中,产业结构变迁过程中的货币化程度加大在一定程度上能够解释中国货币流通速度的逐渐放缓。第一产业的收入弹性为0.185,且在95%的置信区间内显著,第二产业的收入弹性为正但不显著,第三产业的收入弹性为-0.47,第三产业增加值上涨1个百分点,货币流通速度下降－0.47个百分点。这说明随着产业结构逐渐升级,第一产业产出占比的下降、第二产业产出占比的下降以及第三产业产出占比的上升,货币流通速度也将受到负向影响。此外,资本市场股票交易额对货币流通速度的弹性为0.0077%,且显著不为0。股票交易额每增加1个百分点,将引起货币流通速度增加约0.0077个百分点。这与已有的研究有所出入,赵留彦(2013)的研究认为资本市场的股票交易规模解释了货币流通速度下降。但在我们看来,股票市场交易是促进货币流通速度增加而不是下降的,原因是中国股票市场交易者多倾向于短期持有而非中长期投资,股票市场不能大范围吸引理性投资主体以投资的目的持有股票,货币资产在资本市场和货币市场转换程度增加,反映为货币流通速度上升。我们还发现,房地产市场交易额的DivisiaM2货币流通速度弹性为0.0105,但不显著。由于住房短期变现的成本较高,房地产市场的活跃程度无法使其持币行为发生变化,进而难以影响货币流通速度。

(五)结论及政策应对

本节根据流动性陷阱理论和国际经验,从通货紧缩是否出现、公众是否对经济下行和通货紧缩产生悲观预期以及利率对货币流通速度的边际弹性变化三个方面,定量识别了中国是否具备逼近流动性陷阱的条件以及经济的流动性陷阱风险。结果发现,尽管中国不具备传统"流动性陷阱"的表象特征,但却释放出经济逼近流动性陷阱的迹象,"流动性陷阱"风险上升。具体表现为,通货膨胀率维持在较低水平,但没有出现实质意义上的全面通货紧缩,真实利率已经处在较低的水平;经济存在产出缺口,公众没有形成对通货紧缩和经济下行的悲观预期,名义利率依然为正,但有进一步下调空间;真实资金成本较低,资金却没能实现向实体经济的传导,利率对货币流通速度的边际弹性逐渐扩张,流动性偏好倾向增加,宽松的货币政策所释放的流动性被更多的货币需求吸收。

由此可见,阻碍中国式流动性陷阱产生的根源是优质的投资和消费"机会"的缺乏,并非是传统"流动性陷阱"理论中的投资和消费"信心"。当前中国货币政策边际效应下降的主要动因是,在经济结构调整过程中缺乏促进需求有效扩张的机会,并非是公众资产负债表恶化诱发的有效需求增长能力下降。从投资方面看,旧的产能未淘汰,新的、未来具有潜在经济效益的投资项目也未出现,经济中缺乏好的投资机会,以及经营风险加大,导致企业尤其是民营企业投资积极性下降。从消费方面看,消费并没有因公众对预期可支配收入下降而产生下滑,而是表现为消费结构的升级乏力导致消费增长受阻。由于货币政策只能通过调整资金成本刺激有效需求,即使将名义利率降低到零,也不可能创造出优质投资和消费"机会",投资、消费意愿难以实现显著上升,宽松的货币政策收效甚微。

在此情况下,防控中国经济流动性陷阱风险的政策与传统的治疗"流动性陷阱"的赤字财政、量化宽松货币政策调控措施将有所不同,中国的宏观经济政策选择应旨在创造优质的投资机会和消费机会,而并不是在成本端创造通货膨胀预期。如果采用在凯恩斯主义的需求管理政策指导下的宽松货币政策,通过降低利率来刺激投资,在经济缺乏好的投资机会背景下,低利率政策只会刺激"劣质"投资项目的增加,这些"劣质"投资项目对利率的变动十分敏感,违约风险很大,增加了宏观经济的脆弱性。缺乏技术进步导致经济的消费热点显著减少,居民和企业对市场反应也来越不敏感,投资积极性的逐渐减弱、消费趋于饱和是经济最终步入流动性陷阱的根源。从本轮的各国流动性陷阱治理来看,量化宽松货币政策是基于成本角度刺激经济,它可能在短期内产生一定的效果,但其在刺激技术进步和创造投资机会方面是失灵的,对经济走出流动性陷阱的贡献必然十分有限。

宏观调控政策应当从需求管理和供给管理两个层面考虑,注重创造优质的投资"机会"和升级消费结构,以应对中国式"流动性陷阱"。需求管理层面来看,建议采取稳健的货币政策为结构性改革营造适宜的货币金融环境,引导资金进入实体。通过定向工具,诸如中期借贷便利(MLF)、逆回购等方式,对利率进行管理,使利率处于合理水平,引导资金进入实体。使资金流向实体,除了货币供给方面的引导外,更重要的是增加民间投资机会,扩大融资需求。通过区别性再贷款利率引导中小企业贷款利率下行,扩大资产抵押范围,通过鼓励设置新型金融机构等方式加大对中小企业的融资支持。

从供给管理层面来看,建议进一步放开市场竞争、鼓励创新,激励与发展新动力、新业态,释放和创造优质投资机会。放宽行业投资门槛和限制,采用简政放权、打破行业垄断等方式,让民间社会资本进入竞争性行业的投资领域,扩大民间企业的投资空间。通过改革刺激产品创新,支持企业技术改造和设备更新,促进产品的优化升级,培育发展新产业,促进消费结构优化升级,刺激高质量的消费需求。

第三节 金融资金"脱实向虚"风险

股票市场繁荣使得股票市场的收益率快速上升,大量新股民开始调整金融资产组合,减少银行存款,增加股票投资。从短期来看,这种现象对目前中国宏观经济的影响是很大的。一方面,大量的以投机为目的的资金在股票市场中沉淀会造成资金损耗,损害经济体系的金融效率。另一方面,银行体系的流动性外流将导致货币信用创造能力减弱,造成货币政策从工具目标向中间目标的传导过程受阻。货币政策传导机制发生显著的转变使得政策执行效果难以达到预期,不利于实体经济复苏。

本节将以货币信用创造过程为视角,考察2015年上半年的股票市场繁荣如何引起货币政策从工具目标向中间目标传导途径的改变。试图回答股票市场收益率如何影响广义货币供给量增速,以及它对货币供给量决定因素,包括货币乘数、超额准备金率和现金存款比的影响。基础货币投放量和货币乘数共同决定货币供给量,在基础货币增长既定的情况下,货币供给量变化将直接取决于货币乘数。银行体系的流动性持续向股票市场分流的过程,将明显改变现金漏损率和超额准备金率,进而对货币乘数产生很大的影响。我们从中国货币数据着手,实证分析在股票市场繁荣形成的存款搬家背景下的货币政策从工具目标向中间目标传导的变动规律。

本研究的结构安排如下:第一部分是相关指标的经验分析,给出资本市场走势、货币供给量和货币政策传导相关的经验特征,考察股票市场利好对货币供给量、货币乘数的影响;第二部分采用中国的数据进行实证检验;第三部分是结论。

一、中国资本市场走势与货币供给量的经验分析

(一)资本市场资金量与居民储蓄存款

实体经济"新常态"的经济增长乏力和货币供给收缩导致的有效需求不足伴随着资本市场繁荣。2014年下半年以来,A股指数连续不断上涨。2014年上半年,上证综合指数还徘徊在2 000点左右,7月份即突破2 200点,12月份达到了3 200点,2014年全年涨幅52.87%。2015年A股持续利好,1季度上证指数已经冲击上3 700点,之后经历4月份的调整,5月份指数继续稳步上涨,截至5月底,指数最终突破5 000点,7年之后重新创下A股新高。2015年1月—5月上证指数累计涨幅约50%。

随着实体经济低迷产生的名义利率走低,资本市场收益率上升,居民储蓄持续向资本市场分流,出现"存款搬家"的现象。资本市场繁荣使得股票市场的收益率快速上升,大量新股民开始调整金融资产组合,减少银行存款,增加股票投资。据统计显示,2014年7月份沪深两市新增开户总数达到了45.4万,12月份突破297.76万,2015年1月份、2月份上旬略有回落,分别为197.16万户和111.71万户,3月份以来,随着股市的上涨,开户人数出现迅猛增长,不断创下历史新高,3月份、4月份和5月份的新增开户人数分别达到418.9万、1 357.88万和1 188万户。与此同时,从2014年下半年开始,居民户存款月度同比增长出现下降的情况,截至2015年4月,居民户存款同比增长仅为9.58%。图9.6显示,2014年下半年开始,金融机构住户存款呈现明显的下降态势,其中活期存款同比增长率减速最为明显。相比之下,同期的沪深两市成交金额和股票账户数同比增长率呈现十分显著的上涨态势。

(二)资本市场走势与派生存款、货币乘数

从短期来说,由于大量投机资金在股市的沉淀导致了资金损耗,储蓄搬家可

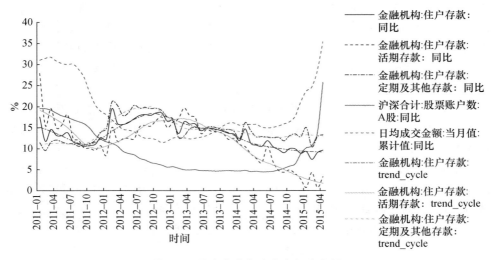

图 9.6　住户存款与资本市场资金额

能损害经济体系的金融效率。由于缺乏有效的资本市场,大量储蓄存款从银行体系流入资本市场后,未能真正由储蓄变为有效的投资注入实体经济的循环,达到推动经济增长的目标。相反,越来越多的资金在股市沉淀下来,这些股市存量资金整体游离于实体经济之外,降低了整体经济体系的金融效率。这种现象集中体现在资本市场繁荣对货币政策传导途径的影响层面。股市利好使得银行体系的流动性更多地注入资本市场,超额准备金率和现金漏损率的提升导致货币信用创造过程受到破坏,货币乘数受到很大的负面影响。这样货币政策从工具目标向中间目标传导途径受阻,货币政策的执行效果将很难符合预期。

伴随着资本市场利好,货币乘数、派生存款同比增速均出现明显的下降态势。图 9.7 显示,从 2014 年 7 月份开始,新一轮的股市行情出现,广义货币乘数也从此时开始逐渐收缩,货币乘数同比增长率与上证指数增长率呈现明显反向变动趋势。这种货币乘数增长的减速将直接造成派生存款增速的下滑。如图 9.8 所示,2014 年下半年开始,派生存款增长减速明显,在此带动下,M2 同比增速出现显著下滑。

(三) 资本市场利好与超额准备金率、现金漏损率

货币乘数的大小主要由法定存款准备金率、超额准备金率、现金漏损率等因素决定,三者与货币乘数呈反向关系。在其他条件不变的情况下,法定存款准备金率、超额准备金率、现金漏损率分别上升将缩小货币乘数。法定存款准备金率是由中国人民银行直接决定,流动性从银行体系转向资本市场的"存款搬家"将通过超额准备金率和现金漏损率来影响货币乘数。

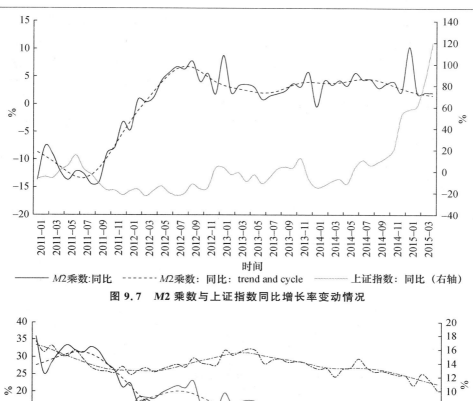

图 9.7 M2 乘数与上证指数同比增长率变动情况

图 9.8 派生存款与 M2 同比增长率变动情况

1. 存款搬家将提高超额准备金率

一方面,居民储蓄向资本市场分流使得活期存款波动性提升。活期存款随着资本市场的上涨和下跌波动,导致商业银行资金来源的稳定性下降,商业银行将增加更多的超额储备金来应付流动性管理的压力,预防性超额储备将增加。另一方面,居民存款向资本市场分流将扩大直接融资的规模和比重,企业融资将转向资本市场,这就在一定程度上减少了企业对商业银行贷款的需求,商业银行内的可贷资金滞留,导致超额准备金率提高。如图9.9所示,随着资本市场行情的逐渐向好,直接融资规模逐渐上升。尤其是在进入2015年之后,股票融资占社会融资规模比重明显增加。直接融资对间接融资的效应将在一定程度上提升金融机构的超额准备金,再加上居民储蓄存款不稳定性增加的预防性超额储备,金融机构的超额准备金率将会出现较为明显的上升。如图9.10所示,从2014年下半年开始,金融机构超额准备金率出现明显的上升,超额准备金率的增加促使M2乘数增速逐渐减弱。

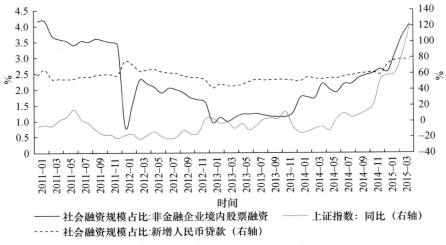

图9.9 股票融资、金融机构贷款占比与上证指数上涨率

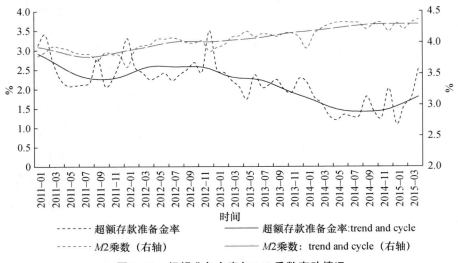

图9.10 超额准备金率与M2乘数变动情况

2. 存款搬家将提高现金漏损率

从银行体系内流入资本市场的居民储蓄存款部分将以现金的形式滞留在资本市场内，不可能继续转化为银行存款，提高现金漏损率。如图9.11和图9.12所示，2014年下半年以来，伴随上证指数涨幅的显著增加，居民存款从银行体系流入资本市场，使得现金漏损率（现金与活期存款比率）呈现出上升的态势。现金漏损率的提升对货币存款创造产生负面影响，$M2$乘数增速受到明显的制约。

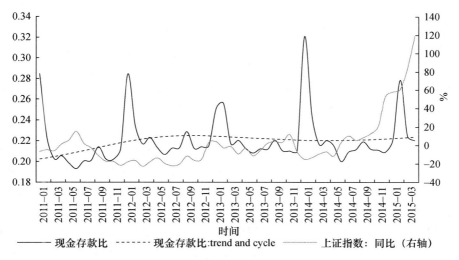

图9.11　现金漏损率与上证指数增速变动情况

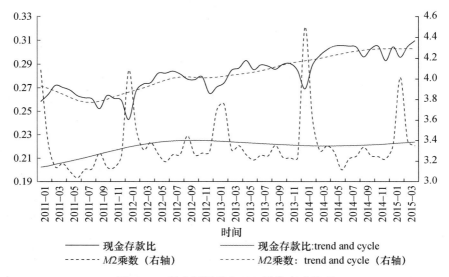

图9.12　现金漏损率与$M2$乘数变动情况

二、计量实证分析

上述部分的经验分析不难发现,资本市场繁荣与货币乘数、货币供给量变动趋势相反。资本市场繁荣产生的资本市场收益率增加造成银行体系内的流动性转向资本市场,促使超额准备金率和现金漏损率提高,进而制约货币信用创造,降低货币乘数,引起货币供给量增速下滑。本部分试图通过中国的数据来验证,股市利好对货币供给量、货币乘数、超额准备金率与现金漏损率的影响程度。用工业增加值和CPI的月度同比增长率作为经济基本面的控制变量;同时控制作为金融机构成本收益的同业拆借利率和贷款利率。对其中呈现明显季节性变动的变量序列,包括商业银行超额准备金率、现金存款比、工业增加值、CPI和上证指数上涨率进行X-12季节性调整。以货币供给量、M2乘数、超额存款准备金率和现金存款比作为被解释变量,上证指数同比上涨率为主要的解释变量,加入相应的控制变量进行回归分析。

(一)单位根检验

为了进一步考察各变量与$M2$、基础货币、货币乘数、超额准备金率和现金存款比变动的关系,采用协整分析之前,需要采用ADF单位根检验来考察各变量序列的平稳性。由表9.7可知,$M2$同比增长率、$M2$乘数同比增长率、基础货币同比增长率、外汇资产同比增长率、工业增加值、CPI、超额准备金率、现金存款比、居民存款基准利率、居民贷款基准利率、Shibor和法定准备金率均在5%显著性水平上未能通过单位根检验,拒绝了平稳性的假设。但是上述所有变量的一阶差分序列均能在5%的显著性水平上不能拒绝平稳性检验。因此,$M2$同比增长率、$M2$乘数同比增长率、基础货币同比增长率、超额准备金率和现金存款比,以及各影响因素分别为一阶单整数据,符合协整分析的前提条件。

表 9.7 ADF检验结果表

变量	ADF统计量	检验类型	临界值 1%	临界值 5%	临界值 10%	单整阶数
CPI	−1.258	(C,0,0)	−3.568	−2.921	−2.599	I(1)
CREDIT_IR	0.034	(C,0,0)	−3.565	−2.920	−2.598	I(1)
SAVING_IR	−0.442	(C,0,0)	−3.565	−2.920	−2.598	I(1)
CURRENCY_RATIO	0.594	(0,0,0)	−2.614	−1.948	−1.612	I(1)
DEPOSIT_RESERVE_RATIO	−1.000	(C,0,0)	−3.565	−2.920	−2.598	I(1)
EXCESS_RESERVE_RATIO	−2.271	(C,0,0)	−3.568	−2.921	−2.599	I(1)
FOREIGN_ASSET	−1.631	(C,0,0)	−3.568	−2.921	−2.599	I(1)
BASCI_MONEY	−1.569	(C,0,0)	−3.571	−2.922	−2.599	I(1)
$M2$_RATIO	−2.425	(C,0,0)	−3.565	−2.920	−2.598	I(1)

(续表)

变量	ADF 统计量	检验类型	临界值 1%	5%	10%	单整阶数
$M2\_MULTIPLIER$	-0.253	(C,0,0)	-3.568	-2.921	-2.599	I(1)
SECURITY_RATIO	3.331	(C,0,0)	-3.565	-2.920	-2.598	I(1)
SHIBOR	-0.320	(0,0,0)	-2.613	-1.948	-1.613	I(1)
INDUSTRY_VALUE_ADDED	-0.730	(C,0,0)	-3.565	-2.920	-2.598	I(1)
ΔCPI	-9.420	(C,0,0)	-3.568	-2.921	-2.599	I(0)
ΔCREDIT_IR	-6.444	(C,0,0)	-3.568	-2.921	-2.599	I(0)
ΔSAVING_IR	-6.264	(C,0,0)	-3.568	-2.921	-2.599	I(0)
ΔCURRENCY_RATIO	-7.220	(0,0,0)	-2.614	-1.948	-1.612	I(0)
ΔDEPOSIT_RESERVE_RATIO	-2.068	(0,0,0)	-2.613	-1.948	-1.613	I(0)
ΔEXCESS_RESERVE_RATIO	-9.767	(C,0,0)	-3.568	-2.921	-2.599	I(0)
ΔFOREIGN_ASSET	-2.998	(C,0,0)	-3.568	-2.921	-2.599	I(0)
ΔBASCI_MONEY	-13.893	(C,0,0)	-3.568	-2.921	-2.599	I(0)
$\Delta M2\_RATIO$	-9.840	(C,0,0)	-3.568	-2.921	-2.599	I(0)
$\Delta M2\_MULTIPLIER$	-13.411	(C,0,0)	-3.568	-2.921	-2.599	I(0)
ΔSECURITY_RATIO	-5.355	(C,T,0)	-4.153	-3.502	-3.181	I(0)
ΔSHIBOR	-9.636	(0,0,0)	-2.613	-1.948	-1.613	I(0)
ΔINDUSTRY_VALUE_ADDED	-6.402	(C,T,0)	-4.153	-3.502	-3.181	I(0)

（二）协整分析与误差修正模型

在单位根检验的基础上，进一步运用计量回归的方法，探讨 $M2$ 同比增长率、$M2$ 乘数同比增长率、基础货币同比增长率、超额准备金率和现金存款比及其影响变量之间的长期协整关系。我们采用格兰杰两步法进行协整检验，如表 9.8 所示。

表 9.8 格兰杰两步法的残差 ADF 检验

变量	ADF 统计量	检验类型	临界值 1%	5%	10%	单整阶数
$M2\_RATIO\_RESIDUAL$	-7.722	(C,0,0)	-3.581	-2.927	-2.601	I(0)
$M2\_MULTIPLIER\_RESIDUAL$	-5.265	(C,0,0)	-3.581	-2.927	-2.601	I(0)
BASIC_MONEY_RESIDUAL	-5.450	(C,0,0)	-3.581	-2.927	-2.601	I(0)
DEPOSIT_RESERVE_RATIO_RESIDUAL	-6.994	(C,0,0)	-3.581	-2.927	-2.601	I(0)
CURRENCY_RATIO_RESIDUAL	-3.870	(C,0,0)	-3.581	-2.927	-2.601	I(0)

由表 9.8 可知,被解释变量 $M2$、$M2$ 乘数、基础货币同比增长率以及超额准备金率和现金存款比的残差拒绝了单位根,说明以上五个被解释变量的回归方程中,各个变量之间存在协整关系。协整分析回归结果如表 9.9 所示。

采用 OLS 方法进行回归结果显示(见表 9.9 中第(1)—(5)列),上证 A 股收益率对货币供给量、货币乘数、超额准备金率与现金漏损率回归系数完全符合预期,并且参数估计值都显著不为 0。为了纠正 OLS 估计方法可能产生的内生性问题,我们选择解释变量上证 A 股收益率的滞后一期值作为工具变量,使用 GMM 方法再进行回归。在这种工具变量的设定下,GMM 回归结果显示(见表 9.9 中第(6)—(10)列),上证 A 股收益率的回归参数符号仍然与预期一致,且所有参数估计值在 5% 水平上显著。上证 A 股收益率对货币供给量、货币乘数、超额准备金率与现金漏损率的回归的实证结果表明:股市繁荣对货币供给量形成负向冲击。股市收益率上升,超额准备金率和现金漏损率将增加,货币乘数减小,货币供给量增长率下降。在影响程度上,从决定货币乘数的主要成分看,股票市场收益率上升将提高银行超额储备、增加以现金的形式流出银行体系的现金漏损率,在其他条件不变的情况下,资本市场收益率提升 1%,超额准备金率和现金存款比分别增加 0.0051% 和 0.0019%。股市利好将产生货币乘数收缩,资本市场收益率提升 1%,货币乘数将收缩 0.059%。从总体情况分析,在其他条件不变的情况下,资本市场收益率提升 1%,广义货币供给量($M2$)将减少 0.025%,例如,2015 年 4 月份上证指数同比增幅 119%,那么在其他条件不变的情况下,货币供给量增速将减少 2.3% 左右。

三、总结

利用经验和协整回归方法,我们实证分析了上证指数收益率对货币供给量增速、货币乘数、超额准备金率和现金漏损率的影响。可以总结如下:(1)股市利好将提高银行超额储备和现金漏损率,进而降低货币乘数,货币乘数收缩引起派生存款创造出现问题,导致货币供给量增速下滑。(2)资本市场繁荣破坏了货币政策工具变量向中间变量的传导机制,对货币供给量产生负向冲击。如果央行采取"降准"的货币政策,释放的流动性将转入股票市场,这将破坏货币存款创造过程,使得"中性"货币政策被股市冲销。(3)在货币政策传导受阻的情况下,股市繁荣与"宽松"货币政策的螺旋效应将进一步推升实体经济与虚拟经济背离的现象,虚拟经济缺乏实体经济的支持,不利于长期金融市场稳定和实体经济稳定增长。政策方面,假设央行继续维持"中性"货币环境态度,为了纠正货币传导机制对实体经济产生的负面影响,央行可能做适当调整,以稳定实体经济,毕竟稳定实体经济及其增长率是政府的主要关注目标。政府对股市的立场可能发生转变,资本市场面临的政策性风险将逐步上升。

表9.9 协整分析的回归结果

	OLS								GMM(IV)	
变量	M2_RATIO (1)	M2_MULTIPLIER (2)	BASIC_MONEY (3)	DEPOSIT_RESERVE_RATIO (4)	CURRENCY_RATIO (5)	M2_RATIO (6)	M2_MULTIPLIER (7)	BASIC_MONEY (8)	DEPOSIT_RESERVE_RATIO (9)	CURRENCY_RATIO (10)
SECURITY_RATIO	−0.0205** (0.0088)	−0.0510*** (0.0173)	0.0473*** (0.0172)	4.19E-05 (2.58E-05)	−3.76E-06 (3.84E-05)	−0.0205** (0.0078)	−0.0592*** (0.0198)	0.0404* (0.0210)	5.08E-05** (2.09E-05)	1.91E-05 (4.19E-05)
CPI	0.1631 (0.3280)	−2.0984*** (0.5729)	1.8941*** (0.6896)	−0.0012 (0.0008)	−0.0024* (0.0013)	0.1631 (0.2424)	−2.0236*** (0.4282)	2.0450*** (0.6867)	−0.0012 (0.0007)	−0.0028** (0.0014)
INDUSTRY_VALUE_ADDED	0.0941 (0.5524)	−0.7767* (0.3932)	2.1764*** (0.4595)	−0.0002 (0.0008)	−0.0024*** (0.0009)	0.0941 (0.0994)	−0.8652*** (0.3234)	2.0819*** (0.4742)	−6.97E-05 (0.0005)	−0.0022** (0.0011)
CREDIT_IR	−1.6171* (0.9301)	1.7679 (1.7312)	−0.9291 (1.6960)	0.0079** (0.0030)		−1.6171 (0.7770)	1.2814 (1.5863)	−1.3358 (1.4822)	0.0081*** (0.0022)	
SHIBOR	0.0466 (0.1721)	−0.6141 (0.3969)	0.5994 (0.3960)	0.0007 (0.0006)		0.0466 (0.1482)	−0.6085* (0.3285)	0.5903* (0.3388)	0.0007 (0.0004)	
FOREIGN_ASSET	−0.0219 (0.0391)		−0.0307 (0.0916)			−0.0219 (0.0194)		−0.0446 (0.1151)		
DEPOSIT_RESERVE_RATIO					−0.6042*** (0.1733)					−0.5905*** (0.1184)
BASIC_MONEY					0.0005* (0.0002)					0.0004** (0.0002)
SAVING_IR					0.0093* (0.0048)					0.0108** (0.0048)
LAG VALUE(−1)	√	√	√	√	√	√	√	√	√	√
_CONS	14.1165 (6.3829)	5.8382 (10.3623)	−11.4052 (9.9947)	0.0657** (0.0253)	0.2862*** (0.0204)	14.1165 (5.9094)	9.5003 (9.8860)	−8.4066 (10.6607)	0.0605*** (0.0207)	0.2795*** (0.0218)
R^2	0.7335	0.9387	0.9662	0.8101	0.7176	0.7335	0.9384	0.9660	0.8095	0.7151
N	47	47	47	47	47	47	47	47	47	47

注：括号中为稳健标准误。***在1%置信水平下显著，**在5%置信水平下显著，*在10%置信水平下显著。

第四节　不要把金融危机妖魔化

本节从经济运行和经济周期的角度考虑金融危机问题,包括金融危机出现的根源、表现和传播过程。

现代经济基本上都是产能过剩的经济,这是我们研究问题的出发点。随着经济的增长,消费和储蓄都会增长,但储蓄的增长率高于消费的增长率,这就是所谓的"边际消费倾向递减"规律的结果。随着储蓄的增长,储蓄再通过银行体系的"乘数效应",使得货币供应量成倍增长,这也意味着购买力的成倍增长。在这里我们要看到银行体系的放大作用,它把储蓄下来的购买力成倍放大。但这些被放大的购买力即使通过转化为投资使得经济达到均衡,也不过是使投资需求增加到开始时的储蓄量,这样就多出来大量的购买力。比如,老百姓储蓄了100元,这意味着需要投资增加100元从而消化这些储蓄,使得经济恢复均衡;但由于银行体系的乘数效应,货币供应量增加了好几倍,假定货币乘数是5,那么就意味着这些储蓄创造的购买力中,100元变成投资,使实体经济达到均衡;另外400元购买力就处于实体经济之外,那就只能进入虚拟经济,这就构成了对各种资产的需求,于是就会导致资产价格上涨。

同时,随着储蓄增加,以及银行体系的放大作用,资金供给增加,于是利率下降,一部分增加的购买力就变成了投资,这就导致资本存量增加,产品供给增加,价格下降,实体经济的投资收益率下滑。这也是导致资金流入资产市场的另一个原因。

随着资产价格的上涨,最终会出现资产价格泡沫。资产的预期收益率下降,风险增加,这对经济造成两方面的影响。其一,是对这些资产的需求下降。这将导致资产价格泡沫破灭,形成金融危机,同时由于财富效应导致消费下降。其二,会导致货币需求增加,由于其他资产价格下降,只有货币资产的收益率不变,于是出现"现金为王"的现象。货币需求上升,导致利率上升,这将导致投资下降。

通过以上两步,消费和投资都下降,于是实体经济出现危机。这时就会有相当一部分低效企业破产,这就消除了低端过剩产能;同时失业率上升,此时要求工资下降,从而恢复充分就业,这就消除了过剩劳动力。

随着企业破产,部分相关银行也将破产,这就出现银行危机,这一步就清除了不良贷款。

银行破产本身还有另外一个功能,就是清除过剩货币。如前所述,银行体系通过乘数效应把储蓄放大,形成庞大的购买力,这也就是庞大的过剩货币。这些货币的表现形式就是银行存款。银行破产的结果,就使得这些存款消失,即使有存款保险制度,也会使大量的过剩货币消失。消除过剩货币是这次银行危机最重要的功能。如果这些过剩货币没有被消除,那就会继续存在于经济之中,在资产市场上炒作,导致虚拟经济的收益率过高,资金流向实体经济的机会成本就过大;只有消除了这些过剩货币,虚拟经济的收益率才会被抑制住,实体经济对于投资者来说才有吸引力,才有可能使资金脱虚向实。

通过以上实体经济和金融体系的危机,过剩产能、过剩劳动力、过剩货币、不良贷款都被清除。另外,金融危机同时还是一个均贫富的过程。在上述过程中,可以明显看出资产价格上涨和资产价格泡沫形成的必然性,而资产价格的上涨就是导致财富分配差距拉大的主要原因,因此资产价格泡沫的破灭也就成为均贫富的过程。这样,通过金融危机和经济危机,过高的贫富差距也被消除。这样,经济就进入了一个新的起点,重新开始新一轮经济周期。

从这个过程也可以看出,金融危机是市场经济运行过程中必然出现的现象,它的出现有其合理性和必要性。如果没有金融危机,去产能、消除过剩货币、均贫富怎么实现?靠政府的手能实现吗?当然可以,但那样做的话,一方面阻力太大,可能最后必须借助暴力手段;另一方面扭曲严重,去掉的产能可能恰恰不是低质产能。

因此,经济危机、金融危机对于一个市场经济来说,是经济运行和经济周期的一个必要的环节,是经济正常的运行状态,不要把金融危机和经济危机妖魔化了。我们现在恰恰把金融危机和经济危机妖魔化了。

那么,面对金融危机和经济危机,难道政府就只能袖手旁观吗?那也不是。政府还是可以做一些事情的。

首先,政府可以提供一个良好的社会保障体系。保证失业工人及其家属的基本生活,保证他们的孩子有学上,保证有人生病时能得到必要的治疗。同样,通过企业破产和个人破产法等法律手段,对相关人员给予一定的破产保护,使他们在经营、投资失败的情况下不至于跳楼。这样的话,经济、金融危机即使来了,社会的承受力也足够。

其次,政府可以通过科技政策、产业政策、外贸政策鼓励新兴产业的发展,加快产业结构调整的步伐,使经济尽快走出金融、经济危机。

再次,在危机期间,政府可以加强职业培训或其他形式的教育,提高劳动力的文化素质和职业技能,使其更易于适应新的产业结构的要求。在经济周期的末端和下一个经济周期的开始,往往是产业升级较快的阶段,这一阶段的大量失业是结构性失业,通过培训来应对结构性失业是一个好的办法。

最后,政府也可以设法促进市场功能的发挥。在危机期间,各种价格都需要下调,比如利率、工资、产品价格、原料价格、各种资产价格等等,但这些价格往往存在"价格刚性",难以很快下调,这就阻碍了市场功能的发挥。政府在提供基本的社会保障体系的前提下,可以让市场机制充分发挥作用,让价格更为灵活地调整,从而使经济尽快度过危机。

综上所述,金融危机是经济周期的一个不可避免的环节,也是经济恢复均衡状态的工具,不必把金融危机妖魔化。金融体系在一般情况下的确需要稳定,但如果经济失衡很厉害、覆盖面很广、涉及的人群利益结构复杂,那么金融危机可能就成为解决经济失衡问题的唯一可行的手段了。因此,应该正确认识金融危机的作用,正确处理金融稳定和金融危机的关系。

第十章 体制改革与经济增长

第一节 深化改革开放促进经济增长

党的十八大以来,世界经济的大停滞与中国经济的大调整使中国经济面临着前所未有的挑战。然而,面对国内外错综复杂的经济形势,以习近平同志为核心的党中央以五大新发展理念为指引,以供给侧结构性改革和"一带一路"建设为着力点,全面深化改革和扩大开放,积极适应把握引领新常态,坚持稳中求进的工作总基调,对进入新常态的中国经济做出了仍处在重要战略机遇期同时又面临"三期叠加"的重要判断,不仅通过供给侧结构性改革为国家制定正确的经济政策、实现"稳中向好"提供了基础,而且在政府与市场关系、依法治国、从严治党等基础性制度层面做出了根本性改变。

一、中国经济新常态面临严峻挑战

自全球金融危机爆发以来,世界经济贸易陷入了深度调整期,甚至面临"大停滞"的风险。据世界银行统计数据显示,2013—2016年,世界经济年均增长率仅为2.5%,其中发达经济体平均增速为1.7%,发展中经济体平均增速为4.0%。在世界经济增长放缓的背景下,全球贸易收缩更为严重。据世界贸易组织统计数据显示,全球货物进出口总额从2012年的37.2万亿美元下降到2016年的32.2万亿美元,累计降幅达13.5%。这种变化对于长期依赖出口增长的中国经济产生了不利影响,也对中国出口导向型的经济发展模式提出了挑战。

与此同时,中国经济自身进入转型发展的新阶段,长期积累的结构性矛盾更加凸显,经济发展进入新常态。在新常态下,过去支撑经济高速增长的传统动能趋于消失,经济潜在增长率下滑;同时,过去长期依赖投资等要素驱动的经济增长模式不可持续,所积累的结构失衡问题日益突出,传统产能过剩与高端供给不足并存,迫切需要转变经济发展方式,推动经济结构调整和产业转型升级。

改革开放使得中国经济保持了30余年的高速增长,经济发展从贫困状态进入上中等收入阶段。我们面临穿越中等收入阶段的战略机遇期,当代世界70个左右高收入国家自上中等收入阶段进入高收入阶段平均用了12—13年时间,中国人均GDP水平2010年达到世界银行划定的上中等收入起点,若按一般发展史经验,预计2022年前后有望跨越上中等收入进入高收入阶段。但同时,这一时期又正是中国结构转型的关键期,也是中国经济问题长期累积的风险期:第一,过去的高速增长依赖的基础发生重大拐点性变化决定了中国经济必将告别高速增长阶段,步入增速的换挡期。例如各类改革开始步入深水区,大量机制体制性问题的凸显已经严重制约资源配置的效率,前一时期改革红利已经逐步耗竭;适龄劳动力人口已经达到顶点,农村剩余劳动力转移的增长速度开始大幅度回落,人口红利开始逆转;伴随经济发展和市场约束力度增大,经济短缺逐渐让位于产能过剩,需求侧的市场红利根本逆转;第三产业的比重已经超过第二产业的比重,工业化红利开始步入递减区域;包括劳动力、自然资源、生态环境、技术进步等在内的要素成本大幅上升,供给侧的发展红利逐渐减弱;受世界经济危机的冲击,对外贸易从以往两位数增长下降为负增长,全球化红利在全球衰退中已经消失。第二,在增长速度下降的同时,过去30多年粗放式增长所积累的各种深层次不合理的结构性问题全面凸显,中国经济步入结构调整的阵痛期。例如世界经济危机带来外需的衰退直接导致外需与内需不平衡的结构问题凸显;能源价格的大幅度下降直接导致能源依赖型产业和区域出现崩塌;消费升级进一步加剧了中国粗放式发展所面临的供给质量和结构的问题;产能过剩导致大量没有创新能力的企业的绩效严重恶化,僵尸企业严重影响宏观经济的运行。第三,由于对于上述趋势性和结构性变化没有准确的认识,片面的"稳增长"导致各级政府采取"强刺激",通过超量的货币发行和信贷扩张来扩大各类投资,以简单弥补外需下滑带来的缺口,其结果是各类结构性问题进一步恶化,债务高企、风险上扬、资金空转、增长乏力等现象进一步加剧。面对双重风险并存的新失衡,需求管理的局限凸显,退出全面反危机政策轨道之后的成本消化压力巨大。

二、困境中实现稳中求进

面对国内外错综复杂的形势,党中央、国务院迎难而上,不仅通过全面启动"供给侧结构性改革"应对"三期叠加"所带来的经济压力,而且通过一系列制度改革释放了长期经济活力。近五年来,在深化"供给侧结构性改革"的引领下,中国经济坚持"稳增长、调结构、惠民生、防风险",通过提质增效实现了经济稳中求进。从总量增长看,稳增长的同时兼顾经济下行和通货膨胀双重风险的防范;从短期失衡的控制看,牢牢守住稳增长和防风险双重底线;从近期与长期增长的协调上看,适度增长与结构转变相互衔接;从宏观调控方式上看,总需求管理与深化供给侧结构性改革相配合;从发展与改革的统一上看,以改革开放的深化推动生产力的解放,可以说全面体现着"稳中求进"总基调。

(一)多重平衡中求"稳"

要想"稳"就必须在各种相反或者互相冲突的目标或政策工具之间取得平衡。

第一,中国经济在快速增长和宏观稳定之间保持了平衡,开创了良好局面。

从经济增长速度来看,中国经济保持中高速增长。2013—2016年,中国GDP年均增长7.2%,是同期世界经济平均增速的2.9倍、发达经济体的4.2倍和发展中经济体的1.8倍。中国经济对世界经济增长的年均贡献率达到31.6%,超过美国、欧元区和日本的总和,尤其2016年贡献率达到34.7%,成为世界经济增长的主要引擎。从宏观经济运行平稳性来看,中国就业和物价形势保持双重稳定。2013—2016年,中国城镇新增就业均保持在1 300万人以上,城镇调查失业率稳定在5%左右;同时中国物价保持温和上涨,2013—2016年CPI年均上涨2.0%。

第二,中国经济在稳增长和调结构之间取得了平衡,结构调整加快,转型升级明显。从产业结构来看,服务业比重超过第二产业,对经济增长的拉动作用不断增强。2013—2016年,服务业年均增长8.0%,比GDP增速高0.8个百分点,占GDP的比重上升至51.6%,比2012年提高6.3个百分点。不仅如此,在工业内部,装备制造业和高技术产业增长明显快于传统产业。2013—2016年,装备制造业和高技术产业增加值年均分别实际增长9.4%和11.3%,快于工业1.9和3.8个百分点,工业占比分别上升至32.9%和12.4%,比2012年提高4.7和3个百分点。从需求结构来看,消费比重超过投资,成为经济增长的主要推动力。2013—2016年,最终消费支出对经济增长的平均贡献率为55%,高于资本形成总额贡献率8.5个百分点;最终消费率上升至53.6%,比2012年提高3.5个百分点,而资本形成率则下降至44.2%,比2012年下降3个百分点。从创新能力看,中国科技创新能力大幅提升。2016年,受理境内外专利申请346.5万件,授予专利权175.4万件,分别比2012年增长68.9%和39.8%。

第三,中国经济发展在公平和效率方面取得了平衡,人民群众的获得感增强。2013—2016年,居民收入保持较快增长,居民人均可支配收入达到23 821元,比2012年增加7 311元,年均实际增长7.4%。2016年,中国常住人口城镇化率达到57.4%,比2012年提高4.8个百分点;城乡基本公共服务均等化稳步提高,城乡居民收入差距比2012年缩小0.16。精准扶贫取得显著成效,2016年农村贫困人口4 335万人,比2012年减少5 564万人,贫困发生率下降到4.5%,比2012年下降5.7个百分点。覆盖城乡居民的社会保障体系基本建成,2016年年末,参加基本养老、城镇基本医疗、失业、工伤和生育保险人数分别比2012年年末增加9 981万人、20 751万人、2 864万人、2 879万人和3 022万人,个人卫生支出占卫生总费用的比重下降到29.3%。

(二)以改革开放求"进"

1. 改革

在复杂的国内外经济形势下,中国经济之所以能够保持稳中向好的发展态势,并取得上述辉煌成就,主要原因在于全面深化改革开放。改革开放是当代中国最鲜明的特色。十八大以来,中国发展进入新阶段,改革进入攻坚期和深水区。面对新形势新任务,十八大重申"两个一百年"奋斗目标和提出实现中华民族伟大复兴的中国梦,就是要凝聚全国各族人民的共识和力量,深化改革的决心和信心,最大限度地集中全社会智慧和调动一切积极因素,不断推动中国特色社会主义制度自我完善和发展。为全面建成小康社会,进而建成富强民主文明和谐的社会主义现代化国家、实现中华民族伟大复兴的中国梦,必须在新的历史起点上全面深化改革。

供给侧结构性改革成为适应把握引领新常态的一个重大战略举措,也是加快转变发展方式和克服经济结构失衡的关键。当前中国经济的主要矛盾在供给侧,在于生产要素成本全面提升、核心竞争优势发生了根本性转变,突出表现在劳动力成本、自然资源成本、生态环境成本、技术进步成本全面大幅上升。这不仅导致中国经济潜在增速下滑,而且导致中国同时面临经济下行和潜在通胀压力的双重风险,也给宏观调控带来了困难。中国经济的下行风险表面上看在需求侧,根源则在供给侧。投资不足的根本原因在于供给侧的创新力不足,导致有效的投资机会不足。消费需求疲软,原因也不在于国民收入没有增长,而在于国民收入分配不合理,出现了结构性失衡,降低了消费需求倾向。中国经济的潜在通胀压力上升,也不是需求拉动的通胀压力,而是成本推动的通胀压力,本质上也是供给侧问题。

推动供给侧结构性改革体现在两个重要层面,即制度创新和运行机制建设。在制度创新层面,主要体现为经济体制改革,这是全面深化改革的重点,核心问题是处理好政府和市场的关系,以更好地发挥政府作用,让市场在资源配置中起决定性作用,从而超越西方政府与市场两分法,更好地将政府与市场力量相结合,走出在政府失灵与市场失灵之间摇摆的困境。这就需要着力解决市场体系不完善、政府干预过多和监管不到位的问题。为此,必须推进市场化改革,大幅度减少政府对资源的直接配置,推动资源配置依据市场规律实现效率最大化。更好地发挥政府作用,要求政府加强和优化公共服务,维护市场秩序,弥补市场失灵,促进共同富裕。为此,必须切实转变政府职能,深化行政体制改革,创新行政管理方式,增强政府公信力和执行力,建设法治政府和服务型政府。

在运行机制方面,主要体现为宏观调控方式的改革,保持宏观经济的稳定,这是发挥社会主义市场经济体制优势的内在要求。宏观调控的主要任务是保持经济总量平衡,稳定市场预期,减缓经济周期波动影响。为此,必须健全以财政政策和货币政策为主要手段的宏观调控体系,推进宏观调控目标制定和政策手段运用机制化,加强财政政策、货币政策与产业、价格等政策手段协调配合,增强宏观调控前瞻性、针对性、协同性。中国宏观调控体系的改革要点,在于宏调模式与宏调机制的转变,通过改革建立更有效的调节宏观波动的体制,这对于市场经济运行有深远意义。一方面,需要提高宏观调控的科学化、专业化水平。在科学界定宏观调控界限的基础上,改变宏调部门过多的格局,并在宏观调控工具的选择上减少使用行政手段,区别使用宏观调控与产业政策,避免产业政策宏调化和过多的微观干预。另一方面,需要通过体制改革促进宏观调控政策科学化。体制市场化程度会制约宏观调控科学化程度。需要通过宏观金融改革,突破一段时间以来形成的宽泛宏调与部门利益结合形成的阶段性体制格局,建立新的以总量和价格调节为主要手段的宏观调控政策架构,减轻价格扭曲和宏观失衡。

十八大以来,党的历次全会的召开,为推进供给侧结构性改革创造了有利的历史条件。党的十八届三中全会通过了中共中央关于全面深化改革若干重大问题的决定,提出紧紧围绕使市场在资源配置中起决定性作用深化经济体制改革;党的十八届五中全会针对当前经济转型阶段的突出矛盾,提出了"创新、协调、绿色、开放、共享"五大新发展理念,积极适应把握引领新常态。这两次全会为深入推进供给侧结构性改革提供了科学的思想指导。在此基础上,党的十八届四中全会提出全面推进依法治国,建立法治社会、法治政府、法治中国;党的十八届六中全会提出全面从严治党,制定新形势下党内政治生活若干准则,加强中国共产党的执政能力建设。这两次全会为全面贯彻落实供给侧结构性改革提供了有力的政治基础和制度保障。这也充分说明,关于中国特色社会主义制度建设中的市场化、法治化进程,已经有了明确的时间表和路线图。

改革开放的历史告诉我们,只有打破既有条条框框的束缚,从实际出发,实事求是地看待问题,才能真正推动中国经济的健康发展。十八大以来的一系列改革举措,既是对中国改革开放的坚守,也是对中国改革开放的新发展。从大的方面来看,这一时期的经济改革之所以成绩斐然,主要是基于几个原因:

第一,"两个百年"目标有效地凝聚了人心,为中国改革注入了强大的动力。实现小康社会和中华民族的伟大复兴是中国人民和中国共产党的共同心愿。从大的历史逻辑来看,中国拥有五千年的文明史,小康社会和大同社会是历代先贤的共同设想,而共同富裕也是社会主义的核心要义,中国共产党作为当代世界上最大的执政党,实现小康社会和共同富裕是其追求的理想和目标,在经历了将近40年的改革开放后,中国的经济已经具备了实现小康社会的基础。而从东西方的对比来看,在历史上,中国曾经长期处于世界的中心,但是,步入近代以来,东西方出现了"大分流",在西方世界崛起的同时,中国逐渐进入一种"落后挨打"的局面,寻求中华民族的复兴是所有中华民族子孙的共同愿望,也是中国共产党孜孜以求的目标。十八大以后,以习近平总书记为核心的党中央,旗帜鲜明地将"两个一百年"作为中国人民的奋斗目标,不仅凝聚了人心,也为人民艰苦奋斗注入了强大的动力源泉。

第二，供给侧结构性改革成为实施新的发展理念的重要抓手，改革果实渐趋丰满。进入新常态后，中国经济运行面临的突出矛盾和问题是结构性失衡，特别是供给侧的产业结构失衡、收入分配结构扭曲、国际收支结构失衡等亟待缓解，这一特征决定了中国经济必须从供给侧、结构性改革上想办法，努力实现供求关系的动态均衡。十八大以来，在供给侧结构性改革的引领下，中国不断厘清政府与市场的关系，减少政府的不当干预，努力使市场在资源配置中起决定性作用，从而有效破解产能过剩难题，逐步消除教育、医疗等领域的市场进入壁垒，增加高品质民生产品和服务的有效供给，使资源更加有效地配置给高效率的企业。这些改革举措有效地促进了产业结构升级，催生了新的经济增长点，进而提高了潜在经济增长率。

第三，基本制度的不断完善是改革成就的根本保障。改革的成就固然与短期的经济政策有关，但更为重要的是，基础制度的不断完善。党的十八大以来，以习近平总书记为核心的党中央，在一系列治国理政举措当中，对于经济社会运行的基础性制度进行了顶层设计与深度改革，保证了"私权赋予"与"公权约束"，从而为"市场起决定性作用"扫清了障碍。一方面，"私权"被有效赋权和保护。例如，对农村土地进行了确权，赋予农民权利，在现有各类法律保障的基础上，试图进一步通过编撰《民法典》对产权进行保护。另一方面，"公权"被有效约束。党的十八大以来，中央政府在三中、四中、五中、六中全会中，通过依法治国、从严治党的系列文件和讲话精神，以及反腐败领域的艰苦卓绝的斗争，使得公权力被关在了制度的笼子里。全面从严治党和依法治国为中国"政府有形之手"和"市场无形之手"的结合提供了制度基础，实现了"两手抓，两手都要硬"，破解了传统的政府与市场的对立两分法，有效克服了"政府失灵"和"市场失灵"。

2. 开放："一带一路"建设打造开放经济新体制

党的十八大以来，面对中国低成本竞争优势趋弱和国际市场需求不足的挑战，中国进一步提高开放水平，加快推进"一带一路"建设和国际产能合作，发展更高层次的开放型经济，开创对外开放新局面。在中国经济已经深度融入世界经济的背景下，面对国际经贸形势的新变化，中国必须实施更加积极主动的开放战略，推动对内对外开放相互促进、国际国内要素有序流动、资源高效配置、市场深度融合，以开放促改革，着力构建开放型经济新体制。

新一轮扩大开放的目标是推动中国从提升贸易份额到进行全球资源配置的转变。总体来看，未来中国出口贸易的进一步发展空间有限，对外开放需要从简单的贸易开放，转向借助"一带一路"等纽带，进入全球资本配置的新阶段。这也是一个国家全球化进程中角色的自然转换。中国与主要经济体在吸收外商直接投资（FDI）和对外直接投资（ODI）上仍有较大差距，还存在推动开放模式从提升贸易向提升中国全球资源配置能力这样一条新开放道路转变的空间。在这种转变过程中，"一带一路"战略的实施是这种新开放道路的主要推动力。

"一带一路"建设成为中国开创对外开放新格局的重要抓手，同时也为世界经济走出低迷和摆脱大停滞风险提供了中国方案。"一带一路"倡议提出以来，得到了国际社会的广泛响应，正由中国倡议变成全球共识。通过各层次的双边多边合作机制，"一带一路"已经与沿线多国的国家发展战略实现对接，为跨地区发展规划奠定了基础。截至2016年年底，中国已同56个国家和区域合作组织发表了对接"一带一路"倡议的联合声明，并签订了谅解备忘录或协议。作为"一带一路"经贸合作的重要载体，中国与"一带一路"沿线国家的"经贸合作区"建设进展顺利。截至2016年，中国在"一带一路"沿线国家的经贸合作区达到56个，占中国在外经贸合作区的73%，累计投资超过185亿美元。

"一带一路"建设正在对中国的开放格局和经济发展产生深远影响，主要体现在三个方面。第一，加快形成更加开放的发展理念和改革格局。推进"一带一路"建设，有利于实现国内与国际的互动合作、对内开放与对外开放的相互促进，更好地利用国际国内两个市场、两种资源，进一步推动中国经济转型升级。为对接"一带一路"倡议，各省份充分发挥各自的比较优势，实行更加积极主动的开放政策，加强东中西部的合作，全面提升开放型经济水平。第二，有利于保持中国经济平稳和协调发展。推进"一带一路"建设，有利于促进中国区域协调发展。中西部地区是中国发展的短板，也是全面建成小康社会的重点和难点地区。"一带一路"建设通过扩大向西开放，把广大西部地区从开放的末梢变成开放的前沿。以开放促发展，可以加快西部地区发展步伐，助推东中西部地区梯次联动并进。第三，促进了中国对外直接投资和贸易的发展。2016年，中国与"一带一路"沿线国家进出口总额近1万亿美元，占中国对外贸易总额的26%；中国对"一带一路"沿线国家直接投资145亿美元，占中国对外投资总额的9%，承包工程业务完成营业额占对外承包工程业务完成营业额比重为48%。

"一带一路"建设也将对世界经济产生重要积极影响，主要体现在三个方面。第一，提供了新的国际合作模式和合作机制。"一带一路"建设致力于全球自由贸易体系和开放型世界经济，通过加强基础设施建设的互联互通、政策沟通与政策支持的软联通，形成国际经济联动发展的新格局，为全球经济增长注入新动力，共同应对当前"逆全球化"的挑战，破解全球经济长期停滞的风险。"一带一路"倡议提出以来，中国与各方通过深化合作机制和共建经济走廊，有力地推动了区域与跨区域合作。中国积极推动与沿线国家展开跨境金融合作，以满足沿线国家进行基础设施建设的融资需求和金融服务需求，通过金融合作和人民币国际化为国际社会提供"公共品"。第二,中国在"一带一路"沿线国家的基础设施建设,有助于打破一些地区基础设施落后的发展瓶颈,并且通过推动与"一带一路"相关国家基础设施建设对接,共同推进国际骨干通道建设,逐步形成连接亚欧非大陆以及亚洲各次区域的基础设施网络,促进区域经济一体化。第三,"一带一路"建设对于促进沿线国家工业化进程、产业升级和双边经贸关系发展发挥了积极作用。截至2016年,中国企业在20个"一带一路"沿线国家建立经贸合作区56个,入区企业1082家,总产值507亿美元,为东道国创造了11亿美元税收和18万个就业岗位。

在"一带一路"建设的推动下,中国的开放型经济体制正在加快构建。法治化、国际化、便利化的营商环境不断完善,负面清单管理制度全面实行,自由贸易区建设稳步推进,11个自贸试验区和12个跨境电子商务综合试验区先后设立。2016年,人民币正式纳入国际货币基金组织特别提款权(SDR)篮子,标志着人民币国际化和中国改革开放水平迈上新台阶。

三、成果辉煌

纵观世界各国,十八大以来的中国经济无疑是一道亮丽的风景线。统计数据显示,2013—2016年,中国经济年均增长率为7.2%,这一数值远远高于世界同期2.5%的平均水平,也高于发展中经济体4.0%的平均水平。中国的国内生产总值占世界经济总量的比重逐年提升,稳居世界第二位,而且,人均水平也在稳步提高,2016年,中国人均国民总收入超过8000美元,接近中等偏上收入国家平均水平。

从横向比较的角度来看,中国经济的综合国力不断增强,国际地位不断提高。2016年中国GDP规模达到11.2万亿美元,占世界总量的14.9%,比2012年提高3.4个百分点,稳居世界第二位,是第三名日本的2.3倍。2016年中国货物进出口总额达3.7万亿美元,居世界第二位,占世界的比重从2012年的10.4%提高到11.5%;对外服务贸易总额达6575亿美元,跃居世界第二位,占世界比重由2012年的5.5%上升至6.9%。2015年中国对外直接投资额达1457亿美元,跃居世界第二位;2016年中国吸引外商直接投资达到1260亿美元,稳居世界前三位。2016年末,国家外汇储备为3万亿美元,继续保持世界首位。2015年中国高速铁路里程达2万多公里,居世界第一位,超过第二至十位国家的总和;高速公路里程12.4万公里,居世界第一位。2015年中国出境旅游支出达到2922亿美元,跃居世界第一位,是第二位美国的2倍。中国的汽车、钢铁等200多种工业品产量居世界第一位。2016年中国创新指数位居全球第25位,比2012年提高9位,位居中等收入国家第一位。

在经济面临"三期叠加"、国际局势动荡复杂的情形下,这些成绩的取得来之不易,而成绩的取得又和改革的深入推进密切相关。

第一，多方面改革稳步推进，"市场起决定性作用"的"四梁八柱"已经形成。十八大以来，市场在资源配置中的决定性作用和更好地发挥政府的作用成为资源配置的共识。为了推进市场的决定性作用，中央政府围绕两个方面的内容做了大量的改革：一方面，通过放权、确权等改革方式明晰产权主体，为市场资源配置奠定微观主体基础。例如，中央政府持续向市场和社会放权，国务院已分9批审议通过取消和下放行政审批事项共618项，清理453项非行政许可审批事项，分3批取消320项国务院部门行政审批中介服务清单，工商登记前置审批事项目录清单分3批精简了85%等；稳步推进土地制度改革，目前，农村承包地确权登记颁证整省试点已经达到22个，2017年将扩大到28个，近300个县级行政区开展了农村承包土地的经营权和农民住房财产权抵押贷款等"两权"试点；国有企业公司制、股份制改革全面提速，中央企业各级子企业公司制改制面超过92%，省级国资委监管企业的改制面超过90%。这些举措使得市场经济的微观主体更加庞大、产权更为明确、权利更加清晰，市场决定性作用有了微观基石。另一方面，通过价格市场化改革，使得市场价格信号在资源配置中的作用越来越强。例如，十八大以来，中央、地方具体定价项目分别减少80%和55%，水、电、天然气、粮食、医疗、交通、经营服务性收费七大领域的价格改革正在稳步推进，利率市场化改革的不断推进，汇率形成机制进一步完善，境内银行间债券市场对外开放措施进一步完善。这些改革使得市场经济的核心指标——价格在引导资源配置中起到了更为重要的作用。这些基础性改革预示着，市场起决定性作用的"四梁八柱"已经逐步形成。

第二，民生问题持续改善，改革果实惠及大众。在既有的激励机制下，中国经济发展模式存在"重建设、轻民生"的导向。十八大以来，这一偏向得到了高度的关注和纠正，民生问题得到了持续改善，改革果实惠及更大多数人群，尤其是，广大群众的生活得到了实质性改变。2013—2016年，城镇新增就业连续四年保持在1300万人以上，居民消费价格年均上涨仅为2.0%，调查失业率只有5%左右。农村居民收入增速持续高于城镇居民，城乡居民收入差距持续缩小。交通通信、教育文化娱乐、医疗保健支出占消费支出的比重持续上升，居民物质和精神生活极大丰富。城乡居民的社会保障覆盖面逐步扩大，社保体系基本建成。尤其是，"精准扶贫"取得了世界瞩目的成就。从2013年到2016年四年间，中国累计脱贫5564万人，农村贫困发生率从2012年年末的10.2%降到2016年年末的4.5%，贫困地区人民生活水平不断提高，阻断了贫困的代际传递，让老百姓彻底拔掉穷根，增强造血功能。

第三，结构转换平稳过渡，创新创业持续稳步推进。中国未来的经济增长依赖于产业结构的升级和创新型国家的构建。十八大以来，中央高度重视产业升级

与创新创业。2013—2016年,服务业增加值年均增长8.0%,2016年服务业比重提升至51.6%,成为第一大产业,而装备制造业和高技术产业的增长速度也远高于传统产业。在结构平稳转型的同时,创新创业体制改革成效显著。据统计,中国已成为全球第二大研发投入大国和第二大知识产出大国,全社会研发支出占国内生产总值比重为2.08%,发明专利申请量居世界第一,有效发明专利保有量居世界第三。自2014年3月商事制度改革以来,平均每天新登记企业超过1万家,2016年全国新设企业552.8万户,到2016年年底,全国个体私营经济从业人员实有3.1亿人,新增市场主体"井喷式"增长,"双创"事业迎来了前所未有的发展机遇,其效益已经初步显现。

第四,在对外开放中强化中国的话语权和领导力,为世界危机提供中国方案和智慧。十八大以来,全球经济动荡不安,贸易保护主义纷纷抬头。在此背景下,中国不仅坚持了改革开放,进一步设立了自由贸易区,而且通过"一带一路"等为世界危机提供了中国方案,在国际上成为自由贸易的旗手,获得了普遍的赞誉。十八大以来,自由贸易区作为对外开放的新窗口,成为经济的新增长点。上海、广东、天津和福建四大自贸区以十万分之五的国土面积吸引了全国十分之一的外资,其税收收入、高端制造业、互联网和相关服务、软件和信息技术服务行业、特色金融、科学研究和技术服务业等增速远远高于全国平均水平,成为中国经济新的增长极。随着辽宁、浙江、河南、湖北、重庆、四川、陕西7个自贸试验区新近获批,全国自贸试验区已达11个,将成为中国未来对外开放的重要抓手和新的经济增长点。此外,面对世界危机,中国倡导的"一带一路"获得了世界范围内的认可,截至2016年年末,中国企业在沿线国家建立初具规模的境外经贸合作区56个,累计投资超过185亿美元,一批重大工程和国际产能合作项目落地,高铁、核电"走出去"迈出坚实步伐。与之相伴的是,中国在全球经济治理中的话语权和领导力不断提升,在"一带一路"国际合作高峰论坛、亚太经合组织(APEC)北京峰会、二十国集团(G20)领导人杭州峰会、博鳌亚洲论坛等国际高规格论坛上,不断贡献中国智慧、中国方案,获得了世界各国的普遍赞誉和认可。

十八大以来,在以习近平同志为核心的党中央的正确领导下,一些重点领域和关键环节的改革已经取得重大突破,社会主义市场经济体制进一步完善。首先,以"三去一降一补"为重点任务的供给侧结构性改革取得实质性进展。2016年退出钢铁产能6 500万吨、煤炭产能2.9亿吨;2016年年末商品房待售面积首次出现下降,比上年末减少2 314万平方米,下降3.2%;规模以上工业企业资产负债率为55.8%,比上年末下降0.4个百分点;2016年营改增全面推行,降低企业税费成本1万亿元左右;科技创新、生态环保和战略性新兴产业等短板领域投资快速增长。其次,放管服改革取得实质性进展,更好地发挥市场在资源配置中的决定性作用和政府作用。2013年以来,国务院共取消和下放618项行政审批等事项,完成本届政府减少行政审批事项三分之一的目标,彻底终结了非行政许可审批。商事制度改革不断深化,"五证合一、一照一码"推进实施。外商投资负面清单管理模式不断完善,在上海、广东、天津、福建开展市场准入负面清单制度试点。最后,一些关键领域改革深度推进。财税金融体制改革稳步推进,全面放开贷款利率管制,取消存款利率浮动上限,汇率双向浮动弹性增强,存款保险制度正式实施,沪港通、深港通开通。国企改革和公司制股份制改革不断深化,投融资体制改革全面展开,政府和社会资本合作项目加快落地。医疗服务价格改革不断推进,公立医院医药价格改革在县级全覆盖、在9个省的城市全面实施。户籍制度改革加快,建立了城乡统一的户口登记制度。

中国结构性改革的进展和成效得到国际社会的高度认可。近日,经济合作与发展组织(OECD)发布的首份《G20结构性改革进展的技术性评估报告》(以下简称《报告》),对2011年以来G20各国结构性改革的情况和成效进行了系统评估。《报告》认为,中国结构性改革取得积极进展,在生产率提升、稳定就业、增加收入和"放管服"等方面的改革效果显著。生产率增长及高水平就业已经成为中国经济增长的主要动力,新常态下中国人均收入增速依然保持高位,分配差距进一步缩小,并通过"放管服"改革措施减少了行业准入壁垒,提高了整体经济效率。正是基于中国在结构性改革等方面取得的积极进展,近日国际货币基金组织(IMF)上调了对中国2017年的全年经济增长预期至6.7%,表明国际社会对于中国经济改革和发展具有信心。

总的来看,党的十八大召开以来,历年改革任务完成情况良好,有的已基本完成,有的已出台方案,有的正在开展试点,改革呈现全面发力、多点突破、纵深推进的良好态势,为化解短期风险、推进长期增长奠定了坚实的基础。

四、坚持"四个全面"总布局,破解新的发展难题

党的十八大以来,面对国内外错综复杂的政治经济局势,以习近平同志为核心的党中央不仅在经济改革方面通过供给侧结构性改革,有效地在"新常态"下保证"稳中向好"的态势,而且通过全面深化改革,特别是经济改革,通过依法治国、从严治党的深入推进,切实提升国家治理体系和治理能力的现代化水平,实现发展方式的根本转变,以贯彻新的发展理念,保证长期经济增长的可持续。总体而言,经济发展长期向好,经济韧性好、潜力足、回旋空间大,经济持续增长具有良好的支撑基础和条件,经济结构呈现调整优化的前进态势。在复杂多变的局势下,这些成绩的取得尤为不易。

当然,我们必须看到的是,尽管中国经济保持了高水平的发展,但是,当前国内外的经济政治形势多变,经济增长依然蕴含着多重风险。从短期来看,资产泡沫问题依然显著、局部风险不断扩大、债务的结构性风险日益凸出,有侵蚀经济基础的可能,处理不好可能引发风险扩散,"稳中向好"的基础尚不牢固,依然有待加强。从长期来看,当前中国经济运行中一些深层次的结构性问题并没有解决,民间投资增长下滑压力仍然存在,结构转型压力依然较大,创新能力亟待提升……因此,中国经济可能呈现出"短期稳中向好"和"长期结构问题"并行的情景。这就要求我们,必须进一步对内改革、对外开放,坚持实事求是的原则,不断破除改革进程中的种种壁垒和障碍,总结陷入"中等收入陷阱"国家的教训,无论是所谓"拉美漩涡""东亚泡沫",还是"西亚北非危机",共同的在于进入中等收入阶段面对变化的条件所带来的新挑战,未能以新的发展理念推动发展方式的转变,从而难以有效形成发展中的公平与效率,导致社会既不稳定发展也不具可持续性。根本原因在于制度创新滞后,在经济制度上未能处理好政府与市场的关系,市场失灵同时政府失灵;在政治制度上未能推进民主与法制建设,市场主体的私权不被保护,政府官员的公权不受规范,进而权钱交易的"寻租"普遍,导致既无公正又无效率。党的十八大以来,我们党通过"四个全面"总体布局,不仅坚定了全面实现小康跨越"中等收入陷阱"的目标,而且在经济、法治、政治等多方面的制度创新上做出布局,为未来中国经济的可持续发展奠定基础。

第二节 看不见的"另一只手"

一、引言

社会经济的发展过程应该是,随着社会生产力提升,人民生活水平不断提升的过程。按照人们对市场经济的期望,这一过程应该自然实现,但事实告诉我们这一过程并不顺利,有时甚至是很坎坷的,经济波动经常会在市场经济发展过程中出现,给社会带来很大危害。原因何在呢?

经济学鼻祖亚当·斯密揭示了"看不见的手"的作用以后,经济学家们把精力集中在研究市场价格与商品供需的关系上面,很少有人关注商品与货币在社会人群中的流动走向及商品与货币在企业与社会间的运动,或许今天经济学不能解释的问题恰恰发生在商品与货币的流动走向及它们的动态关系之中。

仔细考察社会经济的发展过程就会发现:从商品走向市场的角度来看,社会经济的发展过程实际上就是各种新型商品的市场扩散过程;从货币流动的角度来看,社会经济的发展过程实际上就是货币的社会聚集过程。这两个过程同时发生,但方向相反。从商品与货币在企业与社会间的运动的方面来看,理论上讲,只有在全社会的货币储蓄全部花出之后,社会全部商品才能彻底出清。有利润的社会经济只有在扩大再生产中才能得以维系,市场经济只能不断增长,不能停止增长。下面逐步分析商品与货币在社会人群中的流动走向以及商品与货币在企与社会间的运动。

二、新产品的市场扩散过程

在所有的商品中,新产品的发展最能够反映社会经济的发展。老产品都是由新产品演变而成的,中间产品只为制造最终产品服务,只有新型最终产品的市场发展,才能真正带动产业和经济的发展。下面只研究新型最终产品(以下简称"新产品")的运动过程。

需要注意的是新产品对于不同地区的社会是不同的,有些产品,对于发达地区来说是老旧产品,同样是这些产品,对于发展中地区或不发达地区来说却是新产品,这是因为这些产品刚刚开始大举进入这些地区的社会之中。例如,电冰箱在全世界的普及过程就是这样。

每种产品都分别给人们带来不同的利益,每种新产品的诞生与发展是拉动经济增长的关键环节。一种新产品诞生之后,先是被很少数人接受,然后被越来越多的人接受,随着它在社会中扩散得越来越广,它给社会带来的利益也就越来越多。从古到今许许多多各种各样的新产品被创造和生产出来,每种新产品逐渐被社会接受,随着各种产品的扩散,带动了社会经济的发展和人们生活水平的提高。产品是市场经济的细胞,因此每种新产品的扩散过程,可以很好地反映出社会经济的发展过程。有理由认为,分析新产品的扩散过程,对于研究经济非常重要。

为了更清晰地分析新产品的扩散过程,假设在一个封闭的经济体内,经济运行达到一种平衡状态,这时,80%左右的人每个月正好花完自己的工资,20%左右的人每个月都可以增加一些储蓄,经济慢速平稳增长。在这种情况下,突然有一种相对贵重的新产品诞生了,并且这个产品能够给它的用户带来有价值的效用。

在这个虚拟的封闭社会中,谁会是这种新产品的第一批买主呢?买主大多应该是在那些每个月都可以增加一些储蓄的20%左右的人们当中。新产品的售价越高,购买它的人就越是富有,也许只有最富有的10%甚至5%的人,才会是它的买主。

任意一种新的产品在刚刚被推向市场时,往往由于初期市场传播慢、产量小、生产成本高和研发费用摊销大等原因,价格比较高。较高的价格把产品的市场限定在相对富有的人群范围之内。随后由于市场宣传、产量提升和生产效率提高,会带来成本和价格的下降,市场范围渐次不断地扩大到相对不太富裕的人群。新产品市场的大范围扩散,只能发生在它的降价过程中。

新产品市场就像是一簇同心圆,最富有的人在最中心,最贫穷的人在最外环。新产品市场在社会人群中扩大的过程,就是从同心圆的中心圆,逐渐向外环扩展开来的过程。在同心圆的中心圆,价格最高、买者最少,越往外环价格越低、买者越多,随着价格的每次下降,产品的市场从同心圆的中心圆不断地向边缘外环扩展开来。

这里假设,80%左右的人每个月正好花完自己的工资,20%左右的人每个月都可以增加一些储蓄,还假设新产品很贵重,经济慢速平稳增长。这些假设都只是让大家在较明显的情况下更容易看得清楚,并不具备任何其他特殊意义。经济慢速平稳增长,说明全社会收入变化不大,这具有普遍意义。即使是绝大多数人都有储蓄,也总是存在很多储蓄相对较少的人不愿意为贵重的新产品掏腰包的情况。价格不高的新产品也同样存在类似同心圆式的市场扩散过程,只是低价产品市场的中心圆比高价产品市场的中心圆大得多。价格越高的新产品,降价带来的市场扩张梯度越大、效果越明显,对于经济拉动的作用也越大,价格低廉的新产品的经济拉动作用就小多了,所以为了清晰起见,考察新产品对于经济的作用,只需重点考虑贵重产品。

举例来说,移动通信在中国的发展过程就是最好的例证。早在1987年移动通信刚刚在中国出现,那时的移动手机含电话号码,一部约卖两万多元人民币,用户只有100人。到2011年春天中国最便宜的移动手机仅卖300元人民币,用户数已经超过9亿。中国的移动通信在20多年的发展中,经历了一个价格逐渐降低的过程,同时也是用户逐渐扩大的过程。从1987年中国开通移动电话业务,到1997年用户达到1000万户,用了整整10年的时间。而从1000万户增长到2001年的1亿户,只用了不到4年的时间。此后,2002年11月,中国的移动电话用户总数达到2亿户;2004年5月,达到3亿户;2006年2月,达到4亿户;2007年6月,达到5亿户;2008年6月,达到6亿户;2009年7月,达到7亿户;2010年6月,达到8亿户;2011年4月,达到9亿户。[①] 中国移动通信的发展,为中国人民带来了生活的便利和工作效率的提升,同时也对中国经济的发展和全球相关产业的发展起到了很大的拉动作用。

在近几百年的世界经济发展中,产品供给增加的情况,更多地发生在生产效率提升,产品生产成本下降,并引起产品价格下降之时。产品价格下降使其市场范围大幅扩张,引发了投资的大幅增加,并由此导致了供给量的大幅上升。20世纪头十年美国福特企业推行汽车"大众化"的举动也是个典型的例子,当年福特企业让原本只有少数富人才能拥有的昂贵汽车,以低廉的价格进入寻常百姓家,美国也从此成为"车轮上的国度"。正是因为无数类似福特"大众化"的降价举动,推动了社会经济的发展。

在世界各地,收音机、小汽车、电话、洗衣机、电冰箱、电视机、计算机等等各类产品都经历了类似的降价带动的市场发展过程。各类商品不断推出的不同型号、

---

① http://www.miit.gov.cn/n11293472/n11293832/n11294132/n12858447/13771760.html

不同代别、不同款式的新产品,也都必然经历降价带来的市场扩大的过程。今天市场上正在销售的产品几乎都是新产品,从服装到电器再到汽车,无论是古老的还是新创的,几乎没有哪类产品不在被迅速更新其功能、性能、质量、款式乃至包装等等,几乎所有厂商都在不断推出其升级换代的新产品。这个现象的原因很简单,因为每当一款新产品成功推出,就会吸引富有人群的热烈青睐与慷慨购买,获得暂时的技术垄断带来的高额利润。高利润吸引其他厂商竞相效仿,竞争使得每款新产品都不得不面对更多更穷的人不断降价。不推出更新的产品,企业的利润将不断下降,直至破产。

即使是在产品最难以更新改变的农林牧渔业,人们也是在不断地采用新技术,极力降低产品成本,以获得相对较高的利润。每当先进的企业在某种产品上采用了新技术,降低了成本,获得了较高的利润,就会有大量的企业跟进,于是新一轮的竞争会把该产品的价格降低市场扩大。网箱养鱼、大棚种植、杂交水稻、农业机械等都是这方面的例子。

三、金钱的社会聚集过程

若从人们拥有金钱的角度来观察社会,把拥有金钱数量大致相等的人群放在一起,社会就会呈现出一簇同心圆,最里面的中心圆中的人最富有,人数最少,最外面的环形中的人最贫穷,人数最多。这个同心圆与新产品扩散的同心圆形状相同。

站在社会经济发展的高度来看金钱的社会集聚和产品的市场扩散,金钱聚集的方向与新产品扩散的方向正好相反。新产品是逐渐向穷人扩散,而金钱却是逐渐向最富有的人群集聚。产品是从同心圆的中心向外环扩散的,但是金钱确是从外环向中心聚集的。在当代世界上,金钱向富人聚集已经是一个不争的事实,也许一些能够找到的基尼系数可以更确切地说明金钱的流向。

以美国的基尼系数为例,美国的基尼系数在1967年为0.399,到1998年为0.456,[①]在这31年中美国基尼系数的逐渐上升,正可以说明美国的社会财富逐渐在向富人集中,中国的基尼系数如何呢?根据一份研究,1997年中国的基尼系数为0.3706,自2000年开始越过0.4的警戒线,并逐年上升,2004年为0.4387。[②]

根据IMF引用卢森堡收入研究所的数据,[③]在从20世纪70年代末或80年代初到20世纪90年代末或21世纪初的约20年间,英国、美国、瑞典、比利时、芬兰、澳大利亚、德国、卢森堡、西班牙、加拿大、意大利11国的基尼系数都是上升的,只

---

① http://www.census.gov/hhes/www/income/data/inequality/tablea4.html
② .http://www.stats.gov.cn/was40/gjtjj_detail.jsp?searchword=%BB%F9%C4%E1%CF%B5%CA%FD&channelid=6697&record=78
③ http://www.imf.org/external/pubs/ft/wp/2007/wp07169.pdf

有丹麦、荷兰、法国和冰岛等 4 国的基尼系数是下降的。

另又根据亚洲开发银行 2007 年的一项研究,①从 20 世纪 90 年代到 21 世纪初,尼泊尔、柬埔寨、斯里兰卡、孟加拉、老挝、印度、韩国、越南、土库曼斯坦、阿塞拜疆、塔吉克斯坦、菲律宾、巴基斯坦、中国大陆、中国台湾地区 15 个国家或地区的基尼系数都是上升的,只有印度尼西亚、蒙古、马来西亚、哈萨克斯坦、亚美尼亚、泰国 6 国的基尼系数是下降的。

根据乐施会的研究报告,在 2010—2015 年的 5 年间,全球贫富差距增大。5 年前世界上最富有的 388 名超级富翁所拥有的资产,已相等于世界较贫穷的一半人口所拥有的财富。自 2010—2015 年世界人口增加约 4 亿,而世界较贫穷的一半人口,所拥有的资产并没有因而增加,反而减少了 10 000 亿美元,下跌 41%。与此同时,排名前 62 位富翁所拥有的资产却同时增加超过 5 000 亿美元,总财富达 17 600 亿美元。乐施会曾于 2015 年世界经济论坛召开年会前预料,最富裕 1% 人口的财富,将于 2016 年超过其余 99% 人口的财富。结果这一情况提前于 2015 年便出现了。②

基尼系数虽然不能详细说明金钱的流动,却也可以从宏观上说明金钱向着少数富人集中的方向性。研究机构的研究结果,更加直接地反映了金钱向着少数富人的集中。那么,金钱为什么会向少数富裕人群集中呢?

创新和投资是财富创造最重要的源泉,同时任何创新又都离不开投资。在今天创造新财富的各项因素中,已有财富发挥的作用依然是最大的。投资是由投资人决定的,那么投资人的利益就必然是决定经济发展的关键,也就是说,不会存在没有投资人利益预期的投资。投资失败虽然是普遍存在的现象,但无论如何,全球经济的提升与财富的增长,说明成功的投资乃是经济发展的主流。

在投资者当中也存在大股东和小股东的区别。很多分散的小股东,尽管他们全体所占股份的总数有时并不少,但他们每个个体所占的股份很少(例如在股市上购买股票的个体),能够分到的利润自然也就很少。大股东的数量虽然不多,但他们每个人所占的股份较多,能够分到的利润自然也就很多。金钱就是这样流向了富裕的人群,使得富有的人越来越富有。

如果更多的穷人能够挣到更多的钱,市场将会扩大,产品的产量和产业的规模才能随之扩大;产业规模的扩大才能带来就业的扩大,也才能使更多的人挣到钱。市场和就业的交替繁荣,可能形成良性循环。如果金钱聚集的方向与产品扩

---

① http://www.adb.org/documents/books/key_indicators/2007/pdf/Inequality-in-Asia-Highlights.pdf

② http://news.21so.com/2016/hongguan_119/1410986.html

散的方向相一致,这个循环将会得到不断的加强,其结果就是全社会的生活水平随着生产的发展自行提高。

但是,按照上述的财富发展规律,各产业发展的结果,只能是金钱更加向着少数富人集中了。相比穷人,富人的人数很少,相对于富人的金钱,富人的消费十分有限。富人的钱多数用于投资,穷人的钱多数用于消费。随着金钱向着少数富人集中,大量投资拉动社会产出不断提高,而社会消费就会受到很大限制。投资过剩消费不足使得上述循环进入衰减循环,最终陷入停滞。金钱向富人集中得越快,循环的衰退就越快。

在现实经济中,社会对于财富不均具有一定的容忍度,市场可以容纳一部分金钱储存和商品存货的存在。这种容纳现象具有一定的区域性,信息、货币、商品流通的速度越快,区域的范围越大。市场经济使得金钱向少数富人集中,在一定程度上对于调动人们参与竞争的积极性具有激励作用,但财富集中到了一定程度就将导致整个社会经济的衰退,由经济波动带来的通货膨胀最终也必然造成富人财富的大量转移和流失。

在新产品的发生、发展和衰退的过程中,除了电信、电力、铁路等少数产业外,大多数产业都有其经济规模,新投资都会在经济规模或其整数倍的规模上进行,经典经济学用来解释产业衰退用的生产边际成本递增和投资边际效用递减的实际作用其实并不大。作用最大的因素是财富向富人聚集和过度盲目投资造成的产品过剩,最大作用还是前者。深入一步来看,就连造成投资边际效用递减的根本原因,也是金钱流向富人引起的有购买力的消费需求不足。否则,无论怎样过度投资,只要生产出产品,就一定会像萨伊所言,"供给自创需求"。

四、市场经济不能停止增长

我们已经看清了商品与金钱的流动方向,为了看清经济运行的规律和矛盾,还需要进一步深入考察产品与金钱的交换过程,搞清产品与金钱在交换过程中的关系。

在社会的生产与生活中,只有实物产品才能对人发挥实质性的作用,货币只是为了方便交换而使用的中间符号。企业生产的产品卖出后换回货币,企业用货币购买材料继续生产,或者扩大投资扩建生产设施,企业把货币发给职工购买生活消费品。

从企业的角度讲,社会上任何一件产品都将经历购买与制造、卖出与消费的过程,经历了这个完全的过程,才达到了社会所创造的全部产品的所有价值的完全实现。如果哪一件产品只经历了购买与制造,没有经历卖出与消费,就意味着这件产品没能实现它的价值,却变成了积压品。

再来考察一个封闭的小社会,假设工资全部用于消费,利润用于投资。在有利润的情况下,厂商的销售金额必定大于成本支出。因为只有厂商的成本,才能形成实时的社会购买力并实现商品的销售,利润再投资滞后于当前的商品供销过程。

在当期,如果所有厂商都有盈利,而没有新的投资发生,他们的利润聚集起来,就造成了当前社会总收入小于当前社会商品供应总值,这是不可能的事。要么价值大于成本的产品形成了积压,没卖出去,没有实现利润;要么是社会上有新的投资,购买了价值大于成本的产品,形成了利润。再有就是有一部分厂商亏损,其亏损额购买了盈利厂商价值大于成本的产品,使其得以形成利润。

假设在这个封闭社会中没有政府、银行及对外贸易,这个社会只有甲、乙、丙三家企业,甲是一家房产企业,乙是一家制衣厂,丙是一家农场,他们在某年的年度经营状况如表 10.1:

表 10.1　企业年度经营状况　　　　　　　　　　　单位:万元

	甲(房产企业)	乙(制衣厂)	丙(农场)	共计
销售额	0	7	3	10
支出或成本	1	5	4	10
利润额	−1	2	−1	0

表 10.1 中乙、丙两家企业,这年共生产的 10(7+3)万元商品全部售出,全社会完成了所有产品的形态转化和价值实现。乙、丙两家企业只支出成本 9(5+4)万元,如果没有甲企业这年投资 1 万元,在乙、丙两家企业生产的 10 万元的商品中,最多只能卖出 9 万元的商品,因为在此假设下,社会总收入就只有这两家企业支出的成本 9 万元,再也没有任何资金来源,可以用来支付购买乙、丙两家企业这年生产的另外 1 万元的商品了。

按照表 10.1 中的情况,甲企业这年投资 1 万元,丙企业亏损 1 万元,正是这两笔资金成就了乙企业,实现这年利润 2 万元,若没有甲企业的投和丙企业的亏损,乙企业将无法卖出超出成本的 2 万元产品,这 2 万元产品只能形成产品积压。如今,乙企业获得的 2 万元利润,最快也要明年才会用于投资。

在一个封闭社会中,如果不考虑政府和外贸的作用,盈利厂商的利润只能来自社会投资和其他厂商的亏损,如果考虑储蓄的因素,超出成本的产品由积压转为利润的部分会更少。只要全社会的利润总和超过投资和亏损的总和,需求的增长必定滞后于供给的增长,形成市场供大于求。有利润剩余的社会供给不能及时造成实际消费购买,累积起来将会形成经济衰退。

由此可以看到,在有利润的情况下,全社会每一年的生产与消费,只有在下一年的扩大再生产和再消费过程中,才能得以全部完成。在一切为了利润的市场经济中,资本必须带来利润,利润必然带来再投资,市场经济只能在扩大再生产中继续,不能停止增长。

上面的例子假设工资全部用于消费,利润用于投资。这个说法虽然不十分严密,但却易于理解。只要利润占投资的主体(实际就是这样),这样的假设偏差就不大。

严格说来,无论人们手中握有的消费剩余的金钱(无论是现钞还是存款)来自工资还是利润,只有在金钱全部投资出去(无论由本人还是银行)之后,社会的所有产品才完成了从购买与制造到卖出与消费的全过程。在人们手中握有的消费剩余的金钱全部投资出去之前,社会的部分产品仅完成了前半部分的购买与生产,还有后半部分的卖出与消费没有完成,形成了积压品。

也就是说人们手中的货币必须全部花出去,社会全部产品才能得以出清,否则就会形成存款和产品积压。在有储蓄(消费剩余)存在的前提下,社会的生产与消费只有在不断增长中才能得以顺利进行,停止增长必然出现产品积压,积压到了一定程度,必将发生经济衰退。

现实经济中,现代银行可以把存款贷出变成投资或购买。属于存款人的货币被银行贷出,相当于货币被超发,加上银行的放大作用,在存款准备金率为10%的情况下,甚至可以达到9倍超发。现实社会以货币的超量供应来弥补生产过剩造成的储蓄增长,这样的弥补也只能暂时缓解不能彻底解决产品积压,长期来看只能造成更多的产品积压。

五、经济周期

市场经济的根本动力就是让人们挣到更多的钱。挣得越多,存得越多。有了储蓄,市场经济就只能增长,不能停止增长。然而,就是因为货币向少数富人聚集,阻碍了产品向最广大的穷人扩散,阻碍了市场和产业的发展,从而使得经济的增长陷于停顿,这就是经济周期发生的根本原因。

在货币变为储蓄的过程中,富人的储蓄远远超过穷人。截至2011年年底,中国央行公布的个人存款(包括储蓄存款、保证金存款和结构性存款)余额为35.8万亿。根据李迅雷保守估算,中国5%的储户占有银行个人储蓄总额的40%,则剩下的21.5万亿余额如果被13亿人均分,人均储蓄额就少得可怜。[1] 农业银行IPO反映的贫富差距是0.94%的个人客户拥有38.2%的个人存款。农行拥有中国最庞大的个人客户群体,截至2009年12月31日,农行拥有约3.2亿户个人客户,其中有贷款余额的约824万户。农行还拥有优质的个人存款客户群体,截至2009年12月31日,农行存款超过20万元的个人客户约301万户,其存款总额占

---

[1] http://blog.sina.com.cn/s/blog_682acc8f0102duqo.html

全行个人存款总额的比重达 38.2%。①

凯恩斯的经济理论是:在资本边际效率递减和存在流动偏好两个因素的作用下,投资需求不足,而边际消费倾向递减,造成存款增加消费需求不足。消费需求不足和投资需求不足将产生大量的失业,形成生产过剩的经济危机。凯恩斯依据他自己的理论,建议政府扩大开支降低利率,刺激消费与投资,以满足经济发展的需要。②

凯恩斯发现的问题是市场经济发展中的关键性问题,他的这些结论是正确的。在银行卡广泛应用的今天,流动偏好对经济的作用已经很小,关于导致边际消费倾向递减、资本边际效率递减的原因,他没有彻底说清楚,由此导致了近几十年的经济学争议。

实际上在发现问题的这几处,都存在富人与穷人的差别,正是这一差别的存在,凯恩斯的这些结论才能真正成立,他实际上只看到了发生在富人一边的现象,而没有看到完整的情况。虽说消费需求不足的确是一切发生的根源,但这里的逻辑应该是,富人的边际消费倾向递减和存在流动偏好,造成了具有购买力的消费需求不足,具有购买力的消费需求的不足造成了产量扩大时,产品必须面向更贫穷的群体,所以才必然会有产品价格下降,这才是资本边际效率递减的根本原因。

由于各类生产大都存在规模经济,从宏观经济的角度来看,资本投入都以规模经济为单位来进行,实际上可以认为很少存在凯恩斯所描绘的产量扩大带来的成本增加而导致的资本边际效率递减。发生宏观资本边际效率递减现象的真正原因,主要是金钱流向富人,阻碍了产品市场向穷人的扩大,穷人虽有需要但购买力不足,这使得产量扩大时,市场面对穷人只能依靠降价才能扩大。

凯恩斯发现了问题的一半,他仅仅是从富人的角度来看待收入增加后的结果,且误将富人的状况,当作了全社会的平均状况;他忽视了另一半,社会上的穷人,他没有区分富人与穷人的不同,没有看到货币流向少数富人,消费需求却在数量众多的穷人一边。购买能力过剩,消费需求不足的是富人;拥有消费需求,购买能力不足的是穷人;全社会并不存在整体同步的消费倾向递减。若真是如他所见,经济也就再无发展的必要了。实际上,他发现的是富人的规律,没有看到穷人的规律,并不是全社会经济发展的规律。

按照凯恩斯的理论,如果仅考虑社会平均供需,不考虑贫富差别,他的建议不会完全有效,只会鼓励浪费。在考虑了贫富差别的情况下,按照凯恩斯的建议,政府和银行提供更多货币的结果,并没有改变货币在人们当中分配的比例,只能暂

---

① http://finance.sina.com.cn/stock/t/20100617/02168123814.shtml
② J. M. 凯恩斯,《就业、利息和货币通论》。北京:华夏出版社,2009 年。

时弥补由于储蓄所造成的货币与产品的不匹配。

按照上述分析,政府提供更多货币的结果,将会是更多的金钱聚集到富人的钱袋里。凯恩斯的做法在短时间内可以在一定程度上缓解资金短缺的问题,但随着货币超发越来越多,社会上的货币存量远远超过产品存量,政府赤字猛增债台高筑,接下来一定是通货膨胀,是更大程度的限制经济发展。现在解决这一经济问题的途径就只有通货膨胀。

有人说由于富人的大部分金钱都投资于实业,所以通货膨胀不能使富人变穷。其实不然,社会上有很多有钱人不是自办实业的,而是食利者阶层,他们把钱放在金融投资者手中,再由金融投资者把钱投向实业。由于食利者阶层、金融投资者和自办实业者之间只是货币往来,货币贬值后食利者阶层掌握的货币的原有实际价值被部分转移到了自办实业者和金融投资者的手中。通货膨胀实际上起到了财富转移的作用,这也是通货膨胀最重要的作用,但是,对于社会来说,通货膨胀破坏经济造成的代价太大了。

六、结论

因为社会的生产效率在不断提高,新产品可以不断降价,不断走向相对贫穷的广大民众,由此带动了社会经济发展;但是市场中看不见的另一只手把金钱向着少数富人聚集,这是市场经济发展的一对矛盾。只有在购买者拥有的货币增加的情况下,产品增加才是一个可持续的过程,社会经济的发展才是一个可持续的过程。

在市场经济中,金钱从社会同心圆的外边向中间聚集,无疑是阻碍了产品从里向外的扩散。社会的金钱的聚集会把产品的扩散限定在一定的范围之内,无法持续进行。由于市场经济只能以扩大再生产的方式进行,不能停止增长,只要金钱聚集的方向与产品扩散的方向不一致,经济增长必然受到阻碍以致停止增长,市场经济的发展就将会是有波折的、不平衡的,或称不可持续的。

第三节　确实发挥市场决定性作用,优化人口与土地空间配置

一、要全面理解市场对资源配置的决定性作用

中共十八届三中全会(2013)通过的《中共中央关于全面深化改革若干重大问题的决定》(以下简称《决定》)指出,全面深化改革的重点是经济体制改革,而经济体制改革的"核心问题是处理好政府与市场的关系,使市场在资源配置中起决定性作用和更好发挥政府的作用。"而市场在资源配置中起决定性作用的基础是"建设统一开放、竞争有序的市场体系"。

这里所说的资源无疑是指包括劳动、资本、土地、企业家才能在内的全部经济资源即全部生产要素,而其中土地是财富之母,劳动是财富之父,二者是最基本的

两大原始资源,所谓"使市场在资源配置中起决定性作用"是一个全称判断,是强调让市场在所有资源配置中都要起决定性作用,而不仅仅是在某些资源配置中起决定性作用。

而北京、上海、天津、广州、深圳近年来则纷纷确定了控制人口的上限①,国土部门也制定了严格控制500万以上人口城市的新增建设用地。②

以上对人口和土地资源的计划(行政)配置显然背离了《决定》的精神。既然土地和劳动(人口)是两种最基本的经济资源,既然确认(或承认)市场在资源配置中起决定性作用,那么,让市场在人口分布和土地资源配置中起决定性作用,应该是从《决定》的精神中得出的合乎逻辑的结论。

当然,《决定》在强调使市场在资源配置中起决定性作用的同时,也指出要"更好发挥政府的作用"。这是因为,即使在完全市场经济中,无论是在资源配置中起决定性作用的产品市场还是任何其他要素市场,都不是万能的,也不是完美无缺的,垄断势力、信息不对称以及外部性等因素的存在都会导致市场失灵,而在市场这只看不见的手失灵的情况下,就需要政府这只看得见的手出手相助。但政府对微观经济活动的介入,只限于弥补市场的缺陷,校正市场的偏差,而不是取代市场配置资源的决定性作用。比如,近年来,中国政府就先后制定了"全国主体功能区规划""国家城镇化规划"。为了保证国家的粮食安全,中国实行了严格的保护耕地制度,严格控制农地转用,等等。但是,正如政府介入一般的资源配置仅仅是为了弥补市场的缺陷而不是取代市场的决定性作用,政府的土地利用规划和用途管制,也仅仅是为了保证公共利益的实现,对土地市场配置产生的负的外部性加以限制,对正的外部性给予补偿,而绝不是或不应该从根本上取代市场在土地资源配置中的决定性作用。

以国家粮食安全为例,改革开放前,在中央集权的计划经济体制下,国家对农产品实行统购统销,粮食产量常年徘徊不前,农副产品的供应长期处于短缺状态。改革开放以后,随着农村家庭承包制的实行和社会主义市场经济体制的确立,国家取消了粮食统购统销,粮食产量很快达到历史最高水平,近十年又实现了"十连增",这无疑是市场在粮食生产以及相应的农地资源配置中发挥了决定性作用的结果。

再以刚刚发布的《国家新型城镇化规划(2014—2020)》为例,卡内基国际和平

---

① 北上广深津十三五规划常住人口控制规模:北京,2 300万;上海,2 500万人以内;广州,1 550万;深圳,1 480万;天津,1 350万。
② 2014年1月10日国土资源部部长姜大明在全国国土资源工作会议上指出:中央要求,东部三大城市群发展要以盘活土地存量为主,今后将逐步调减东部地区新增建设用地供应,除生活用地外,原则上不再安排人口500万以上特大城市新增建设用地。

基金会高级研究员黄育川认为,该《规划》的缺陷源自一个貌似合理的规定:"严格控制"特大城市规模,引导劳动力向中小型城市迁移。这一限制不仅违反了2013年11月中共十八届三中全会的核心精神——让市场(而非政府)在资源配置中起"决定性作用",还会加大中国实现其亟须的生产率增长的难度。[①] 而印度计划委员会委员阿伦·玛里亚(Arun Maria)则认为:当你让民众参与到政策的过程中,关注他们的需求,你就知道应该做什么了,而且政府受民众欢迎度也提高了。土地规划要像美国一样,有工程师的思维,土地用来做什么,需要多大的面积,都要基于民众的需求,公众才是城市规划的开始和结束,底层的需求是城市规划的开始,好的城市规划是公众参与出来的。只有当中国政府的决策者们改变了自上而下的思维,用自下而上的民主参与方式来做城市规划决策,中国的城镇化才是"人的城镇化"。[②]

二、关于市场在城市人口分布中的决定性作用

(一)计划(行政)控制阻碍了城市化进程

1. 城市化速率远低于同期的日本

由于实行了严格的城乡二元户籍管制、人民公社制度以及统购统销的粮食政策,1949—1978年,中国的城市化率只从10.64%提高到17.92%,30年中年均只提高0.24个百分点。而第二次世界大战以后的1940—1970年,日本城市化率由37.7%提高到72.1%,同样30年间,城市化率年均提高1.14个百分点。

2. 户籍人口城镇化率远低于常住人口城镇化率

中国2015年虽然常住人口城镇率已达到56.1%,接近中等收入国家平均水平,但户籍人口城镇化率只有39.9%,二者之间的差额即非户籍常住人口就是总数为2.2亿的农民工及其家属。

3. 城市化率远低于城镇化率

不仅如此,由于片面推行优先发展小城镇、鼓励农民离土不离乡就近城镇化的政策,56.1%的城镇常住人口中还包含着2.2亿居住在小城镇中的镇民,显然,以城市人口计算的城市化率会大大低于以城镇人口计算的城镇化率。

4. 半城市化导致的经济社会问题

由于2亿多农民工进城不能落户,迁徙不能定居,以至于在城市出现了3 600万流动儿童,而在农村出现了6 100万留守儿童、5 000万留守妇女和5 000万留守老人。

---

① 见黄育川:《让市场力量决定城镇化进程》,《金融时报》,http://www.ftchinese.com/story/001055572。
② 引自英国《金融时报》中文网言论及公共政策编辑霍默静:《好的城市规划是公众参与出来的》,http://www.ftchinese.com/story/001055714?full=y。

2015年中国农民工数量已经超过2.7亿人,其中61.8%是外出农民工,每年一度"春运"压力也在不断增大。以近10年为例,2004年"春运"人数为18.9亿人次,随后历年递增。2014年"春运"人数达历史高峰36.2亿人次;2015年"春运"全国共发送旅客28.09亿人次,2016年"春运"全国旅客发送量达到29.1亿人次。

5. 人口城市化滞后于土地空间城市化

由于地方政府大都把城镇化理解为城市建设,在"新型城镇化"浪潮推动下,全国各地又掀起了新一轮造城运动,其中12个省会城市规划建城55个;144个地级市有133个规划建新城200个;161个县城有67个规划建新城;已公布规划面积的96个新城占地6 105平方公里;天津滨海新区2020年规划建设面积1 000平方公里,规划人口只有600万。在最新一轮造城运动中,城镇规划人口已超过30亿。

(二)人口向大城市积聚是客观经济规律

1. 从国际国内经验看,人口向大城市集聚是普遍规律

在美国,1950—2010年,500万人以上的都会区人口占全国人口比重从12.2%增至24.6%,增加12.4个百分点;特别是在1970—2010年,500万人以上都会区人口比重增加9.4个百分点。在日本,人口长期向东京、大阪、名古屋三大都市圈集聚。1884—1973年,东京圈人口占比从10.8%增至23.9%,大阪圈人口占比从10.5%增至15.0%,名古屋圈人口占比从8.3%增至8.4%;之后,日本人口迁移从向"三极"集中转为向"一极"集中,2014年东京圈人口占比达28.3%。在韩国,首尔圈人口占比从1955年的18.3%增至2015年的49.1%。图10.1描

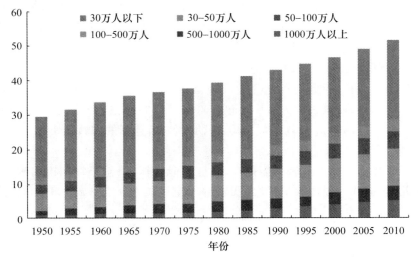

图10.1 世界不同人口规模城市人口的变动(1950—2010)

资料来源:2014 revision of the World Urbanization Prospects,U.N.

述了1950—2010年世界不同人口规模城市的人口变化,从中可以看到,近60年中,世界城市人口的增加,主要是由100万人口以上的大城市所做的贡献。

中国近30年来,100万以上人口的城市,无论是从个数上还是人数上,其增长速度都快于中小城市(见表10.2)。近5年35个主要城市(一、二线城市)共流入3 778万人,其中75%流入三大都市圈的8个大城市和5大枢纽城市(郑州、成都、重庆、武汉、厦门),三线及以下的城市已经进入人口萎缩阶段。

表10.2 1982—2010年中国地级以上城市按辖区城镇人口分规模情况

分类	1982年		1990年		2000年		2010年	
	人口(万人)	个数(个)	人口(万人)	个数(个)	人口(万人)	个数(个)	人口(万人)	个数(个)
1 000万人以上	0	0	0	0	1 346.0	1	5 780.2	4
500—1 000万人	1 706.1	3	2 143.2	3	4 362.2	6	6 908.1	10
300—500万人	1 040.3	3	1 577.2	4	2 315.2	6	4 254.4	12
100—300万人	4 554.1	30	7 958.0	51	7 266.4	44	8 853.6	52
50—100万人	2 192.2	32	4 769.6	68	5 444.1	79	7 207.5	102
50万人以下	1 465.4	44	2 147.6	63	4 200.1	126	3 648.8	107
合计	10 958.2	112	18 595.1	188	24 934.0	262	36 652.5	287

联合国预测世界人口2010—2020年增速最快的20座城市中,有10个是中国的城市,依次排列为:苏州市(1;人口525万,增速为5.57%);广州市(2;人口2 060万,增速为4.66%);北京(7;人口为2 110万,增速为4.1%);杭州(8;人口728万,增速为4.10%);泉州(9;人口671万,增速为3.68%);成都(12);南京(13);上海(17);重庆(20);天津(19)。这些都是人口超过500万的特大和超大城市。

2. 优先发展大城市的理由

从减少耕地占用来看:从农村居民点—建制镇—小城市(含县城)—中等城市—大城市—特大城市—超大城市,其人均占地面积(平方米),依次递减为237—203—130—125—118—113—99。

从城市控制污染能力来看:大城市在创造同量GDP的条件下,其污染物排放量远远低于中小城市。2014年500万人以上城市的一般工业固体废物产生量占全国比例不到5%,明显低于其城区常住人口占比7.4%。

从就业来看,大城市远比中小微城市能够为农村转移人口提供更多的就业机会,大城市更容易养活穷人。

从城市竞争力来看,城区人口在 100 万以上的城市能发挥"区域中心"的作用。城区常住人口在 500 万以上的城市,是应该有国际影响,代表国家的竞争力。

(三)应取消对大城市人口规模的计划控制

1. 中国的特大超大城市不是多了而是少了

按照国务院的最新标准,2015 年中国城区常住人口 1 000 万以上的超大城市只有 4 个,500—1 000 万的特大城市只有 8 个,100—500 万以上的大城市只有 71 个,50—100 万人的中等城市 106 个,50 万人以下的小城市 464 个。此外,还有平均人口不足 10 万人的县城约 1 600 个,平均人口仅 1.1 万人的镇区约 2 万个。

2. 中国的超大城市仍有发展空间

从人口规模看:上海以 2 415 万人位居全球第三,居东京都市区 3 593 万人、首尔都市区(2 495 万人)之后;北京都市区(1 980 万人)位居全球第六,中间还隔着孟买都市区(2 280 万人)、墨西哥城都市区(2 040 万人)。

从人口密度看:上海(3 535 人/平方公里)、北京都市区(2 583 人/平方公里)分别位居第五、第六。居于前四的分别是首尔都市区(5 339 人/平方公里)、孟买都市区(5 235 人/平方公里)、东京都市区(4 181 人/平方公里)、墨西哥城都市区(4 000 人/平方公里)(见图 10.2)。

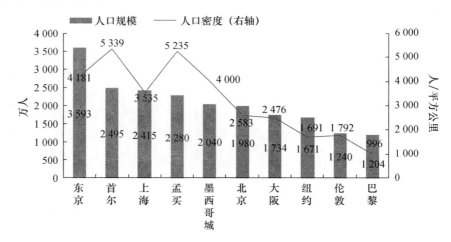

图 10.2 世界各大城市人口规模及人口密度

注:北京都市区不含延庆、密云等生态涵养区。
资料来源:OECE(城市功能区口径)、中国统计局、印度统计局。

从人均 GDP 来看:中央政府对北京市的功能定位是"全国政治中心、文化中心、国际交往中心、科技创新中心",建设目标是至 2050 年进入世界城市行列;上海提出至 2040 年建成"迈向卓越的全球城市,国际经济、金融、贸易、航运、科技创新中心和文化大都市"。从人均GDP看,北京都市区仅相当于首尔都市区的58%、东京都市区的44%、伦敦都市区的34%、巴黎都市区的30%、纽约都市区的25%——纽约都市区的经济份额占GDP的7.9%,上海市为3.7%,北京都市区仅为3.3%。

从总体来看:北京市的常住人口密度并不高,问题在于人口分布过度集中。北京市五环内面积为668平方公里,2014年常住人口为1054万,人口密度为15774人/平方公里。

东京圈核心区域(东京都23区)土地面积为627平方公里,2015年人口910万,人口密度为14525人/平方公里。

当前北京五环内人口密度已经超过了东京都23区的人口密度峰值。人口分布过度集中往往会带来交通拥堵、环境污染、住房拥挤等问题,降低居民的生活质量。

按照东京圈和首尔圈的经验,北京市土地资源能承载3000万以上人口。

目前,东京圈土地面积为13558平方公里,人口超过3500万,人口密度为2633人/平方公里;首尔圈土地面积为11818平方公里,人口超过2300万,人口密度为2017人/平方公里。

考虑到地形的差异,我们把北京市人口密度按2000人/平方公里计算,北京市可承载3280万人。

3. 不能人为限制特大和超大城市人口规模

根据日本总务部于2016年2月26日发布的数据显示,日本总人口比上一次(2010)调查时减少了94.7万人,但东京圈人口却达到3613万人,在5年里增加51万人,日本政府并没有人为限制东京圈人口总量。

北京市人口总体规划曾被定为"到2020年控制在1800万"。但到2010年的"六普",全市常住人口已达1961万,提前10年完成了总体规划目标。2013年年末,全市常住人口2114.8万人。从2000至今,北京市每年平均新增常住人口60万人,相当于一个中等县级市。但最近3年常住人口增速持续下降。2015年年末北京常住人口为2170.5万人,其中常住外来人口822.6万人。上海市2015年城市常住人口减少10.41万。

从根本上说,城市化是一个国家的整体概念,像北上广深津这样的超大城市,借助于优质丰富文化、教育、医疗资源和完善的城市基础设施,更应该吸纳更多的外来人口,为国家整体的城市化水平的提高做出应有的贡献,而不能满足于自身城市化率的提高,人为地限制未来人口的进入。

三、关于市场在土地资源配置中的决定性作用

(一) 计划(规划)配置土地资源的弊端

一是取消了集体土地的建设用地使用权,禁止集体土地进入建设用地市场,造成集体土地与国有土地产权制度不平等,使集体土地不能参与工业化、城市化建设,分享工业化、城市化利益,损害农民权益;二是农村宅基地没有处分权,不能流动,造成大量"空心村",土地闲置;农民工不能市民化,在城里挣了钱还要回村建房,使村庄用地不减反增;三是地方政府按原农业用途产值低价征收集体土地,拿走了几乎全部土地增值收益(2003—2012年总计约7万亿元),造成60%失地农民贫困化;四是强征强拆造成严重的官民矛盾和社会冲突;五是"土地财政"激发了地方政府投资热、借债热、开发区热,造成几十座空城、鬼城,滋长了权力寻租、权钱交易、土地腐败;六是下达的建设用地指标与地方实际需求脱节,不是使项目难以上马,便是制造违法用地,降低资源配置效率;七是1/3的建设用地指标给地方划拨使用,不需缴出让金,助长地方政府大厦、大马路、大广场、大学城等形象工程建设,浪费土地;八是地方政府为争夺项目,廉价出让工业用地,对房地产用地则限量供应、招拍挂出让。这种贱卖工业用地、贵卖房地产用地的结果,使过多的土地配置给了工业,造成工业用地粗放利用;而房地产行业则用地紧缺,地价房价高涨,农民工和城镇低收入居民住不起房,阻碍人口城市化进程。

下面通过几个例子具体揭示计划配置土地资源的弊端:

1. 中外建设用地占比及构成比较

美国、日本的城市用地分别占国土面积的3.1%和4.2%;中国城镇用地只占国土面积的0.95%。美、英、法、日、德等发达国家工业供地都远远少于城镇居住用地,一般在1∶3到1∶5之间。中国城市建设用地中住房用地占1/3。中国人均居住面积是欧美等国的1/4,落后菲律宾等发展中国家及美国1950年的居住水平。

2. 北京与东京居住条件比较

东京2013年5层以下住宅数占比为78.07%,6—10层住宅数占比为12.61%,11层以上为9.31%,独立住宅数占比40.69%。按城市功能区口径北京的人口密度只相当于东京的0.62,但住宅所在建筑属于10层以上楼房的家庭户数占比为22.86%(而自2006年5月31日国土资源部发布通知,一律停止别墅类房地产项目供地和办理相关用地手续,并对别墅进行全面清理,目前中国各级城市都已经没有新建或者在建的别墅楼盘了,以前拿了土地还没开发,已不能开发别墅项目)。

3. 中国的房价为什么十年九调越调越高?

近十年来,中央政府连续出台调控政策,旨在把不断飙升的房价降下来,或至

少控制住上升的势头,但事与愿违,十年九调,越调越高。主要原因是违反了市场机制即经济学最基本的供求定理。如图 10.3 和图 10.4 所示,房价和其他商品价格同样遵循着一般均衡价格规律,是由住房供给曲线和需求曲线共同决定的。而政府对住房市场的调控一味地控制需求,由于刚需的存在和政府单方面垄断了城市住宅用地的供给从而抑制了住房的有效供给,自然是房价越调越高(见图 10.3)。如果打破政府对城市建设用地的单边垄断,允许农村集体建设用地进入城市建设用地市场,伴随着城市住宅用地供给的增加(见图 10.4),城市房价不仅不会上升,还有可能下降。

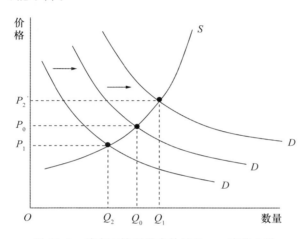

图 10.3 单方面控制需求的结果——房价上升

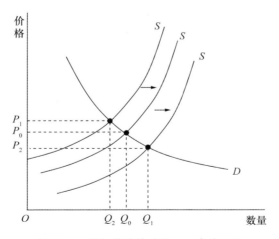

图 10.4 增加供给的结果——房价下降

据全球最大的城市数据库网站 NUMBEO 公布的数据(参见表 10.3),2016年上半年全球 225 个大城市房价收入比排名前十的城市中,中国大陆占了四个:深圳以 38.36 位居第一;北京以 33.32 位居第五;上海以 30.91 位居第六;广州以 25.85 位居第十。此外,美国经济咨询公司 Longview Economics 的一项最新研究显示,目前深圳房价全球第二贵。分析显示,深圳一套典型住宅的价格已达到 80 万美元左右,房价收入比为 70 倍。[①] 中国的房价收入比如此之高,不能不说与多年来计划配置土地资源、扭曲住房用地供求关系直接相关。

表 10.3　全球 225 个大城市中房价收入比排名前 10(2016 年上半年)

排名	城市	房价收入比
1	深圳	38.36
2	孟买	37.67
3	河内	35.86
4	中国香港	34.95
5	北京	33.32
6	上海	30.91
7	伦敦	30.88
8	利沃夫	28.10
9	基辅	25.96
10	广州	25.85

资料来源:全球最大的城市数据库网站 NUMBEO,https://www.numbeo.com/property-investment/rankings.jsp。

4. 城乡建设用地增减挂钩指标的行政配置

贵州省国土资源厅要将国土资源部 2010 年三次共计下达给该省城乡建设用地(含发展改革试点小城镇)"增减挂钩"周转指标 16 000 亩,分配给贵阳等 9 个地级市以及所包含的 28 个县(市、区),并要求各市(州、地)安排给每个县的周转指标原则上不得超过 300 亩(表 10.4)。这种层层分解逐级下达的周转指标,只能是根据经验和长官意志拍脑门决定的。

[①] 参见中研网财经栏目:《2016 年上半年全球各大城市房价收入比排名出炉:深圳泡沫最大》,http://finance.chinairn.com/News/2016/11/22/155752330.html。

表 10.4　城乡建设用地增减挂钩周转指标分配表　　　　　　　　　　单位:亩

市(州、地)	周转指标	备注
贵州	1 400	含向厅申请的花溪区 300
遵义	2 800	含厅批复的赤水市 300、湄潭县 300 和已向厅申请的凤冈县 300、习水县 300、桐梓县 300、余庆县 300
六盘水	900	含厅批复的钟山区 300、盘县 300
安顺	1 100	含厅批复的西秀区 300 和关岭县 300
黔东南	2 200	含厅批复的麻江县 300、镇远县 200
黔南	1 700	含厅批复的瓮安县 300
黔西南	1 500	含厅批复的普安县 300 和已向厅申请的兴仁县 300、安龙县 300
毕节	2 100	含厅批复的毕节市 300、纳雍县 300、织金县 300 和已向厅申请的金沙县 300、大方县 300、威宁县 300
铜仁	2 300	含厅批复的铜仁市 300、玉屏县 300、江口县 300 和已向厅申请的思南县 300、德江县 300、印江县 300
合计		16 000

(二) 构建全国城乡统一的土地市场

1. 基本原则

其一,城市国有与农村集体所有的土地同地同权同价,对两种土地产权应给予同等保护;

其二,国家只有出于公共利益的需要才能依法征收或征用农村集体的土地并给予合理补偿;

其三,出于非公共利益的建设需要,可以使用农村集体土地;

其四,在符合规划和用途管制的前提下,允许农村集体土地使用权(包括农地和宅基地)进入市场。

2. 推进三块地改革试点三位一体城乡互动

三块地改革试点,关键是在缩小征地范围的同时允许农村宅基地入市:自 2015 年 2 月全国人大常委会授权国务院在 33 个县市区进行土地制度改革试点以来,"三块地"改革试点一直是彼此割裂孤立进行的。最近,中央已批准进一步统筹协调推进农村土地制度改革三项试点,把土地征收制度改革和农村集体经营性建设用地入市改革扩大到现有 33 个试点地区,但宅基地制度改革仍维持在原 15 个试点地区。

中国 2015 年城镇用地 91 612 平方公里,村庄用地为 191 158 平方公里,村庄用地是城镇用地 2 倍以上,其中 70% 以上是宅基地,而全国总人口中 56.1% 的常住人口在城镇,只有 43.9% 的常住人口在农村,这说明农村集体建设用地特别是宅基地的利用效率是极低的，特别是随着大量农民进城务工落户，大量农村住宅和宅基地闲置，很多村成为空心村。

农村宅基地入市有助于构建城乡统一建设用地市场。如果允许农村宅基地使用权在集体所有制成员之外流转，至少其中的 1/3 闲置不用的宅基地可以通过抵押担保、出租转让以及城乡建设用地增减挂钩等方式进入市场，城镇建设用地就可以增加 70%，从而不仅会拓宽农民财产收入的渠道，促进农村集体建设用地节约集约使用，而且会有效地遏制城镇房价上涨，加快农民工市民化进程。

3. 扩大农地承包权流转范围

首先，政府不能强迫农民流转或放弃农地承包权，如《承包法》第二十六条第二款规定："承包期内，承包方全家迁入设区的市，转为非农业户口的，应当将承包的耕地和草地交回发包方。承包方不交回的，发包方可以收回承包的耕地和草地。"

其次，政府也不能限制农民土地承包权的流转，而应按照《承包法》第三十三条所强调的土地承包经营权流转应当遵循平等协商、自愿、有偿的原则，任何组织和个人不得强迫或者阻碍承包方进行土地承包经营权流转。随着越来越多的农民进城务工落户和迁徙定居，传统的村落有的兴盛，有的衰亡，彼此之间的合并重组已经不可避免，由此必然要求农地承包权的流转跨越原集体经济组织的界限，甚至不同村落的集体土地所有权也难免会发生相应的转移和重组。

最后，随着城市化和农业现代化的推进，城乡之间、城市之间、乡村之间的人口流动会愈加频繁，规模也会越来越大，农村集体经济组织的改革和发展方向应该是开放的，既要允许原有的成员进城落户之后通过转让土地承包权而放弃其成员权，也要允许外来的人口通过转包土地获得集体经济组织成员权。特别是在农村集体资产（包括土地）股份化之后，初始的集体资产股份可以转让给任何人。

四、消除对三条底线的担忧

2014 年 12 月 31 日中共中央办公厅、国务院办公厅印发的《关于农村土地征收、集体经营性建设用地入市、宅基地制度改革试点工作的意见》指出，土地制度改革要坚持土地公有制性质不改变、耕地红线不突破、农民利益不受损三条底线，在试点基础上有序推进。

1. 关于土地公有制

迄今为止所有涉及土地的改革，无一不是在《宪法》规定的土地公有制前提下进行的，任何改革都丝毫不会改变土地公有制性质，这是根本不必担忧的。

2. 关于耕地红线

目前在农村推行的土地确权、登记、颁证和承包地三权分置以及农地流转，都仅限于农用地范围，从 2015 年 2 月在 33 个县市区开展的"三块地"改革试点，是以优化城乡存量建设用地配置为宗旨的。农村存量集体建设用地近19万平方公里,以其中1/3的闲置或低效配置的土地入市,就可以使城市建设用地增加70%,足以满足相当时期内中国工业化和城市化对建设用地的需求,根本不必占用耕地。不仅如此,合理的土地制度安排和健康的城镇化进程,本质上会减少耕地的占用。

3. 关于农民利益

赋予农民承包经营权和宅基地使用权完整的用益物权,恰恰是对农民根本利益的保护。据国务院发展研究中心某课题组估计,农村127万亿净资产中,土地资产88.81万亿,占了近70%,而宅基地是农村集体建设用地中占比最大、价值最高的部分,允许农村集体经营性建设用地做动态调整,特别是允许宅基地出租、转让、抵押,使农民的土地财产收益得到实现,从而缩小城乡居民的收入差距,加快农业转移人口的市民化,从根本上说是保护和增加了农民的利益。而以保护农民利益为名限制农民宅基地的流转,则堵塞了农民获得财产收入的渠道,实际上损害了农民的利益。

第十一章 供给侧改革与收入分配

2004年,我国以当年12月31日为标准时点,进行了第一次全国经济普查,并且决定在今后逢8、3的年份,每五年举办一次全国经济普查。到现在为止,中国已经成功地举行了三次大规模的全国经济普查(2004年、2008年和2013年),为中国的宏观经济管理、经济和社会发展研究提供了大量基础性统计资料。这三次普查中按注册登记类型分类(也就是按所有制类型分类)的大量数据资料(包括法人单位数、有证照个体经营户以及从业人员数的统计数据)为我们观察21世纪以来中国所有制构成(包括企业数量、从业人数、投资规模、产出和收入分配等各个方面)提供了基础,在这个基础上,我们再结合国家统计部门公布的相应年份的国民经济核算数据、固定资产投资统计数据与城乡居民收入调查数据等,对中国21世纪以来的所有制构成以及收入分配格局变化的数量特点进行了分析研究。从供给侧结构性改革看,最基本的结构就是我国的所有制结构,而所有制结构的变化和发展,则对收入分配结构产生重大的影响。概括地看,收入分配可以从宏观和微观两个层次来进行研究,宏观分配这里主要指的是对整个国民收入的分配,即国民收入在非金融企业部门、政府部门、金融机构、住户部门(即居民部门)、非营利机构等国民经济机构部门之间的分配与再分配,而微观分配主要指的是居民部门内部的分配与再分配。收入分配是在供给领域决定的,同时又是连接供给和需求的重要纽带。在社会主义市场经济的改革与发展中,中国通过对传统计划经济与所有制体制的改革,建立了以公有制为主体的、多种经济成分并存的社会主义基本经济制度,并使得我国的收入分配关系发生了巨大的变化。目前国内在收入分配领域的大多数研究,主要集中于微观分配,而本章则通过对全国经济普查及国民经济核算时间序列的研究,探讨了21世纪以来所有制关系的变化对中国经济格局以及宏观与微观收入分配与再分配所带来的影响。具体地看,本研究主要包括四方面内容:(1)21世纪以来(尤其是2004—2013年间)中国各种所有制类型企业的数量及从业人员数量和构成变动的分析;(2)21世纪以来各种所有制类型尤其是国有经济投资情况的分析;(3)所有制变化对国民收入分配与再分配所带来的影响;(4)21世纪以来居民收入分配的变化。

本章通过对大量数据的观察、比较,得出了以下观察和分析结果:

第一,中国在世纪之交进行了以建立社会主义市场经济为目标的经济体制改革,尤其是产权制度的改革。这种改革一方面改善了传统公有制企业的活力,另一方面为民营经济的发展壮大创造了条件。这使得中国在进入21世纪后,继续保持了改革开放20多年来强劲的经济增长,经济社会获得全面发展。

第二,从三次全国经济普查所获得的数据上看,2004—2013年间,中国第二产业和第三产业的传统公有制企业(国有企业和集体企业)无论在企业单位数还是从业人数上都是减少的,而非传统公有制经济则在这两方面都有非常大的发展。从改善就业的角度看,无论是重新安置传统公有制企业的原有职工,还是安置新增就业及接受农业转移劳动力,主要是依靠非传统公有制经济。目前,在中国的全部就业中,国有经济单位的就业人员的比例已经下降到10%左右,90%左右的就业在非国有单位。

第三,通过对在第二、三产业中法人单位从业人员最多的三个行业(工业、建筑业以及批发和零售业)和有证照个体经营户从业人员最多的三个行业(批发和零售业,交通运输、仓储和邮政业以及住宿和餐饮业)共五个行业的就业情况分析,可以看出工业和建筑业适合于规模经营,在加速工业化时期法人单位的就业发展较快,到了一定阶段后新增就业有可能递减;交通运输和住宿餐饮业个体经营的发展有较大空间;批发和零售业则比较灵活,既适合于法人单位的发展,也适合个体经营的增加。这五个行业在法人单位从业人员中的占比达到了69.3%,在有证照个体经营户中的占比达到88.2%,在全部从业人员中的占比达到了73.1%,是在三次经济普查期间非传统公有制经济发展最快的行业,也是新增就业最多的行业。

第四,中国产权制度或所有制的改革,首先反映在生产领域中,生产资料尤其是固定资产的投资者及所有者更加多元化。从每年形成的固定资本上看,国有经济的投资比重在不断降低。从2004年的近60%下降到2013年的33%左右。分行业看,国有投资数额最大的和各个比重均为最高的两个行业为水利、环境和公共设施管理业和交通运输、仓储和邮政业;再下来是采矿业和电力、热力、燃气及水生产和供应业,属于自然资源和能源的开采和供应,国有投资的比重也比较高;其他的投资主要集中在公共服务部门,主要是要依靠国家的力量来提供社会保障。因此,中国现阶段国有经济的固定资产投资,主要不是在直接或竞争性生产领域,而是在为我国现代化建设所需要的自然资源和能源的供给、基础设施建设以及社会服务提供支持,从而为中国实现平稳的、可持续的经济增长和经济发展创造条件的领域。也就是说,现阶段中国生产资料公有制的主体作用,主要发生在基础性领域,而其他方面的投资尤其是竞争性领域的投资,则主要由非传统公有制经济进行,这是符合中国特色社会主义建设的要求的。从发展上看,近些年来非传统公有制经济(主要是民营经济)的投资的增长率大大高于国有经济,使民

营经济在固定资产投资中的比重不断增大,这必然导致非公经济所拥有的固定资产以及其他生产资料存量在国民经济中的比重不断上升,这是通过市场配置资源带来的必然结果。对于国有经济而言,在承担了社会责任之后,仍然还需要改善投资效率,在能够放低准入条件的行业,还应该进一步推进混合所有制的改革,提高国有经济的竞争力。

第五,生产资料所有制以及财产制度的变化,导致分配领域中国民收入初次分配格局也发生了变化。在"以按劳分配为主,多种分配形式并存"的新制度下,参加国民收入初次分配的各个方面(非金融企业部门、金融机构部门、政府部门和住户部门,统计上称为机构部门)将把他们在生产过程中的要素投入作为取得要素收入的重要根据,劳动者取得劳动报酬;企业获得营业盈余和固定资产折旧;政府获得生产税净额(可以视为政府作为广义生产要素参加生产活动所得到的报酬)及其他财产收入(如各级政府批租土地所取得的收入和地方政府贷款平台所取得的利息收入等);各种财产(实物资产和金融资产)的拥有者获得财产收入(红利、利息、地租等)等;而利用他人的财产进行生产活动则要付出财产支出。这就使国民收入初次分配格局发生了很大的变化。2004—2013年间,财产收入和财产支出占国民总收入(各个机构部门初次分配总收入之和)的比重由10%左右提升到18%左右。劳动者报酬占国民总收入的比重虽然变化不大,但是在传统公有制下取得的劳动报酬占总劳动报酬的比重在减小,由非公经济支付、主要通过市场定价的劳动报酬占全部劳动报酬的比重至少在85%以上。

第六,国民收入初次分配后,再经过经常转移收支(主要包括各个机构部门对政府支付的收入税和财产税、政府和其他机构部门之间的社会保障收支等),就形成了各个机构部门的可支配收入。2004—2013年间,中国非金融企业部门可支配收入占国民可支配收入的比重由20.9%下降到17.2%,金融机构部门的比重由0.9%上升到2.6%,政府部门的比重由20.9%下降到18.9%,住户部门的比重由57.8%上升到61.3%。也就是说,非金融企业部门和政府部门的比重是下降的,金融机构部门和住户部门的比重是上升的。

第七,从国民可支配收入的构成变化上看,住户(居民)部门的可支配收入的增长率并不低于企业和政府部门,但在可支配收入的使用上,却一直保持着高储蓄的趋势,住户部门的储蓄率(总储蓄占可支配收入的比重)由2004年的31.6%上升为2013年的38.5%,其中大约有一半左右用于居民部门本身的投资(如个体经营的投资和居民家庭购买的住宅等),另外一半则成为净金融投资,通过银行等金融机构转移成为非金融企业部门的投资。而非金融企业部门的情况则是相反,其可支配收入的增长率相对较低,但是资本形成却增长得比较快,2013年非金融企业部门的可支配收入总额为10万亿元,但资本形成总额则达到了17.3万亿元,其中有 7.3 万亿元（42%）来自对其他部门（主要是居民部门）的融资，由此产生的大量利息支出，企业生产活动对金融机构的依赖增加了金融机构的收入，也增大了企业（尤其是国有企业）在生产成本中的融资费用（国有企业更容易获得商业银行的支持），同时也加大了国民经济活动中的风险。

第八，从居民部门内部的收入分配看，近些年来，中国城乡居民收入分配差异经过了一个逐步扩大，又重新缩小的过程，基尼系数在 2008 年前后到达高点后开始逐步下降。从城镇居民内部的收入分配差异看，现在的基尼系数其实是在警戒线水平以下（2013—2014 年大约在 0.35 左右）。但城乡合并计算的基尼系数仍然偏高（2013—2014 年大约在 0.47 左右，2015 年下降到 0.462）。

第九，劳动者报酬在中国居民可支配收入中占绝大比重（80% 以上）。通过对按国民经济行业分类的从业人员的人均劳动者报酬的分析表明，近些年来中国城乡居民收入以及城镇居民内部收入差异扩大的主要影响因素是行业因素，首先是农业和非农行业之间的就业人员的平均劳动报酬存在很大的差异；其次是在非农行业内部，传统行业与新兴行业之间存在差异。从产业结构的高度看，一个地区的平均劳动者报酬的水平与其产业结构的高度之间存在明显的联系。产业结构的高度越高，平均劳动者报酬的水平也就越高，收入分配差异也就越小。所以收入分配差异实际上是和一个地区的工业化和城市化密切联系的，要改善一个地区的平均劳动者报酬以及居民可支配收入，就必须提升当地的产业结构，首先是要加强非农产业的发展和增加非农就业，收入分配差异也将会随之改善。而非农企业的扩张和就业的改善，主要必须依赖非传统公有制企业的发展，因此，从总体上改善我国居民收入分配，包括提高平均收入水平和减少收入分配差异，必须坚持改革开放的道路，大力发展非传统公有制经济。

第十，随着中国进入上中等收入国家的行列，近些年来中国的收入分配格局有了一定的改善，中等收入群体在不断扩大，但是地区间、行业间、不同的收入群体间的居民收入分配差距仍需要改善。从现在的情况看，主要矛盾是农业发展受到限制，农业劳动力向非农产业转移需要经历一个渐进的过程，这也是我国仍然属于一个发展中国家的原因。从非农产业的发展上看，各个行业之间、不同地区经济之间的发展仍然不平衡，政府应该引导更多的经济资源向更有发展潜力的行业和地区流动，尤其需要为这些行业和地区的民营经济的发展创造更好的条件，通过这些行业和地区的经济发展提高人们的平均收入水平。与此同时，要深入国有企业的体制改革，在发展过程中逐步缩小国有经济与社会一般收入水平之间的差距。通过逐步地降低低收入人群和高收入人群的比重，来增加中等收入人群的比重。

所有制及产权制度的改革，从对国民经济的影响来看，主要是在生产（供给）

领域发挥作用,属于供给领域的改革;而在生产过程中对各种生产要素的投入所带来的收入分配以及收入分配关系的变化,则是连接供给和需求领域的纽带或桥梁。从经济增长的角度看,如果只强调需求拉动而不注重供给和分配领域的变革,那么经济增长就可能出现总量和结构上的失衡,这也是在新常态下我们要注重供给侧结构性改革的原因。通过本章对所有制结构、国民收入的分配、再分配及其作用以及居民收入分配的分析,我们认为在全面建成小康社会以及未来的发展进程中,在深化中国的产权制度改革及治理和改善中国的收入分配中,应该加强以下几方面的工作:

第一,公有制尤其是国有制要在中国的经济和社会发展中长期发挥主导作用。尤其是在基础设施投资、能源和自然资源的开采、公用事业、教育科学文化医疗等社会服务、社会安全及保障等方面,更要强调国有企业和国有经济的基础性作用,为中国经济、社会和环境的可持续发展提供长期的支持和保障。同时,在继续推进国有经济的混合所有制改造,尤其在国有经济主导的行业,在条件允许的条件下,要尽可能地引入竞争机制,增强国有企业的活力和效率。

第二,要充分肯定民营经济和个体经济对中国的经济增长和充分就业的积极贡献,通过为它们创造更加公平的发展条件,使它们在经济增长中做出更大的贡献。尤其是在行业准入、金融服务等方面,要消除对民营经济和个体经济的政策性歧视,为它们提供更大的发展空间。这些企业对改善就业的贡献对中国全面建成小康社会及未来的发展具有重要意义。

第三,在国民收入的初次分配领域中,既要注重劳动者报酬的改善,也要注意减轻企业的负担。要坚持和发展中国的现代产权制度,尤其要重视对于私有产权的保护,承认各种生产要素在生产活动中的积极作用及合理回报。在再分配领域,可以适当地加大政府参与的力度,支持困难群体,平抑收入差异。要注意通过对分配和再分配的调节处理好非金融企业部门、金融机构、政府、居民这几个部门之间的关系,在现阶段尤其应该重视提高非金融企业部门可支配收入的比重、减少金融杠杆和降低居民部门的储蓄率,降低经济增长中的系统性风险。

第四,在新的历史条件下要用新的视角观察中国居民收入分配,不能把居民的财产分布和收入分布混为一谈,但也要注意它们之间的相互联系,即要肯定产权制度改革后私有产权的形成对经济增长和经济发展的积极促进作用,也要看到财产分布的变化对居民收入分配的影响,处理好二者的关系。

第五,从中国目前的居民收入分配格局看,导致中国基尼系数较高的重要原因是农业和非农行业劳动者报酬之间存在显著差异,改变这种现象的根本途径要通过中国的工业化、城镇化和现代化进程来改变中国的就业结构,降低农业劳动力在全部劳动力中的比重。这就要鼓励民营经济和个体经济的发展,发挥它们在改善非农就业中的积极作用。要扩大中等收入群体,就要减少低收入和高收入这两端的人群所占的比重。对于低收入人群,国家一方面要保持甚至加大对于困难群体的经常转移支出,另一方面,要尤其重视改善低收入的农村劳动力的收入,包括通过支持农业的发展提高农业劳动力的收入和继续对外转移农业劳动力来增加农村居民的工资性收入;对于高收入人群,既要强调现阶段激励机制下,一部分取得高收入存在合理性,同时也要看到一部分国有经济比重较大的行业通过政府的特殊政策保持了行业的较高平均收入,应该随着经济发展水平的提升,不断缩小他们和其他人群之间的差别。

第一节 21世纪以来不同所有制类型企业及就业的发展和变化

一、不同所有制类型企业法人单位的构成变化

2004年中国开展第一次全国经济普查时,以公有制为主体、多种经济成分并存的新型体制已经基本上建立和发展了起来。因此在全国经济普查中对在中国境内从事第二产业、第三产业的全部法人单位按登记注册类型分组及其相应的各种数据,反映的已经是在新的产权制度下,不同所有制(公有制、混合所有制、私有制及外商投资等)的企业法人的分组及其发展变化情况。在这一分组下的各种数据的发展变动情况,实际上是对中国20世纪90年代市场化改革尤其是产权制度改革的结果。

根据三次全国经济普查的数据,2004年,中国第二、第三产业的企业法人单位数为325万个,2008年增加到495.9万个(比2004年增长52.6%),2013年又增加到820.8万个(比2008年增长65.5%)。新企业的增加提高了中国的生产能力,为经济增长和就业做出了贡献。表11.1反映了三次全国经济普查期间,中国按不同所有制类型(即普查中所定义的"注册登记类型")的法人企业的数量的变化情况。从表中可以看出,这一期间中国第二和第三产业各类法人企业单位的结构变化,最鲜明的特征是传统的公有制企业的减少和新型的非国有经济的发展。在表11.1中,传统的公有制企业包括两类,即国有企业和集体企业。2004年第一次全国经济普查开始时,未进行股份制改造并保留下来的传统公有制企业还有52.3万家[①],但到了2013年,保留下来的仅有24.4万家,还不到当时的一半。具体地看,国有企业[②]的数量从2004年的17.9万个下降到2013年的11.3万个,比

---

① 在这些企业中,不包括进行了股份制改造的国有独资或控股企业(分别被列入有限责任公司和股份有限公司),也不包括进行了股份合作制改造的集体企业(被列入股份合作企业)。

② 指企业全部资产归国家所有,并按《中华人民共和国企业法人登记管理条例》规定登记注册的非公司制的经济组织。

重从 5.5% 下降到 1.4%。集体企业①的数量和比重下降的幅度更大,从 2004 年的 34.4 万个下降到 2013 年的 13.1 万个,占比从 10.5% 下降为 1.6%。2004 年,国有和集体企业的单位数合计约占全部法人单位数的 16%,但到了 2013 年所占的比重已经下降到了 3%,下降了 13%。而与之相对应的,是以非国有经济为主的有限责任公司②与私营企业在这一期间得到了迅速的扩张,有限责任公司由 2004 年的 35.5 万个增加到了 2013 年的 149.4 万个,比重由 10.9% 提高到 18.2%,提高了 7.3%;私营企业的数量则从 198.2 万个增加到 560.4 万个,比重由 61% 提高到 68.3%,也提高了 7.3%。在这一期间,港澳台和外商投资企业的数量也有一定的增长,从 15.2 万个增加到 20.3 万个,但是比重却是下降的,从 4.7% 下降到 2.5%。

表 11.1 三次经济普查之间按登记注册类型分组的第二、第三产业企业法人单位的变化

	2004 年		2013 年比 2004 年增长 (%)	2013 年	
	法人单位 (万个)	比重(%)		法人单位 (万个)	比重(%)
合计	325.0	100.0	152.6	820.8	100.0
国有企业	17.9	5.5	−36.9	11.3	1.4
集体企业	34.4	10.5	−61.9	13.1	1.6
股份合作企业	10.7	3.3	−39.3	6.5	0.8
联营企业	1.7	0.4	17.6	2.0	0.2
有限责任公司	35.5	10.9	320.8	149.4	18.2
股份有限公司	6.1	1.9	101.6	12.3	1.5
私营企业	198.2	61.0	182.7	560.4	68.3
其他内资企业	5.4	1.7	744.4	45.6	5.6
港澳台商投资企业	7.4	2.3	31.1	9.7	1.2
外商投资企业	7.8	2.4	35.9	10.6	1.3

资料来源:根据第一、三次全国经济普查主要数据公报(第一号)整理。

在三次经济普查期间(2004—2013),中国的国内生产总值(GDP)由 16 万亿元增加到 57 万亿元(按当年价格),按不变价格计算的年均增长率为 10.2%,其中,第一产业的年均增长率是 4.51%,而第二和第三产业的年均增长率则分别达到 10.94% 和 10.61%。也就是说,从价值总量上看,中国的高速经济增长主要是来自第二、第三产业的推动。如果把企业看成最基本的生产单位,那么理论上看,

---

① 指企业资产归集体所有,并按《中华人民共和国企业法人登记管理条例》规定登记注册的经济组织。
② 有限责任公司中,包含国有独资公司和其他有限责任公司,其中国有独资公司占有的比重很小。第一次全国经济普查中,国有独资公司在全部法人单位中所占的比重为 0.3%,其他有限责任公司所占的比重为 10.6%,而到第三次全国经济普查时,国有独资公司的数量和比重已经不再单独列出。

可以分为两种基本途径来实现国民经济产出的增加,一是在企业数不变的情况下,通过增加各个企业的产出;二是企业产出不变的情况下,通过增加新企业来增加生产。而在现实的经济活动中,实际上两种增加是交叉进行的(甚至是多种交叉),有的企业在发展,但也有一些企业的生产在萎缩甚至破产,新企业还在不断地涌现。从规模经济的角度看,在经济发展的一定阶段,企业的平均规模是相对稳定的(这可以从后面分析的企业平均就业人数上看出来),因此,在经济高速增长阶段,新企业的产生是提高整个国民经济的综合生产能力以及创造各种投资和消费需求的重要途径。这在三次经济普查之间中国企业法人单位数的增长上已经得到了明显的反应。但是在这一增长中,各类企业的增长情况是不同的,由此导致了企业法人单位的构成的变化。从对表11.1的分析中可以看到,中国经济的高速增长是伴随着新型的企业组织的迅速发展而实现的。而传统的公有制企业在市场经济的新形势下的发展反而是迟缓的。这也进一步证明了市场化改革对中国经济增长和经济发展的重要意义。股份制企业、民营经济、外商投资企业以及个体经营户的发展壮大,为中国后来的经济增长注入了新的动力。

二、不同所有制类型下的就业变化

2004年年末,全国第二、三产业的就业人员数为26 920万人,2013年年末增加到44 615万人,累计增长17 695万人,增长率达到65.7%(参见表11.2)。按算术平均数计算,每年增长1 966万人。在这一期间,单位就业人员的累计增长率和有证照个体经营户从业人员的增长率是相近的,都在65%左右,但是在不同的时期,这两部分就业的表现有所不同,在第一次和第二次全国经济普查期间,增长得比较快的是个体经营户的就业,而在第二次和第三次普查期间,增长得比较快的是法人单位的就业。虽然两部分就业的长期累计增长率是相近的,但由于法人单位就业所占的比重较大,增加就业主要还是要依靠它们的发展;从阶段发展上看,第一次和第二次普查期间,中国就业的增长率较高(4年增长31.9%),第二次和第三次普查期间有所放缓(5年增长25.7%)。

表11.2 三次全国经济普查就业数据的增长和变化

	2004年		2008年			2013年			
	人数	占比	人数	占比	比上一次普查累计增长	人数	占比	比上一次普查累计增长	比第一次普查累计增长
	(万人)	(%)	(万人)	(%)	(%)	(万人)	(%)	(%)	(%)
法人单位	21 460	79.7	27 312	76.9	27.3	35 602	79.8	30.4	65.9
个体经营户	5 460	20.3	8 195	23.1	50.1	9 013	20.2	10.0	65.1
合计	26 920	100	35 507	100	31.9	44 615	100	25.7	65.7

资料来源:第二次全国经济普查公报(第一号)和第三次全国经济普查公报(第一号)。

在第二、三产业中,在法人单位①的从业人员中,2013年位居前三位的是工业(包括采矿业制造业和电力、热力、燃气及水生产和供应业)、建筑业以及批发和零售业;有证照个体经营户从业人员中,位居前三位的行业是批发和零售业、交通运输、仓储和邮政业以及住宿和餐饮业。这五个行业在法人单位从业人员中的占比达到了69.3%,在有证照个体经营户中的占比达到88.2%,在全部从业人员中的占比达到了73.1%(参见表11.3)。我们将通过对这五个部门按不同所有制类型分类(登记注册类型)的重点分析,来观察21世纪以来不同所有制类型的单位对就业的贡献。

表11.3 第三次全国经济普查主要国民经济行业就业情况

	法人单位		有证照个体经营户	
	从业人员（万人）	占比（%）	从业人员（万人）	占比（%）
工业	14 035.3	39.4	951.8	10.6
建筑业	5 320.6	14.9	90.8	1.0
批发和零售业	3 315.0	9.3	4 166.6	46.2
交通运输、仓储和邮政业	1 299.5	3.7	1 674.5	18.6
住宿和餐饮业	691.6	1.9	1 069.4	11.9
以上行业合计	24 662.0	69.3	7 953.1	88.2
第二、第三产业合计	35 602.3	100.0	9 013.4	100.0

资料来源:根据第三次全国经济普查公报(第一号)中有关数据整理。

(一) 工业

在世界各国的国民经济部门或行业分类中,工业通常已经不再是一个单独的行业,而是分别列出构成工业的三个大的行业(采矿业、制造业以及电力、热力、燃气及水生产和供应业),再在这些大行业下进一步细分类。中国的《国民经济行业分类》(GB/4754-2011)也按照国际标准不再有"工业"这一分类。但是由于在中国的国民经济管理和统计实践中,"工业"是一个被广泛使用的概念,因此在《国家统计局关于印发〈三次产业划分规定〉的通知》(国统字〔2003〕14号)中,工业仍然是第二产业的一个部门,而采矿业、制造业以及电力、热力、燃气及水生产和供应业则成为工业部门下面的第三级分类。工业部门是中国第二产业的主体(还有一个部门是建筑业),无论是增加值还是就业在第二产业中都占绝大比重(2013年的工

---

① 法人单位包括企业法人,机关、事业法人以及社会团体和其他法人,2013年年末,我国第二和第三产业的法人单位共1 085.7万个,其中企业法人820.8万个,占75.6%;机关、事业法人103.7万个,占9.6%;社会团体和其他法人161.1万个,占14.8%。

业增加值占第二产业比重为84.3%,就业人数的比重为73.5%),把工业作为一个广义的行业来进行分析是一种普遍的分析方法。

从表11.4中可以看到,从2004年至2013年这9年间,中国工业部门的就业人数从1.1亿增加到1.5亿人,增加了4 000人,每年平均增加的人数在400万人以上。工业发展对这一时期的新增非农就业有很大贡献。但分阶段看,两个时期就业增长的程度有所不同,在第一次和第二次全国经济普查之间,工业就业增加了2 145万,年均增加536万人[①];而在第二次和第三次全国经济普查之间,工业就业增加了1 838万人,年均增加368万人,也就是说,工业每年平均吸纳的新增就业在三次经济普查期间是递减的。

表11.4 第三次经济普查按登记注册类型分组的工业企业法人单位和有证照个体户及就业人员

	2004年			2008年			2013年		
	企业(万个)	就业人员(万人)	平均就业人数(人)	企业(万个)	就业人员(万人)	平均就业人数(人)	企业(万个)	就业人员(万人)	平均就业人数(人)
国有企业	2.8	921	329	2.6	762	293	2.0	479	239
集体企业	15.2	730	48	6.6	345	52	4.0	174	43
股份合作企业	5.2	212	41	2.6	112	43	2.4	62	26
联营企业	0.7	46	66	0.3	27	88	0.5	20	40
有限责任公司	10.7	1 727	161	14.5	1 967	136	32.1	3 195	100
股份有限公司	1.8	517	287	2.5	593	237	3.0	848	283
私营企业	94.7	3 371	36	145.7	5 206	36	176.0	6 272	36
其他内资企业	2.5	61	25	3.4	97	28	9.3	210	23
港澳台商投资企业	5.9	1 070	181	5.7	1 252	220	5.7	1 343	236
外商投资企业	5.5	988	180	6.5	1 379	212	5.9	1 424	241
企业法人单位合计	145.1	9 644	66	190.3	11 738	62	241.0	14 026	58
个体经营户合计	217.4	1 351	6	227.4	1 402	6	176.9	952	5
全部从业人员		10 995			13 140			14 978	

资料来源:根据第一、二、三次全国经济普查主要数据公报(第二号)整理。其中2004年个体经营户的从业人员已经按照第二次、第三次普查的口径调整(由个体经营户调整为有证照的个体经营户),具体数字根据第二次普查公报中公布的增长率推算而得。

---

① 按算术平均数计算。

从表 11.4 中还可以看到，个体经营户的数量和从业人员在第一次和第二次经济普查之间有小幅度的增加，但是在第二次和第三次经济普查之间却是下降的。在全部就业人员中，个体经营户占的比重较小而且在逐步下降，从 2004 年的 12.3% 下降到 2013 年 6.4%。这是一个合乎历史逻辑的发展，这说明平均就业人数仅有 5—6 人的小作坊是不能适应现代工业发展的要求的。到了工业化的中后期，机器大工业的发展势必会不断提高规模化经营的水平。工业的特点就是通过用机器的应用来代替人力、以集体分工协作来代替个体生产来大幅度地提高劳动生产率，由此促进经济发展。经济发展水平越高，工业集约化经营的程度也就越高，所以需要以适度规模进行经营。从三次经济普查的结果看，中国国有企业、股份有限公司、港澳台商投资企业和外商投资企业的平均规模则保持在 200—300 之间，国有企业的平均规模略有缩小，外商投资企业略有增加，而就业人数最多的私营企业则一直保持在 36 人。

2004 年开展第一次全国经济普查时，中国经过了 1998 年前后的国有企业改造（包括股份制改造和对大量不能适应市场经济的国有工业企业实行关停并转）以及之后的政策和经济调整，非传统公有制经济（包括私营企业、港澳台商投资企业、外商投资企业等）已经有了很大的发展。伴随着企业产权制度的改革，中国经济增长逐渐走出通货紧缩时代而进入了一个新的经济发展周期。表 11.5 和表 11.6 分别列出了三次经济普查期间工业企业不同所有制单位和就业人员的动态增长和构成变化情况。从私营企业和国有企业的比较看，2004 年私营企业已经发展成为在企业数和就业人数中比重最大的企业类型，企业数所占的比重达到 65.3%，就业人数所占的比重达到 30.7%，而国有企业数量所占的比重已经降到了 2% 以下，就业人员所占的比重已经下降到了 10% 以下。2013 年，国有工业企业在所有法人单位中所占的比重进一步下降为 0.8%，就业人员从 921 万人下降为 2013 年的 479 万人（占比为 3.2%，下降了 5.2%），而私营企业数所占的比重进一步提高到 73.1%，就业人员占比提高到 41.9%，提高了 11.2%。从表 11.5 可以看出，在工业部门中，私营企业对于新增就业的贡献最大。而国有企业和集体企业，不仅就业人员的绝对数在大量减少（第一次和第三次普查期间，工业国有企业和集体企业的就业人员分别减少了 450 万人以上，参见表 11.5），其变动的百分比也达到了 5% 以上（参见表 11.6）。这说明在工业领域鼓励私营经济的发展有助于改善就业。

表11.5 三次经济普查期间按登记注册类型分组的工业企业法人单位和有证照个体户及就业人员增长变化

	2004年		2013年		2013年比2004年累积增长	
	企业（万个）	就业人员（万人）	企业（万个）	就业人员（万人）	企业（%）	就业人员（%）
国有企业	2.8	921	2.0	479	−28.6	−48.0
集体企业	15.2	730	4.0	174	−73.7	−76.2
股份合作企业	5.2	212	2.4	62	−53.8	−70.8
联营企业	0.7	46	0.5	20	−28.6	−56.5
有限责任公司	10.7	1 727	32.1	3 195	200.0	85.0
股份有限公司	1.8	517	3.0	848	66.7	64.0
私营企业	94.7	3 371	176.0	6 272	85.9	86.1
其他内资企业	2.5	61	9.3	210	272.0	244.3
港澳台商投资企业	5.9	1 070	5.7	1 343	−3.4	25.5
外商投资企业	5.5	988	5.9	1 424	7.3	44.1
企业法人单位合计	145.1	9 644	241.0	14 026	66.1	45.4
个体经营户合计	217.4	1 351	176.9	952	−18.6	−29.5
全部从业人员		10 995	—	14 978	—	36.2

资料来源：根据表11.4中数据计算。

表11.6 三次经济普查之间按登记注册类型分组的工业法人单位及就业的构成变化

单位：%

	2004年		2013年		2013年比2004年增加	
	企业法人单位	就业人员	企业法人单位	就业人员	企业法人单位	就业人员
合计	100	100	100	100	0	0
国有企业	1.9	8.4	0.8	3.2	−1.1	−5.2
集体企业	10.5	6.6	1.7	1.2	−8.8	−5.5
股份合作企业	3.6	1.9	1.0	0.4	−2.6	−1.5
联营企业	0.5	0.4	0.2	0.1	−0.3	−0.3
有限责任公司	7.4	15.7	13.3	21.3	5.9	5.6
股份有限公司	1.2	4.7	1.2	5.7	0.0	1.0
私营企业	65.3	30.7	73.1	41.9	7.7	11.2
其他内资企业	1.7	0.6	3.9	1.4	2.1	0.8
港澳台商投资企业	4.1	9.7	2.4	9.0	−1.7	−0.8
外商投资企业	3.8	9.0	2.4	9.5	−1.3	0.5
个体经营户合计	—	12.3	—	6.4	—	−5.9

资料来源：根据表11.4中数据计算。

显然,工业部门的就业及其增长主要是依靠非国有企业发展所形成的贡献。①因此,在中国工业化和城镇化进程中,当然要发挥国有和国有控股企业尤其是大型国有和国有控股企业在规模、技术、资源上的优势,但更要看到,非传统公有制在这一领域中越来越显示出它的生命力,它们在经济活动中更为活跃,吸纳就业的能力强,发展的潜力大。中国目前的工业增长正在经历着调整(或称为下行),在这种调整中,非国有经济由于发展快、矛盾多,又缺乏特殊的照顾政策,遇到的困难也比国有企业多。所以在现阶段,要解决工业发展中的难题,在发挥市场经济的自身调节功能的同时,还要为那些仍然有竞争力的非国有企业积极解决在发展中遇到的各种难题,只要把这一部分搞活了,再发挥国有大企业的支柱作用,整个工业发展就有了新的动力。

(二)建筑业

建筑业是第二产业中的第二大行业。从表11.7中可以看到,2004年,有限责任公司和私营企业就已经是企业法人单位和就业人员最多的企业类型。有限责任公司的就业人员略高于私营企业,但由于私营企业发展得较快,2013年,私营企业已经取代有限责任公司,成为就业人员最多的企业类型。从动态变动情况上看,传统公有制企业(国有企业和集体企业)的就业降低了40%以下(与之相关的股份合作企业与联营企业②也大幅度下降),在三次经济普查期间和工业相类似,建筑业也是不适于个体经济发展的行业,2008年建筑业有照经营个体户的户数为36.4万个,就业人员为199.9万人,而2013年户数下降为18.5万个,就业人员下降为90.8万人,均下降了50%左右。③ 2013年,建筑业有照经营个体户就业人数仅为全行业的1.68%,而这一时期我国由于房地产和基础设施建设的带动,建筑业发展很快,但个体经营的就业反而是下降的。

---

① 还有一些国有控股的公司制企业(如国有独资企业、国有控股有限责任公司、国有控股股份有限公司等),不包括在表11.3和表11.4的"国有企业"中,但是这一部分占全部国有企业的比重很小,按照《中国统计年鉴》中的数据,2013年工业中的国有和国有控股企业的数量为18 197个,低于第三次全国经济普查中的工业"国有企业"的数量(2万个)。这一方面说明经济普查中对于国有企业的调查更加详尽,数据更加准确,但另外一方面也可以看出,在工业"国有企业"数量已经如此高的情况下,"国有控股"工业企业数量是很有限的。"国有控股"企业这样一种新型的混合所有制形式,是我国国有企业改革的方向。从目前上市的国有企业的表现来看,大多数发展得比较稳定。目前,对上市公司之外的"国有控股企业",仍然缺乏具体的统计数据。

② 股份合作企业主要由传统集体所有制改制而来,联营企业则是中国在经济体制改革初期探索和发展的一种与承包制相类似的企业制度,多年来的实践已经证明,在中国目前的市场环境下,其生存和发展的能力较弱。

③ 2004年个体经营户的数量和就业人员分别为56.5万和461.6万人,但统计口径与后两次有所区别。在后两次经济普查后,未公布经过调整的第一次普查的数据(工业和批发零售业有经过调整的数据)。

表 11.7 按登记注册类型分组的建筑业企业法人单位和从业人员

	2004 年		2013 年		2013 年比 2004 年累积增长	
	企业法人单位（万个）	就业人员（万人）	企业法人单位（万个）	就业人员（万人）	企业法人单位（%）	就业人员（%）
合计	12.82	2 791.4	34.75	5 320.6	171.1	90.6
国有企业	0.90	448.8	0.55	247.4	−38.5	−44.9
集体企业	1.49	360.7	0.70	181.9	−53.3	−49.6
股份合作企业	0.27	70.6	0.15	17.2	−43.9	−75.6
联营企业	0.06	15.0	0.06	7.8	1.7	−48.1
有限责任公司	2.67	957.3	8.92	2 205.3	234.0	130.4
股份有限公司	0.39	186.4	0.72	347.7	84.9	86.5
私营企业	6.69	726.8	22.61	2 263.4	237.9	211.4
其他内资企业	0.20	8.7	0.89	21.0	343.5	142.5
港澳台商投资企业	0.08	7.7	0.09	17.4	6.4	125.7
外商投资企业	0.08	9.4	0.07	11.4	−11.0	20.9

资料来源：根据第一和第三次全国经济普查主要数据公报（第二号）整理。

而传统公有制企业（国有企业和集体企业）的企业数和就业人数，2004 年在建筑业中所占的比例已经很低，这些年来占比进一步降低，国有企业的就业人数占比下降了 11.4%，集体企业的就业人数占比下降了 9.5%，其他和传统公有制有关的企业类型（股份合作企业、联营企业）的占比也有不同程度的下降（见表 11.8）。这同样说明，在建筑业这样一个行业，只要为市场竞争提供充分的条件，非公有制经济将能够获得较好的发展。

表 11.8 按登记注册类型分组的建筑业企业法人单位和从业人员构成及其变动

	2004 年		2013 年		2013 年比 2004 年增加	
	企业法人单位（%）	就业人员（%）	企业法人单位（%）	就业人员（%）	企业法人单位（%）	就业人员（%）
合计	100.0	100.0	100.0	100.0	0.0	0.0
国有企业	7.0	16.1	1.6	4.6	−5.4	−11.4
集体企业	11.6	12.9	2.0	3.4	−9.6	−9.5

（续表）

	2004 年		2013 年		2013 年比 2004 年增加	
	企业法人单位（%）	就业人员（%）	企业法人单位（%）	就业人员（%）	企业法人单位（%）	就业人员（%）
股份合作企业	2.1	2.5	0.4	0.3	−1.7	−2.2
联营企业	0.5	0.5	0.2	0.1	−0.3	−0.4
有限责任公司	20.8	34.3	25.7	41.4	4.8	7.2
股份有限公司	3.0	6.7	2.1	6.5	−1.0	−0.1
私营企业	52.2	26.0	65.1	42.5	12.9	16.5
其他内资企业	1.6	0.3	2.6	0.4	1.0	0.1
港澳台商投资企业	0.6	0.3	0.2	0.3	−0.4	0.1
外商投资企业	0.6	0.3	0.2	0.2	−0.4	−0.1

资料来源：根据表 11.7 数据计算。

（三）批发和零售业

批发和零售业是中国第三产业即服务业中最大的行业，从增加值占 GDP 的比重看，2013 年达到 20% 以上（第二大行业房地产业和第三大行业金融业所占的比重只有 12%）；从行业就业人数看，达到 7 482 万，占全部就业的比重达到 31%，（而第二大行业交通运输、仓储和邮政业以及第三大行业公共管理和保障组织分别为 2 974 万和 2 707 万，占比分别为 12.5% 和 11.4%），可以说是第三产业的代表性行业。但是和工业对第二产业的代表性相比，批发和零售业对整个服务业的代表性要相对弱一些。因为第三产业的生产经营活动类型更多，而且各有特点，既有劳动密集型产业，也有资本密集型产业。而且随着中国的改革开放、经济发展水平的提高以及世界范围的新技术革命与经济一体化，一大批新的服务性企业在中国发展起来并带来了行业的整体变化。如批发和零售业就属于历史悠久的服务业行业，而金融业、房地产业、信息传输和软件业等是在中国新近发展起来的现代服务业，但随着互联网金融和商业的发展，网上批发零售又开始成为新兴行业。服务业是中国当前经济活动中最活跃的部门，是未来中国经济增长的主要方向和趋势。从表 11.9 中可以看到，和工业相反，批发零售业的特点在于分散经营，企业数多，但每个企业的平均从业人数少。2013 年全部法人单位的平均从业人员为 12 人（工业为 58 人），个体经营户的平均从业人员为 1.26 人（工业为 5.38 人）。

表 11.9　三次经济普查按登记注册类型分组的批发和零售业企业法人单位和有证照个体户及就业人员

	2004 年			2008 年			2013 年		
	企业（万个）	就业人员（万人）	平均就业人数（人）	企业（万个）	就业人员（万人）	平均就业人数（人）	企业（万个）	就业人员（万人）	平均就业人数（人）
法人单位合计	88.4	1 383	16	140.3	1 891	13	281.1	3 315	12
国有企业	7.0	261	37	3.8	157	41	2.7	103	38
集体企业	8.6	144	17	5.1	87	17	3.7	57	15
股份合作企业	2.6	30	12	1.5	21	14	1.6	15	10
联营企业	0.4	8	20	0.3	6	19	0.7	8	12
有限责任公司	10.4	260	25	16.5	344	21	49.0	768	16
股份有限公司	1.6	90	56	2.5	114	45	3.2	150	47
私营企业	55.7	542	10	105.4	1 023	10	197.0	1 758	9
其他内资企业	1.1	10	9	3.5	40	11	19.8	260	13
港澳台商投资企业	0.3	12	40	0.6	37	62	1.5	89	60
外商投资企业	0.7	27	39	1.1	63	57	1.9	106	56
个体经营户合计	1 160.3	2 089	2	1 549.1	3 678	2	3 315.0	4 167	1
全部从业人员		3 471			5 569			7 482	

资料来源：根据第一、二、三次全国经济普查主要数据公报（第三号）整理。其中，2004 年个体户数及从业人员已经按照第二、三次普查的口径（即以有证照为标准）调整。

首先，还是看批发和零售业的发展对就业的贡献。从 2004 年至 2013 年，批发和零售业的就业总人数，由 3 471 万人增加到 7 482 万人，增加了 4 041 万人，从绝对规模上小于工业，但是从增长率上远远高于工业，累计增长 115.6%。分阶段看，从第一次到第二次全国经济普查期间，增加了 2 098 万，每年平均增加 525 万，而在第二次到第三次普查期间，增加了 1 913 万，每年平均增加 383 万。在三次普查期间，每年的新增就业和工业一样也是递减的。从经济周期的角度看，第一次到第二次经济普查期间，中国正处于进入 21 世纪的加速增长时期，较高的年均增长率带动了传统行业就业的高增长。而第二次到第三次普查期间，正处于中国经历全球金融危机的冲击、经济增长由高速增长向中高速增长转化时期，引起了传统行业的就业回落，这正说明经济增长与就业之间有密切的关系。

其次，看企业法人单位与有照个体经营户之间的就业分布。从表 11.10 中可以看到，和工业部门相反，批发和零售业的个体经营特别活跃，有证照个体户的从业人员占整个行业的比重达到一半以上，2004 年为 60.2%，2008 年提升到 66%，2013 年有所回落，但仍然达到了 55.7%。从就业增长来看，全行业的就业在三次普查之间累计增长了115.6%(年均增长8.91%),为中国就业增长最快的行业之一。其中,法人单位就业增长了139.7%,个体经营户增长了99.5%。这说明批发和零售业是最适合个体创业的部门,同时,随着中国的经济增长及经济发展水平的不断提高,批发和零售业的集约化经营的水平在提高。

表11.10　三次经济普查按登记注册类型分组的批发零售业企业法人单位和有证照个体户就业分布及增长变化

	2004年			2008年			2013年			2013年比2004年就业人数增长
	企业	就业人员	平均就业人数	企业	就业人员	平均就业人数	企业	就业人员	平均就业人数	
	(万个)	(万人)	(人)	(万个)	(万人)	(人)	(万个)	(万人)	(人)	(%)
法人单位合计	88.4	1 383	16	140.3	1 891	13	281.1	3 315	12	139.7
国有企业	7	261	37	3.8	157	41	2.7	103	38	−60.5
集体企业	8.6	144	17	5.1	87	17	3.7	57	15	−60.4
股份合作企业	2.6	30	12	1.5	21	14	1.6	15	10	−50
联营企业	0.4	8	20	0.3	6	19	0.7	8	12	0
有限责任公司	10.4	260	25	16.5	344	21	49	768	16	195.4
股份有限公司	1.6	90	56	2.5	114	45	3.2	150	47	66.7
私营企业	55.7	542	10	105.4	1 023	10	197	1 758	9	224.4
其他内资企业	1.1	10	9	3.5	40	11	19.8	260	13	2 500
港澳台商投资企业	0.3	12	40	0.6	37	62	1.5	89	60	641.7
外商投资企业	0.7	27	39	1.1	63	57	1.9	106	56	292.6
个体经营户合计	1 160.3	2 089	2	1 549.1	3 678	2	3 315	4 167	1	99.5
全部从业人员		3 471			5 569			7 482		115.6

资料来源:根据表11.9数据分析计算而得。

最后,比较不同所有制类型企业对就业增长的贡献。批发和零售业中各类法人单位的就业人数所占的比重虽然还不到全行业的一半,但是增长得是很快的,从2004年到2013年,累计增长139.7%(年均增长10.2%);分阶段看,第一次和第二次全国经济普查之间年均增长率为8.1%,而第二次和第三次普查之间年均增长率为11.9%。这也就是说,在整个批发和零售业就业增长放缓的情况下,法人单位的就业增长是加快的。在各类法人单位中,传统公有制企业(国有企业和集体企业)的比重在2004年时就已经很低,单位数在所有法人单位中所占的比重为17.6%,就业人数占行业全部就业人数的比重为11.6%),而到了2014年,单位数的比重已经降到了2.3%,就业人数占行业全部就业的比重为2.2%。国有企业和集体企业的就业人数均累计下降了50%以上。这说明传统公有制企业在批发和零售这一市场竞争比较充分的领域中,是缺乏竞争力的,就业比重较大而且近些年发展较快的法人单位类型是私营企业和有限责任公司,这一点是和工业领域相接近的。从总体上看,从 2004—2013 年,批发和零售业中的传统公有制经济的单位数和就业人员都在减少,个体经济的发展(从就业看)则在迅速发展后放缓了发展速度(表现为其就业比重迅速提升又重新回落的过程),而私营经济和有限责任公司等的单位数和就业都在持续增长。尤其值得注意的是,在全球金融危机之后,非传统公有制企业的数量和就业人数反而出现加速增长,这说明当经济发展水平提高到一定的阶段时,对服务业的发展将会提出新的要求,再加上我们鼓励消费的政策,就会对与消费有关的行业(如批发和零售、交通运输等)产生一系列积极影响。①

表 11.11　三次经济普查按登记注册类型分组的批发零售业企业法人单位和有证照个体户的数量及就业占比情况　　　　　　单位:%

	2004 年		2008 年		2013 年	
	法人单位占比	就业占比	法人单位占比	就业占比	法人单位占比	就业占比
法人单位合计	100	39.8	100	34.0	100.0	44.3
国有企业	7.9	7.5	2.7	2.8	1.0	1.4
集体企业	9.7	4.1	3.6	1.6	1.3	0.8
股份合作企业	2.9	0.9	1.1	0.4	0.6	0.2
联营企业	0.5	0.2	0.2	0.1	0.2	0.1
有限责任公司	11.8	7.5	11.8	6.2	17.4	10.3
股份有限公司	1.8	2.6	1.8	2.0	1.1	2.0
私营企业	63.0	15.6	75.1	18.4	70.1	23.5
其他内资企业	1.2	0.3	2.5	0.7	7.0	3.5
港澳台商投资企业	0.3	0.3	0.4	0.7	0.5	1.2
外商投资企业	0.8	0.8	0.8	1.1	0.7	1.4
个体经营户合计	—	60.2	—	66.0	—	55.7
全部从业人员	—	100	—	100	—	100

资料来源:根据表 11.10 计算。

(四) 交通运输、仓储和邮政业

交通运输、仓储和邮政业(主要是交通运输)是一个比较特殊的行业。一方面,现代化交通运输(高铁、民航、水上运输、公路运输等)的发展需要资本密集型和技术密集型大型企业的发展支持,还需要大量的基础设施建设的配合,这就在

---

① 这也说明,扩大消费不能仅仅靠工业领域产能的扩大,现阶段工业生产领域的产能过剩的矛盾已经比较突出,因此除了在工业内部进行结构调整外,改善流通环节也对扩大消费具有积极意义。

客观上决定了这一行业在一定时期内只能实行有限的市场竞争,一些关键性的国有企业还是要保留下来;但在另外一方面,基础设施建设的发展、市场经济的推进以及产业结构的升级又为这一行业的公路运输、快递等领域的民营经济和个体经济的发展提供了极好的条件,这又使得民营经济和个体经济迅速发展,成为容纳就业最多的行业之一。由于2004年和2008年的公报中未列出这一行业的登记注册类型分组数据,表11.12中只列出了2013年的相关数据。从表中可以看出,国有企业法人单位数的占比为3.6%,就业人员占比为11.7%,均高于工业、建筑业、批发和零售业,而个体经营户就业人员的比重则为57.3%,也高于上面这三个行业(但在具体人数上少于批发零售业)。国有企业和个体经济同时发展是这个行业的一个鲜明特征。

表11.12　2013年按登记注册类型分组的交通运输、仓储和邮政业企业法人单位、有证照个体经营户和从业人员及占比

	企业法人单位（万个）	从业人员（万人）	企业法人单位（％）	从业人员（％）
合计	25.2	2 921.4	100.0	100.0
国有企业	0.9	343.0	3.6	11.7
集体企业	0.5	24.7	2.0	0.8
股份合作企业	0.2	5.3	0.8	0.2
联营企业	0.1	2.5	0.4	0.1
有限责任公司	5.6	379.3	22.2	13.0
股份有限公司	0.5	88.8	2.0	3.0
私营企业	16.0	332.9	63.5	11.4
其他内资企业	1.0	18.6	4.0	0.6
港澳台商投资企业	0.2	30.3	0.8	1.0
外商投资企业	0.2	21.5	0.8	0.7
有证照个体经营户	—	1 674.5	—	57.3

资料来源:根据第三次全国经济普查主要数据公报(第三号)整理。

(五)住宿和餐饮业

表11.13列出的是2013年住宿和餐饮业不同所有制企业法人及有证照个体经营户的就业情况。可以看出,在这一行业中就业人员占比最多的有证照个体经营户,达60.7%,是各个国民经济行业中个体经营占比最大的行业,就业人员数达到1 000万以上;占比第二位的是私营企业,就业占比为18.6%,就业人数达到

300万以上；第三是有限责任公司，就业占比为10.2%，就业人数达到180万；传统公有制企业（国有企业和集体企业）的就业占比只有3%，人数不到60万。这一行业的就业中，个体和私营经济发挥了主要的作用。

表11.13 2013年按登记注册类型分组的住宿和餐饮业企业法人单位、有证照个体经营户和从业人员

	企业法人单位（万个）	从业人员（万人）	企业法人单位（%）	从业人员（%）
合计	20.0	1 761.0	100.0	100.0
国有企业	0.7	43.7	3.5	2.5
集体企业	0.4	9.5	2.0	0.5
股份合作企业	0.2	4.0	1.0	0.2
联营企业	0.1	1.4	0.5	0.1
有限责任公司	3.3	180.0	16.5	10.2
股份有限公司	0.3	18.5	1.5	1.1
私营企业	13.4	327.4	67.0	18.6
其他内资企业	1.1	20.4	5.5	1.2
港澳台商投资企业	0.2	34.7	1.0	2.0
外商投资企业	0.2	52.0	1.0	3.0
有证照个体经营户	—	1 069.4	—	60.7

资料来源：根据第三次全国经济普查主要数据公报（第三号）整理。

（六）生产（供给）领域的所有制创新促进了中国的经济增长，极大地带动了非农产业的就业

从以上对五个重要行业的分析看，在三次经济普查期间，中国的企业法人单位和就业人员的变化，呈现出来的特点是传统公有制企业（国有企业和集体企业）的数量和占比在下降（在传统公有制企业最多的工业、建筑业、批发和零售业中尤其如此），就业方面的变化趋势也是类似的。因此，就中国现阶段的情况看，改善就业在宏观上要依赖经济增长，在微观上则需要民营经济和个体经济有更大的发展。从表11.14中可以看到，2013年，在全部第二和第三产业中，传统公有制法人单位的比重为12.6%，在国民经济中的比重已经迅速降低，非国有经济的单位数已经在整个国民经济中占绝大多数。

表 11.14　2013 年第二和第三产业中传统公有制企业在法人单位中所占的比重

行业	全部法人单位（个）	国有法人单位（个）	集体法人单位（个）	传统公有制法人单位小计（个）	传统公有制法人单位占全部法人单位的比重（%）
总计	10 663 787	1 126 080	215 260	1 341 340	12.6
采矿业	89 112	1 342	2 767	4 109	4.6
制造业	2 252 225	11 204	31 505	42 709	1.9
电力、热力、燃气及水生产和供应业	70 409	8 112	6 043	14 155	20.1
建筑业	347 519	5 533	6 964	12 497	3.6
批发和零售业	2 810 531	27 430	36 557	63 987	2.3
交通运输、仓储和邮政业	262 048	15 704	5 628	21 332	8.1
住宿和餐饮业	199 592	6 525	4 189	10 714	5.4
信息传输、软件和信息技术服务业	226 107	7 007	886	7 893	3.5
房地产业	343 924	11 612	8 199	19 811	5.8
租赁和商务服务业	916 953	40 962	30 186	71 148	7.8
科学研究和技术服务业	455 778	72 877	6 317	79 194	17.4
水利、环境和公共设施管理业	84 803	35 763	3 018	38 781	45.7
居民服务、修理和其他服务业	190 692	7 445	4 695	12 140	6.4
教育	413 908	200 482	13 281	213 763	51.6
卫生和社会工作	249 567	87 618	32 010	119 628	47.9
文化、体育和娱乐业	230 544	40 326	3 345	43 671	18.9
公共管理、社会保障和社会组织	1 520 075	546 138	19 670	565 808	37.2

资料来源：《中国经济普查年鉴 2013》，金融业法人单位数（2.9 万个）缺乏按登记类型分组的数据，所以未包含在本表中。国有独资公司也是国有经济的重要组成部门，2013 年为 2.45 万个，也未列入本表的"传统公有制企业"中，如果把这两部分都列入"公有制企业"中，公有制企业占全部法人单位数的比重将提升到 13%。

　　而从表 11.15 中则可以看到，在传统公有制法人单位中的从业人员所占的比重为 14.6%，这也就是说，85% 的法人单位和就业人员属于非传统公有制经济。这种生产（或供给）领域的体制创新，推动了中国的经济增长，并带动了中国的非农业就业。在企业法人之外，中国的法人单位还有两类，即机关、事业法人以及社会团体和其他法人，这一部分法人单位较多地承担社会管理和社会服务的职责（如政府管理、科学、教育、医疗、文化等），因此国有成分所占的比重仍然比较大。根据现有的数据从总体上看，在中国的非农业部门中，非传统公有制的单位及其就业的比重已经达到 80% 左右，这种变化提高了经济活动的效率，减轻了国家财政的负担,同时改善了就业。

表 11.15　2013 年第二和第三产业传统公有制单位从业人员在全部从业人员中所占的比重

行业	法人单位从业人员数（万人）	国有企业从业人员数（万人）	集体企业从业人员数（万人）	传统公有制企业从业人员数合计（万人）	有证照个体经营户从业人员数（万人）	全部从业人员数（万人）	传统公有制单位从业人员占全部从业人员的比重（%）
总计	34 399.8	5 665.6	681.6	6 347.2	8 999.5	43 399.3	14.6
采矿业	1 035.1	92.6	25.5	118.1	11.7	1 046.8	11.3
制造业	12 436.7	189.8	139.7	329.6	937.6	13 374.3	2.5
电力、热力、燃气及水生产和供应业	485.0	177.5	8.8	186.4	2.5	487.5	38.2
建筑业	5 320.7	247.4	181.9	429.4	90.8	5 411.5	7.9
批发和零售业	3 315.0	103.4	56.9	160.3	4 166.6	7 481.7	2.1
交通运输、仓储和邮政业	1 096.1	212.9	25.4	238.4	1 674.5	2 770.6	8.6
住宿和餐饮业	691.6	43.7	9.5	53.2	1 069.4	1 761.0	3.0
信息传输、软件和信息技术服务业	551.7	33.5	1.3	34.7	26.2	577.9	6.0
房地产业	889.0	39.7	18.2	57.9	14.3	903.3	6.4
租赁和商务服务业	1 328.9	155.7	58.8	214.5	86.6	1 415.6	15.2
科学研究和技术服务业	810.3	191.9	9.6	201.5	39.1	849.5	23.7
水利、环境和公共设施管理业	298.0	165.7	8.8	174.6	1.1	299.1	58.4
居民服务、修理和其他服务业	291.7	21.7	8.6	30.3	715.2	1 006.9	3.0
教育	1 913.8	1 389.9	46.2	1 436.1	31.7	1 945.5	73.8
卫生和社会工作	917.6	676.9	47.8	724.7	58.5	976.2	74.2
文化、体育和娱乐业	309.0	113.5	4.7	118.2	73.6	382.6	30.9
公共管理、社会保障和社会组织	2 709.4	1 809.6	29.6	1 839.3	0.0	2 709.4	67.9

资料来源:《中国经济普查年鉴 2013》,金融业从业人员(513.9 万人)缺乏按登记类型分组的数据,所以未包含在本表中。国有独资公司也是国有经济的重要组成部门,2013 年的就业人员为 811 万人,也未列入本表的"传统公有制企业"中,如果把这两部分人都列入"公有制企业"就业人员数中,公有制企业就业人员占全部就业人员的比重将提升到 17.2%。

第二节　不同所有制类型的投资

一、21世纪以来不同所有制类型的固定资产投资

登记注册类型也就是所有制类型,是从企业和生产资料之间的经济或法律关系上区分的,法律关系是对经济关系的规范。对不同登记注册类型的企业而言,企业的生产资料归属的所有者有所不同,国有企业的资产是属于国家的,集体企业的资产是属于集体的,私营和个体经营户的资产是属于私人的,而在它们之间,还有多种在现代企业制度下形成的所有制形式,如股份有限公司、有限责任公司等。从第一节的分析中可以看到,经过多年的改革开放,尤其是经过21世纪以来的发展,非传统公有制的企业法人单位和就业人员已经在整个非农产业以至于整个国民经济中占了绝大多数,相应的,企业资产的所有制分布也发生了很大的变化。

表11.16列出了2004年和2013年按行业和登记注册类型分组的固定资产投资。从表中可以看出中国固定资产投资的所有制结构的变化有如下几个特征:

第一,传统公有制企业尤其是国有和国有控股企业的投资占全社会固定资产投资的比重有较大幅度的下降,但仍然是固定资产投资的重要主体。2004年,在中国的全部城镇固定资产投资中,国有和国有控股企业的比重达到57.8%以上,占当年全社会固定资产投资总额(70 477.4亿元)的48.4%;而到了2013年,在固定资产投资总额(不含农户)中,国有和国有控股企业的比重下降到了33.1%,占当年全社会固定资产投资总额(446 294.1亿元)的32.3%。按同口径计算,国有和国有控股企业的投资比重下降了15%以上。但如果和表11.14中的企业单位数和就业人数相比较的话,国有企业的投资占比则是非常高的。在表11.14中我们可以看到,中国现在国有企业的企业数和就业人员的占比在五大行业中已经降至很低,企业数占1.1%,就业人员占3.7%。但是在固定资产投资领域,占比仍然在1/3左右。按照这样的投资规模推算,中国由固定资产投资形成的固定资产存量(按原值计算并)中,传统公有制企业(国有和国有控股企业、集体和集体控股企业)的固定资产(固定资产原值－累计折旧)在全社会固定资产中所占的比重,至少在40%以上。

表 11.16 2004 年和 2013 年按行业和登记注册类型分组的固定资产投资

单位:亿元

		2004 年				
		合计	国有及国有控股	集体	私营个体	其他
1	农、林、牧、渔业	645.1	439.5	20.5	70.1	115.0
	第一产业小计	645.1	439.5	20.5	70.1	115.0
2	采矿业	2 126.3	1 781.2	46.0	121.2	177.9
3	制造业	14 657.2	5 867.4	482.1	1 689.5	6 618.2
4	电力热力、燃气及水的生产和供应业	5 525.1	4 480.0	75.9	101.4	867.8
5	建筑业	526.3	366.6	41.6	34.6	83.6
	第二产业小计	22 834.9	12 495.1	645.5	1 946.7	7 747.6
6	交通运输、仓储和邮政业	7 091.5	6 627.9	59.4	50.7	353.5
7	信息传输、软件和信息技术服务业	1 638.0	1 297.4	8.4	4.2	328.1
8	批发和零售业	1 117.2	368.5	99.4	176.2	473.1
9	住宿和餐饮业	438.1	124.2	18.1	95.9	199.9
10	金融业	97.6	79.5	9.5	0.5	8.0
11	房地产业	14 547.0	3 265.3	696.8	3 972.8	6 612.1
12	租赁和商务服务业	361.7	193.0	31.7	26.3	110.7
13	科学研究和技术服务	311.8	268.5	2.8	9.9	30.6
14	水利、环境和公共设施管理业	4 890.8	4 546.1	65.8	31.5	247.5
15	居民服务、修理和其他服务业	107.6	49.0	6.4	17.0	35.1
16	教育	1 803.0	1 619.1	30.8	64.0	89.1
17	卫生和社会工作	446.9	400.1	12.0	15.9	18.8
18	文化、体育和娱乐业	531.2	410.0	14.2	20.3	86.6
19	公共管理和社会组织	2 165.6	1 908.4	157.7	16.0	83.5
20	国际组织	0.3	0.1			0.2
	第三产业小计	35 548.1	21 157.2	1 213.2	4 501.1	8 676.7
	合计	59 028.2	34 091.8	1 879.2	6 517.9	16 539.3
	不同类型投资占比(%)	100.0	57.8	3.2	11.0	28.0

(续表)

		2013 年				
		固定资产投资总额	国有及国有控股	集体	私营个体	其他
1	农、林、牧、渔业	11 401.2	3 242.8	979.0	6 089.4	1 090.1
	第一产业合计	11 401.2	3 242.8	979.0	6 089.4	1 090.1
2	采矿业	14 648.8	6 816.6	654.8	6 284.2	893.1
3	制造业	147 584.4	14 402.3	3 928.3	109 668.7	19 585.0
4	电力、热力、燃气及水生产和供应业	19 628.9	13 356.9	775.0	4 202.0	1 295.1
5	建筑业	3 532.3	2 057.1	256.4	868.0	350.9
	第二产业合计	185 394.5	36 632.9	5 614.5	121 022.9	22 124.2
6	批发和零售业	12 601.1	1 444.0	878.3	8 698.5	1 580.3
7	交通运输、仓储和邮政业	36 329.4	27 948.3	1 002.9	5 671.4	1 706.7
8	住宿和餐饮业	6 012.4	778.2	275.8	4 125.0	833.3
9	信息传输、软件和信息技术服务业	3 084.9	1 724.3	68.9	742.5	549.2
10	金融业	1 242.0	621.0	118.2	311.1	191.6
11	房地产业	111 379.6	26 051.2	7 533.1	56 239.7	21 555.6
12	租赁和商务服务业	5 874.6	1 733.9	588.7	2 724.9	827.3
13	科学研究和技术服务业	3 133.2	1 213.8	237.7	1 319.8	362.0
14	水利、环境和公共设施管理业	37 662.7	29 260.1	2 558.8	3 925.7	1 918.1
15	居民服务、修理和其他服务业	1 994.4	589.0	349.4	834.7	221.3
16	教育	5 399.9	4 000.4	375.6	696.6	327.3
17	卫生和社会工作	3 138.3	2 258.1	232.3	473.6	174.3
18	文化、体育和娱乐业	5 225.5	2 372.7	393.3	1 934.0	525.5
19	公共管理、社会保障和社会组织	5 873.7	4 262.8	886.1	340.6	384.1
20	国际组织	0.0	0.0	0.0	0.0	0.0
	第三产业合计	238 951.7	104 257.9	15 499.2	88 037.9	31 156.7
	合计	435 747.4	144 133.6	22 092.7	215 150.2	54 370.9
	不同类型投资占比(%)	100.0	33.1	5.1	49.4	12.5

资料来源：《中国统计年鉴 2005》与《中国统计年鉴 2014》。其中,2004 年数据为固定资产投资总额(城镇),2013 年数据为固定资产投资总额(不含农户)。从 2011 年开始,中国按行业和登记注册类型分组的固定资产投资数据改为按"不含农户"公布,而在此之前,则使用城镇固定资产投资指标。因此,2013 年的统计口径略大于 2004 年,包括了农村的非农户生产单位所进行的固定资产投资。2004 年的固定资产投资(不含农户)为 67 714 亿元,比表 11.16 中的城镇投资合计数 59 028 亿元高 12%。因此,两组数据之间变化的比较只是一种近似的比较分析。这说明保持时间序列之间的连续性对于统计分析是非常重要的。

第二,随着社会主义市场经济的发展,私营及非传统公有制经济的固定资产投资在市场竞争中迅速发展。虽然在总体上看,传统公有制经济的投资份额在下降,私营及非传统公有制经济的投资份额在上升,但是在各个不同的行业,它们的表现是不同的。从表11.17中可以看到,2004年,制造业的国有和国有控股企业投资的比例已经降到了40%,而到了2013年更是下降到了9.8%,私营和非传统公有制经济已经在这一行业占了主导地位;而在采矿业、电力、热力、燃气及水的生产和供应业,虽然比重下降得也比较大,但是由于原来的比重高(80%以上),同时又由于它们在整个国民经济中的基础性地位(资源和能源),国有经济在其中的份额仍然较高。在其他的部门和行业情况也是类似的,越是在竞争性的领域,民营经济的投资发展得也就越好,而在基础性部门,由于市场竞争还没有充分放开,仍然是国有经济的投资占据主导。如在批发和零售业中民营经济发展得非常快,但是在交通运输业中由于铁路、公路等基础设施的建设大多由国有经济进行,仍然是国有经济的投资占主导地位。民营经济在竞争性领域中的投资扩张,反映了在社会主义市场经济的条件下,通过市场的力量来改善资源配置,能够有效地提高国民经济的运行效率,促进经济增长和经济发展。

表11.17 工业部门国有和国有控股企业固定资产投资比重及其变化　　　　单位:%

	2004年	2013年	2013年比2004年增加
采矿业	83.8	46.5	−37.2
制造业	40.0	9.8	−30.3
电力、热力、燃气及水的生产和供应业	81.1	68.0	−13.0
工业合计	54.4	19.0	−35.4

资料来源:根据表11.15和表11.16中数据综合计算。

第三,国有经济的固定资产投资,为中国现代化建设所需要的自然资源和能源的供给、基础设施建设以及社会服务提供了支持,从而为中国实现平稳的、可持续的经济增长和经济发展创造了条件。表11.18列出了国有经济投资数额最大的10个行业以及第二、第三产业的固定资产投资情况。从表中可以看出,国有投资主要集中于第三产业,所占的比重达到了72.3%;而第二产业的投资仅占25.4%。分行业看,国有投资数额最大的和各个比重均为最高的两个行业为水利、环境和公共设施管理业以及交通运输、仓储和邮政业,占全部固定资产投资(不含农户)的比重分别为6.7%和6.4%,占全部国有经济投资的比重分别为20.3%和19.4%,这两个行业的特点是基础设施建设的规模大,而基础设施建设需要的资金多,回报周期长,但是对国民经济的发展具有长远意义。而对于私营企业而言,一方面缺乏足够的能力开展这样的建设,另一方面由于见效较慢,它们也缺乏积极性,往往更愿意投资于能够更快见效的行业。所以在这两个行业中的固定资产投资主要是由国有经济进行的(占比分别为77.7%和76.9%)。从表11.16中还可以看出,在2004年,这两个行业同样是国有经济投资最大的地方,所不同的是在交通运输业的投资较大。在房地产业和制造业,从绝对数上看,国有经济的投资也不少,但是就所占的比重看已经比2004年大为降低(参见表11.16),非国有经济已经成为这两个行业的主体。再下来是采矿业和电力、热力、燃气及水生产和供应业,属于自然资源和能源的开采和供应,国有投资的比重也比较高;最后4个行业属于公共服务部门,主要是要依靠国家的力量来保障。

表11.18 2013年国有经济投资额占比分析

		固定资产投资(不含农户)(亿元)	国有经济投资额(亿元)	国有投资占行业投资的比例(%)	国有投资占投资总额的比例(%)	各行业国有投资占全部国有投资的比例(%)
	合计	435 747.4	144 133.6	33.1	33.1	100.0
	第三产业合计	238 951.7	104 257.9	43.6	23.9	72.3
	第二产业合计	185 394.5	36 632.9	19.8	8.4	25.4
1	水利、环境和公共设施管理业	37 662.7	29 260.1	77.7	6.7	20.3
2	交通运输、仓储和邮政业	36 329.4	27 948.3	76.9	6.4	19.4
3	房地产业	111 379.6	26 051.2	23.4	6.0	18.1
4	制造业	147 584.4	14 402.3	9.8	3.3	10.0
5	电力、热力、燃气及水生产和供应业	19 628.9	13 356.9	68.0	3.1	9.3
6	采矿业	14 648.8	6 816.6	46.5	1.6	4.7
7	公共管理、社会保障和社会组织	5 873.7	4 262.8	72.6	1.0	3.0
8	教育	5 399.9	4 000.4	74.1	0.9	2.8
9	文化、体育和娱乐业	5 225.5	2 372.7	45.4	0.5	1.6
10	卫生和社会工作	3 138.3	2 258.1	72.0	0.5	1.6

资料来源:根据表11.16计算。

从以上这些特点来说,中国以公有制为主体的、多种经济成分并存的中国特色的社会主义制度,是符合中国生产力发展尤其是现阶段现代化建设要求的。从表面上看,有一些国有和国有控股企业的效率(如当前的资产回报率)看起来比较低,但在实际上,它们所提供的服务为其他经济成分的企业的发展创造了条件,从而提升了中国整体的经济效率,这是中国能够实现长期的高速经济增长的重要原因。在很多实行市场经济的发展中国家中,正是由于基础设施建设的长期投入不足,经济长期发展不起来。而在中国,由于有国有经济为主体开展的大量基础建设投资为各行各业的发展提供了支持,再加上市场经济的激励机制,使得多种经济成分(私营经济、有限责任公司、个体经济、外商投资企业等)能够各自发挥自己的优势在不同的行业中取得发展,从而实现了持续的高速发展。

二、不同所有制的发展优势

根据第三次全国经济普查公报(第一号),2013年年末,全国第二产业和第三产业企业资产总计466.8万亿元。其中,第二产业企业资产总计占全部企业资产总计的26.1%(121.8万亿元),第三产业企业资产总计占73.9%(345万亿元);普查后修订的2013年国内生产总值为588019亿元,其中,第一产业增加值为55322亿元,比重为9.4%;第二产业增加值为256810亿元,比重为43.7%;第三产业增加值275887亿元,比重为46.9%。[①] 也就是说,全国第二产业和第三产业的增加值总计为53.27万亿元,第二产业增加值占比为48.21%,第三产业增加值占比为51.79%。可以看出,两大产业的产出(以增加值反映)和企业资产总额之间是非对称的,第二产业以26.1%的资产生产出了48.21%的增加值,第三产业以73.9%的资产生产出了51.79%的增加值,也就是说,第二产业的资产效率明显高于第三产业。[②] 从具体数值看,第二和第三产业用每100元资产创造的增加值是11.41元,其中,第二产业为每100元创造21.08元,第三产业为每100元创造8元,第二产业为第三产业的2.64倍。第三产业的整体资产效率之所以低,其重要原因在于第三产业中的国有部门的投资较大而产出较低。但是对于这种现象,还是必须具体情况具体分析。

表11.19中列出的是2013年中国全社会固定资产投资总额与国内生产总值(GDP,即各行业或三大产业增加值合计数)以及各行业投资与增加值的比较。从表中可以看出,2013年,中国的全社会固定资产投资总额占GDP比重,达到了75.9%。[③] 从表11.18与表11.19的比较中可以看出,凡是表11.18中国有经济投资数额较大而且比重较高的行业,在表11.19中固定资产占增加值的比重也非常高,如水利、环境和公共设施管理业,交通运输、仓储和邮政业,电力、热力、燃气

[①] 参见国家统计局,《中华人民共和国国家统计局关于修订2013年国内生产总值数据的公告》,2014年12月19日。

[②] 严格地说,这两组数据的口径还存在差别,这里的资产为"企业"资产,而增加值中还包括了非企业法人的部分,但由于非企业法人的部分规模相对较小,进行比较不会出现较大的误差。

[③] 我国政府统计中的"固定资产投资总额"(包括城镇、不含农户及全社会等口径)属于财务指标,指各个单位用于固定资产投资以及相关的财务支出,和GDP中的"固定资本形成"是有联系但不完全相同的指标,"固定资产投资"的行为导致了"固定资本形成",但是包括了一些不计入"固定资本形成"的项目(具体的差别可参见许宪春《准确理解中国经济统计》,《经济研究》,2010年第5期),2013年,我国支出法GDP中的"固定资本形成"为263027.9亿元,占GDP的比重为44.7%,占全社会固定资产投资总额的比重为58.9%。一般地说,一个企业或行业的"固定资产投资"(生产方)往往导致本企业或本行业"固定资本形成"(需求方),因此,"全社会固定资产投资总额"与GDP中的"固定资本形成总额"具有很高的相关关系。

及水生产和供应业这几个国有经济投资占比较高的行业,投资总额都超过了增加值。从资金回报率(以投资带来的增加值)来看,这几个部门都是负数。这也就是说,国有经济投资占最大的这几个行业,不可能靠本部门创造的价值进行投资和发展,而需要其他行业创造的价值来支持。行业外的主要资金来源无非是两个大的部分,一是政府进行的投资(如在水利、环境和公共设施管理业),二是通过银行贷款进行建设(如在交通运输、仓储和邮政业,电力、热力、燃气及水生产和供应业),而从目前的情况看,这些投资从总体上看是没有近期的直接效益的。但是没有近期直接效率不等于没有效益,它们可能形成两种效益,一种是间接效益,如水利、环境和城市建设,虽然从行业本身看没有效益,但为其他行业的发展和人民生活提供了服务;另一种是长期效益,如高速铁路和公路的建设,它们正在加速发展和建设的过程中,虽然已经为国民经济提供了间接效益,但直接效益还不能反映出来,当这些建设发展到一定阶段,各种设施进入稳定运营期,直接效益就可能逐渐扩大。

表 11.19　2013 年各行业全社会固定资产投资与增加值的关系

	行业	全社会固定资产投资		增加值		全社会固定资产投资占增加值的比重（%）
		总额（亿元）	占比（%）	总额（亿元）	占比（%）	
1	农、林、牧、渔业	11 187	2.5	56 966	9.7	19.6
	第一产业合计	11 187	2.5	56 966	9.7	19.6
2	采矿业	14 603	3.3	25 289	4.3	57.7
3	制造业	147 123	33.0	177 013	30.1	83.1
4	电力、热力、燃气及水生产和供应业	19 567	4.4	14 962	2.5	130.8
5	建筑业	3 521	0.8	40 807	6.9	8.6
	第二产业合计	184 814	41.4	258 071	43.9	71.6
6	批发和零售业	13 199	3.0	56 284	9.6	23.5
7	交通运输、仓储和邮政业	38 054	8.5	26 036	4.4	146.2
8	住宿和餐饮业	6 298	1.4	10 228	1.7	61.6
9	信息传输、软件和信息技术服务业	3 231	0.7	13 549	2.3	23.8
10	金融业	1 301	0.3	41 191	7.0	3.2
11	房地产业	116 666	26.1	35 988	6.1	324.2
12	租赁和商务服务业	6 153	1.4	13 307	2.3	46.2

(续表)

行业	全社会固定资产投资		增加值		全社会固定资产投资占增加值的比重（％）
	总额（亿元）	占比（％）	总额（亿元）	占比（％）	
13 科学研究和技术服务业	3 282	0.7	9 737	1.7	33.7
14 水利、环境和公共设施管理业	39 450	8.8	3 051	0.5	1 293.0
15 居民服务、修理和其他服务业	2 089	0.5	8 625	1.5	24.2
16 教育	5 656	1.3	18 429	3.1	30.7
17 卫生和社会工作	3 287	0.7	10 997	1.9	29.9
18 文化、体育和娱乐业	5 474	1.2	3 866	0.7	141.6
19 公共管理、社会保障和社会组织	6 152	1.4	21 693	3.7	28.4
第三产业合计	250 293	56.1	272 981	46.4	91.7
合计	446 294	100.0	588 018	100.0	75.9

资料来源：全社会固定资产投资总额及三大产业的投资额为《中国统计年鉴2014》中的数值，各行业数值则是对表11.16中的数据根据三大产业的数额按比例调整而得；国内生产总值及分行业增加值参见《中国统计年鉴2015》。

从表11.19中还可以看到，全社会固定资产投资占比最大的两个部门分别是制造业（占比33％）和房地产业（26.1％）。这两个行业的固定资产投资主要是由非传统公有制部门进行的，尤其是制造业，国有投资占行业的比重已经很低（2013年已经下降到10％以下）；在房地产投资中，国有投资的比重也在下降（2013年为23.4％）。这说明在竞争性行业，民营经济（包括私营经济、个体经济、外商投资企业等）已经成为投资和生产的主体。除此之外，在中国原来的计划经济实践中，公有制的范围并不仅仅局限于生产资料领域，城市中公有制企业或单位为他们的职工住房所进行的投资所形成的资产，也是公有制的重要组成部分。而1998年中国的住宅商品化改革后，这一部分大多已经改变为居民的财产或资产。而此后新投资而形成居民住宅，产权也是私有的。这一方面改变了原来的财产关系，另一方面也改变了中国全社会固定资产投资的格局，从表11.32中可以看到，2013年，居民部门的资本形成总额，占全部资本形成总额的比重高达26.5％。由于近些年来房地产价格的迅速上涨，居民部门所拥有的财产的重估价格也在迅速上升。这也改变着全社会财产关系的格局。企业的资产中除了固定资产外还有流动资产，

各类企业流动资产总额的变动趋势,和固定资产变动的趋势是一致的。①

从整体上看,经过市场化改革后,中国生产资料与其他财产的所有制构成已经发生了巨大的变化,在市场在配置资源上所发挥的作用越来越大的情况下,传统公有制单位所拥有的资产所占比重在逐步降低,而民营经济所拥有的资产所占的比重在逐步上升。民营经济通过在市场竞争中发挥活力而获得巨大的发展从而为经济增长做出贡献,国有经济则为整个国民经济的平稳和可持续发展提供了有力的支持,而生产资料与其他财产的所有制构成的变化,必然对收入分配产生深远影响。

第三节 国民收入的分配与再分配的变化

在经济学中,"国民收入"是一个理论概念,指的是一定时期经济活动新生产的并用于分配的价值。在国民收入核算的统计实践中,这个概念被具体化并形成了一个由一系列统计指标形成的指标体系,它的关键指标主要有三个,即国内生产总值(反映生产领域的经济总量)、国民总收入(可分解为各个机构部门的初次分配收入总额)和国民可支配总收入(可分解为各个机构部门的可支配总收入)。我们将通过国家统计局公布的国民资金流量表中的数据,对这几个国民收入指标的相互关系进行分析,总结中国宏观收入分配变化的特点。国民收入分配活动的主体与生产活动的主体的分类不同,不是按照生产过程的类型将生产者分成农业、制造业、建筑业、服务业等行业,而是根据各个收入分配活动参加者的财务活动属性进行机构部门分类,按照联合国的标准,一般分成五个部门,即非金融企业部门、金融机构、一般政府、住户(居民)部门以及民间非营利机构。中国目前采取的机构部门分类(《中国国民经济核算体系(2014)》)已经和联合国的分类一致,但是在此之前,我们的机构部门分类只包括四个部门,即非金融企业部门、金融机构、一般政府、住户(居民)部门。目前中国大多数对收入分配的讨论是围绕居民部门的收入分配进行的,如对城乡居民之间收入差异、城乡居民收入内部的差异以及基尼系数的讨论等,但在实际上,这只是国民收入分配中的一个组成部分并受到国民收入分配整体格局的影响。所以在讨论收入分配时,首先应该关注整个国民收入的分配格局及其变化,然后再在这个基础上讨论居民收入分配的格局及其变化。

一、国民收入的初次分配

随着经济体制改革,中国的经济制度已经由原先的全民所有制和集体所有制

---

① 中国目前只有一部分部门(如工业)公布规模以上企业流动资产的情况,可以看出流动资产和固定资产有相同的变动趋势。

这两种形态发展成为以公有制为主体、多种经济成分并存，相应地，中国的分配制度也发生了变化，由原来的按劳分配发展成为以按劳分配为主体、多种分配方式并存的分配制度。在计划经济条件下，由于生产资料是公有的，不能成为分配的依据，因此人们从社会获得的报酬的基本标准就是他们的劳动贡献。尽管在实践中很难精确地及时地衡量不同的人劳动贡献之间的差别，但是它仍然可以成为一个理论标准。从国民收入分配的观点上看，在生产过程结束后，首先要在国民收入中扣除用于扩大再生产的部分，还要扣除社会和经济管理、社会保障等多方面的支出，剩下的部分才用于对劳动者的分配。由于政府和集体是生产资料的所有者，这种扣除的规模或比例当然也是由他们决定的，所以在计划经济条件下，政府是资源配置的基本或决定性力量，集体所有制企业则发挥着辅助性作用。但是在社会主义初级阶段基本经济制度建立和发展过程中，市场逐渐代替政府，开始在资源配置中发挥决定性作用。在社会主义市场经济的以按劳分配为主体、多种分配方式并存的分配制度下，参加国民收入分配的生产要素就不仅仅只是劳动，还包括其他进入市场的生产要素，包括资本、技术、财产等等，而在居民的个人收入中，也不仅仅包括劳动收入，还包括其他各种私人所拥有的生产要素所带来的收入。新的分配制度扩大了参加分配的生产要素的规模或范围，并由此导致了收入分配格局的变化，并对社会的效率和公平产生了一系列的影响。

在生产领域中，一个经济体（企业、地区或国家）每个时期（如一年）所新生产的价值在统计上反映为增加值（全国各个行业的增加值即国内生产总值GDP），从收入方看，它包括四个部分，即劳动者报酬、生产税净额、固定资产折旧和企业营业盈余，其中，劳动者报酬归属劳动者、生产税净额归政府、固定资产折旧和营业盈余归属企业（资本和管理），这是从生产（供给）领域看各大广义生产要素在生产过程中取得的收入。从传统经济学观点看，政府不属于生产要素，只是参加国民收入的再分配。但是从国民收入核算的观点看，政府也是因为对经济活动做了贡献才获得生产税收入，所以可以看成是广义的生产要素。从表11.20中可以看到，劳动者报酬在收入法GDP中所占的比重最大，2013年在50%以上，企业的收入次之（36.8%），政府所获得的收入最少（12.5%）。从动态上看，2013年劳动者报酬的比重比2004年提高了3%；由于税收制度的改革尤其是生产领域中的减税政策（如免征农业税、营改增等），政府直接税的比重有所下降；企业所获得的收入（固定资产折旧与营业盈余）的比重总体上也略有下降。

表 11.20　2004 年和 2013 年中国收入法国内生产总值及其构成

	2004 年		2013 年	
	总额（亿元）	占比（%）	总额（亿元）	占比（%）
收入法国内生产总值	159 878.3	100.0	588 018.8	100.0
劳动者报酬	75 199.5	47.0	297 970.4	50.7
生产税净额	23 866.3	14.9	73 536.4	12.5
固定资产折旧	25 199.1	15.8	72 283.1	12.3
营业盈余	35 613.4	22.3	144 228.9	24.5

资料来源：根据《中国统计年鉴》中资金流量表及地区生产总值收入法构成的数据推算。

表 11.20 列出的各种收入只是在生产（供给）领域中对于不同的广义生产要素的支出，并形成三大产业及各个国民经济行业的生产者、劳动者及政府的收入。在反映生产过程的要素收入时，企业是作为一个整体获得收入的，但是企业在生产中使用的资本、土地、设备等并不完全是自己的，还利用了银行的贷款、租用了土地等进行生产活动，这样，在生产活动完成之后，企业就必须对各种生产要素的提供者支付要素报酬，这就是国民收入的初次分配。在国民收入核算中，由此形成的收入称为初次分配总收入，而各个机构部门初次分配总收入的总和，就是国民总收入（Gross National Income，简称 GNI，也就是过去所称的国民生产总值）。表 11.21 和表 11.22 分别列出了 2004 年与 2013 年我国的资金流量表①。从两个表中可以看出，非金融企业部门在生产过程完成形成增加值后，还要向居民部门支付"劳动者报酬"，向政府部门支付"生产税净额"，并且向其他部门支付使用它们的财产（如向金融机构和其他贷款方支付贷款利息、向股东支付红利、为租用土地支付地租等等）的费用（统称为财产支出），同时，非金融企业部门也会由于他人使用自己的财产而形成一部分财产收入，在对这些"要素收支"进行了净扣除后，剩下的部分才是这个部门的初次分配总收入。在两个表中可以看到，增加值的"国内合计"（即 GDP）与初次分配总收入的"国内合计"（即 GNI）的数值是不同的，这是因为在 GNI 中包含了"来自国外的要素收入净额"（这两个表中未列出与国外之间的收支情况），但这两个指标之间的差别并不仅仅是总量之间的差别，更重要的是它们反映问题的角度不同，GDP 反映的主要是生产活动的成果，而 GNI 则反映着初次分配领域的情况以及各个机构部门要素分配的关系。通过对表 11.21 和表 11.22 之间的比较分析，我们可以看出 21 世纪以来，中国初次分配领域有如下几点变化：

---

① 原表是以会计账户的方式分别列出"来源"和"应用"项，这两个表则通过加减关系反映出各个指标间的联系。

表 11.21 2004 年中国资金流量表(实物交易)　　　　　单位:亿元

	非金融企业部门	金融机构部门	政府部门	住户部门	国内合计
增加值	93 347.9	5 393.0	16 371.5	44 765.9	159 878.3
减:劳动者报酬支出	34 472.6	1 957.4	10 850.0	27 919.4	75 199.5
减:生产税净额支出	20 267.9	779.1	224.9	2 594.4	23 866.3
减:财产支出	7 169.9	6 568.4	1 299.9	1 672.5	16 710.7
加:劳动者报酬收入				75 251.8	75 251.8
加:生产税净额收入			23 866.3		23 866.3
加:财产收入	4 944.1	6 606.8	602.1	4 214.1	16 367.1
等于:初次分配总收入	36 381.6	2 694.9	28 465.0	92 045.6	159 587.1
加:经常转移收入	305.6		10 667.0	8 961.5	23 198.9
减:经常转移支出	3 001.6	1 200.2	6 216.9	7 619.2	21 302.8
等于:可支配总收入	33 685.6	1 494.7	32 915.1	93 387.9	161 483.3
减:最终消费		0.0	23 199.4	63 833.5	87 032.9
等于:总储蓄	33 685.6	1 494.7	9 715.7	29 554.4	74 450.4
加:资本转移收入	3 804.1				6 538.9
减:资本转移支出			3 809.9		6 544.7
等于:总投资	37 489.7	1 494.7	5 905.8	29 554.4	74 444.6
资本形成总额	47 269.4	90.0	8 226.0	13 583.0	69 168.4
其他非金融资产获得减处置					
净金融投资	−9 779.7	1 404.6	−2 320.1	15 971.4	5 276.3

资料来源:《中国统计年鉴 2007》。

表 11.22 2013 年中国资金流量表(实物交易)　　　　　单位:亿元

	非金融企业部门	金融机构部门	政府部门	住户部门	国内合计
增加值	359 277.1	41 190.5	42 559.7	144 991.5	588 018.8
减:劳动者报酬支出	147 383.1	12 090.1	37 081.9	101 415.3	297 970.4
减:生产税净额支出	65 701.3	4 598.4	286.1	2 950.6	73 536.4
减:财产支出	48 864.3	47 284.0	5 760.2	7 656.3	109 564.8
加:劳动者报酬收入				298 966.1	298 966.1
加:生产税净额收入			73 536.4		73 536.4
加:财产收入	23 497.6	42 647.8	15 777.2	21 824.4	103 747.0
等于:初次分配总收入	120 826.0	19 865.8	88 745.0	353 759.9	583 196.7
加:经常转移收入	1 287.2	4 274.9	68 085.3	44 180.3	117 827.7

（续表）

	非金融企业部门	金融机构部门	政府部门	住户部门	国内合计
减：经常转移支出	21 908.9	9 177.4	46 454.4	40 826.8	118 367.5
等于：可支配总收入	100 204.4	14 963.2	110 376.0	357 113.4	582 657.0
减：最终消费			81 245.9	219 762.5	301 008.4
等于：总储蓄	100 204.4	14 963.2	29 130.1	137 350.9	281 648.6
加：资本转移收入	7 707.3		3 857.9		11 565.2
减：资本转移支出	3 196.8		7 793.6	384.6	11 375.0
等于：总投资	104 714.9	14 963.2	25 194.4	136 966.3	281 838.8
资本形成总额	172 643.3	636.3	28 262.6	72 634.4	274 176.6
其他非金融资产获得减处置	30 833.3		−7 461.7	−23 371.6	
净金融投资	−98 761.7	14 326.9	4 393.5	87 703.5	7 662.2

资料来源：《中国统计年鉴2015》。

第一，各个机构部门的增加值和初次分配总收入的占比以及它们之间的关系发生了的变化。

通过初次分配后，各个机构部门的收入在整个国民经济中的比重将发生变化，非金融企业部门和金融机构部门由于要素净支出为正数（要素净收入为负数），占比将会变小；政府部门和住户部门由于要素净收入为正数（要素净支出为负数），占比将会变大（见表11.23）。从表11.23中可以看到，从增加值构成上看，非金融企业部门所占的比重最大（60%左右），住户部门较小（不到30%），而经过了初次分配之后，住户部门成为占比最大的机构部门（60%左右），非金融企业的占比则下降到20%左右。

具体地，从增加值的机构部门占比看，2013年，政府和住户（居民）部门的增加值占GDP的比重是减少，而非金融企业部门和金融机构的比重是增加的。政府部门占比之所以减少是因为政府部门的增加值主要是以政府部门的雇员报酬来计算的（还包括一部分政府部门直属单位所提供的生产和服务的价值，国有大中型企业的增加值则包含在非金融企业部门中），近年来政府雇员报酬的增长低于整个国民经济的增长。住户部门的增加值主要反映的是个体经济的生产情况，从占比变化中可以看出近年来个体经济的名义增长低于整个企业部门。金融机构占比的增加说明了21世纪以来随着市场化过程的推进，我国金融业的发展非常迅速，同时也说明了我国经济增长对金融机构的依赖性在增加。在这样的情况下，非金融企业部门增加值的比重是扩大的，这也就是说，如果从生产领域观察，非金融企业部门的发展相对是比较快的。但是从初次分配总收入来看情况则有所不同,政府部门的初次分配收入占国民总收入的比重仍然是下降的,金融机构的占比仍然是上升的,但是非金融企业部门的占比却是下降的,而居民部门的占比却是上升的。这其中的重要原因,在于更多的要素收入,通过初次收入分配过程由非金融企业部门转移到了居民部门。

表 11.23 2004年和2013年各机构部门增加值与初次分配总收入的结构变化比较

		非金融企业部门	金融机构部门	政府部门	住户部门	国内合计
增加值比重(%)	2004年	58.4	3.4	10.2	28.0	100
	2013年	61.1	7.0	7.2	24.7	100
	2014年比2013年增加	2.7	3.6	-3.0	-3.3	0.0
初次分配总收入比重(%)	2004年	22.8	1.7	17.8	57.7	100
	2013年	20.7	3.4	15.2	60.7	100
	2014年比2013年增加	-2.1	1.7	-2.6	3.0	0.0
初次分配收入比重比增加值比重增加的百分比(%)	2004年	-35.6	-1.7	7.6	29.7	0.0
	2013年	-40.4	-3.6	8.0	36.0	0.0

资料来源:根据表11.21和表11.22中相关数据计算。

第二,由于所有制结构的变化导致的财产制度的变化,使我国财产收支的规模和在国民经济中的比重发生了很大变化,对初次分配格局产生重要影响。

在新的所有制结构下,资产成为重要的生产要素。在生产过程中使用他人的资产(如设备、土地和金融资产等)不再是无偿的,而必须支付相应的费用,由此形成了各个机构部门内部以及相互之间的财产收支。表11.24中列出的是国内生产总值(即各机构部门增加值"国内合计")的要素收支情况,从表中可以看出,经过各种要素收支后的余额,就是国民总收入(即各机构部门初次分配总收入"国内合计")。由于每一笔要素支出都对应着另外一笔要素收入,在一个封闭的经济中,所发生的要素收入总额和要素支出总额是相等的,但如果加上来自国外的要素收入,要素收支的"国内合计"则可能有一定的差异。自2004—2013年,在各项要素收支中占比变化最大的就是财产支出和财产收入,分别上升了8.1%和7.5%,说明财产作为一种重要的生产要素,在经济活动中的地位正在不断提升;而劳动者报酬和生产税的变化幅度不大,劳动者报酬的收支都增加了3.7%,这说明劳动者报酬在国民收入中的比重有所提高;生产税净额的比重下降了2.4%,这说明国家在生产领域的减税政策已经显现了一定的效果。但相比较而言,财产收支的变化对国民收入初次分配的影响更大。这种变化是与中国的所有制所密切联系的。随着财产尤其是私有资产作为一种生产要素进入市场,在生产过程中发挥越来越大的作用,财产收支在各个机构部门中的份额都在增加,由此形成了新时期国民收入分配的一个重要特点。

表 11.24　2004 年和 2013 年国内生产总值要素收支情况

	2004 年		2013 年	
	国内合计（亿元）	占增加值的比重（%）	国内合计（亿元）	占增加值的比重（%）
增加值	159 878.3	100.0	588 018.8	100.0
减:劳动者报酬支出	75 199.5	47.0	297 970.4	50.7
减:生产税净额支出	23 866.3	14.9	73 536.4	12.5
减:财产支出	16 710.7	10.5	109 564.8	18.6
加:劳动者报酬收入	75 251.8	47.1	298 966.1	50.8
加:生产税净额收入	23 866.3	14.9	73 536.4	12.5
加:财产收入	16 367.1	10.2	103 747.0	17.9
等于:国民总收入（初次分配总收入）	159 587.1	99.8	583 196.7	99.2

资料来源:根据表 11.21 和表 11.22 中的数据计算。

从表 11.25 中可以看到,财产净收入在各机构部门增加值与初次分配总收入中所占的比重,近些年来都有了较大幅度的提高。整体上看,是企业(非金融和金融)部门的财产净支出的比重在明显提高,而政府和住户部门的财产净收入的比重在提高。从具体数额上看,非金融企业部门财产净支出的规模最大,相当于政府和住户部门财产净收入之和。

表 11.25　2004 年和 2013 年各机构部门财产净收入占增加值与初次分配总收入的比重

	指标	非金融企业部门	金融机构部门	政府部门	住户部门
2004 年	增加值(亿元)	93 347.9	5 393.0	16 371.5	44 765.9
	财产净收入(亿元)	−2 225.8	38.4	−697.8	2 541.6
	初次分配总收入(亿元)	36 381.6	2 694.9	28 465.0	92 045.6
	财产净收入占增加值的比重(%)	−2.4	0.7	−4.3	5.7
	财产净收入占初次分配总收入的比重(%)	−6.1	1.4	−2.5	2.8

（续表）

	指标	非金融企业部门	金融机构部门	政府部门	住户部门
2013年	增加值（亿元）	359 277.1	41 190.5	42 559.7	144 991.5
	财产净收入（亿元）	−25 366.7	−4 636.2	10 017.0	14 168.1
	初次分配总收入（亿元）	120 826.0	19 865.8	88 745.0	353 759.9
	财产净收入占增加值的比重（%）	−7.1	−11.3	23.5	9.8
	财产净收入占初次分配总收入的比重（%）	−21.0	−23.3	11.3	4.0

资料来源：根据表11.21与表11.22中数据计算。

具体地看，政府部门的财产收入中变动比较大的是地租收入（2013年达到5 127.9亿元，约为财产净收入的一半，参见表11.26），使得政府的财产净收入的比重（尤其是占初次分配收入的比重）变化较大。居民的财产净收入主要来自利息收入，虽然也有一部分利息支出（2013年为7 598.5亿元），但利息收入更大（2013年为18 429.3亿元）。政府和住户部门的另一项财产收入是红利收入（2013年分别为3 463.5亿元和1 719.4亿元），从这一项目的比较中可以看出，国有经济虽然在整个国民经济中的比重（包括企业数、就业数、生产和投资规模等）降低，但向所有者（政府）上缴的红利仍然大于民营经济。也就是说，中国的民营经济在取得迅速发展后，在其盈利中分配给家庭的部分仍然很少，盈利大多仍然保留在企业部门而不是通过分配转入住户部门[1]，这也是为什么利息收入而不是红利收入影响了居民的财产收入的原因。2013年住户部门的财产净收入占可初次分配收入的比重由2004年的2.8%提高到4.0%，提高的幅度似乎不大，但是在实际上，财产收支中的利息收入和利息支出在居民家庭收入中的性质不同，利息收入主要来自居民的存款或其他金融放贷活动（如购买国债和企业债等）所取得的收入，但利息支出的增加则主要反映了中国近年来居民住房抵押贷款的迅速增长以及相应的利息支出，前者是居民的财产所带来的收入，后者则是居民提前消费（反映为住房投资）而出现的支出，事实上是当前消费的一个组成部分，只不过由于住房贷款的性质，被归入财产支出。如果从这个意义看（即从财产总收入的观点看），居民部门的财产收入占初次分配总收入的比重将达到6.16%，把这个指标和净收入

---

[1] 从所有权看，私营企业赚的钱在依法纳税后都是属于私人的，但是如果企业家不把这些钱转入个人家庭并缴纳个人所得税而是选择将它们留在企业，那么从国民收入核算的角度看，这些钱仍然是企业部门的收入而不是住户部门的收入。通常统计的居民收入分配以及在此基础上计算的基尼系数等指标，也不包含这一部分收入。有一部分企业家把个人消费在企业的账目上支出并计入生产成本，确实会低估真实的收入分配差距，这在世界各国的统计中都是存在的。

所占的比重结合起来分析,将能更好地说明非劳动报酬收入对居民初次分配收入的影响。

表 11.26 2013 年各机构部门财产收入情况   单位:亿元

机构部门 交易项目	非金融企业部门		金融机构部门		政府部门		住户部门	
	运用	来源	运用	来源	运用	来源	运用	来源
五、财产收入	48 864.3	23 497.6	47 284.0	42 647.8	5 760.2	15 777.2	7 656.3	21 824.4
(一)利息	22 246.6	21 041.5	44 342.1	41 887.1	5 760.2	5 633.8	7 598.5	18 429.3
(二)红利	19 995.6	2 378.8	1 188.8	760.7		3 463.5		1 719.4
(三)地租	5 070.1				5 127.9	57.8		
(四)其他	1 552.0	77.4	1 753.1			1 552.0		1 675.7

资料来源:《中国统计年鉴 2015》,表中"来源"表示收入,"运用"表示支出。

第三,随着社会主义市场经济的建立和劳动力市场的发展,不同所有制形式下的劳动者报酬构成发生了很大的变化。

从表 11.24 中可以看到,近些年来,劳动者报酬收入占国民总收入的比重是提高的(如果从具体年份看,2008 年是一个转折点,2008 年以前劳动者报酬的比重是逐渐下降的,2008 年以后则在不断提升)。这说明随着社会主义市场经济的发展,劳动作为一种生产要素在国民收入初次分配中的地位也在提升,现在占国民总收入的比重已经提升到 50%以上,这说明中国"按劳分配为主体、多种分配形式并存"的分配制度反而是提高劳动者在收入分配中的份额的。在社会主义市场经济条件下的"按劳分配"与计划经济条件下不同,在计划体制下或者是在现在的国有经济(尤其是政府的企业和事业单位)中,劳动者的报酬是由生产资料的所有者规定或约束的,但是在市场经济条件下(尤其是在非国有企业中),劳动者报酬的多少却是在劳动力市场上通过市场形成的(国有企业的劳动者报酬实际上也要参照市场供需价格来决定,政府雇员的报酬也必须根据全社会的平均报酬水平来适时加以调整)。各级政府可以根据当地的实际情况来确定最低工资标准来引导工资水平的变化,但是劳动力价格的最终决定还是要靠市场,这也是为什么 2008 年以后中国的平均工资水平或劳动者报酬在国民收入中的比重不断提升的基本原因。随着经济发展水平的提高,劳动者必然要提出增加收入的要求,反映为劳动力市场上供需关系的变化,从而导致劳动者报酬和份额的提高。

表 11.27 列出了住户部门 2013 年各种初次分配收入项目在总收入中的比重,可以看出,在中国目前的居民初次收入分配中,劳动者报酬所占的比重达到了 84.5%,个体经济收入所占的比重为 11.5%,财产收入所占的比重为 6.2%,劳动者报酬仍然是住户部门最主要的收入来源。

表 11.27 2013 年住户部门各种初次分配收入项目及其构成

	总额（亿元）	占初次分配总收入的比重（%）
增加值	144 991.5	41.0
减：劳动者报酬支出	101 415.3	28.7
减：生产税净额支出	2 950.6	0.8
等于：个体经济收入	40 625.6	11.5
减：财产支出	7 656.3	2.2
加：财产收入	21 824.4	6.2
加：劳动者报酬收入	298 966.1	84.5
等于：初次分配总收入	353 759.9	100.0

资料来源：根据表 11.22 中有关数据计算。

根据表 11.26 中的数据，可以按不同的所有制把所有取得劳动者报酬的从业人员[①]分成四个大类：一是公有制单位的劳动者（包括在国有单位、集体单位、国有独资公司和金融业中的国有企业中的从业人员），他们的收入性质和传统公有制条件下的"按劳分配"最为接近，占全部从业人员的比重约为 10% 左右；二是完全的私营企业的劳动者（包括表中的私营企业、港澳台商投资企业、外商投资企业中的从业人员），由私有经济支付劳动报酬，他们的劳动具有雇佣劳动性质，占全部从业人员的比重至少在 20% 以上；三是个体经营者，包括个体经营户和第一产业的从业人员[②]，在国民经济核算分类中他们的劳动属于自我雇佣劳动，占全部从业人员的比重在 40% 以上；四是其余不到 30% 在其他各种混合所有制企业中工作的就业人员，其中绝大多数属于非公有制经济。由于公有制经济的从业人员所取得的平均劳动报酬略高于全社会平均劳动报酬（参见表 11.40），综合考虑它的从业人员的比重和平均劳动报酬因素来进行推算，那么在所有的劳动报酬中，传统公有制下劳动报酬的比重至多只有 15%，其余 85% 以上的劳动者报酬的性质和定价方式与计划经济时期相比已经有了很大的变化。

---

① 劳动者和从业人员并不是完全相同的概念，从业人员中除了包括企业和其他单位的雇员外，也包括私营雇主，因此，由表 11.28 中的从业人员中估计的不同所有制下的劳动者比重只是近似的估计。

② 在中国最新的投入产出表中，农业增加值中已经没有了"营业盈余"项，农业劳动力的收入全部体现为"劳动者报酬"；而在有照个体经营户中情况则有所不同，其中既包括个体经营户的雇主，他们的收入包含在住户部门的增加值中（扣除劳动者报酬后），也包括个体经营户中的雇员，他们的收入体现为劳动者报酬；还有一部分无照的个体经营户，也有类似的收入，但没有包含在第三次经济普查的从业人员中。因此，表 11.28 中设了其他劳动力一项来反映第三次经济普查中第二、第三产业从业人员数与年鉴中全部就业人员之间的差别。

表 11.28　2013 年三大产业按注册登记类型分组的从业人员

	从业人员数（万人）
第一产业	24 171.0
第二和第三产业法人单位（不包含金融业）	34 399.8
内资企业	31 005.0
国有企业	5 665.6
集体企业	681.6
股份合作企业	143.2
联营企业	62.2
国有联营企业	13.6
集体联营企业	18.9
国有与集体联营企业	6.5
其他联营企业	23.3
有限责任公司	7 892.1
国有独资公司	811.0
其他有限责任公司	7 081.1
股份有限公司	1 611.0
私营企业	12 742.1
私营独资企业	2 080.2
私营合伙企业	341.9
私营有限责任公司	9 761.0
私营股份有限公司	559.1
其他企业	2 207.3
港、澳、台商投资企业	1 642.7
合资经营企业（港、澳、台资）	425.6
合作经营企业（港、澳、台资）	42.5
港、澳、台商独资经营企业	1 111.2
港、澳、台商投资股份有限公司	53.7
其他港、澳、台投资企业	9.7
外商投资企业	1 752.0
中外合资经营企业	568.6
中外合作经营企业	42.4
外资企业	1 070.3
外商投资股份有限公司	59.5
其他外商投资企业	11.3
金融业	513.9
第二和第三产业有照个体经营户	8 999.5
其他	8 892.8
总计	76 977.0

资料来源：根据《中国经济普查年鉴 2013》与《中国统计年鉴 2015》中相关数据整理，其中第二和第三产业就业人员分组数来自《中国经济普查年鉴 2013》，第一产业从业人员数及全部从业人员合计数来自《中国统计年鉴 2015》。

二、国民收入的再分配

各个机构部门的初次分配收入,还要通过经常转移收支的再分配,才会形成各个机构部门的可支配收入,也就是它们可以用于国民收入的最终使用即投资和储蓄的收入。

经常转移收支包括:(1)所得税和财产税等经常税,包括政府部门对企业和居民征收的企业所得税、个人所得税以及财产税。2004年和2013年,中国的经常税收入分别为4 878.7亿元和29 030.4亿元,占政府部门可支配收入的比重由14.8%提高到26.3%。(2)社会保险缴款,包括企业和居民个人向政府(或社会保障机构)缴纳的当前或将来用于社会保险福利的款项。2004年和2013年,政府收入的社会保险缴款分别为5 780.3亿元和35 993.6亿元,占政府部门可支配收入的比重由17.6%提高到32.6%。(3)社会保险福利,这是居民向政府部门支付的各种社会保险福利,主要资金来源就是企业和居民的社会保险缴款。2004年和2013年分别为4 627.4亿元和28 743.9亿元,占政府可支配收入的比重由14%提高到26%,而占住户部门可支配的比重则由5%提高到8%。(4)社会补助,这主要是政府向困难群体提供的补助,2013年的支出为9 899.6亿元,占政府可支配收入的比重为9%;再加上企业部门提供的193亿元的补助,住户部门所得到的社会补助已经达到了1万亿元以上。(5)其他经常转移,主要是居民对居民、企业对居民提供的与重要因素无关的资金转移,如企业对居民提供的救助、居民之间馈赠等。从经常转移所包括的内容可以看出,经常转移发生在生产过程之后,与生产要素无关,主要是政府按照有关法规对企业和个人的收入加以调节,从而调节收入分配差异以及改善社会保障。可以看出,随着市场经济的发展,中国的国民收入再分配也表现出新的特点:一是政府的收入税在其可支配收入中的比重提高了,这说明如果在生产领域适当减税(从前面可以看到,中国直接税净额占国民总收入的比重在近些年下降了2%),在其他条件不变的情况下,收入分配领域就可能增收;二是在市场化进程中,社会保障事业在迅速发展,原来由政府包揽下来的社会保障,现在已经在很大程度上由企业和居民自己承担,而且政府还有剩余,这就为改善未来的社会保障做了必要的准备;三是社会补助的规模在扩大,随着政府收入的增加,困难群体得到了更多的照顾和帮助。

从表11.29中可以看出通过国民收入的再分配后,各个机构部门的收入(可支配收入)所占的比重进一步发生了变化。其中非金融企业部门和政府部门所占的比重进一步降低,而金融机构和住户部门所占的比重则进一步提高。从动态比较上看,从2004年到2013年,非金融企业部门和政府部门的可支配收入所占的比重是下降的;金融机构和住户部门的比重是上升的。这说明通过政府主导的国民收入再分配,住户部门得到的收益更多。同时也要看到,非金融企业部门可支配收入的占比在近年来有较大的下降幅度,这意味着企业用相对少的资金生产出了更多的增加值(非金融企业部门的增加值占比是提高的),这一方面表明企业的效率有所提高,但在另一方面,也要考虑企业负担增加的因素所带来的影响。

表 11.29　2004 年和 2013 年各机构部门初次分配总收入、可支配总收入及使用

2004 年	非金融企业部门	金融机构部门	政府部门	住户部门	国内合计
初次分配总收入(亿元)	36 381.6	2 694.9	28 465.0	92 045.6	159 587.1
加:经常转移收入(亿元)	305.6		10 667.0	8 961.5	23 198.9
减:经常转移支出(亿元)	3 001.6	1 200.2	6 216.9	7 619.2	21 302.8
等于:可支配总收入	33 685.6	1 494.7	32 915.1	93 387.9	161 483.3
初次分配总收入占国民总收入的比重(%)	22.8	1.7	17.8	57.7	100.0
可支配总收入占国民可支配总收入的比重(%)	20.9	0.9	20.4	57.8	100.0
初次分配总收入(亿元)	120 826.0	19 865.8	88 745.0	353 759.9	583 196.7
加:经常转移收入(亿元)	1 287.2	4 274.9	68 085.3	44 180.3	117 827.7
减:经常转移支出(亿元)	21 908.9	9 177.4	46 454.4	40 826.8	118 367.5
等于:可支配总收入	100 204.4	14 963.2	110 376.0	357 113.4	582 657.0
初次分配总收入占国民总收入的比重(%)	20.7	3.4	15.2	60.7	100.0
可支配总收入占国民可支配总收入的比重(%)	17.2	2.6	18.9	61.3	100.0
可支配收入占比变动(%)	−3.7	1.6	−1.4	3.5	0.0

资料来源:根据表 11.21 和表 11.22 中数据整理计算。

三、国民可支配收入的最终使用

国民可支配收入的最终使用主要是两个方向,投资资本形成和消费(包括居民消费和政府消费)。但对各个机构部门而言,由于在投资中包括了实物投资和金融投资这两种不同的行为,而金融投资是跨机构部门的,这就形成了可支配收入在各个部门之间继续转移的现象。表 11.29 和表 11.30 列出了各个机构部门可支配收入最终使用和构成情况。从表中可以看出中国近年来国民收入的最终使用主要具有如下几个特点:

表 11.30　2004 年和 2013 年各机构部门可支配收入最终使用情况　　单位:亿元

	2004 年				
	非金融企业部门	金融机构部门	政府部门	住户部门	国内合计
可支配总收入	33 685.6	1 494.7	32 915.1	93 387.9	161 483.3
减:最终消费			23 199.4	63 833.5	87 032.9
等于:总储蓄	33 685.6	1 494.7	9 715.7	29 554.4	74 450.4
加:资本转移收入	3 804.1				6 538.9
减:资本转移支出			3 809.9		6 544.7
等于:总投资	37 489.7	1 494.7	5 905.8	29 554.4	74 444.6
资本形成总额	47 269.4	90.0	8 226.0	13 583.0	69 168.4
其他非金融资产获得减处置					
净金融投资	−9 779.7	1 404.6	−2 320.1	15 971.4	5 276.3
可支配总收入	100 204.4	14 963.2	110 376	357 113.4	582 657
减:最终消费			81 245.9	219 762.5	301 008.4
等于:总储蓄	100 204.4	14 963.2	29 130.1	137 350.9	281 648.6
加:资本转移收入	7 707.3		3 857.9		11 565.2
减:资本转移支出	3 196.8		7 793.6	384.6	11 375
等于:总投资	104 714.9	14 963.2	25 194.4	136 966.3	281 838.8
资本形成总额	172 643.3	636.3	28 262.6	72 634.4	274 176.6
其他非金融资产获得减处置	30 833.3		−7 461.7	−23 371.6	
净金融投资	−98 761.7	14 326.9	4 393.5	87 703.5	7 662.2

表 11.31　2004 年和 2013 年各机构部门可支配收入最终使用占比情况　　单位:%

	2004 年				
	非金融企业部门	金融机构部门	政府部门	住户部门	国内合计
可支配总收入	100.0	100.0	100.0	100.0	100.0
减:最终消费			70.5	68.4	53.9
等于:总储蓄	100.0	100.0	29.5	31.6	46.1
加:资本转移收入	11.3				4.0
减:资本转移支出			11.6		4.1
等于:总投资	111.3	100.0	17.9	31.6	46.1
资本形成总额	140.3	6.0	25.0	14.5	42.8
其他非金融资产获得减处置					
净金融投资	−29.0	94.0	−7.0	17.1	3.3

(续表)

	2013年				
	非金融 企业部门	金融 机构部门	政府部门	住户部门	国内合计
可支配总收入	100.0	100.0	100.0	100.0	100.0
减:最终消费			73.6	61.5	51.7
等于:总储蓄	100.0	100.0	26.4	38.5	48.3
加:资本转移收入	7.7		3.5		2.0
减:资本转移支出	3.2		7.1	0.1	2.0
等于:总投资	104.5	100.0	22.8	38.4	48.4
资本形成总额	172.3	4.3	25.6	20.3	47.1
其他非金融资产获得减处置	30.8		−6.8	−6.5	
净金融投资	−98.6	95.7	4.0	24.6	1.3

第一,政府最终消费在可支配收入中所占的比重在上升,而居民最终消费的比重在下降。从整体上看,社会的最终消费支出的增长低于整体经济增长。

从表11.31中可以看到,2004—2013年,政府最终消费支出占政府可支配收入的比重由70.5%上升到了73.6%;而居民最终消费的比重则由68.4%下降到61.5%,考虑到政府的可支配收入占全部可支配的比重与政府部门在增加值中的占比相比是下降的,而住户部门则是上升的,这说明政府最终消费支出在全部生产成果中的比重也是上升,这说明政府提供的公共服务的增长快于消费增长,政府的服务有所改善;而居民部门消费的增长幅度也很大,从表11.30可以看出,从2004年的63833.5亿元增加到了2013年的219762.5亿元,名义年均增长率达到14.7%,这已经属于很好的增长,但低于同期的GDP名义增长率(15.6%)。这一时期的全部最终消费支出的年均名义增长率是14.8%,政府最终消费支出比重的提升对加快消费增长有帮助,但是作用的幅度很小。

第二,在住户部门投资中,实物投资的比重在上升,金融投资的比重在下降,但金融投资的比重仍然很高,储蓄率长期居高不下。

从表11.31中可以看出,在住户部门的可支配收入中,资本形成所占的比重由2004年的14.5%提升到20.3%,总额达到7万亿元以上,住户部门的私人实物投资主要内容是居民家庭购买的住宅(还包括一部分个体经济的生产资料投资),这是1998年住宅商品化改革后由于住宅所有权的变化而形成的新的居民家庭大项支出,同样也属于所有制改革后所带来的变化。居民家庭在进行了投资和实物消费后(再扣除属于调整项的"其他非金融资产获得减处置",所剩余的可支配收入便形成了"净金融投资",2013年的规模达到了8.77万亿元,虽然比重上要比

2004年有所降低(其中重要的原因在于居民家庭在住宅投资上的比重在上升),但占比仍然很高,达到了24.6%。这些资金将通过金融机构或者是居民的直接投资,转化为企业部门的资本形成。从表11.31中可以看到,住户部门的总储蓄占其可支配收入的比重由2004年31.6%上升到2013年的38.5%,这说明在中国近年来的高增长中,高储蓄率的现象不但没有改变反而有所加剧。这是由投资带动的经济增长的重要资金来源,一方面促进了中国经济增长,另一方面也可能导致投资和消费发展的失衡,从而增加宏观经济发展中的风险。

第三,非金融企业部门在可支配收入在国民经济中的占比减少的情况下,实物投资的规模却在继续扩大,在资金来源中,自有资金的比重在下降,来自其他部门的净金融投资的份额在上升,这种融资增加了非金融企业的扩张能力,也增加了企业的融资成本(利息支出)以及投资风险。

从表11.31中可以看出,非金融企业的资本形成占可支配收入的比重由2004年的140.3%增加到了2013年的172.3%,提高了32%。从增长情况看,2013年的资本形成为2004年的3.65倍,年均名义增长率为15.5,与同期GDP年均名义增长率相仿。而在这一期间,非金融企业部门可支配收入的名义增长率却是偏慢的,年均名义增长率为12.9%,在这种情况下,非金融企业部门要进行投资就要越来越多地依赖外部资金。从表11.32中可以看到,2004年,非金融企业部门的可支配收入占资本形成总额的比重为71.3%,2013年下降到58.0%,在这种情况下,非金融企业部门就要更多地依赖于来自其他部门的净金融投资来弥补自有资金的不足。在这些部门中,来自住户部门的净金融投资所占的比重是最大的,而且有比较大幅度的提高,从2004年的33.8%提高到了50.8%。这也就是说,非金融企业部门资本形成总额的资金来源,大约有一半左右来自住户部门的储蓄。这也在一定程度上说明了为什么经过所有制的改革,国有企业的数量和从业人员数已经大大降低,但投资规模却仍然很大。这是因为除了政府通过资本转移对国有企业加以支持外,金融机构在存款激增的情况下,也更愿意将贷款发放给国有企业,这既有国家政策上的考虑,也反映了商业银行等对资金安全性的关注。但是在贷款规模如此大的情况下进行投资扩张,资金成本必然不断增加,从而不断降低企业可支配收入在增加值中所占的份额(因为财产支出在迅速增加),这反而可能使企业的经营环境变得困难。高储蓄和高投资本来是促进经济增长的,但如果超出了一定的限度,就有可能出现负面的影响。因此,在现阶段,适度地放慢企业的投资扩张速度,将一部分居民储蓄引导到消费领域中,从表面和短期上看可能会对中国的经济增长速度产生一定的影响,但是从长期看却有利于中国的经济发展。

表 11.32　2004 年和 2013 年非金融机构部门资本形成总额主要资金来源

	2004 年		2013 年	
	占资本形成 总额的比重 （％）	数额 （万亿元）	占资本形成 总额的比重 （％）	数额 （万亿元）
等于:可支配总收入	3.4	71.3	10.0	58.0
资本形成总额	4.7	100	17.3	100
净金融投资	−1.0	−20.7	−9.9	−57.2
其中来自:金融机构	−0.1	−3.0	−1.4	−8.3
政府部门	0.2	4.9	−0.4	−2.5
住户部门	−1.6	−33.8	−8.8	−50.8
国外	0.5	11.2	0.8	4.4

资料来源:根据表 11.21 和表 11.22 中的数据整理和计算。净金融投资下的各具体项目为负数时表示为非金融企业部门的收入,正数表示其他部门对净金融投资的使用。2004 年政府部门使用的净金融投资为 0.2 万亿元,2013 年政府部门对非金融企业部门的净金融投资为 0.4 万亿元。2004 年和 2013 年,净金融投资用于国外的部分分别为 0.5 万亿元和 0.8 万亿元(用于购买国外政府和企业发行的债券、在国外金融机构的存款等)。

从表 11.33 中可以看出,由于住宅商品化的改革并由此拉动的中国房地产的发展,住户部门在全社会资本形成中的比重在近年来有比较明显的上升,非金融企业部门的比重则相应地有所下降,房地产投资对中国居民生活改善和拉动经济增长方面的贡献是不可否认的。政府部门和金融机构的投资也有比较大的增长,但从比重上看没有发生显著变化。就目前情况看,各个机构部门的投资之间的比例已经有了较大的改善,但在新体制下如何进一步改善投资和消费之间的关系,是值得我们重视的问题。

表 11.33　2004 年和 2013 年资本形成总额占比情况比较

	2004 年		2013 年	
	资本形成 总额(亿元)	占比 （％）	资本形成 总额(亿元)	占比 （％）
非金融企业部门	47 269.4	68.3	172 643.3	63.0
金融机构部门	90.0	0.1	636.3	0.2
政府部门	8 226.0	11.9	28 262.6	10.3
住户部门	13 583.0	19.6	72 634.4	26.5
国内合计	69 168.4	100.0	274 176.6	100.0

资料来源:根据表 11.21 和表 11.22 中数据整理和计算。

第四节　近年来中国居民收入分配的变化

所有制体制改革后,居民家庭的收入和财产都发生了很大的变化,收入指的是居民家庭通过生产要素的投入所分配得到的、可用于消费和储蓄的报酬,其中消费的部分是当期使用,而储蓄(金融和实物投资)的部分则成为居民的财产。居民的财产如果投资在企业部门,就转变为企业部门的财产,并且可能通过生产活动创造利润以及使财产增值。生产资料所有制反映的主要是生产领域中的财产关系,而收入分配反映的则是包括财产在内的各种生产要素投入生产活动所获得的报酬。对于各个机构部门所拥有的财产的记录和分析,属于国民资产负债表所记录和研究的对象。很多人把财产(即财富)分配和收入分配相混淆,这其实是两个相联系但是又有区别的领域。从国民经济核算的观点看,收入分配针对的是资金流量表中住户部门的流量,而财富分配针对的则是国民资产负债表中各个机构部门的存量。本节所分析的是资金流量表中住户(居民)部门所取得的可支配收入的分配情况。① 由于在很长一个时期里,中国的城乡居民收支统计与国民经济核算中的资金流量核算是分别进行的,虽然它们的概念是接近的,都是要反映居民的收入及其分配,但计算的口径和取得资料的途径都不一样,两方面的数据存在一定的差别。2013 年以后,中国经过城乡住户调查一体化改革,开始公布在概念上与资金流量表中的居民部门可支配收入一致的城乡居民可支配收入的数据(但是在具体处理上还是有一些小的差别)。本节分析中分别使用了住户调查一体化改革前后不同口径的数据,但根据实际情况进行了调整,使它们动态可比,并且在分析时进行了说明。

一、基尼系数

在世界各国,基尼系数是用来反映居民收入分配差距的一个重要指标,通常使用居民可支配收入来计算。从表 11.34 中可以看到,2004—2013 年,中国的基尼系数经历了一个首先上升然后下降的过程。2004—2008 年,中国的基尼系数是逐渐上升的,在 2008 年到达最高值 0.491②;2009 年以后,中国的基尼系数开始不断下降,2015 年下降到 0.462。这一趋势性变化,和前面资金流量表中反映的变化是一致的,即在 2008 年前后,中国自改革开放以后居民收入分配差异不断扩大的现象出现了扭转。正是在那一时间的前后,我国在经济总量上超过了日本③,人

---

① 随着中国财产制度的变化,中国居民所拥有的财产之间的差距也在不断扩大化。居民的财产主要来源于至少三个大的方面,一是储蓄的积累,如银行存款等的增加;二实物资产(如住宅)和金融资产(如股票)的增值;三是经营性财产的增加(直接由私人拥有的企业资产带来的营业盈余转化而成,未计入居民部门的可支配收入)。财产制度和财产分布的变化,必然对居民收入造成当前或潜在的影响,但目前要进行这一方面研究,基础数据仍然非常缺乏。
② 中国官方公布的基尼系数由 2003 年开始,如果追溯到更早以前就只有民间的推算数据,这些数据的数值存在较大的差异,但是所反映的趋势是一致的,即从改革开放以来一直到 2008 年,中国的基尼系数一直是上升的。参见罗曰镁,《从基尼系数看居民收入差距》,《统计与决策》,2005 年第 6 期。
③ 按照世界银行的新公布数据,中国按汇率法计算的 GDP 在 2009 年超过了日本。

均国民总收入由下中等收入跨入上中等收入的行列。① 显然,中国居民收入分配格局的扭转,是和经济发展水平相互关联的。当我们从低收入水平开始起步实现加速经济增长时,允许甚至是鼓励"一部分人、一部分地区先富起来",但由此可能造成居民收入差距的扩大;而当经济发展水平提高到一定程度时,我们的政策就开始调整,更加强调"共同富裕"。这种政策上的调整是符合客观经济规律要求的。在发达市场经济国家,经过市场的长期作用,大多会出现这种结果,著名的库兹涅茨曲线所揭示的就是这样的统计规律。但在我们国家,由于政府政策的积极推动(如调节各个地方的最低工资标准等),这一进程被加快了。从变化程度上看,中国的基尼系数在7年间下降约0.03,居民收入分配差异得到了明显的改善。如果按照这个速度,那么在2020年前后,我们国家的基尼系数将会下降到0.43左右,虽然和人们常说的0.40的警戒线水平仍然还有一定的差距,但是从发展趋势看,我们与这个标准之间的差距不是在扩大而是在不断缩小。

表 11.34   中国 2004—2015 年基尼系数

年份	基尼系数	年份	基尼系数
2004	0.473	2010	0.481
2005	0.485	2011	0.477
2006	0.487	2012	0.474
2007	0.484	2013	0.473
2008	0.491	2014	0.469
2009	0.490	2015	0.462

资料来源:根据国家统计局历年统计公报整理而成。

二、从资金流量表看中国居民可支配收入的构成

表 11.35 列出的是根据资金流量表列出的 2013 年中国住户部门可支配收入也就是居民可支配总收入的形成以及各个项目的占比。表中第 1 项"增加值"为个体经济当年所创造的增加值,扣除掉他们对雇员支付的劳动者报酬(2),再扣除对政府支付的生产税净额,就是居民部门的个体经济的纯收入(4),占全部居民可支配收入的 11.4%。而他们支付的"劳动者报酬"(2)在这里被扣除后,在被包括进第 7 项中,反映为住户部门由本部门以及其他部门(非金融企业、金融机构和政府)所获得的全部劳动报酬,占全部可支配收入的 83.7%。在居民的初次收入分配中,还要扣除掉对其他部门支付的财产支出,如为购买住房向银行贷款后而支付的利息等;与此同时,居民家庭还从其他部门获得财产收入,如银行存款利息、

---

① 根据世界银行数据库,2010 年,按汇率法计算中国的人均国民总收入达到 4 240 美元,中国第一次进入上中等收入经济体的行列。

债券利息收入、投资企业的分红收入等;这一部分收入较过去有比较大的增加,但是从其占可支配收入的比重看仍然不大,目前只有6.1%,如果从净收入的角度看,只占4%。这三部分构成了居民收入的初次分配。这说明在居民初次分配收入中,劳动者报酬是主体,个体经营收入的比重开始增加,而财产收入所占的比重仍然不大。虽然国有经济在国民经济中的比重现在已经低于私营部门,但是从表11.22中可以看到,政府部门的红利收入却高于住户部门,这说明私营企业家在所属企业取得收益后,更愿意将收益留在企业用于扩大再生产(也存在一些家庭支出列入企业成本的现象),而不是进行分配成为居民家庭也就是住户部门的收入,这就出现民营企业在迅速发展后,它们的财产收入(这里主要指的是红利收入)在居民部门却没有显著增加的现象。初次分配收入还要经过再分配,除了个别居民家庭之间的经常收支外,主要是通过政府部门的经常转移收入(所得税和财产税、社会保险的缴款等)和经常转移支出(政府社会保障支出、对困难群体的补助等),从表11.35中可以看出,这一部分的收支在居民可支配收入中的比重达到10%以上。这说明政府在再分配领域中的经常转移收支,对平抑居民收入差别还是起了一定的作用。

表11.35 2013年住户部门可支配收入项目及其构成

	项目	总额(亿元)	占居民可支配总收入的比重(%)
1	增加值	144 991.5	40.6
2	减:劳动者报酬支出	101 415.3	28.4
3	减:生产税净额支出	2 950.6	0.8
4	等于:个体经济收入	40 625.6	11.4
5	减:财产支出	7 656.3	2.1
6	加:财产收入	21 824.4	6.1
7	加:劳动者报酬收入	298 966.1	83.7
8	等于:初次分配总收入	353 759.9	99.1
9	加:经常转移收入(亿元)	44 180.3	12.4
10	减:经常转移支出(亿元)	40 826.8	11.4
11	等于:可支配总收入	357 113.4	100.0

资料来源:参见表11.27和表11.29。

三、城乡居民之间的收入差距

在表11.36中,我们分别列出了城镇居民人均可支配收入、农村居民人均纯收入的名义指数(包括价格变动因素)和实际指数(剔除了价格变动因素)。从公布数据的时点上看,这些数据往往能够当年公布,所以在这一节中,我们使用的是

2000—2014年的时间序列,个别地方使用了2015年的数据。从总体上看,在2000—2014年间,由于中国的经济增长(人均GDP年均实际增长9.2%),使中国城乡居民收入有了明显增加,这说明经济增长是改善人民收入的基础,如果没有经济增长,那么居民家庭收入是不可能在整体上得到改善的。在2004—2013年间,从整体上看,中国农村居民收入的增长低于城镇居民收入的增长,但近年来这一局面已经开始发生变化。从变化过程上看,城乡居民收入之间的差距开始是不断扩大的,到达一定点后又逐渐缩小。从表11.36中可以看到,从2004—2007年,中国城乡居民的收入比(即城镇居民人均可支配收入为农村居民人均纯收入的倍数)是上升的,但上升的幅度已经放慢(2000年是2.79倍),2007—2009年间徘徊了三年,从2009年之后开始逐年下降,2013年已经回落到3倍(2014年回落到3倍以下)。与这种变化相对应的是,自2004—2008年,中国城镇居民人均可支配收入的实际和名义增长率,都高于农村居民人均纯收入,但2008年后却发生了逆转,农村居民收入的增长超过了城镇居民,从而使城乡居民的收入差距重新缩小。这一期间,也是中国的居民可支配收入在全部可支配收入中的比重又重新提高的时期,这说明改善农村居民的收入对于改善整体的收入分配具有重要意义。

表11.36 2004—2013年中国城乡居民人均收入情况

年份	城镇居民人均可支配收入			农村居民人均纯收入			城镇居民收入为农村的倍数
	绝对数(元)	名义指数 上年=100	实际指数 上年=100	绝对数(元)	名义指数 上年=100	实际指数 上年=100	
2004	9 421.6	—	—	2 936.4	—	—	3.2
2005	10 493.0	111.4	109.6	3 254.9	110.8	106.2	3.2
2006	11 759.5	112.1	110.4	3 587.0	110.2	107.4	3.3
2007	13 785.8	117.2	112.2	4 140.4	115.4	109.5	3.3
2008	15 780.8	114.5	108.4	4 760.6	115.0	108.0	3.3
2009	17 174.7	108.8	109.8	5 153.2	108.2	108.5	3.3
2010	19 109.4	111.3	107.8	5 919.0	114.9	110.9	3.2
2011	21 809.8	114.1	108.4	6 977.3	117.9	111.4	3.1
2012	24 564.7	112.6	109.6	7 916.6	113.5	110.7	3.1
2013	26 955.1	109.7	107.0	8 895.9	112.4	109.3	3.0
年均指数(%)	—	112.4	109.2	—	113.1	109.1	—
2004—2008年	—	113.8	110.1	—	112.8	107.8	—
2008—2013年	—	111.3	108.5	—	113.3	110.2	—

资料来源:《中国统计年鉴2015》。表中居民收入数据由国家统计局公布,数据口径仍然为分别开展的城镇和农村住户调查的传统口径。表中居民收入实际指数根据统计年鉴中城乡居民收入定基指数(1978=100)推算而得。

从表 11.37 中可以看出,在 2004—2013 年农村居民纯收入各个项目的年均增长率中,比重增加最大的是工资性收入,增加了 11.3%,现在已经超过家庭经营纯收入(原来主要是农业经营纯收入)成为占比最大的收入来源(45.3%)。转移性收入和财产收入的年均增长率更高(主要是因为转移性支出增长,体现了国家对低收入群体的扶持),但是占比仍然较低。这说明农村居民的非农业就业,是改善收入的主要途径。而从前面的分析中可以看出,非农就业的扩大,主要依赖于非传统公有制企业(传统公有制企业的就业是减少的),这也就是说,非传统公有制经济的发展是改善城乡居民收入差距的基本手段。

表 11.37　2004—2013 年中国农村居民纯收入变化情况

	2004 年		2013 年		2004—2013 年名义年均增长率(%)
	金额(元)	占比(%)	金额(元)	占比(%)	
农村居民人均纯收入	2 936.4	100	8 895.9	100	13.1
工资性收入	998.5	34.0	4 025.4	45.3	16.8
家庭经营纯收入	1 745.8	59.5	3 793.2	42.6	9.0
转移性和财产性收入	192.2	6.5	1 077.3	12.1	21.1

资料来源:根据 2005 年与 2014 年《中国统计年鉴》中有关数据整理计算。表中数据为城乡住户调查一体化改革前的口径。

四、城镇居民内部和城镇居民之间的收入差距

表 11.38 列出了 2000—2008 年间按收入分组城镇居民人均可支配收入,从表中可以看到这一时期全部城镇居民的人均可支配收入的年均增长率为 12.21%,但是不同收入组的居民家庭增长的幅度不同,收入等级越低,收入的年均增长率就越低,这就拉开了收入分配的差距。2000 年,最高收入户的收入是最低收入户的 5.02 倍,但是到了 2008 年则上升到了 9.17 倍,接近原来的两倍。这种收入差距的扩大,必然会在基尼系数上表现出来。这种变化与中国 20 世纪 90 年代中后期的市场化改革是有关的,市场化改革带来的产权制度改革以及相应的分配制度改革,是中国改革开放以来在生产与分配领域里一次深刻的变革,使得原来的"按劳分配"在相当程度上调整为通过市场按生产要素对经济活动的贡献来进行分配,知识、技术、资本等经济增长中的稀缺资源,就可能得到更多的回报。这样,经济活动效率的提高(表现在经济增长上),使得居民收入分配之间的差距也拉开了。

表 11.38　2000—2008 年按收入分组的城镇居民人均可支配收入比较

			人均可支配收入			
			2000 年（元）	2008 年（元）	2008 年为 2000 年的倍数	年均名义增长率(%)
全国			6 280	15 781	2.51	12.21
按收入等级分	最低收入户	10%	2 653	4 754	1.79	7.56
	低收入户	10%	3 634	7 363	2.03	9.23
	中等偏下户	20%	4 624	10 196	2.20	10.39
	中等收入户	20%	5 898	13 984	2.37	11.40
	中等偏上户	20%	7 487	19 254	2.57	12.53
	高收入户	10%	9 434	26 250	2.78	13.65
	最高收入户	10%	13 311	43 614	3.28	15.99
最高收入户为最低收入户的倍数			5.02	9.17		

资料来源：根据《中国统计年鉴 2009》中相关数据整理。

但是从表 11.39 中可以看到，自 2008 年以后，居民按收入水平分组的中国城镇居民可支配收入的增长情况比之前（尤其是 2000—2008 年间）有了根本性改善。改变为收入越高的组别的收入增长率越低，收入越低的组别的收入增长率越高，不仅从长期趋势看是这样，而且各年的增长也是如此。这就使得城镇居民之间的收入差距开始缩小，这是影响中国基尼系数重新走低的主要原因，说明随着中国经济发展阶段的提升、劳动力供求关系的变化以及国家采取的一系列政策，中国城镇居民的收入分配差异正在得到不断地改善。

表 11.39　2008—2014 年城镇居民人均可支配收入增长率　　　　　　　　单位：%

年份	低收入户（20%）	中等偏下户（20%）	中等收入户（20%）	中等偏上户（20%）	高收入户（20%）
2009	10.7	10.3	10.1	9.2	8.0
2010	13.1	13.0	11.8	10.3	9.9
2011	15.6	14.1	13.5	13.9	14.2
2012	17.8	15.6	14.7	12.8	9.4
2013	10.4	10.3	9.4	8.7	9.6
2014	13.4	11.5	10.2	9.3	6.7
年均增长率	13.5	12.4	11.6	10.7	9.6

资料来源：《中国统计年鉴 2015》，表中增长率为名义增长率，2014 年增长率根据住户调查一体化改革后数据计算，动态上与传统数据计算的时间序列可比。

表 11.40 中列出了 2013 年和 2014 年中国在城乡住户调查一体化改革后新口径城镇居民可支配收入的分组数据，而图 11.1 则是这两年城镇居民可支配收入累计分布的曲线即洛伦斯曲线。

表 11.40　2013 年和 2014 年按城乡一体化调查口径公布的城镇居民可支配收入情况

	人数占比	2013 年		2014 年	
		可支配收入（元）	累计人数占比（%）	可支配收入（元）	累计人数占比（%）
低收入户	(20%)	9 895.9	20	11 219.3	20
中等偏下户	(20%)	17 628.1	40	19 650.5	40
中等收入户	(20%)	24 172.9	60	26 650.9	60
中等偏上户	(20%)	32 613.8	80	35 631.2	80
高收入户	(20%)	57 762.1	100	61 615.0	100

资料来源：《中国统计年鉴 2015》。

从图 11.1 中可以看到，2014 年的累积分布曲线基本上是 2013 年曲线平移的结果，各个收入组之间的曲线的斜率没有发生显著变化，这说明城镇居民的收入分配没有继续变差。但是在另一方面，我们也要看到，图中最低收入平移的程度要低于最高收入的平移程度，这是因为较低的收入组的基数低，较高的收入组的基数高，即使较低的收入组的增长率高于较高的收入组，但是如果增长率没有达到一定的高度，那么增长的具体数额仍然有可能低于较高的收入组。图中的两条洛伦斯曲线都是上凸的，说明基尼系数在 0.5 以上。分组别看，较低收入组的斜率较大，组距较短，较高收入组的斜率较小，组距较长，说明收入越高，分布越广，这说明中国城镇居民的收入分配正在趋向于合理。如果要继续改善收入分配，就

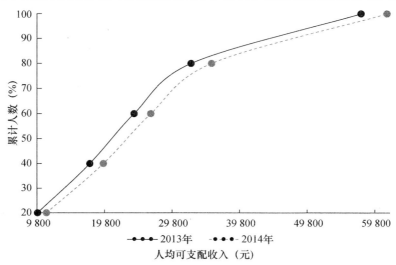

图 11.1　2013 年和 2014 年城镇居民可支配收入累计分布

要进一步加大较低收入组之间的斜率,或者说,减少按收入水平分的低收入组的人数(也就是增加低收入人群的收入)。通过对图中面积的简单计算(即曲线上方的面积除以曲线上下方的总面积)可以算出中国城镇居民可支配收入的基尼系数大约在 0.35 左右,也就是说,中国城镇居民可支配收入的基尼系数,目前仍然处于国际公认的警戒线水平 0.4 以下。这也就是说,中国城镇居民的收入分配差异目前仍然处于合理的区间内,虽然仍然需要改善,但是应该对这种差异程度有一个客观的估计。

五、升级产业结构、提高经济发展水平与扩大中等收入群体

习近平同志最近指出,扩大中等收入群体,关系全面建成小康社会目标的实现,是转方式调结构的必然要求,是维护社会和谐稳定、国家长治久安的必然要求。扩大中等收入群体,必须坚持有质量有效益的发展,保持宏观经济稳定,为人民群众生活改善打下更为雄厚的基础;必须弘扬勤劳致富精神,激励人们通过劳动创造美好生活;必须完善收入分配制度,坚持按劳分配为主体、多种分配方式并存的制度,把按劳分配和按生产要素分配结合起来,处理好政府、企业、居民三者之间的分配关系;必须强化人力资本,加大人力资本投入力度,着力把教育质量搞上去,建设现代职业教育体系;必须发挥好企业家作用,帮助企业解决困难、化解困惑,保障各种要素投入获得回报;必须加强产权保护,健全现代产权制度,加强对国有资产所有权、经营权、企业法人财产权保护,加强对非公有制经济产权保护,加强知识产权保护,增强人民群众财产安全感。① 这段话指明了改善收入分配对中国现阶段收入分配的意义,同时也说明了这种改革必须在新的现代产权制度的框架下进行,通过各种所有制形式的企业及生产者的共同努力,改善我国的收入分配。

中国城市中的经济体制改革是从收入分配领域开始的,在企业经营管理中强调"按劳分配",实际上是通过奖勤罚懒来激励企业职工来改善劳动态度和劳动技能,从而达到提高劳动生产率的目的,这必然导致企业内部收入差距的扩大。但这种差异扩大的幅度是有限的,因为企业用于分配的成本有限,而在劳动力市场形成以后,企业的最低工资标准受市场和政府两方面的限制,企业内部的收入差异实际上是和企业的盈利能力相联系的,而企业的盈利能力则必须在市场竞争中实现。经过 30 多年的发展,企业内部的职工收入差异已经不再是中国收入分配差异继续扩大的主要原因。现在的问题是,在不同的行业之间,由于生产要素投入的结构不同(如高科技企业需要资金、技术、人才的投入)和准入(如一些领域只允许内资或国资进入)等,不同的行业在总生产成本中能够用于支付劳动成本或

---

① 参见《习近平明确供给侧改革路径 六个方向扩大中等收入群体》,人民网—中国共产党新闻网,2016 年 5 月 17 日。

者是在总收益中用于劳动报酬的规模也不同。作为一个加速工业化和现代化中的发展中国家,一方面我们的新兴产业在迅速发展,另一方面相当一部分传统产业仍在继续,升级缓慢。这就造成了行业之间收入增长的不平衡并由此导致行业之间劳动者报酬上的差别。而作为居民的家庭主要收入的劳动者报酬上的差异的扩大化,是居民收入分配差异扩大化的主要原因。当然,财产收入作为居民家庭收入中的另一重要来源,尤其是高收入家庭的收入的重要来源,也影响着收入分配差异的变化,但目前这一部分收入在住户部门可支配收入仍然只占较小比重,所以影响中国收入分配的主因还是劳动者报酬(2013年劳动者报酬占居民可支配收入的比重约为83%)。我们这里将通过对劳动者报酬的行业差异的分析对居民收入分配进行研究。

从表11.41中可以看到,我国2012—2013年的全部从业人员(不是全体居民)的人均劳动报酬大约在38 000元左右,低于这一平均水平的行业只有两个,即农、林、牧、渔业和批发零售贸易、住宿、餐饮业这两个传统行业,其他行业均高于平均水平,收入最高的三个行业分别为金融业,采矿业,电力、热力、燃气及水的生产和供应业,从前面的分析中可以看出,这都属于国有经济从业人员占比较大的行业。其他行业的人均劳动报酬在4万元到6.5万元之间。

表11.41　2012—2013年中国各国民经济行业人均劳动报酬情况

	2012年各行业劳动者报酬总额(亿元)	2013年各行业从业人员(万人)	2012—2013年人均劳动报酬估计值(元)
农、林、牧、渔业	52 996	24 171	21 926
采矿业	10 439	1 047	99 718
制造业	65 181	13 374	48 736
电力、热力、燃气及水的生产和供应业	3 992	488	81 883
建筑业	22 462	5 412	41 507
运输仓储邮政、信息传输、计算机服务和软件业	14 699	3 349	43 897
批发零售贸易、住宿和餐饮业	21 179	9 243	22 915
房地产、租赁和商务服务业	9 405	2 319	40 558
金融业	11 024	514	214 516
其他服务业	52 757	8 169	64 580
合计	264 134	68 084	38 795

资料来源:2012年各行业劳动者报酬总额根据2012年投入产出表(参见《中国统计年鉴2015》),2013年各行业从业人员数根据表11.15和表11.27中数据整理,其中表11.28中的其他项8 892.8万人未包括在本表中,因此本表合计数中反映的全国人均劳动报酬可能略为偏高,如果把这一数值包括到全部劳动力中,则人均劳动报酬估计值的修正值为34 313元。

图 11.2 是按照各个国民经济行业的人均劳动者报酬排序后列出的就业人员分布。由于图中的资料来源于投入产出表,农业和非农业劳动者的报酬使用的是统一口径,与国民收入指标相衔接(属于国内生产总值的组成部分),所以不存在城乡居民收入口径不一致的问题。从图中可以看出,按国民经济行业的平均劳动报酬分组后形成的就业人员分布是非对称的。收入最高的三个行业(金融业,采矿业,电力、热力、燃气及水的生产和供应业)的平均劳动报酬虽然高,但全部从业人员中只占了很小的比重(3%),所以他们对收入分配的格局在数量上的影响力是有限的(当然,在社会舆论上产生的负面影响不低)。但收入最低的两个行业(农、林、牧、渔业和批发零售贸易、住宿、餐饮业)的情况就不同了,他们的从业人员在全部从业人员中所占的比重非常高,达到 45% 以上,对整个收入分配格局的影响非常大。而中等收入的五个部门(按顺序为房地产、租赁和商务服务业,建筑业,运输仓储邮政、信息传输、计算机服务和软件业,制造业,其他服务业)所占的比重仅仅在 50% 左右。我们可以把图 11.2 中的行业分成三个组,图 11.2 中左侧的两个点为低收入组,分别反映了农业和批发零售业的平均劳动报酬和从业人数,可以看出他们的平均劳动报酬很低,但人数众多;右侧的三个点为高收入组,则分别是金融业,采矿业,电力、热力、燃气及水的生产和供应业的平均劳动报酬和从业人数,他们的报酬很高,但人数不多;中间的五个点则是中等收入组,反映了其余五个行业(房地产、租赁和商务服务业,建筑业,运输仓储邮政、信息传输、计算机服务和软件业,制造业,其他服务业)的平均劳动报酬和从业人数,他们的分布基本上是正常的。其中的其他服务业的平均劳动报酬之所以较高,主要原因在于它包括了政府机构和事业单位(如教育、科学、文化等事业单位)的工作人员,这些人的收入在社会上属于中上水平,人数也较多。显然,中等收入组的分布是比较均衡的,如果要改善行业间的收入分配,一方面要继续提升低收入行业的收入并相应地减少就业人数,另一方面要控制高收入行业的收入。控制高收入行业的收入是相对容易做到的,因为这些行业的高收入本来就是在政府干预的情况下出现的,那么同样可以通过适度的政府干预使之不再加剧甚至合理回落;但低收入行业提高平均劳动报酬却需要经过一个相对长期的过程,尤其是农业,其产量的增长要受到自然条件的影响,因此提高劳动生产率既要在分子中通过提高总产量,又要在分母中减少剩余劳动力,改革开放后我们一直在加强这方面的努力,近些年的进步尤其明显,但真正要解决城乡发展二元化的矛盾,仅仅靠农业本身的发展是不够的,更要靠大力推进非农产业的发展并带动相应的就业。而非农产业的就业增长,就要靠民营经济的发展。从行业分析中还可以看出,中国各行业之间平均劳动报酬之间的差别和经济类型是相关的。收入较高的四个行业,金融业,采矿业,电力、热力、燃气及水以及其他服务业,都是传统公有制或者是国有经

济从业人员所占比重较高的行业,而民营经济占比较高劳动者报酬则相对较低,个体经济占比较大的批发零售业和农业的人均劳动报酬为最低。但是在批发零售业中的个体经济从业人员,除了取得劳动报酬外,还有经营性收入(即营业盈余),而农业从业人员的全部经营收入,在投入产出表中都被归入劳动者报酬,所以从实际平均收入看,批发零售业和其他行业的差距并没有那么大,真正低收入的行业只有农业。从这个角度看,要加大中等收入人群的数量或比重,一方面是要增加农业劳动者的报酬,但农业本身的发展受自然条件、技术因素等多方面的限制,所以更重要的是在另一方面,通过非农产业的发展使更多的农业劳动者转移到非农产业中去。而从前面的分析可以看到,中国非农产业的新增就业主要是要依靠民营经济的发展。因此,民营经济的发展在改善我国的收入分配中具有举足轻重的作用。

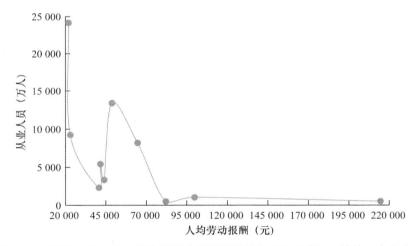

图 11.2 2012—2013 年间按人均劳动报酬排列的各国民经济行业的从业人员分布

从整体上看,中国当前较大的收入分配差异,主要原因不在于少数人的高收入,而在于自 20 世纪 90 年代初期以来,中等收入的这些行业的平均劳动报酬的增长长期高于低收入行业的增长,因此在中等收入和低收入行业之间拉开了差距,在统计上表现为双峰分布的峰值之间的差距不断拉大,方差与离散系数不断提升,导致包括城乡在内的全国居民收入的基尼系数提升。

这种差异是中国工业化、城镇化和现代化进程中城乡二元化结构所带来的结果或者是阵痛。由于中国各个地区的经济发展程度不同,二元化结构的程度也不同,所以人均收入的水平也不同,因而造成收入分配上差异。在中国,一个地区的城镇化水平越低、人均 GDP 也越低,由此决定的人均可支配收入也就越低,由城乡收入差异造成的全体居民的收入差异也就越大(基尼系数也就越高)。所以在中国,从地区区比较来看,收入分配差异是和各个地区的经济发展水平和城镇化程度相关的,经济发展水平越高,收入差异也就越小,对中国大多数地区而言,改善收入分配的根本途径,是通过非农产业的发展和在国民经济中所占的比重来提高经济发展水平。从表 11.42 中可以看到,中国各个地区的人均 GDP 水平与常住人口城镇化率之间,存在高度的相关关系,相关系数达到 92% 以上(参见表 11.42 最后一行)。也就是说,一个地区常住城镇人口占总人口的比重越高,其人均 GDP 水平也就越高。而一个地区的人均 GDP 水平越高,其一体化的居民可支配收入水平也就越高。虽然中国目前的人口城镇化率已经有了很大的提高,但是和发达国家普遍高达 80% 以上的水平相比,仍然还有很大差距。在中国,能够达到这一水平的也只有北京、上海、天津等直辖市。而在一般省份中,2013 年人口城镇化达到 60% 以上的,只有 5 个经济发达省份(江苏、浙江、辽宁、广东、福建),还有 13 个省和自治区的城镇化率在 50% 以下。而由于农村居民的人均可支配收入明显低于城镇,一个地区的人口城镇化水平越低,一体化计算的人均可支配收入也就可能越低。因此随着发展水平较低的地区的城镇化进程的推进,我国的收入分配差异将会进一步减小。

表 11.42　2009—2013 年中国各地区人口城镇化率与人均 GDP 相关系数

地区	人口城镇化率(%)					人均 GDP(元,按人均水平排序)				
	2009 年	2010 年	2011 年	2012 年	2013 年	2009 年	2010 年	2011 年	2012 年	2013 年
天津	78.0	79.6	80.5	81.6	82.0	62 574	72 994	85 213	93 173	99 607
北京	85.0	86.0	86.2	86.2	86.3	66 940	73 856	81 658	87 475	93 213
上海	88.6	89.3	89.3	89.3	89.6	69 164	76 074	82 560	85 373	90 092
江苏	55.6	60.6	61.9	63.0	64.1	44 253	52 840	62 290	68 347	74 607
浙江	57.9	61.6	62.3	63.2	64.0	43 842	51 711	59 249	63 374	68 462
内蒙古	53.4	55.5	56.6	57.7	58.7	39 735	47 347	57 974	63 886	67 498
辽宁	60.4	62.1	64.1	65.7	66.5	35 149	42 355	50 760	56 649	61 686
广东	63.4	66.2	66.5	67.4	67.8	39 436	44 736	50 807	54 095	58 540
福建	55.1	57.1	58.1	59.6	60.8	33 437	40 025	47 377	52 763	57 856
山东	48.3	49.7	51.0	52.4	53.8	35 894	41 106	47 335	51 768	56 323
吉林	53.3	53.3	53.4	53.7	54.2	26 595	31 599	38 460	43 415	47 191
重庆	51.6	53.0	55.0	57.0	58.3	22 920	27 596	34 500	38 914	42 795
陕西	43.5	45.8	47.3	50.0	51.3	21 947	27 133	33 464	38 564	42 692
湖北	46.0	49.7	51.8	53.5	54.5	22 677	27 906	34 197	38 572	42 613
宁夏	46.1	47.9	49.8	50.7	52.0	21 777	26 860	33 043	36 394	39 420
河北	43.7	44.5	45.6	46.8	48.1	24 581	28 668	33 969	36 584	38 716

(续表)

地区	人口城镇化率(%)					人均GDP(元,按人均水平排序)				
	2009年	2010年	2011年	2012年	2013年	2009年	2010年	2011年	2012年	2013年
黑龙江	55.5	55.7	56.5	56.9	57.4	22 447	27 076	32 819	35 711	37 509
新疆	39.9	43.0	43.5	44.0	44.5	19 942	25 034	30 087	33 796	37 181
湖南	43.2	43.3	45.1	46.7	48.0	20 428	24 719	29 880	33 480	36 763
青海	41.9	44.7	46.2	47.4	48.5	19 454	24 115	29 522	33 181	36 510
海南	49.1	49.8	50.7	51.6	52.7	19 254	23 831	28 898	32 377	35 317
山西	46.0	48.1	49.7	51.3	52.6	21 522	26 283	31 357	33 628	34 813
河南	37.7	38.5	40.6	42.4	43.8	20 597	24 446	28 661	31 499	34 174
四川	38.7	40.2	41.8	43.5	44.9	17 339	21 182	26 133	29 608	32 454
江西	43.2	44.1	45.7	47.5	48.9	17 335	21 253	26 150	28 800	31 771
安徽	42.1	43.0	44.8	46.5	47.9	16 408	20 888	25 659	28 792	31 684
广西	39.2	40.0	41.8	43.5	44.8	16 045	20 219	25 326	27 952	30 588
西藏	22.3	22.7	22.7	22.8	23.7	15 295	17 319	20 077	22 936	26 068
云南	34.0	34.7	36.8	39.3	40.5	13 539	15 752	19 265	22 195	25 083
甘肃	34.9	36.1	37.2	38.8	40.1	13 269	16 113	19 595	21 978	24 296
贵州	29.9	33.8	35.0	36.4	37.8	10 971	13 119	16 413	19 710	22 922
相关系数						0.93	0.94	0.94	0.93	0.92

资料来源:《中国统计年鉴2014》。

从产业结构的高度看,一个地区的高收入及中等收入行业的比重越大,其平均收入就越高,其收入分配差异也就越小(因为严重影响收入分配均衡的低收入行业尤其是农业劳动力所占的比重低),反之,一个地区的农业从业人员比重越大,收入分布中双峰的现象也就越严重,收入分配差异以及反映这种差异的基尼系数也就越大。如果从产业结构高度上看,越是传统和低端的产业或行业劳动者的平均报酬越低,越是新兴的和高端的产业或行业劳动者的平均报酬也就越高,那么一个地区的产业结构高度越高,它的收入分配差异也就越小,反之就越大[①];而从准入条件上看,准入条件越高的产业或行业的劳动者报酬越高,准入条件越低的企业或行业的劳动者报酬越低,那么在高准入条件企业或单位聚焦的地区或城市(尤其是北京)的收入分配差异也就越小,反之也就越大。由此得出的结论是,一个地区的居民家庭平均收入,是和这个地区由产业结构高度所决定的平均收入(主要是平均劳动报酬)相关的。一个地区的平均收入越高,说明这个地区的

---

① 产业结构高度表面上是不同产业的份额和比例关系的一种度量,本质上是一种劳动生产率的衡量。一个经济体(国家或地区或城市)新兴和高端行业依次所占的比重越大,其产业结构的高度也就越高。参见刘伟、张辉、黄泽华:《中国产业结构高度与工业化进程和地区差异的考察》,《经济学动态》,2008年第11期。

产业结构高度也就越高,它的收入分配差异也就越小。而在中国的城镇化和现代化进程中,发达地区通常有较高的产业结构高度,主要表现为新兴和高端产业在不断发展,而欠发达地区通常只有传统和低端的产业或者说产业结构高度较低。所以地区之间居民收入之间的差异,从根本上说还是由于地区间产业结构高度上的差别造成的。所以就全国而言,要改善中国当前的收入分配状况,关键是要加快欠发达地区和中等发达地区的工业化和城市化进程,促进非农产业的发展,提高这些地区的产业结构高度和非农就业水平,各级政府尤其是中央政府要创造各种条件(尤其是市场条件)合理地引导各种资源向欠发达地区和中等发达地区流动,通过这些地区和发达地区之间的互补来全面地提高我国的经济发展水平。

从以上分析中可以看出,伴随着社会主义市场经济的建立和发展,我们的产权制度和所有制结构已经发生了深刻的变化,并且导致了中国收入分配格局的巨大变化。这种变化在宏观上体现为国民收入分配格局的变化,在微观中体现为居民收入分配的变化。这些变化推动了中国的经济增长以及经济社会的全面发展,但在一定时期内,也造成了居民收入分配的扩大化等问题。随着中国进入上中等收入国家的行列,近些年来中国的收入分配格局有了一定的改善,中等收入群体在不断扩大,但是地区间、行业间、不同的收入群体间的居民收入分配差距仍需要改善。从现在的情况看,主要矛盾是农业发展受到限制,农业劳动力向非农产业转移需要经历一个渐进的过程,这也是我国仍然属于一个发展中国家的原因。从非农产业上发展上看,各个行业之间、不同地区经济之间的发展仍然不平衡,政府应该引导更多的经济资源向更有发展潜力的行业和地区流动,尤其需要为这些行业和地区的民营经济的发展创造更好的条件,通过这些行业和地区的经济发展提高人们的平均收入水平。与此同时,要深入国有企业的体制改革,在发展过程中逐步缩小国有经济与社会一般收入水平之间的差距。通过逐步地降低低收入人群和高收入人群的比重,来增加中等收入人群的比重。

第五节　主　要　结　论

本章通过上述分析,得出以下基本结论。

第一,伴随中国社会主义市场经济建设和改革,特别是中国特色的社会主义公有制为主、多种所有制经济共同发展的基本制度的形成和完善,推动着中国分配领域中的国民收入初次分配格局发生了深刻变化。在以"按劳分配为主,多种分配形式并存"的新型分配制度下,参加国民收入初次分配格局的各个方面(统计上称为"机构部门",包括非金融企业部门、金融机构部门、政府部门和住户部门)把其在生产过程中的要素投入作为取得要素收入的重要标准,劳动者取得劳动报酬;企业取得营业盈余和固定资产折旧;政府获得生产税净额及其他财产性收入;

各种财产拥有者获得红利、利息、地租等财产收入;而利用他人财产进行生产活动则必须付出财产支出。这一分配的实现过程总体上是以市场机制为基础,但在多种要素以及市场价格的方式获取要素收益分配时,尽管形式上都是市场收益,但在本质上各种公有制经济中的劳动者的劳动报酬不仅具有劳动力价格的市场运动形式,而且在本质上是公有制决定的"按劳分配"的不同实现形式,并不能简单地等同于劳动力商品价格;各种财产要素通过市场所获得的要素收益,其本质取决于财产所有制的性质。在市场经济条件下,公有制本身的资产运用于生产过程同样要通过市场以要素价格的方式获得收入。正是这种公有制为主体的基本制度,才能够从本质上决定"劳动报酬"的"按劳分配"性质,决定要素收入的"共享"可能,从而在根本上克服资本主义私有制下的资本利润集中并无限积累,而广大无产者绝对或相对贫困趋势难以遏制,从而在制度上形成经济危机和周期性失衡的动因。社会主义市场经济中非公经济的存在及与之相适应的多种分配方式的存在,是社会主义市场经济发展历史阶段的客观要求,尽管也采取市场交易的方式,但在本质上其要素收益的分配性质与其所赖以存在的所有制性质是统一的,不断完善这种基本制度与分配制度的结构,不仅是深化供给侧结构性改革的重要命题,而且更是社会主义市场经济宏观上实现均衡、微观上保持竞争活力的特殊基础。在这一制度演变和构建过程中,中国国民收入的初次分配格局发生了重要变化。2004—2013年间财产收入和财产支出占国民总收入的比重由10%左右上升至18%左右。劳动者报酬在国民收入中的比重虽然变化不大,但在传统公有制下取得的劳动报酬占总劳动报酬的比重在减少,非公经济支付并主要通过市场定价的劳动报酬占全部劳动报酬比重已近85%以上。

第二,国民收入初次分配后,再经过经常转移支出(主要包括各个机构部门对政府支付的收入税和财产税,政府和其他机构部门之间的社会保障收支等),形成各机构部门的可支配收入,2004—2013年间,中国非金融企业部门可支配收入占国民可支配收入的比重由20.9%下降到17.2%,金融部门的比重由0.9%上升到2.6%,政府部门的比重由20.9%下降到18.9%,住户部门的比重由57.8%上升到61.3%,即是说,非金融企业部门和政府部门的比重是下降的,金融机构部门和住户部门是上升的。

第三,从国民可支配收入的构成变化上看,住户(居民)部门的可支配收入的增长率并不低于企业和政府部门,但在可支配收入的使用上却一直保持着高储蓄的趋势,住户部门的储蓄率(总储蓄占可支配收入的比重)由2004年的31.6%上升为2013年的38.5%,其中大约有50%左右用于住户部门本身的投资,如个体经营者的投资和居民家庭购买住宅等,另外50%则成为净金融投资,通过银行等金融机构转移成非金融企业部门的投资,而非金融企业部门则是相反,其可支配收入的增长率相对较低,但其资本形成却增长得较快,2013年非金融企业部门的可支配收入总额为10万亿元,但资本形成总额却达到17.3万亿元,其中7.3万亿元(42%)来自其他部门(主要是住户部门的储蓄)的融资,由此产生大量的利息支出,企业生产活动对金融机构的依赖增加了金融机构的收入,但也增大了企业生产成本中的融资费用,加大了国民经济的风险,供给侧结构性改革要切实推进降成本、去杠杆。企业竞争力水平的提高,改善国民收入宏观分配结构十分重要。

第四,从居民内部的收入分配结构看,近些年来,中国城乡居民收入分配差异经过了一个逐步扩大,又重新开始逐渐缩小的过程,基尼系数在2008年前后达到最高点后开始下降,若分别从城乡居民内部收入差异看,城乡居民内部相互之间的基尼系数仍在通常所说的警戒线水平以下(2013—2014年大约在0.35左右),农村居民内部相互之间的基尼系数也在警戒线水平(0.4)以下,但城乡合并计算的基尼系数仍然偏高,并且长期高于警戒线水平。21世纪以来多数年份在0.45以上(2013—2014年大约为0.47,2015年略有降低,但仍为0.462)。这种状况一方面表明城乡差距,即农业与非农业劳动生产率和发展水平的差距是我国城乡居民收入差距扩大的重要的发展性原因,另一方面长期居高不下的收入分配差异会从供给侧结构上严重影响国民经济投资及资本形成结构,并严重影响需求结构,甚至成为内需不足的重要动因。

第五,劳动者报酬在中国居民可支配收入中占绝大比重(80%以上),这与中国按劳分配为主体同时结合按要素贡献的分配方式有关,通过对按国民经济行业分类的从业人员的人均劳动报酬的分析,可见,近些年来中国城乡居民及城镇居民内部收入差距扩大的主要影响因素是行业因素,首先是农业和非农业就业人员之间平均劳动报酬存在很大差异;其次是在非农业内部,传统行业与新兴行业之间存在较大差异;再次是从所有制看,国有经济部门与非公经济部门及相应的垄断性行业和一般竞争行业存在较大差异;此外,产业结构高度与地区的劳动者报酬水平存在明显联系。因此,提高产业结构高度,对于缩小城乡间和地区间劳动报酬差距有重要意义。

第六,要深化国有企业改革,使之更加适应社会主义市场经济机制的要求,更具竞争性,在发展过程中,逐渐缩小国有经济与社会总体之间收入水平的差距,在降低高收入人群和低收入人群比重的基础上,提高中等收入人群的比重。通过从供给侧入手展开深入的国民收入分配机制改革,并推动分配结构逐步完善,引导需求的有效适度扩张,深化国民经济产业结构升级,提升企业竞争力。[①]

---

① 参见苏剑:《中国宏观调控体系的升级——兼论供给管理的历史渊源和逻辑思路》,载《寻求突破的中国经济》,中国人民大学出版社,2017年。

第十二章　供给侧改革与能源格局

第一节　世界能源格局走势分析

近年来,一方面,受世界经济增速放缓和产业结构调整等因素影响,能源需求疲软,另一方面,受"页岩革命"和高能源价格背景下大规模投资建设等因素影响,能源供应能力不断提高,全球能源供过于求,能源价格持续低迷。那么,这种低迷的态势是否会持续下去?未来能源供需形势将可能会发生什么样的变化?与此同时,全球气候变暖问题日益引发人类对化石能源使用的思考和担忧,巴黎气候变化大会悄然开启了人类化石能源终结时代。那么,未来能源结构将如何深度调整?研究判断未来能源市场的供求状况、能源价格走势、能源结构变化等问题对各国制定能源发展战略及应对能源安全问题具有重要意义。

一、新兴市场经济体带动能源需求持续增长

2012年以来,全球能源消费增速显著趋于放缓。根据英国石油公司(BP)统计数据,2012年之前的10年间,世界一次能源消费总量由2002年的138.8亿吨标准煤增加到2012年的180.3亿吨标准煤,年均增加近4.2亿吨标准煤,年均增速为2.7%。这一时期较快增长的能源需求主要由高速发展的中国经济所拉动,10年间中国能源消费量增加了23.4亿吨标准煤,占同期世界能源消费总增加量41.5亿吨标准煤的56.4%。从2012年开始,世界能源需求呈现疲软态势,增速逐步放缓,2012年、2013年、2014年和2015年世界一次能源消费增速分别为1.4%、2.0%、1.1%和1.0%,显著低于之前10年2.7%的年均增速(如图12.1所示)。导致这一现象的原因主要有两个:一是发达国家在经历2007年、2008年金融危机后,经济尚未完全复苏,能源需求疲软。以北美、欧洲及欧亚地区为例,2015年北美一次能源消费量为39.9亿吨标准煤,尽管与2012年相比略微增加,但仍低于2008年40.3亿吨标准煤的消费量;欧洲及欧亚地区2015年一次能源消费量为40.5亿吨标准煤,相比于2008年下降了6.2%。[①] 二是新兴市场国家经济增速放缓及产业结构调整降低了能源需求增速。其中最具有代表性的是中国,随着经济发展进入新常态,产业结构的深度调整和持续升级使得能耗较高的重工业在经济

---

① 该处数据部分直接来自BP《2016世界能源统计年鉴》,部分由已有数据计算所得。此后若没有特殊说明,所示数据均来源于此。

总量中所占的比重持续下降,能源需求进入低速增长阶段。中国的消费增速由2011年的7.3%下降到2015年的0.9%,趋近于世界平均水平。① 另外,根据BP的统计数据,中国能源消费的增长量占世界总增长量的比例由2011年的74.5%降到2015年的34.4%,对能源需求总量的拉动作用明显减弱。

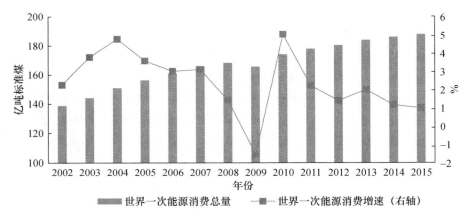

图 12.1　2005—2015 年世界一次能源消费总量及其增速

资料来源:BP, Statistical Review of World Energy 2016。

尽管当前能源需求呈现疲软态势,但是亚洲、南美洲和非洲等新兴市场国家经济仍有较大发展空间,工业化、城镇化进程将不断推进,人口规模持续扩大,未来将成为全球能源需求增长的主要驱动力。从BP、国际能源署(IEA)等权威能源机构的预测来看,尽管因为统计口径及电力折一次能源方法不同导致对能源消费总量的判断存在差异,但趋势大体相同。到2035年,世界一次能源消费总量预计在249—280亿吨标准煤的范围内波动(见表12.1)。其中,BP的预测最为保守,2035年世界一次能源消费总量将达到249亿吨标准煤,较2015年增加约61亿吨标准煤,累计增长34%,年均增长1.4%,增速与近几年相比有小幅的提升。

分地区看传统的高能源消费地区,如北美、欧洲等,受经济和人口增长放缓、能源利用效率提高等因素的影响,未来的能源消费总量基本维持不变。而快速发展的新兴经济体将在未来的20年间贡献几乎全部的能源需求增长。

具体来看,在所有拉动未来能源需求增长的新兴经济体中,印度的表现较为突出。虽然印度2015年的一次能源消费量仅有10亿吨标准煤左右,占世界一次能源消费总量的比重不足6%,但与10年前相比,其消费量几乎翻了一倍,且这种增长趋势并没有减缓,近几年增速仍维持在5%—6%。另外,印度对世界能源需

---

① 该处的数据由国家统计局网站发布的数据计算所得。

求增长的拉动作用已经初步显现出来,过去 10 年,印度的能源消费增长量占全球增长总量的比例为 13.9%,而单以 2015 年来看,这一比例高达 27.1%。据 BP 预测数据,印度将在 2020 年以后取代中国成为全球能源需求增长最主要的贡献国,并在之后的 10 年里贡献全球能源增长的 1/4。印度之所以具备如此大的潜力,原因主要有两个:一是急速增长的人口引发巨大的能源需求。目前印度的人口总量已经超过 12 亿,约占世界总人口的 1/6,作为当今世界人口第二大的国家,2015 年印度的一次能源消费总量仅占世界的 5.3%,约 1/5 的人口依旧没有用上电,为满足人民这一基本生活需求,大量的投资将涌向电力行业。二是经济快速增长带动工业化、城镇化进程加快,对能源的需求也日益旺盛。过去 10 年,印度的国内生产总值以年均 9.5% 的速度增长,到 2015 年达到 2.1 万亿美元。① 据 BP 估计,到 2035 年世界 GDP 将增长一倍以上(超过 74 万亿美元),且中国和印度将一起贡献几乎一半的世界 GDP 增量。由此可见,印度持续高速的经济发展必然会引发工业、交通等领域强劲的能源需求。

表 12.1　四大能源机构对世界一次能源需求的预测

能源机构	2035 年世界一次能源消费总量预测值 (亿吨标准煤)
英国石油公司(BP)	249
国际能源署(IEA)	267
美国能源信息署(EIA)	280
日本能源经济研究所(IEEJ)	250

资料来源:BP、IEA、EIA、IEEJ 官网。

二、能源结构将发生显著变化

到目前为止,以煤炭、石油和天然气为代表的化石能源在能源消费中的主体地位仍不可撼动,但其内部结构却在不断发生变化。自第二次工业革命以来,化石能源的消费量急剧上涨,起初形成了以煤炭为主的消费格局。进入 20 世纪以后,尤其是第二次世界大战以来,石油和天然气的消费量持续增加,石油取代了煤炭成为最主要的能源。根据 BP 统计数据,石油占世界一次能源消费量的比重在 1973 年达到峰值(占比 48.7%)后逐年降低,到 2015 年,石油占比为 32.9%;天然气所占份额不断提升,由 1965 年的 15.8% 上升到 2015 年的 23.9%,提高了约 8 个百分点;煤炭的占比在 1999 年降到最低点后(约 25%),又出现小幅回升,近几年占比维持在 30% 左右;核能的占比在经历了短暂上升后又开始下滑,到 2015 年占比不到 4.5%;可再生能源的消费量在过去几十年间一直稳步增加(主要以水电

---

① 该处数据直接来源于世界银行或根据相关数据计算所得。

为主),所占比重由 1965 年的 5.6% 上升到 2015 年的 9.6%,提高了 4 个百分点(如图 12.2 所示)。由此可见,迄今为止,石油仍然是最重要的能源。另外,化石能源内部此消彼长,其占世界一次能源消费量的比重一直维持在 85% 以上,核能以及可再生能源的占比依旧很小。

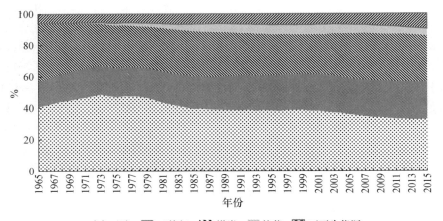

图 12.2 1965—2015 年世界一次能源消费结构

资料来源:BP, Statistical Review of World Energy 2016。

尽管短期内化石能源作为主导能源的地位不会改变,但是受全球气候变化、新技术的发展等因素的影响,未来能源结构将会发生显著变化。一方面,随着 2015 年 12 月巴黎气候大会的召开,迎来了人类应对气候变化的转折点。《巴黎协定》提出控制全球平均气温升幅在 2℃ 之内,到 2030 年全球碳排放量控制在 400 亿吨,2080 年左右实现净零排放,并努力将气温升幅限制在 1.5℃ 之内,2060 年左右实现净零排放。要达到上述目标,到 21 世纪下半叶,全球要逐渐结束化石能源时代,建立起以新能源和可再生能源为主体的低碳甚至零碳能源体系。为此各国都在不断加大节能减排和推动可再生能源发展的力度,在可预见的未来,化石能源所占比重将不断下降,同时可再生能源的比重不断上升。另一方面,由于新技术的发展,天然气的开采成本越来越低,且作为一种相对清洁、低碳的燃料,天然气将取代煤炭成为第二大燃料。据 BP 预测数据,到 2035 年,石油、煤炭在一次能源消费中的占比分别约为 28%、24%,与 2015 年相比,都下降了近 5 个百分点;天然气的比重与 2015 年相比提升了 1 个百分点,约为 25%;核能在一次能源消费中的占比仍然较低,但也提升了 1.5 个百分点左右;可再生能源的比重变化最大,在未来的 20 年里上升了近 7.5 个百分点。

与 BP 的预测不同,IEA 假设了三种不同的情景对未来的能源结构进行了预测。这三种情景的差别在于：为应对全球气候变化问题，各国将采取何种强度的行动。若维持当前气候政策不变，到2035年，煤炭在一次能源消费中的比重基本没有发生变化，石油降低的比重被核能及可再生能源所取代；若在现有的基础上逐步改进气候政策，对2035年能源结构的预测与BP基本一致；若各国执行最严格的气候政策（IEA的"450情景"），煤炭的比重将跌至15%，同时可再生能源的比重大幅上升到26%左右（如图12.3所示）。总的来说，尽管不同机构的预测存在一定的差别，但只要各国采取一定的措施解决气候变化的问题，未来能源结构变化的趋势大体相同。化石能源在一次能源消费中的比重显著降低，由当前的85%降低到占75%左右。其中，石油预计以年均0.9%的速度稳定增长，但它在一次能源中的占比却在不断下降，尽管如此，石油仍然是最重要的燃料；天然气预计以年均1.8%的速度增长，成为增长最快的化石能源，到2030年将取代煤炭成为第二大燃料。另外，非化石能源的比重迅速上升，尤其是可再生能源。

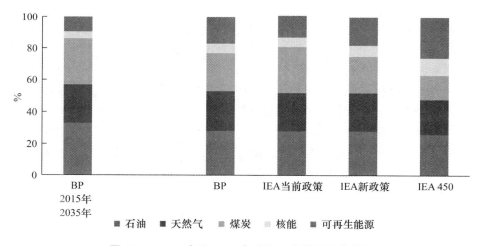

图12.3　2015年和2035年世界一次能源消费结构

资料来源：2015年数据来自BP，Statistical Review of World Energy 2016，2035年数据为BP、IEA预测数据。

在全球能源结构逐步发生变化的同时，世界各个地区的能源结构也随之发生改变。长期以来，世界不同区域的能源结构存在显著差异，这种差异主要归因于资源分布的不均衡性。以中东地区和亚太地区为例，由于中东地区油气资源较为丰富且开采成本极低，石油和天然气占据了能源消费总量的98%左右，比重远高于其他地区；而在亚太地区，中国、印度等国家煤炭资源极为丰富，使得煤炭在能源消费总量中占到一半以上，石油和天然气的比重却明显偏低，仅在40%左右。未来受碳排放量的制约，亚太地区的煤炭消费比重将会显著降低，同时天然气和非化石能源的比重将趋于上升。以中国为例,根据中国能源研究会预测,到2030年,煤炭消费占比大幅下降至49%,较2015年下降15个百分点;石油消费占比下降至17%,降幅不大;清洁能源合计(包括天然气和非化石能源)占比达到34%,较2015年提高了16个百分点。由此可以看出,中国一次能源消费结构的优化与世界能源消费结构的变化趋势是一致的。

三、能源供应更趋多极化、多元化

随着页岩油、页岩气等非常规油气的兴起,能源供应日趋多极化、多元化。在过去的10年里,石油、天然气供应分别以年均1.1%、2.4%的速度增长,到2015年,全球石油、天然气供应量分别达到91.7百万桶/日、3.5万亿立方米。中东作为老牌的石油生产地区,从2005—2015年,石油供应量虽时有波动,但整体上以年均1.7%的速度增长,2015年石油供应量达到30.1百万桶/日,占石油供应总量的33%左右,并且近几年来这一比重基本维持不变,目前中东地区仍然是全球石油供应最主要的来源。然而,受益于页岩气革命,美国、加拿大、巴西和委内瑞拉等美洲国家丰富的油气资源得以开发利用,根据BP统计数据,在2015年石油剩余可探明储量中,美洲(包括北美洲和南美洲)占到世界的33.4%,为中东剩余可探明储量的70.6%,美洲的石油(包括原油、页岩油、液化天然气等)供应由2005年的21.0百万桶/日增加到2015年的27.4百万桶/日,年均增加64万桶/日,增长潜力巨大。若美洲的石油供应继续以年均2.7%的速度增长下去,它将在2025年左右超过中东成为最大的石油供应区。同样得益于页岩气开发技术的突破,2009年美国以5 840.0亿立方米的产量首次超过俄罗斯成为世界第一大天然气生产国,并以4.7%的速度持续增长,2015年年产量已超过俄罗斯约2 000亿立方米。

随着非常规油气的开发日趋成熟和壮大,美洲地区有望成为"第二个中东"。从发展速度看,美国尤其令人瞩目。2015年美国的石油日产量达到历史最高水平——12.7百万桶,与10年前相比几乎增加了一倍,根据美国能源信息署(EIA)的测算,2015年美国石油对外依存度已经下降到了24.0%,而在2005年,美国石油的对外依存度还高达60.3%,美国很有可能在2020年以后成为石油的净出口国,而据BP的保守预测,美国也将在2030年成为石油的净出口国。以上表明,美国"能源独立"战略将成为可能。另外,更值得一提的是加拿大。以2015年剩余可探明储量计,加拿大的石油储量为1 721.9亿桶,占世界总探明储量的10.1%,仅次于沙特阿拉伯和委内瑞拉。其中以油砂资源最为丰富,目前世界上所探明的油砂资源中,约95%集中在加拿大的阿尔伯塔省,依托油砂等非常规油气和大面积陆上及海域的常规油气,加拿大可能成为新的能源超级大国,据IEA预测数据,到2030年加拿大的石油产量将达到30—60百万桶/日。美洲能源的高地崛起,进一步加强了能源供应的多极化趋势。

从能源供应结构看,受碳排放政策日趋严格和能源新技术的快速发展的影响,天然气的供应进入黄金时代,可再生能源的地位持续上升,能源供应持续向更为高效、清洁的多元化方向发展。页岩气作为一种非常规气源,在全球储量丰富且分布广泛,约占全球非常规天然气资源量的50%,随着水力压裂技术和水平井钻井技术的应用及推广,天然气供应的增量几乎可以平均地分为常规气源和页岩气。常规气源的增量大部分来自非经合组织,以中东、中国和俄罗斯增长显著;页岩气在总产量中的比重由2014年略大于10%上升到2035年接近25%,未来10年内几乎所有页岩气产出的增长都源于美国,而到2035年,中国将成为对页岩气产量增加贡献最大的国家,每日产量达到3.7亿立方米左右。天然气的供应由"分布式"取代了"集中式",缓解了制约天然气发展的一大问题——远距离输送,未来天然气在能源供应中的地位还会不断提升。

可再生能源作为一种更加清洁的能源,在能源供应多元化发展中扮演愈来愈重要的角色,尤其在发电领域。根据彭博新能源经济研究组(BNEF)调查结果显示:2015年G20成员发电量的8%来自可再生能源发电(不包括传统的水力发电),相较于2010年的4.6%已有大幅增长;目前已有7个G20成员通过可再生能源为自身提供超过10%的用电量,而在2010年仅有3个;德国可再生能源发电的比例最高,达到36%;英国可再生能源发电占比增长最快,由2010年的6%上升到2015年的24%。尽管未来可再生能源持续发展的趋势是明确的,但由于风能、太阳能等可再生能源发电受间歇性这一自然条件的限制,进一步的发展对电力的储存技术提出了更高的要求,同时各国政府也需加大投资到发电厂的建设当中,而技术、政策等因素的不确定性导致不同机构对可再生能源未来发展程度的预测存在较大的分歧。其中,IEA的预测较为乐观,认为到2035年可再生能源发电(包括水力)占全球发电量增长的一半,它在全球发电总量中的占比将增加至31%,成为电力行业最主要的燃料。此外,欧盟将继续引领可再生能源的使用,但是到2035年,中国将成为可再生能源发电增幅最大的国家,超过欧盟和美国之和。综上所述,能源供应向多元化方向发展是大势所趋。

四、能源贸易重心从大西洋盆地向亚太地区转移

随着能源供需格局的改变,世界能源贸易重心将从大西洋盆地向亚太地区转移。全球能源贸易尤其是石油贸易一直呈现出高度集中化的趋势,过去石油的供应高度依赖中东、南美和俄罗斯等地,而石油需求主要来源于北美、欧洲和亚太三个地区。由于石油资源分布的不均导致全球石油供需双方存在明显的错位,逐渐形成了北美、欧洲和亚太这三大石油贸易区。未来,随着北美地区能源自给程度上升、欧洲油气进口触顶,中国、印度等新兴市场国家强劲的经济增长推动能源需求快速增长,世界能源贸易中心将转向亚太地区。根据 BP 的统计数据,2015 年美国和欧洲的石油进口量为 23.0 百万桶/日,较 2005 年减少了 3.9 百万桶/日,占石油贸易总量的比重由 2005 年的 51.5% 下降到 2015 年的 37.6%;亚太地区的石油进口占比逐年上升,到 2015 年达到 49.0%,超过了美国和欧洲之和。当前,仅中国和印度的石油进口量就已经达到 12.6 百万桶/日,超过美国 9.4 百万桶/日的进口量,直逼欧洲的 13.6 百万桶/日。据 IEA 预测,到 2035 年,亚洲将成为全球石油贸易中心。

分地区来看,北美逐步向石油出口区转变,对外依存度不断降低。以美国为例,为扭转能源供应受制于中东的局面,美国一直致力于寻找一条可持续发展的能源路径。根据 EIA 统计数据,美国石油的净进口量由 2000 年的 10.4 百万桶/日降至 2015 年的 4.7 百万桶/日,石油的对外依存度由 52.9% 降到 24.0%,如前文所述,美国将在 2030 年成为石油净出口国;天然气的净进口量由 2000 年的 1 001.8 亿立方米降至 2015 年的 264.6 亿立方米,对外依存度由 15.2% 降至 3.4%。2015 年美国天然气产出量达到 7 672.8 亿立方米,仅仅略低于同期 7 779.7 亿立方米的消费量。在可预见的未来,美国天然气将实现自给自足并有富余的供应出口。在提升能源自给率的同时,美国还将加拿大、墨西哥等周边国家发展成稳定可靠的石油供应国,对地缘政治复杂、地区冲突不断的中东及非洲等地区的石油依赖明显降低。据 BP 统计数据,2015 年美国从加拿大净进口石油量高达 2.8 百万桶/日,同年从中东地区的石油净进口量只有 1.5 百万桶/日左右,与 2000 年相比下降了一半左右。美国的石油自给及周边国家的供应已占到消费总量的 80% 以上,逐渐退出全球能源贸易的中心。

为满足中国、印度等新兴市场国家日益增长的能源需求,亚洲将成长为新的全球能源贸易中心,中国和印度或将分别成为世界最大的石油和煤炭进口国。与北美地区石油对外依存度持续下降不同,亚洲对石油进口的依赖显著提升,据 BP 预测,到 2035 年亚洲占区域间净进口的比重接近 80%,并且超过 40% 的一次能源需求将依赖于进口,基本贡献了全部新增能源贸易量。具体以中国来看,"十二五"期间中国石油进口量不断增加,由 2010 年的 5.8 百万桶/日增加至 2015 年的 7.4 百万桶/日,年均增加 32 万桶/日;石油出口量保持平稳,在每日 80 万桶上下波动;石油净进口量持续增加,由 2010 年的 5.1 百万桶/日增加至 2015 年的 6.6 百万桶/日,年均增速 5.3%。由于石油净进口增速高于日均石油消费 4.5% 的增速,石油对外依存度连续十年上升,2015 年石油对外依存度升至 60.3%,较 2010 年上升 4.8 个百分点。① 据中国能源研究会预测,2030 年中国石油对外依存度将

---

① 该处有关中国石油贸易的数据由国家统计局网站发布的数据计算所得。

达到68%左右。目前来看,中东地区仍是中国石油进口的最大供给方,占中国石油进口总量的比重一直保持在50%左右。其中,沙特阿拉伯曾是中国第一大原油供应国,但是从2014年10月开始,中国就逐渐减少对沙特阿拉伯原油的进口量,转而大幅增加对俄罗斯的石油进口,2015年俄罗斯向中国出口原油42.4百万吨。根据中国海关数据显示,2015年5月,俄罗斯开始超过沙特阿拉伯成为中国最大的原油供应国。总而言之,未来亚洲将变成中东、南美、俄罗斯等地区竞相争夺的能源输出市场。

五、能源价格将逐步回升

在能源价格中,油价具有典型的代表意义。一方面因为在众多领域中用到的燃料和产品大多来自石油。另一方面,煤炭的价格一直以来受到石油价格的直接影响,走势大致相同;近几年来,天然气价格似乎已经摆脱了随油价而波动的趋势(如图12.4所示),然而与石油不同,天然气尚未形成全球性的统一市场,北美、欧洲和亚太这三大天然气市场气价形成机制不同,导致价格存在明显的差异(图中采用的是北美Henry Hub天然气现货价格,远低于亚洲LNG市场价格)。从石油价格来看,1990—2002年间,石油价格相对平稳,基本维持在20美元/桶左右;从2003年到2008年,石油价格由28.9美元/桶飙升至97.0美元/桶;受2008年金融危机的影响,2009年石油价格达到局部最低点,此后又开始回升,到2012年,达到历史最高点105.0美元/桶;2013—2015年,石油价格由104.0美元/桶跌至50.8美元/桶,年均每桶下降26.6美元。煤炭的价格走势基本与石油同步,在经历了2009年价格下跌之后,2011年又重新回到每吨130.1美元的价格高点,之后一直到2015年,煤炭的价格不断下跌。天然气的价格在2012年短暂地摆脱了随油价波动的趋势,然而从2014年开始,又随着石油价格的降低而降低。由此可见,当前受全球能源供过于求的影响,能源价格持续低迷。

"十三五"期间(2016—2020),能源价格虽处于低位运行状态,但已经出现小幅回升。根据国际货币基金组织(IMF)的预测数据,石油价格在2016年达到34.8美元/桶[①]历史新低后,开始出现小幅上升,2020年石油价格将达到49.4美元/桶,年均上升9.2%;天然气价格由2016年的2.1美元/百万英热单位上升至2020年的2.7美元/百万英热单位,年均上升7.2%;截止到2020年,煤炭价格的上升趋势还未显现出来。以石油为例,这一期间价格回升的根本原因还是供求状况的改变。从需求层面看,受印度、中国等新兴市场国家经济增长拉动,全球石油需求稳步增加,非OECD地区将贡献全球石油需求增量的大部分;从供给层面看,

---

① 该处IMF对2016年石油价格的估计偏低,主要原因在于这一数据是在2016年4月份统计的,而2016年第1季度的石油价格达到近10年的最低点,但最近几个月又有所缓和。

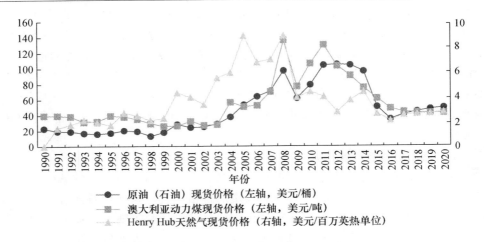

图 12.4 1990—2020 年石油、天然气和煤炭价格走势

注：原油（石油）价格为 Dated Brent、West Texas Intermediate 和 the Dubai Fate 三个现货价格的简单平均。

资料来源：国际货币基金组织（IMF）官网。

OPEC 地区将贡献全球石油供应增量的多数，但其增幅将有所趋缓，同时由于低油价致美国、欧洲、拉丁美洲、中国等相对高成本产油区产量下滑，加拿大森林大火、尼日利亚武装冲突等偶然事件致该地区石油供应削减，全球石油市场过剩局面逐步缓和，国际油价较年初低位逐步回升。

2020 年以后，尽管日趋严格的碳排放政策增加了清洁能源对石油的替代，减少了对石油的需求，但受全球人口增长及新兴市场国家工业化和城镇化进程持续推进支撑，全球石油需求仍将保持增长，不过增幅逐渐放缓。为满足全球增加的石油需求，石油领域也将新增大量投资。同时，随着石油开采区域逐渐向高成本区域转移，石油边际开采成本将逐步上升。因此，综合预计国际油价将保持上升趋势，但平均回升速度较 2016—2020 年有所放缓，据 IEA 预测，在这之后的十几年里，Brent 原油期货年均价格或升至 80—120 美元/桶。

总体来看，北美"页岩气革命"、新兴市场国家经济快速发展、全球气候变化和新能源突破发展等因素促使世界能源格局发生显著的变化。这些变化可以总结为以下五点：一是尽管当前能源需求疲软，快速发展的新兴市场国家将带动能源需求持续增长；二是未来天然气将取代煤炭成为第二大燃料，可再生能源的比重迅速上升；三是随着页岩油、页岩气等非常规油气的兴起，能源供应更趋多极化、多元化；四是能源贸易重心从大西洋盆地向亚太地区转移；五是未来全球能源供需趋于平衡，能源价格将缓步上升。

第二节 电力体制改革能否降低电价

2015年3月,中共中央、国务院发布《关于进一步深化电力体制改革的若干意见》(中发〔2015〕9号,以下简称"9号文"),开启了新一轮电力体制改革。2015年11月,国家发展改革委、国家能源局发布《关于印发电力体制改革配套文件的通知》(发改经体〔2015〕2752号),出台了本轮电力体制改革的6个配套文件。在"9号文"及其配套文件的指导下,各省积极开展电力体制改革综合试点和专项试点工作,电力市场建设广泛推进。

本轮电力体制改革要解决的核心问题是在"厂网分开"的基础上,探索电力市场竞争的实现方式,在"管住中间、放开两头"的体制架构下,建设电力批发市场和零售市场。不同于以往的电力体制改革在中央层面进行实际操作,本轮电力体制改革的一大特点是"以省为实体",由各地依据"9号文"及其配套文件的精神,在国家发展改革委、国家能源局批复的试点改革方案下自主推进电力改革。这种地方主导的电力体制改革受到了一些学者的批评,特别是认为地方政府为了降低电价以支持本地区经济发展,违背了电力体制市场化改革的初衷和方向。比如,林伯强(2016)认为,由地方政府牵头推进的电力体制改革是从地方利益和本地供需情况出发考虑问题,与本轮电力体制改革要打破省际壁垒的初衷相悖,也难以设计出完善的市场体系和机制。夏清(2016)则认为,"9号文"发布以来,中央与地方之间在对电力体制改革的目的和手段的理解上存在不可回避的矛盾,其中中央希望通过市场化改革来实现资源的有效配置,而地方则希望通过市场化改革降低电价。

那么,降低电价是否是推动电力体制改革的合理动机?电力体制改革是否能够降低电价?本节首先从理论上分析电价与电力体制改革之间的关系,然后考察电力体制改革和电力市场运行的国际经验,试图从理论和实践上回答上述两个方面的问题。

一、电力体制改革与电价:理论分析

在电力工业发展的头一百年里,世界各国电力产业组织具有三个共同特征:一是纵向一体化,即电力企业通常集发电、输电、配电、售电和系统调度等功能为一身[①];二是垄断,即在一个特定的地理区域范围内,通常只有一家企业提供发输配售一体的供电服务;三是政府管制,即政府通常对纵向一体化的垄断企业进行价格管制或者通过直接经营电力行业的方式解决垄断问题。

政府管制或者政府直接经营有助于规避垄断企业为获取超额利润而人为制

---

① 当然,也有一些例外,比如存在一些独立的发电厂商,或者存在独立于发电和输电的配售电主体等。

造稀缺、抬高价格的行为,表现在行业运行绩效上就是企业利润率较低、价格没有严重偏离成本,或者说勒纳指数①趋近于0。但是,不管是政府管制还是政府直接经营,都不可避免地会导致不同程度的"政府失灵"。有效的政府控制要求政府当局准确地掌握管理行业所需要的完全信息,包括消费者的需求信息、生产者的技术与成本信息等。但是,在具体的管制实践中存在大量的信息不完全与信息不对称,相对于参与日常经营和直接面向消费者的企业,政府管制当局处于信息劣势,这决定了政府难以充分约束或者激励企业提高效率、降低成本。在管制体制下,对垄断行业价格管制主要采取成本加成的定价原则。在具体的管制实践中,一般采取"收益率管制"方法。在这种管制方法下,一方面,由于在制定管制价格中经营成本完全得到补偿,受管制的企业没有降低成本的激励,相反地,增加成本是其获得更高收益的主要途径;另一方面,政府无法控制合理的投资水平,企业具有过度投资的动机,这就是著名的"A-J效应"(Averch-Johnson effect)②。由Laffont和Tirole等发展起来的激励性规制理论虽然在一定程度上解决了激励问题,但是由于存在信息不对称,为了减少支付给企业的信息租金(information rent),政府在与企业签订管制合约时,需要允许无效率生产行为的存在(Laffont and Tirole, 1993)。而对于政府直接控制下的垄断行业更是不可避免地存在严重的"预算软约束"(科尔奈,1986)和"X-非效率"行为(Leibeinstein,1966)③。

根据勒纳指数的表达式,可以得出 $p = MC/1 - L$。据此可以看出,传统电力体制下的低效率、高成本最终必然表现为高电价,即使勒纳指数在政府控制下很小,甚至趋近于零。而20世纪80年代后期以来,世界各国纷纷对电力行业进行重组,旨在打破垄断、引入竞争,其根本目的是通过引入市场竞争提高效率、降低成本,进而降低电价水平。由此可见,降低电价是电力体制改革的最重要动因之一。那么,电力体制改革是否必然会带来电价水平的降低呢?从理论上讲,存在三个方面的不确定性:

第一,除了企业自身的生产经营效率外,价格水平还受多种因素影响,特别是存在诸如燃料价格等不可控成本。

第二,引入市场交易后,相对于原纵向一体化的产业组织,增加了发电企业与电网企业、发电企业与售电企业、售电企业与电网企业之间的交易,这些市场交易必然会产生交易成本。按照威廉姆森(Williamson)(1985),市场交易成本包括获

---

① 勒纳指数指通过对价格与边际成本偏离程度的度量,反映市场中垄断力量的强弱的指数。
② Averch和Johnson(1962)指出,在收益率管制下,企业通常会对固定资产进行过度投资,这种投资的风险完全由消费者承担。
③ Leibenstein(1966)提出X-效率理论认为,垄断公司的成本通常都在实现了利润最大化的平均成本曲线之上。

取和加工信息的成本、法律成本和组织成本等,这些成本都会反映到企业的会计成本里。如果市场交易成本的增加大于因生产效率提高而产生的成本节约,则改革后总成本不降反升。

第三,价格水平不仅取决于成本,还取决于勒纳指数。如果电力体制改革后,勒纳指数提高,在成本下降的情况下,电价也可能不降反升。成本的降低没有通过价格下降而增加消费者剩余,而是增加企业利润。由此可见,电力体制改革后,在效率提高、成本降低的情况下,电价能够降低,取决于企业市场势力(market power)是否得到有效的抑制,而这取决于电力市场交易规则设计是否合理以及监管是否到位。

二、电力体制改革与电价:国际经验

(一)电力改革是为了降低电价吗?——以美国为例

改革前,美国电力产业中有75%是由彼此独立的200个上市的民营电力公司所组成,其他的25%由联邦、州及市政层面的政府所拥有的公共电力公司和用户所拥有的电力合作社组成。在州公共事业委员会的规制下,拥有地区垄断经营权的电力公司被要求建设有足够多的装机容量或者与独立的发电厂签订生命周期合同以满足当地用户的用电需求。但是,在规制者对市场需求的变化和发电成本变化的预测失误的条件下,一方面,电力公司拥有富余的发电装机容量,发电成本上升。特别是有些地区,如加利福尼亚州、纽约州、得克萨斯州等,基于对燃料价格和需求增长的判断,在规制条件下进行了发电厂的大量投资(特别是核电站的建设),这些投资形成了历史沉淀成本,这些成本的分期补偿被考虑到捆绑式电价中。另一方面,根据《公共事业规制政策法案》的规定,有些州要求电力公司与独立的核电厂商签订足够的长期购电合同,以满足当地的用电需求。电力产业发展的实践证明了规制者对燃料价格和需求增长的预期是不准确的。在发电建设方面,特别是核电站上进行了大量的历史投资和被要求签订长期的高价购电合同的地区基于成本补偿原则的规制电价就自然较高,而没有进行大量核电站投资或者要求电力公司签订长期的高价的购电合同的地区的电价则较低。表12.2 的数据显示了这种电价上的差异。

表12.2　1995 年美国各州电价差异　　　　　　单位:美分/千瓦时

州	平均电价	居民生活用电电价	工业用电电价
马萨诸塞	10.3	11.4	8.6
康涅狄格	10.5	12.0	8.1
纽约	10.8	14.0	5.6
弗吉尼亚	6.3	7.9	4.0

（续表）

州	平均电价	居民生活用电电价	工业用电电价
佛罗里达	7.1	7.8	5.2
印第安纳	5.3	6.8	3.9
威斯康星	5.4	7.2	3.8
伊利诺斯	7.7	10.4	5.3
得克萨斯	6.1	7.7	4.0
亚利桑那	6.2	9.1	5.3
俄勒冈	4.7	5.5	3.5
加利福尼亚	9.9	11.6	7.5
全国平均	6.9	8.4	4.7

资料来源：U. S. Energy Information Administration, Electric Power Annual 1995, Volume, p.39. 转引自 Joskow(1997)。

如表 12.2 所示，在美国东北部和加利福尼亚州，平均电价在 10 美分/千瓦时左右，而在印第安纳和俄勒冈等州，平均电价则在 5 美分/千瓦时左右。不同地区间的电价差别成倍，这其中有一部分价差反映了燃料价格、消费者构成、人口密度和建设成本等因素的地区差异。不过，有很大一部分价差则反映了不同地区在电厂建设的历史投资和长期的购电合同所形成的沉淀成本上的差别。在东北部和加利福尼亚州，隐含在捆绑式电价中的发电环节的价格为 6—7 美分/千瓦时，而在印第安纳和俄勒冈等州，这一价格为 2—3 美分/千瓦时。当时在短期批发市场上的电价约为 2.5 美分/千瓦时，而反映备用装机容量成本的长期边际成本为 3—4 美分/千瓦时。由此测算，在东北部地区和加利福尼亚州，发电环节的价格与市场价格的差距在 3—4 美分/千瓦时。这么大的价差使得在电力行业中引入竞争的改革具有极大的经济激励(Joskow, 1996b; White, 1997)。特别是大的工业用户、市政电力公司与合作社都想选择自己的供电商，向价格低的电力公司或者独立的发电厂商购买电力，而不是为现有的电力公司在发电环节形成的历史的高成本承担责任，尽管这些发电厂都是为了给它们提供服务而建设的。独立的发电厂商也希望能够合法地直接向用户售电而获利。但是，由于输电网络大部分是属于民营电力公司所有，如果市政电力公司和大工业用户等无法进入民营电力公司拥有的输电网络，它们就无法实际上选择它们的供电商。因此，它们不断提起诉讼，要求民营电力公司开放输电网络的接入，这是引发 1992 年美国电力立法的直接原因。

（二）电力改革降低电价了吗？——以英国为例

20 世纪 80 年代，英国政府开始广泛推行私有化改革。比如，电信和天然气等行业作为垄断行业被私有化。但是,在解决了产权问题后,产业组织结构问题却凸现出来,受规制的私人垄断普遍被认为是缺乏效率的。为了减少政府的作用,促进竞争以提高效率,另外,也为了鼓励在发电环节的市场进入,以为兴建核电项目来替代英国煤炭筹集资金,英国政府于1988年发表政府白皮书,提出了新的电力产业组织结构,并于1989年通过《电力法》,为电力工业重组提供了立法依据,从而开启了通往竞争的电力体制改革之路。

那么,英国的电力体制改革降低电价了吗? Newbery and Pollitt(1997)通过设定不改革的反事实情景假设(counterfactual assumption),并对改革后的事实情景和不改革的反事实情景假设进行对比,从而全面评估电力体制改革所产生的经济社会影响。研究发现,在电力行业中引入竞争确实有助于推动企业提高效率、节约成本。在劳动力成本方面,改革前的1989—1990年度英国发电输电一体化的中央发电局(CEGB)的销售电量为2550亿千瓦时,其劳动人数为47264人;而改革六年后的1995—1996年度,拆分后的CEGB的销售电量合计为2790亿千瓦时,但其所雇用的劳动人数仅为21057人,在销售电量增加9.4%的情况下,劳动人数大幅度下降55%。可控运营成本(不包括燃料成本、资本成本)与改革前三年的平均水平下降19%,1995—1996当年可控运营成本节约额为4.6亿英镑。在资本成本和燃料成本方面,英国电力体制改革对电源结构产生了显著的影响。一方面,减少煤电建设与核电建设,另一方面,增加燃气发电机组建设和从法国购买电力。这种变化使得每千瓦时发电的化石能源燃料成本下降45%,核燃料成本下降60%。电源结构的变化不仅节约了资本成本和燃料成本,还大幅度减少 SO_2 和 CO_2 等环境污染物的排放,节约了社会成本。

然而,根据Newbery和Pollitt的研究,电力生产成本的节约并没有转化为电价的下降,而是大幅度增加了企业的利润。电力体制改革五年后,电力行业股票价格上涨250%。这就意味着电力市场中存在较为严重的市场势力,勒纳指数较改革前大大提高。正因为如此,监管者在1996年要求两大发电公司出售600万千瓦中等序列发电机组,以增加市场的竞争性。

三、电力体制改革与电价:中国情景

长期以来,中国电力行业由政府直接经营。尽管经历了1998年的"政企分开"和2002年的"厂网分开"的体制改革,但电力行业中的市场竞争仍然没有实现,市场配置资源的作用仍然没有得到充分发挥,电力行业资源配置在很大程度上仍然由政府决定。这就不可避免地产生了"政府失灵",并由此导致中国电力行业运行低效率、高成本。

(一)电力行业生产效率偏低

从劳动生产率看,2014年中国电力生产和供应业从业人员数为250万人,以全社会用电量作为产出变量,劳动生产率为 214 亿千瓦时/万人。而同期美国劳动生产率为 1 120 亿千瓦时/万人,是中国的 5 倍多(如表 12.3 所示)。

表 12.3 中美电力行业劳动生产率比较(2014 年)

国家	全社会用电量 (亿千瓦时)	劳动力人数 (万人)	劳动生产率 (亿千瓦时/万人)
美国	43 924	39	1 120
中国	53 576	250	214

注:中国电力行业劳动力人数为电力生产和供应业企业全部从业人员;美国电力行业劳动力人数为电力发电、输电、配电从业人员。
资料来源:国际能源署网站、美国劳工部网站、国家电网公司发展策划部和国网能源研究院《国际能源与电力统计手册 2016 年》、中国知网"中国经济与社会发展统计数据库"。

从资本生产率看,近年来,中国发电装机容量逐年攀升。截至 2016 年年底,发电装机容量达 16.5 亿千瓦时,但发电设备平时利用小时数却逐年减少。根据中国电力企业联合会《2016 年全国电力工业统计快报》统计,2016 年全国发电设备平均利用小时为 3 785 小时,同比降低 203 小时,是 1964 年以来的最低水平。此外,全国范围内出现了大规模弃风、弃光、弃水、弃核的现象。以风电为例,仅 2016 年全年弃风电量就高达 497 亿千瓦时,相当于北京市 2015 年全年用电量的一半。① 全国弃风较为严重的地区是甘肃(弃风率 43%)、新疆(弃风率 38%)、吉林(弃风率 30%)、内蒙古(弃风率 21%)。② 这表明,中国发电业存在大量设备闲置,资产浪费的现象,资本成本亟待降低。

(二)工业电价偏高

电力行业的低效率、高成本必然通过电价转嫁给终端消费者。如表 12.4 所示,2015 年中国工业电价为 0.103 美元/千瓦时,与 OECD 国家的平均水平基本持平,比美国工业电价高出近 50%。因此,各地方政府以降低工业电价为目的积极推进新一轮电力体制改革是无可厚非的。③

---

① 北京市 2015 年全年用电量为 952.72 亿千瓦小时,数据来自国家统计局《2016 年中国统计年鉴》。
② 数据来自国家能源局《2016 年风电并网运行情况》。
③ 2017 年 2 月 22 日,国家发改委、国家能源局在昆明市召开全国电力体制改革座谈会。会议总结了前一阶段电力体制改革进展情况:23 个省启动电力体制综改试点、33 家电力交易机构注册成立、31 个省级电网输配电价改革全面覆盖、6 400 家售电公司成立、电力市场化交易突破 1 万亿千瓦时、首批 105 家增量配网改革启动。

表 12.4 部分国家终端销售电价(2015)

	居民电价 (美元/千瓦时)	工业电价 (美元/千瓦时)	居民电价与 工业电价之比
奥地利	0.222	0.109	2.037
比利时	0.227	0.107	2.121
智利	0.158	0.115	1.374
捷克	0.147	0.098	1.500
丹麦	0.337	0.086	3.919
芬兰	0.169	0.085	1.988
法国	0.182	0.110	1.655
匈牙利	0.128	0.100	1.280
爱尔兰	0.253	0.133	1.902
日本	0.225	0.162	1.389
挪威	0.095	0.035	2.714
英国	0.237	0.146	1.623
美国	0.127	0.069	1.841
OECD 欧洲国家	0.196	0.126	1.556
OECD 国家	0.157	0.105	1.495
中国	0.088	0.103	0.854

注:(1) 英国、OECD 欧洲国家和 OECD 国家的工业电价为 2015 年第 3 季度的数据。(2) 2015 年美元兑人民币汇率为 6.2272,为中国人民银行统计的 2015 年美元折合人民币(平均数)1—12 月的平均值。

资料来源:中国数据来自国家能源局《2015 年度全国电力价格情况监管通报》;其他国家数据来自 IEA,Energy Prices & Taxes, 2016。

(三)新一轮电力体制改革不一定必然意味着电价的降低

尽管中国电力行业生产成本明显具有降低空间,这种降低可以通过引入市场竞争来实现。但是,成本降低并不必然意味着电价的降低。

第一,在政府管制下中国电力行业资产利润率长期偏低,即前文所述的勒纳指数偏小。2015 年电力行业总资产利润率仅为 4.08%,低于全国工业平均水平(6.68%)(见表 12.5)。即使是按照市场经济的通常水平,市场化电力体制下,电力行业的资产利润率必然会恢复性回调,这就意味着价格与成本的偏差会扩大。换言之,改革后节约的成本不可能完全转移到消费者身上,而是会以不同的形式增加企业的利润。比如,改革初期售电企业获得高额利润就是其中的一种体现。

表 12.5　2015 年电力行业和国内主要工业盈利能力比较　　　　单位:%

国内各行业	总资产利润率
电力行业	4.08
煤炭开采和洗选业	0.76
石油和天然气开采业	3.39
黑色金属矿采选业	5.00
有色金属矿采选业	8.09
食品制造业	13.49
烟草制品业	13.57
纺织业	9.23
家具制造业	10.61
造纸和纸制品业	5.78
化学原料和化学制品制造业	6.62
医药制造业	11.61
橡胶和塑料制品业	9.38
非金属矿物制品业	7.92
金属制品业	8.63
汽车制造业	11.08
电气机械和器材制造业	8.26
计算机、通信和其他电子设备制造业	7.18
全国工业平均水平	6.68

注:(1) 总资产利润率＝利润总额/资产平均总额,资产平均总额＝(期初资产总额＋期末资产总额)/2,其中,2015 年各行业期初的资产总额参照了 2014 年各行业期末的资产总额,未考虑调账。(2) 受数据可获得性限制,2015 年电力行业利润总额算法为:2015 年电力、热力及燃气生产和供应业的利润乘以中国知网的中国经济与社会发展统计数据库中 2012—2013 年中国电力生产业和供应业的利润总额占同期电力、热力及燃气生产和供应业的利润平均比例所得。2015 年电力行业资产平均总额算法为:{(2015 年电力、热力及燃气生产和供应业的资产总计加 2014 年电力、热力及燃气生产和供应业的资产总计)乘以中国知网的中国经济与社会发展统计数据库中 2012—2013 年中国电力生产业和供应业的资产总计占同期电力、热力及燃气生产和供应业的资产总计平均比例}/2。

资料来源:国家统计局《中国统计年鉴 2015 年》《中国统计年鉴 2016 年》。

第二,考虑到电力体制市场化改革后可能出现的市场势力问题,改革后电价的变化就具有更大的不确定性。如果市场设计不够完善,市场势力过大,企业操纵价格,勒纳指数不是正常性地恢复,而是反弹式地提高。当勒纳指数高到一定程度后,即使电力体制改革有助于企业降低成本,但可能导致电价不降反升。

四、结论

新一轮电力体制改革启动以来,各地方政府积极响应,其推动改革的主要动机是希望降低工业电价推动本地区经济发展。本节从理论和国际经验两个方面分析了电力体制改革与电价之间的关系。降低电价是推动电力体制改革的重要动机之一，电力体制改革也的确有助于通过引入市场竞争提高生产效率、降低可控成本。但是，电价受多种因素影响，即使不考虑燃料价格等不可控成本因素，电力体制市场化改革后，反映价格与成本差额的勒纳指数可能会提高，这就意味着改革带来的成本下降不能充分传导到价格下降上，而可能会增加企业利润。当然，判断电力体制改革是否取得成效，不能简单依据价格是否下降，而是应该看改革是否优化了资源配置，是否提高了社会福利。

第三节 产业政策与深化电力行业供给侧结构性改革

2015年11月10日召开的中央财经领导小组第十一次会议上，习近平总书记首次提出要"着力加强供给侧结构性改革"；2015年12月18—21日召开的中央经济工作会议明确了"去产能、去库存、去杠杆、降成本、补短板"五大任务；2016年1月26日召开的中央财经领导小组第十二次会议研究供给侧结构性改革方案，供给侧改革进入具体实施阶段。2016年12月14—16日召开的中央经济工作会议肯定了以"三去一降一补"五大任务为抓手的供给侧结构性改革所取得的初步成效，并指出2017年是供给侧结构性改革的深化之年。那么，如何在"三去一降一补"的基础上深化供给侧结构性改革呢？我们认为实施好产业政策、做好供给管理，是深化供给侧结构性改革的核心抓手，并以电力行业为例具体阐述如何优化产业政策，深化供给侧结构性改革。

一、产业政策是深化供给侧结构性改革的核心抓手

"供给侧结构性改革"这一概念提出以来，出现了大量的解读性、理解性的文章。尽管在"什么是供给侧结构性改革""如何进行供给侧结构性改革"等问题的理解上存在分歧，但是在两个方面问题的理解上却是一致的。一是对于供给侧结构性改革的必要性，都认为当前中国经济运行面临的突出矛盾和问题的根源是重大结构性失衡，单纯依靠总需求管理无法解决问题，需要从供给侧、结构性改革上想办法，努力实现供求关系新的动态均衡。二是对于供给侧结构性改革的目标，都认为主攻方向是提高供给质量，提高全要素生产率，提升整个供给体系的质量和效益。

换言之，供给侧结构性改革的最终目的是要形成高效的、与需求结构相适应的国民经济产业体系。以电力行业为例，截至2016年年底，中国全口径发电设备容量为16.5亿千瓦，其中，火电10.5亿千瓦、水电3.3亿千瓦、并网风电1.5亿千瓦、并网太阳能发电7742万千瓦、核电3364万千瓦。庞大的电力系统为我国经济社会发展用电需求提供了必要的保障，但是整个电力行业在系统运行效率上存

在问题。从发电设备利用小时看,2016年中国6 000千瓦及以上电厂发电设备利用小时数为3 785小时,其中火电设备利用小时数为4 165小时。这就意味着发电设备没有得到充分利用,存在供大于求、产能相对过剩和资产闲置的现象。在中国经济增长进入新常态、用电需求增速减缓的大背景下,要使电力供求关系实现新的动态均衡,需要从供给侧入手进行供给管理或者干预。

从范畴上看,政府对某一特定行业的管理或者干预可以分为针对市场结构的管理和针对企业行为的管理两大类。对市场结构的管理主要体现在强制性的产业重组和对市场准入的监管两个方面,前者改变实际竞争(actual competition)状况,后者决定潜在竞争(potential competition)状况。对企业行为管理的主要目的是矫正市场失灵,主要包括两种手段,一是通过强制性政策约束企业行为,二是通过激励性政策引导企业行为。对企业行为的约束包括对自然垄断环节的监管、对市场交易秩序的监管和对环境等外部性行为的监管等;引导企业行为的激励性政策包括税收、补贴、公共服务等。政府实现一定的经济社会目标而对某一特定行业市场结构和企业行为的系列管理措施形成产业政策体系。由此可见,产业政策的制定与实施是深化供给侧结构性改革的核心抓手。

二、深化供给侧结构性改革要发挥好竞争政策的基础性作用

供给侧结构性改革最终目的是提高供给体系的质量和效益,这要求优化资源配置。而不管是经济学基本理论还是世界各国经济发展实践的一般经验都显示,优化资源配置的基本前提是要发挥好价格机制的作用,这也是为什么党的十八届三中全会提出"要使市场在资源配置中起决定性作用"的原因所在。具体到行业层面,就是要让市场竞争发挥基础性作用,竞争政策应该是最基本也是最重要的优先的产业政策。深化供给侧结构性改革必须发挥好竞争政策的基础性作用。2015年5月8日发布的《国务院批转发展改革委关于2015年深化经济体制改革重点工作意见的通知》(国发〔2015〕26号),要求促进产业政策和竞争政策有效协调;10月12日发布的《中共中央国务院关于推进价格机制改革的若干意见》(中发〔2015〕28号),要求加强市场价格监管和反垄断执法,逐步确立竞争政策的基础性地位;2016年6月1日发布的《国务院关于在市场体系建设中建立公平竞争审查制度的意见》(国发〔2016〕34号)进一步明确要求各地区、各部门确立竞争政策的基础性地位。

具体到电力行业,当前中国电力供求关系失衡的根本原因在于没有发挥竞争政策和价格机制的基础性作用。这集中体现在发电企业生产多少取决于政府有关部门的调度指令,价格则取决于政府价格主管部门核定的上网电价。这样,发电企业在投资建设电厂时不会充分考虑市场消纳能力,而是想方设法"跑马圈地""做大资产",以期在政府主导的电量分配中占据优势。而信息不完全等因素决定了难以通过政府的规划和项目审批来平衡电力供求关系,这就形成当前中国发电领域"僧多粥少"的困局,并导致了严重的效率损失。因此,深化供给侧结构性改革最根本的举措就是改变传统上以行政命令和管制为主要手段的供给管理方式,发挥好竞争政策和价格机制在资源配置中的基础性作用。2015年3月,中共中央、国务院发布《关于进一步深化电力体制改革的若干意见》(中发〔2015〕9号,简称"9号文"),开启了新一轮电力体制改革。本轮电力体制改革要解决的核心问题是在"厂网分开"产业重组的基础上,探索电力市场竞争的实现方式,在"管住中间、放开两头"的体制架构下,建设电力批发市场和零售市场,发挥价格机制的作用以优化资源配置。特别是在当前发电设备相对过剩的情况下,哪些电厂可以生产,哪些电厂需要减少出力,或者作为备用容量,甚至应该退出市场等问题,应该由市场需求和企业自身的成本状况决定,使得最有效率的电厂得到有效调度,以满足经济社会发展的用电需求。进而,价格机制还会引导电力投资与建设回归理性,企业在投资建设电厂时必然会充分考虑市场消纳能力和企业自身的竞争力。

三、深化供给侧结构性改革要求健全市场监管

健全的市场监管体制机制是发展市场经济的必然要求,也是发挥好竞争政策基础性作用的必然要求。一个没有监管的市场如同一个没有法治的社会一样,必然是失序和混乱的。尤其是在新一届政府成立以来大力推进简政放权的背景下,更需要加强市场监管,实现放管结合,这也是深化供给侧结构性改革的必要举措。

以电力行业为例,为充分发挥竞争政策和价格机制的基础性作用,需要对电力产业进行重组并建设电力市场、引入竞争。从国际电力体制改革和电力市场竞争的实践经验看,电力体制市场化改革在打破自然垄断和行政垄断的同时可能引致市场垄断问题,可能出现各种阻碍竞争、限制竞争、损害竞争等行为。主要体现在:一是可能引致滥用市场支配地位、限制竞争。为打破售电端的垄断,本轮电力体制改革在消费端引入了多元售电主体,有完全独立的售电企业,有拥有发电资产的售电企业,有拥有配电资产的售电企业,还有由输配、调度一体化的电网公司组建的售电企业。不同类型的售电企业在相互竞争过程中,具有支配地位的企业可能会滥用市场支配地位限制竞争的行为。二是可能引致达成垄断协议或运用市场势力、操纵价格。特别是在电力批发市场中,发电企业可能会达成垄断协议或者运用市场势力操纵价格,2001美国加利福尼亚州电力危机的爆发在一定程度上就是价格操纵的结果。三是可能引致经营者集中、阻碍竞争。在电力市场竞争过程中,可能会出现部分电力企业逆改革大势的行为,通过各种方式提高市场集中度。比如在英国,1990年电力行业私有化改革后,1995年国家电力公司(National Power)与电力生产公司(PowerGen)试图通过收购地区电力公司,提高市场集中度。上述损害市场有效竞争的行为必然要求加强电力市场监管,对电力市场

中企业行为进行必要的干预，以确保公平有效竞争的市场秩序。

在电力市场监管方面，中国经过了10年的国家电力监管委员会实践后，于2013年确立了"政监合一"的模式，由国家能源局负责，并已发布了《电力市场监管办法（征求意见稿）》。但是，中国当前电力市场监管的最大问题在于无法可依和缺乏与监管职责相应的执法手段，这难以适应电力体制改革后电力市场监管的需要。换言之，按照目前的格局，电力市场难以被有效监管，竞争政策的基础性地位难以确立。

当然，对于电力市场监管，与国际上通行做法一样地，在中国同样存在两条主线：一是专业性的电力市场监管；二是综合性的反垄断。在反垄断方面，中国2007年出台了《中华人民共和国反垄断法》（自2008年8月1日起施行），并成立国务院反垄断委员会，成立三家反垄断执法机构。其中，国家发展改革委价格监督检查与反垄断局负责价格相关的反垄断，商务部反垄断局负责反经营者集中，国家工商行政管理总局反垄断与反不正当竞争执法局负责反价格垄断行为以外的垄断协议与滥用市场支配地位，以及滥用行政权力限制竞争等行为。国务院反垄断委员会负责研究拟订竞争政策，评估市场竞争状况，制定反垄断指南，协调反垄断执法工作等。

考虑到中国反垄断机构的分散性以及反垄断实践时间尚短，反垄断执法机构恐怕既难以像美国司法部那样对电力市场中的各种市场垄断行为展开独立调查和执法，也难以像德国联邦卡特尔办公室那样对电力市场进行"大部制式"的监管。使竞争政策在电力行业中积极发挥作用的相对比较可行的办法是建立专业性的电力市场监管机构和综合性的反垄断机构之间的协同作用机制。具体地，可以考虑由国务院反垄断委员会及反垄断执法机构授权电力市场监管机构对垄断协议、经营者集中、滥用市场支配地位和滥用行政权力限制竞争等行为进行监督、监测和调查。电力监管机构向国务院反垄断委员会及反垄断执法机构提交监管报告，由反垄断执法机构对垄断行为实施相应的执法处罚。这样，一方面可以解决电力市场监管机构无法可依和执法手段不足的问题，使《反垄断法》和能源领域相关法律共同成为《电力市场监管办法》的上位法；另一方面有利于同时发挥电力市场监管机构在电力市场监管方面的专业性和反垄断执法部门在反垄断执法方面的合法性与权威性。二者协同作用，真正在电力行业中确立竞争政策的基础性地位，使市场在电力资源配置中起决定性作用，同时更好地发挥政府作用。

四、深化供给侧结构性改革要求完善财税政策

如果说市场监管是通过对企业行为的约束来实现供给侧管理，那么，通过税收或者补贴等财政政策对企业行为进行必要的引导则是供给侧管理的另外一种可行的手段和方式。特别是对于具有公共品提供和重要正外部性的行为，需要政

府有效发挥好财税政策的作用加以推动。比如电力行业中风电、太阳能等可再生能源的发展对于推动中国能源结构清洁化具有重要的社会价值,但是在其发展初期成本高昂,特别是在化石能源发电所产生的环境污染外部成本没有内部化的情况下,缺乏竞争力,因此需要政府积极发挥产业政策的作用,对可再生能源发电进行必要的扶持。

为促进可再生能源发展,中国采用的机制为政府核准项目、确定上网电价,要求电网企业全额收购,上网电价超过煤电机组标杆电价部分,通过对销售电量征收可再生能源电价附加形成的基金补偿。这种电价补贴和全额收购制度对推动中国可再生能源快速发展发挥了重要作用。但是,随着可再生能源发展规模的不断扩大,这种发展机制弊端日益突出:一是没有充分考虑市场消纳能力。中国可再生能源发展从战略规划到项目投资、从上网价格到并网消纳等,都是在政府有形之手指挥下完成的。由于信息不完整,政府在项目审批和价格制定时,难以充分考虑市场消纳能力,难以做到与其他电源建设和电网建设通盘考虑、有效衔接。其结果是可再生能源在快速发展的同时,也存在一些盲目扩张、无序发展的现象。二是全额收购难以落地。尽管可再生能源电力上网电价超过常规火电标杆电价的部分由可再生能源发展基金补偿,但电网企业收购可再生能源电力的积极性不高,因为接纳可再生能源电力会增加电网稳定运行难度和辅助服务成本。尽管有优先调度和全额收购的政策,但是由于信息不对称、缺乏强制性监管措施等,监管部门难以实现有效监管,全额收购难以落实。对于新建项目,电网企业也缺乏加强电网建设为其提供接入服务的积极性,一些规划内项目也不能及时接入。三是并网消纳难题突出。一方面,可再生能源发电项目建设时缺乏对市场消纳能力的充分考虑。另一方面,电网企业缺乏收购可再生能源电力的积极性。两种因素的综合结果,就是可再生能源发电并网消纳难题日趋突出,既闲置生产能力、投资不能产生效益,又浪费了宝贵的风光资源。随着可再生能源规模进一步扩大,市场消纳难的矛盾还将进一步加剧。四是财政补贴和费用补偿压力巨大。随着可再生能源规模日渐扩大,财政补贴和费用补偿压力与日俱增。2013 年,国家把可再生能源电价附加征收标准由 0.8 分/千瓦时提高到 1.5 分/千瓦时,2016 年 1 月,财政部、国家发改委发布了《关于提高可再生能源发展基金征收标准等有关问题的通知》,明确可再生能源电价附加自 2016 年 1 月 1 日起标准由 1.5 分/千瓦时提高到 1.9 分/千瓦时,但仍然无法满足补贴要求,拖欠额度超过 500 亿元。

由此可见,中国电力行业中可再生能源发电产业政策亟待调整和完善,特别是在电力市场化改革的大背景下,注重引入市场机制,让可再生能源电力可以参与市场竞争。只有在市场机制条件下,企业建设可再生能源发电项目才能考虑其经济性及市场消纳能力,才能有效避免强制性收购造成的扭曲和无序开发。当然,考虑到可再生能源发电与化石能源发电相比较的社会效益,政府可以以煤电社会成本为基础,确定可再生能源补贴标准。可再生能源补贴的基础应该是煤电负外部性所产生的社会成本。国家能源主管部门会同有关部门,在科学测算可再生能源发电所能节省的社会成本的基础上,通盘考虑可再生能源发展的容量补贴标准、电量补贴标准和税收、金融优惠政策等。同时,根据今后火电排污税征收情况适时调整可再生能源补贴标准,建立可再生能源与常规能源的有序竞争机制。考虑到我国经济可承受能力,煤电外部环境成本征收难以一步到位。

除了补偿外部环境成本外,对可再生能源补贴的另一理论依据是促进技术进步。财政可以设立专项资金,采取政府和社会资本合作(PPP)等市场化方式,扶持一些技术上可能取得重大突破、具有较好发展前景的可再生能源重大技术研发和示范工程建设。

参考文献

中文参考文献

[1] 安立仁、董联党,"基于资本驱动的潜在增长率、自然就业率及其关系分析",《数量经济技术经济研究》,2011 年第 2 期。

[2] 艾伯特·赫希曼,《经济发展战略》。北京:经济科学出版社,1991 年。

[3] BP,《BP 世界能源统计年鉴》(2016)。北京:BP,2016 年。

[4] 北京大学国民经济核算与经济增长研究中心,《中国经济增长 2015——新常态下的宏观调控与结构升级》。北京:北京大学出版社,2015 年。

[5] 北京大学国民经济核算与经济增长研究中心,《中国经济增长 2016——中国经济面临新的机遇和挑战》。北京:北京大学出版社,2016 年。

[6] 蔡昉,"'中等收入陷阱'的理论、经验与针对性",《经济学动态》,2012 第 12 期。

[7] 蔡昉,"中国经济增长如何转向全要素生产率驱动型",《中国社会科学》,2013 年第 1 期。

[8] 蔡昉,"理解中国经济发展的过去、现在和将来——基于一个贯通的增长理论框架",《经济研究》,2013 年第 11 期。

[9] 蔡昉、陆旸,"中国经济今后 10 年可以实现怎样的增长率?",《全球化》,2013 年第 1 期。

[10] 陈和、隋广军,"产业结构演变与三次产业发展的关联度",《改革》,2010 年第 3 期。

[11] 陈立敏、周材荣、倪艳霞,"全球价值链嵌入、制度质量与产业国际竞争力——基于贸易增加值视角的跨国面板数据分析",《中南财经政法大学学报》,2016 年第 5 期。

[12] 陈继勇、盛杨怿,"外商直接投资的知识溢出与中国区域经济增长",《经济研究》,2008 年第 12 期。

[13] 陈立敏、周材荣、倪艳霞,"全球价值链嵌入、制度质量与产业国际竞争力——基于贸易增加值视角的跨国面板数据分析",《中南财经政法大学学报》,2016 年第 5 期。

[14] 陈涛涛,"影响中国外商直接投资溢出效应的行业特征",《中国社会科学》,2003 年第 4 期。

[15] 程惠芳,"国际直接投资与开放型内生经济增长",《经济研究》,2002 年第 10 期。

[16] 崔巍,"信任、市场参与和投资收益的关系研究",《世界经济》,2013 年第 9 期。

[17] 代谦、别朝霞,"FDI、人力资本积累与经济增长",《经济研究》,2006 年第 4 期。

[18] 杜浩然、黄桂田,"金融创新、资本市场与中国的货币需求——基于 1993—2013 年季度数据与 Divisia 货币总量的经验分析",《经济学动态》,2016 年第 2 期。

[19] 方福前,"中国居民消费需求不足原因研究——基于全国城乡分省数据",《中国社会科学》,2009 年第 2 期。

[20] 冯科、何理、孟蔚洋,"信任、金融与经济增长:理论进展与中国经验",《中央财经大学学

报》,2017年第5期。

[21] 干春晖、郑若谷、余典范,"中国产业结构变迁对经济增长和波动的影响",《经济研究》,2011年第5期。

[22] 高铁梅、梁云芳,"论中国增长型经济周期波动及适度增长区间",《经济学动态》,2005年第8期。

[23] 高铁梅等,"中国宏观经济计量模型及政策模拟分析",《中国软科学》,2000年第8期。

[24] 高铁梅等,"中国季度宏观经济政策分析模型——对宏观经济政策效应的模拟分析",《数量经济技术经济研究》,2007年11期。

[25] 郭红兵、陈平,"基于SVAR模型的中国产出缺口估计及评价",《数量经济技术经济研究》,2010年第5期。

[26] 郭杰等著,《供给侧结构性改革的理论逻辑及实施路径》。北京:中国社会科学出版社,2016年。

[27] 艾伯特·赫希曼著,曹征海、潘照东译,《经济发展战略》。北京:经济科学出版社,1991年。

[28] 黄泰岩,"中国经济的第三次动力转型",《经济学动态》,2014年第2期。

[29] 黄涛、杨建龙、江明清,"产出缺口的通胀效应与'十二五'时期中国的通胀前景",《宏观经济研究》,2013年第4期。

[30] 何新华、吴海英、刘仕国,"人民币汇率调整对中国实现经济的影响",《世界经济》,2003年第11期。

[31] 江锦凡,"外国直接投资在中国经济增长中的作用机制",《世界经济》,2004年第1期。

[32] 约翰·梅纳德·凯恩斯著,宋韵声译,《就业、利息和货币通论》。北京:华夏出版社,2005年。

[33] 雅诺什·科尔奈,《短缺经济学》。北京:经济科学出版社,1986年。

[34] 赖明勇、许和连、包群,"出口贸易与中国经济增长理论问题",《求索》,2004年第3期。

[35] 李静、李文溥,"走向经济发展新常态的理论探索——宏观经济学视角的述评",《中国高校社会科学》,2015年第2期。

[36] 李晓西、林卫斌等著,《"五指合拳"应对世界新变化的中国能源战略》。北京:人民出版社,2013年。

[37] 李正辉、蒋赞、李超,"Divisia加权货币供给量作为货币政策中介目标有效性研究——基于LSTAR模型的实证分析",《数量经济与技术经济研究》,2012年第3期。

[38] 廖涵、谢靖、范斐,"基于出口增加值的中国制造业比较优势研究",《宏观经济研究》,2016年第10期。

[39] 里昂惕夫著,崔书香等译,《投入产出经济学》。北京:中国统计出版社,1990年。

[40] 列昂惕夫,"美国经济系统中的投入与产出数量关系",《经济统计评论》,1936年。

[41] 廖涵、谢靖、范斐,"基于出口增加值的中国制造业比较优势研究",《宏观经济研究》,2016年第10期。

[42] 林伯强,"地方主导行不行?",《国家电网报》,2016年12月16日。

[43] 林岗,"从马克思主义视角看收入分配的理论和现实",《政治经济学评论》,2015年第1期。

[44] 林卫斌,"电力体制改革能否降低电价",《价格理论与实践》,2017年第2期。
[45] 林卫斌,"世界能源格局走势分析",《开放导报》,2016年第5期。
[46] 林卫斌、苏剑,"产业政策与深化电力行业供给侧结构性改革",《价格理论与实践》,2017年第1期。
[47] 林毅夫,"展望未来20年中国经济发展格局",《中国流通经济》,2012年第6期。
[48] 林毅夫、蔡昉、李周,《中国的奇迹:发展战略与经济改革》。上海:上海人民出版社、上海三联书店,1994年。
[49] 刘斌、张怀清,"我国产出缺口的估计",《金融研究》,2001年第10期。
[50] 刘斌著,《国内外中央银行经济模型的开发与应用》。北京:中国金融出版社,2003年。
[51] 刘金全、刘志刚,"我国GDP增长率序列中趋势成分和周期成分的分解",《数量经济技术经济研究》,2004年第5期。
[52] 刘金全、刘志刚,"我国经济周期波动中实际产出波动性的动态模式与成因分析",《经济研究》,2005年第3期。
[53] 刘丽、杨毅,"技术进步对于中国全要素生产率影响的实证研究",《统计与决策》,2014年第12期。
[54] 刘林、朱孟楠,"货币供给、广义货币流通速度与物价水平——基于非线性LSTVAR模型对我国数据的实证研究",《国际金融研究》,2013年第10期。
[55] 刘琳,"中国参与全球价值链的测度与分析——基于附加值贸易的考察",《世界经济研究》,2015年第6期。
[56] 刘明彦,"M1与M2剪刀差效应:国际视角与中国展望",《银行家》,2016年第9期。
[57] 刘品、王维平、马承新、何茂强,"山东省宏观经济水资源投入产出分析",《灌溉排水学报》,2011年第2期。
[58] 刘起云,《宏观经济数量分析方法与模型》。北京:高等教育出版社,2002年。
[59] 刘起运,"关于投入产出系数结构分析方法的研究",《统计研究》,2002年第2期。
[60] 刘世锦,"我国增长阶段转换与发展方式转型",《国家行政学院学报》,2012年第2期。
[61] 刘世锦、张军扩、侯永志、刘培林、许伟,"中国经济潜在增长速度转折的时间窗口测算",《发展研究》,2011年第10期。
[62] 刘巍,"物价波动影响因素敏感性比较:货币流通速度与货币量——基于1979—2008年中国物价波动的历史",《财经研究》,2012年第10期。
[63] 刘伟,《工业化进程中的产业结构研究》。北京:中国人民大学出版社,1985年。
[64] 刘伟,"促进经济增长均衡与转变发展方式",《学术月刊》,2013年第2期。
[65] 刘伟,"坚持稳中求进的宏观调控深化供给侧结构性改革",《学习时报》,2017年6月28日第A1版。
[66] 刘伟,"经济新常态与供给侧结构性改革",《管理世界》,2016年第7期。
[67] 刘伟,"深化改革铸就新成就",《光明日报》,2007年8月15日11版。
[68] 刘伟、陈彦斌,"十八大以来宏观调控的六大新思路",《人民日报》,2017年3月1日第7版。

[69] 刘伟、郭濂,《一带一路:全球价值双环流下的区域互惠共赢》。北京:北京大学出版社,2015年。

[70] 刘伟、苏剑,"如何刺激投资? 兼谈创新支持政策与货币政策的关系以及宏观调控方式的未来走向",《中国工商管理研究》,2009年第3期。

[71] 刘伟、苏剑,"'新常态'下的中国宏观调控",《经济科学》,2014年第4期。

[72] 刘伟、苏剑,"从就业角度看中国经济目标增长率的确定",《中国银行业》,2014年第9期。

[73] 刘伟、苏剑,"供给管理与我国现阶段的宏观调控",《经济研究》,2007年第2期。

[74] 刘伟、苏剑,"良性与恶性'通缩'冲击下的中国经济增长和宏观调控——对近期中国经济趋势的考察",《经济学动态》,2014年第12期。

[75] 刘伟、张辉,"中国经济增长中的产业结构变迁和技术进步",《经济研究》,2008年第11期。

[76] 刘伟、张辉,《一带一路:产业与空间协同发展》。北京:北京大学出版社,2017年。

[77] 刘伟、张辉、黄泽华,"中国产业结构高度与工业化进程和地区差异的考察",《经济学动态》,2008年第11期。

[78] 刘伟等,《经济增长与结构演进:中国新时期以来的经验》。北京:中国人民大学出版社,2016年。

[79] 刘煜辉、钱学宁,"反思中国金融杠杆之殇",《银行家》,2016年第9期。

[80] 陆旸、蔡昉,"人口结构变化对潜在增长率的影响:中国和日本的比较",《世界经济》,2014年第1期。

[81] W. W. 罗斯托著,贺力平等译,《从起飞进入持续增长的经济学》。成都:四川人民出版社,1988年。

[82] 马克思、恩格斯著,郭大力等译,《资本论》(第一卷、第三卷)。北京:人民出版社 1975年。

[83] 马文涛、魏福成,"基于新凯恩斯动态随机一般均衡模型的季度产出缺口测度",《管理世界》,2011年第5期。

[84] 牛犁,"新常态下的宏观经济及供给侧结构性改革",《中国经贸导刊》,2016年第7期。

[85] 钮文新,"中国金融将会'停摆'吗?",《中国经济周刊》,2016年第33期。

[86] 潘文卿,"外商投资对中国工业部门的外溢效应:基于面板数据的分析",《世界经济》,2003年第6期。

[87] 裴越芳、李波,"中国式'流动性陷阱':识别、根源与应对政策选择",《上海金融》,2017年第3期。

[88] 埃玛纽埃尔·爱德华·沙畹著,冯承钧译,《西突厥史料》。北京:中华书局,1958年。

[89] 沈坤荣、滕永乐,"'结构性'减速下的中国经济增长",《经济学家》,2013年第8期。

[90] 沈利生,"重新审视传统的影响力系数公式——评影响力系数公式的两个缺陷",《数量经济技术经济研究》,2010年第2期。

[91] 布莱恩·斯诺登、霍华德·R.著,余江涛等译,《现代宏观经济学:起源、发展和现状》。南京:江苏人民出版社,2008年。

[92] 宋金奇、雷钦礼,"汇率变动与我国货币需求非线性误差修正",《财经研究》,2009年第2期。

[93] 苏剑,"供给管理政策及其在调节短期经济波动中的应用",《经济学动态》,2008年第6期。
[94] 苏剑,"基于总供求模型和中国特色的宏观调控体系",《经济学家》,2017年第7期。
[95] 苏剑,"全面改革是中国经济长期健康发展的前提",《开放导报》,2015年第6期。
[96] 苏剑,"中国宏观调控体系的升级——兼论供给管理的历史渊源和逻辑思路",《寻求突破的中国经济》。北京:中国人民大学出版社,2017年。
[97] 苏剑、林卫斌,"发达经济'新常态'的根源和表现",《学术研究》,2015年第7期。
[98] 苏剑、刘斌,"美国金融危机的成因和我国的对策",《经济前沿》,2009年第1期。
[99] 孙世哲,"基于信任博弈的委托代理关系实验与模型研究",中南大学硕士学位论文,2007年。
[100] 汪红驹,"防止中美两种'新常态'经济周期错配深度恶化",《经济学动态》,2014年第7期。
[101] 王巧英,"农产品价格上涨不会引起通货膨胀——基于投入产出法价格模型的模拟分析",《经济论坛》,2010年。
[102] 汪同三、沈利生著,《中国社会科学院数量经济与基数经济研究所经济模型集》。北京:社会科学文献出版社,2001年。
[103] 王慧炯、李泊溪、李善同著,《中国实用宏观经济模型1999》。北京:中国财政经济出版社,2000年。
[104] 王一鸣,"我国保持中高速经济增长具有良好基础",《求是》,2014年第6期。
[105] 王岳平,"我国小企业技术进步定量分析",2000年第16期。
[106] 王直、魏尚进、祝坤福,"总贸易核算法:官方贸易统计与全球价值链的度量",《中国社会科学》,2015年第9期。
[107] 魏后凯,"外商直接投资对中国区域经济增长的影响",《经济研究》,2002年第4期。
[108] 奥利弗·E.威廉姆森,《资本主义经济制度》,北京:商务印书馆,2002年。
[109] 武剑,"外国直接投资的区域分布及其经济增长效应",《经济研究》,2002年第4期。
[110] 夏清,"什么是衡量成败之道?",《国家电网报》,2016年12月28日第二版。
[111] 肖强,"基于投入占用产出技术的水资源合理配置研究",湖南农业大学博士学位论文,2010年。
[112] 肖卫国、袁威,"股票市场、人民币汇率与中国货币需求",《金融研究》,2011年第4期。
[113] 徐蔼婷、李金昌,"中国货币流通速度及变化规律——一个新的分析视角",《财贸经济》,2010年第10期。
[114] 杨松梅、王婕,"全球能源格局发展现状及未来趋势",《国际金融》,2014年第3期。
[115] 杨天宇、黄淑芬,"基于小波降噪方法和季度数据的中国产出缺口估计",《经济研究》,2010年第1期。
[116] 姚洋、郑东雅,"重工业与经济发展:计划经济时代再考察",《经济研究》,2008年第4期。
[117] 张辉,"全球价值双环流架构下的'一带一路'战略",《经济科学》,2015年第3期。
[118] 张辉,"我国产业结构高度化进程下的产业驱动机制",《经济学动态》2015年第12期。
[119] 张辉,北京市工业化进程中的产业结构高度,《北京社会科学》,2009年第3期。

[120] 张辉、任抒杨,"从北京看我国地方产业结构高度化进程的主导产业驱动机制",《经济科学》,2010年第6期。

[121] 张辉、易天、唐毓璇,"一带一路:全球价值双循环研究",《经济科学》,2017年第3期。

[122] 张慧芳、朱雅玲,"供需双侧结构性改革与中国经济中高速增长",《河北经贸大学学报》,2016年第9期。

[123] 张军、陈诗一、G. H. Jefferson,"结构改革与中国工业增长",《经济研究》,2009年第7期。

[124] 张萌、余家豪、杨睿,"2015年全球能源格局新变",《第一财经日报》,2015年1月27日A13版。

[125] 张培丽,"经济持续高速增长时限的理论假说及其验证",《中国人民大学学报》,2014年第4期。

[126] 张平,"'结构性'减速下的中国宏观政策与制度机制选择",《经济学动态》,2012年第10期。

[127] 张平、刘霞辉、袁富华、王宏森、陆明涛、张磊,"中国经济增长的低效率冲击与减速治理",《经济研究》,2014年第12期。

[128] 张维迎、柯荣住,"信任及其解释:来自中国的跨省调查分析",《经济研究》,2002年第10期。

[129] 张维迎著,《产权、政府与信誉》。上海:新知三联书店,2001年。

[130] 张星烺、朱杰勤著,《中西交通史料汇编》,北京:中华书局,1977年。

[131] 赵留彦、王一鸣,"中国货币流通速度下降的影响因素:一个新的分析视角",《中国社会科学》,2005年第4期。

[132] 赵留彦、赵岩、陈瑛,"金融交易与货币流通速度的波动",《国际金融研究》,2013年第4期。

[133] 赵昕东,"基于菲利普斯曲线的中国产出缺口估计",《世界经济》,2008年第1期。

[134] 郑挺国、王霞,"中国产出缺口的实时估计及其可靠性研究",《经济研究》,2010年第10期。

[135] 钟契夫、陈锡康、刘起运,《投入产出分析修订本》(第二版)。北京:中国财政经济出版社,1993年。

[136] 中共中央文献研究室编:《习近平关于社会主义经济建设论述摘编》。北京:中央文献出版社,2017年。

[137] 中国经济增长前沿课题组,"中国经济长期增长路径、效率与潜在增长水平",《经济研究》,2012年第11期。

[138] 中国能源研究会,《中国能源展望2030》。北京:经济管理出版社,2016年。

[139] 中国投入产出学会课题组,"我国目前产业关联度分析——2002年投入产出表系列分析报告之一",《统计研究》,2006年第11期。

[140] 中国投入产出学会课题组,"我国能源部门产业关联分析——2002年投入产出表系列分析报告之六",《统计研究》,2007年第5期。

[141] 中国人民银行营业管理部课题组,《基于生产函数法的潜在产出估计、产出缺口及与通货膨胀的关系:1978~2009》,《金融研究》,2011 年第 3 期。

[142] 中国统计局,《中国统计年鉴 2012》。北京:中国统计局,2013 年。

[143] 周昌林、魏建良,"产业结构水平测度模型与实证分析——以上海、深圳、宁波为例",《上海经济研究》,2007 年第 6 期。

[144] 周林、杨云龙、刘伟,"用产业政策推进发展与改革",《经济研究》,1987 年第 3 期。

[145] 周晓艳、张杰、李鹏飞"中国季度潜在产出与产出缺口的再估算——基于不可观测成分模型的贝叶斯方法",《数量经济技术经济研究》,2012 年第 10 期。

[146] 祝宝良,"联合国世界计量经济联接模型系统中的中国宏观计量经济模型(1996 版)简介",《预测》,1997 年第 5 期。

[147] 邹薇、代谦,"技术模仿、人力资本积累与经济赶超",《中国社会科学》,2003 年第 5 期。

[148] 左柏云、付明卫,"中国货币服务指数的构建和经验检验",《金融研究》,2009 年第 11 期。

英文参考文献

[149] Antràs, P. and D. Chor, "Organizing the global value chain", *Econometrica*, 2013, 81(6), 2127—2204.

[150] Apel, M., and P. Jansson, "System estimates of potential output and the NAIRU", *Empirical Economics*, 1999, 24(3), 373—388.

[151] Barnett, W. A., E. K. Offenbacher, and P. A. Spindt, "The new divisia monetary aggregates", *Journal of Political Economy*, 1984, 92(6), 1049—1085.

[152] Barrios, S., and E. A. Strobl., E. A., "FDI, spillovers and productivity: evidence from the spanish experience". *Weltwirtschaftliches Archiv*, 2000, 138(3), 459—481.

[153] Barro, R. J., "Economic growth in a cross section of countries", *Quarterly Journal of Economics*, 1998, 106(2), 407—443.

[154] Barro, R. J., and J. W. Lee, "Losers and winners in economic growth", *Nber Working Papers*, 1993, 7(suppl 1), 267.

[155] Barro, R., "Current protectionism and the benefits of free trade", *Journal of Policy Modeling*, 2004, 26(4), 507—512.

[156] Bartlett, B., and T. P. Roth, "Introduction", in Bruce Bartlett and Timothy P. Roth (Eds.), *The Supply-Side Solution*. London: MacMillan Publishers Ltd., 1983.

[157] Baumann, E., "Keynes, J. M. the general theory of employment, interest and money", *Studies in Philosophy & Social Science*, 1936.

[158] Baxter, M., and M. A. Koupiratsas, "Determinants of business cycle comovement: a robust analysis", *Journal of Monetary Economics*, 2005, 52(2), 113—157.

[159] Baxter, M., and R. G. King, "Measuring business cycles: approximate band-pass filters for economic time series", *NBER Working Paper*, 1995, No. 5022.

[160] Benhabib, J., and M. M. Spiegel, "The role of human capital in economic development: evidence from aggregate cross-country data", *Journal of Monetary Economics*, 1994, 34 (2), 143—173.

[161] Berger, T., and B. Kempa, "Bayesian estimation of the output gap for a small open economy: the case of canada", *Economics Letters*, 2011, 112(1), 107—112.

[162] Beugelsdijk, S., "Trust and economic growth: a robustness analysis", *Oxford Economic Papers*, 2004, 56(1), 118—134.

[163] Beugelsdijk S., H. L. F., De Groot, A. B. T. M. Van Schaik., "Trust and economic growth: a robustness analysis", *Oxford Economic Papers*, 2004, 56(1): 118—134.

[164] Beveridge, S., and C. R. Nelson, "A new approach to decomposition of economic time series into permanent and transitory components with particular attention to measurement of the business cycle", *Journal of Monetary Economics*, 1981, 7(2), 151—174.

[165] Blanchard, O., and J. Galí., "Real wage rigidities and the new keynesian model", *Journal of Money Credit & Banking*, 2007, 39(s1), 35—65.

[166] Blanchard, O. J., and D. Quah, "The dynamic effects of aggregate demand and supply disturbances", *American Economic Review*, 1989, 79(4).

[167] Blinder, A. S., "On sticky prices: academic theories meet the real world", in N. G. (Eds.), *Monetary Policy*. Chicago: University of Chicago Press, 1994.

[168] Blomström, M., and F. Sjöholm, "Technology transfer and spillovers: does local participation with multinationals matter?", *European Economic Review*, 1999, 43(4—6), 915—923.

[169] Blomstroöm, M., and R. E. Lipsey, "Firm size and foreign direct investment", *Nber Working Papers*, 1986.

[170] Borensztein, E., and J. D. Ostry, "Accounting for china's growth performance", *American Economic Review*, 1996, 86(2), 224—228.

[171] Borensztein, E., J. D. Gregorio, and J. W. Lee, "How does foreign direct investment affect economic growth?", *Journal of International Economics*, 1998, 45(1), 115—135.

[172] Brouthers, K. D., and L. E. Brouthers, "Why service and manufacturing entry mode choices differ: the influence of transaction cost factors, risk and trust", *Journal of Management Studies*, 2003, 40(5).

[173] Camba-Mendez G., and Rodriguze-Palenzuela D., "Assessment criteria for output gap estimates", *Economic Modeling*, 2003, 3 (20), 529—562.

[174] Canto, V. A., D. H. Joines, and A. B. Laffer, *Foundations of Supply-Side Economics*. Academic Press, 1983, 174.

[175] Cerra, V., and C. Saxena, "Alternative methods of estimating potential output and the output gap: an application to sweden", *IMF Working Paper*, 2000, No. 00(59).

[176] Chenery, H. B., and Syrquin M., *Patterns of Development: 1955—1975*. Oxford Uni-

versity Press, 1977.

[177] Chenery, H. B., Robinson S., and Syrquin M., *Industrialization and Growth: A Comparative Study*. New York: Oxford University Press, 1986.

[178] Child, J., and S. B. Rodrigues, "The internationalization of chinese firms: a case for theoretical extension", *Management and Organization Review*, 2005, 1(3), 381—410.

[179] Chow, G., "Capital formation and economic growth in china", *Quarterly Journal of Economics*, 1993, 108(3), 809—842.

[180] Christiano, J., and T. Fitzgerald, "The band pass filter", *International Economic Review*, 2003, 44(2) 435—465.

[181] Conway, P., and D. Frame, "A spectral analysis of new zealand output gaps using fourier and wavelet techniques", *Reserve Bank of New Zealand Discussion Paper*, 2000, 6.

[182] Cortuk, O., and N. Singh, "Structural change and growth in india", *Economics Letters*, 2011, 110(3), 178—181.

[183] Daron, A., J. Simon, and J. A. Robinson, "The colonial origins of comparative development: an empirical investigation", *American Economic Review*, 2001, 91, 1369—1401.

[184] Daudin, G., C. Rifflart, and D. Schweisguth, "Who produces for whom in the world economy?", *Canadian Journal of Economics/Revue canadienne d'économique*, 2011, 44(4), 1403—1437.

[185] Démurger, Sylvie, "Infrastructure development and economic growth: an explanation for regional disparities in china?", *Journal of Comparative Economics*, 2001, 19, 95—117.

[186] Demurger, S., Sachs, J. D., Woo, W. T., and Bao, S., "Economic geography and regional growth in china", *Asian Economic Panel*, 2001.

[187] Dietrich, A., and J. J. Krüger, "Long-run sectoral development: time-series evidence for the german economy", *Structural Change and Economic Dynamics*, 2010, 21(2), 111—122.

[188] Dincer, O. C., and E. M. Uslaner, "Trust and growth", *Working Papers*, 2007, 142(1—2), 59—67.

[189] Directorate General for Economic and Financial Affairs, "Calculating potential growth rates and output gaps- a revised production function approach", European Commission, 2006.

[190] Djankov, S., et al "Do institutions cause growth?", *Journal of Economic Growth*, 2004, 9(3), 271—303.

[191] Domar, E. D., "Capital expansion, rate of growth, and employment", *Econometrica*, 1946, 14(2), 137—147.

[192] Donaldson, D., "Railroads of the raj: estimating the impact of transportation infrastructure", *American Economic Review*, 2011, 32(2), 16487.

[193] Dunning, J. H., "Multinational enterprises and the global economy", *Journal of International Business Studies*, 1993, 39(7), 1236—1238.

[194] Dunning, J. H., and Lundan, S. M., *Multinational Enterprises and the Global Economy*. Edward Elgar Publishing, 2008.

[195] Dunning, J. H., "The eclectic (OLI) paradigm of International production: past, present and future", *International Journal of the Economics of Business*, 2001, 8(2), 173—190.

[196] Durkheim E., "Two laws of penal evolution", *Economy & Society*, 1973, 2(2), 285—308.

[197] Eggertsson, G. B., "Liquidity trap", *Palgrave Dictionary of Economics*, 2003.

[198] Fagerberg, J., "Technological progress, structural change and productivity growth: a comparative study", *Structural Change and Economic Dynamics*, 2000, 11(4), 393—411.

[199] Fleisher, B. M., and J. Chen, "The coast-noncoast income gap, productivity and regional economic policy in china", *Journal of Comparative Economics*, 1997, 25(2), 220—236.

[200] Fleisher, B. M., H. Li, and M. Q. Zhao, "Human capital, economic growth, and regional inequality in china", *Journal of Development Economics*, 2010, 92(2), 215—231.

[201] Fleisher, B., and X. Wang, "Efficiency wages and work incentives in urban and rural china", *Journal of Comparative Economics*, 2001, 29, 645—662.

[202] Fleisher, B., and X. Wang, "Skill differentials, return to schooling, and market segmentation in a transition economic: the case of mainland china", *Journal of Development Economics*, 2004, 73, 715—728.

[203] Fleisher, B., Y. Hu, and H. Li, "Higher education and worker productivity in china: educational policy, growth, and inequality", *Working paper*, Department of Economics, Ohio State University, 2006.

[204] Friedman, M., and A. J. Schwartz, *A Monetary History of the United States, 1867—1960*. Princeton University Press, 2008.

[205] Gali, J., "New perspectives on monetary policy, inflation, and the business cycle", *The World Congress of The Econometric Society*, 2001.

[206] Giroud, A. and Mirza, H., "Refining FDI motivations by integrating global value chains' considerations", *Multinational Business Review*, 2015, 23(1): 67—76.

[207] Granovetter, M. S., "The strength of weak ties", *Social Science Electronic Publishing*, 1973, 78(2), 1360—1380.

[208] Granovetter, M., "Granovetter replies to gans", *American Journal of Sociology*, 1974, 80(2), 527—529.

[209] Gregorio, J. D., *The effects of inflation on economic growth*, 1992, 36(2—3), 417—425.

[210] Grossman, G. M., and E. Helpman, "Trade wars and trade talks", *C. E. P. R. Discussion Papers*, 1995, 171—214.

[211] Guiso, L., "A trust-driven financial crisis, implications for the future of financial markets", *EIEF Working Paper*, 2010.

[212] Guiso, L., and T. Jappelli, "Awarness and stock market participation", *Review of Finance*, 2005, 9 (4), 537—567.

[213] Helliwell, J., "How's life? combining individual and national variables to explain subjective well-being", *Economic Modeling*, 2003, 20(2), 331—360.

[214] Hobbes, T., *Leviathan*. Oxford University Press, 1985.

[215] Hodrick, R. J. and Prescott, E. C., "Postwar U. S. business cycles: an empirical investigation. journal of money", *Credit And Banking*, 1997, 29(1).

[216] Holmes, T. J., and J. A. S. Jr, "Competition at work: railroads vs. monopoly in the U. S. shipping industry", *Quarterly Review*, 2001, 25(March), 3—29.

[217] Hummels, D., J. Ishii, and K. M. Yi, "The nature and growth of vertical specialization in world trade", *Journal of International Economics*, 1999, 54(1), 75—96.

[218] Humphrey J., and H. Schmitz, "How does upgrading in global value chains affect upgrading in industrial clusters?", *Regional Studies*, 2002, 36(9), 1017—1027.

[219] Islam, N., E. Dai, and H. Sakamoto, "Role of TFP in china's growth", *Asian Economic Journal*, 2010, 20 (2), 127—159.

[220] Ito, T., and F. S. Mishkin, "Two decades of japanese monetary policy and the deflation problem", *NBER Working Paper*, 2004, 10878.

[221] Jeanne, O., and L. E. O. Svensson, "Credible commitment to optimal escape from a liquidity trap: the role of the balance sheet of an independent central bank", *American Economic Review*, 2007, 97 (1), 474—490.

[222] Jeffrey, V. B., P. Giuliano, and L. Guiso, "The right amount of trust", *Journal of the European Economic Association*, 2009, 14(5).

[223] Johnson, R. C., and G. Noguera, "Proximity and production fragmentation", *American Economic Review*, 2012, 102 (3), 407—411.

[224] Jones, L., "The measurement of hirschmanian linkages", *Quarterly Journal of Economics*, 1976, 90(2), 323—333.

[225] Joskow, P. L., "Comments on power struggles: explaining deregulatory reforms in electricity markets", *Brookings Papers on Economic Activity: Microeconomics*, 1996(b), 251—264.

[226] Joskow, P. L., "Restructuring, competition and regulatory reform in the U. S. electricity sector", *The Journal of Economic Perspectives*, 1997, 11(3), 119—138.

[227] Keller, W., "Absorptive capacity: on the creation and acquisition of technology in development", *Journal of Development Economics*, 1996, 49(1), 199—227.

[228] Keller, W., "Geographical localization of international technology diffusion", *Social Science Electronic Publishing*, 2000, Vol. 92, No. 1, 120—142.

[229] Keller, W., "International technology diffusion", *Journal of Economic Literature*, 2004, Vol. 42, No. 3, 752—782.

[230] Keller, W., "Foreign direct investment, and technology spillovers", *International Trade*. Social Science Electronic Publishing, 2009, Chapter 19, 793—829.

[231] Klein, L. R., and A. S. Goldberger, *An Econometric Model of the Uinted States, 1929—1952*. Amsterdam: North-Holland Publishing Company, 1955.

[232] Klein, L. R., *Economic Fluctuations in the United States, 1921—1941*, Cowles Commission Monograph 11. New York: John Wiley & Sons, Inc, 1950.

[233] Knack, S., and P. Keefer, "Does social capital have an economic payoff? a cross-country investigation", *Quarterly Journal of Economics*, 1997, 112(4), 1251—1288.

[234] Kojima, K., "The 'flying geese' model of asian economic development: origin, theoretical extensions, and regional policy implications", *Journal of Asian Economics*, 2000, 11(4), 375—401.

[235] Koopman, R., W. Powers, and Z. Wang, "Give credit where credit is due: tracing value added in global production chains", National Bureau of Economic Research, 2010.

[236] Koopman, R., Z. Wang, and S. J. Wei, "Tracing value-added and double counting in gross exports", *The American Economic Review*, 2014, 104(2), 1—37.

[237] Krolzig, H. M., "Business cycle measurement in the presence of structural change: international evidence", *International Journal of Forecasting*, 2001, 17(3), 349—368.

[238] Krueger, A. O., *East Asian Experience and Endogenous Growth Theory*, in Takatoshi Ito and Anne O. Krueger (eds.), National Bureau of Economic Research-East Asia Seminar on Economics. Chicago: University of Chicago Press, 1995.

[239] Krugman, P. R., K. M. Dominquez, and K. Rogoff, "It's back: japan's slump and the return of the liquidity trap", *Brookings Papers on Economic Activity*, 1998, 29(2), 137—206.

[240] Krugman, P., "Hitting china's wall?", *The New York Times*, 2013, January 18.

[241] Kuijs, L., "China through 2002—a macroeconomic scenario", *World Bank China Office Research Working Paper*, 9, World Bank China Office, Beijing, 2009.

[242] Kumar, S., and R. Russell, "Technological change, technological catch-up and capital deepening: relative contributions to growth and convergence", *American Economic Review*, 2002, 92(3), 527—548.

[243] Kuttner K. N., "Estimating potential output as a latent variable", *Journal of Business & Economic Statistics*, 1994, 12(3), 361—368.

[244] Laffont, J. J., and J. Tirole, *A Theory of Incentive in Procesure and Regulation*. Cambridge (MA): The MIT Press, 1993, 1—15.

[245] Leibenstein, H., "Allocative efficiency vs. 'X-Efficiency'", *The American Economic Review*, 1966, Vol. 56, No. 3, 392—415.

[246] Lin, J. Y., "New structural economics: a framework for rethinking development", *The World Bank Research Observer*, 2011, 26(2), 193—221.

[247] Liu, Z., *Foreign Direct Investment and Technology Spillovers: Theory and Evidence*. Journal of Development Economics in press, 2007a.

[248] Liu, Z., "Human capital externalities and rural-urban migration: evidence from rural china", *China Economic Review*, 2008, 19(3), 521—535.

[249] Llosay, G., and S. Miller, "Using additional information in estimating output gap in peru: a multivariate unobserved component approach", *Econometric Society Latin American Meetings Working Paper* 243, 2004.

[250] Lloyd, P., "The role of developing countries in global economic governance", *The Singapore Economic Review*, 2012.

[251] Lucas, R. E. Jr., "Econometric policy evaluation: a critique", *Carnegie-Rochester Conference Series on Public Policy*, 1976, Vol. 1, 63—64.

[252] Mankiw, N. Gregory., Romer, D., and Weil, D. N., "A contribution to the empirics of economic growth", *Quarterly Journal of Economics*, 1992, 107(2), 407—457.

[253] Meade, N., and Islam, T., "Forecasting with growth curves: an empirical comparison", *Long Range Planning*, 1995, 11(2), 199—215.

[254] Mehrotra, A. N., "Demand for money in transition: evidence from china's disinflation", *International Advances in Economic Research*, 2008, 14(1), 36—47.

[255] Mitra, S., V. Maheswari, and A. Mitra, "A wavelet filtering based estimation of output gap", *Applied Mathematics And Computation*, 2011, 218(7).

[256] Nakamura, E., and J. Steinsson, "Five facts about prices: a reevaluation of menu cost models", *Quarterly Journal of Economics*, 2008, 123(4).

[257] Neiss, K. S., and E. Nelson, "Inflation dynamics, marginal cost, and the output gap: evidence from three countries", *Journal of Money Credit & Banking*, 2005, 37(6), 1019—1045.

[258] Newbery, D. M., and M. G. Pollitt, "The restructuring and privatisation of britain's CEGB-was it worth it?", *The Journal of Industrial Economics*, , 1997(September), 45, 269—303.

[259] Norden, S. V., "Why is so hard to measure the current output gap?", *Bank of Canada Working Paper*, Provided by Econ WPA in Its Series Macroeconomics, 1995, 950600.

[260] Orphanides, A., "The quest for prosperity without inflation", *Working Paper*, 1999, 50(3), 633—663.

［261］ Orphanides, A., and V. Wieland, "Efficient monetary policy design near price stability", *Journal of the Japanese and International Economies*, 2000, 14(4), 327—365.

［262］ Peneder, M., "Industrial structure and aggregate growth", *Structural Change and Economic Dynamics*, 2003, 14(4), 427—448.

［263］ Peng, M. W., Y. L. Denis, and Y. Jiang, "An institution-based view of international business strategy: a focus on emerging economies", *Journal of International Business Studies*, 2008, 39(5), 920—936.

［264］ Piketty, T., *Capital in the Twenty-First Century*. The Belknap Press, 2014.

［265］ Pottelsberghe, B. V., and F. Lichtenberg, "International R&D spillovers comment", *Ulb Institutional Repository*, 1998.

［266］ Pritchett, L., "Where has all the education gone?", *World Bank Economic Review*, 2001, 15(3), 367—91.

［267］ Putnam, R., R. Leonardi, and R. Y. Nanetti, *Making Democracy Work*. Princeton, NJ: Princeton University Press, 1993.

［268］ Quah., D., "Galton's fallacy and tests of the convergence hypothesis", *Scandinavian Journal of Economics*, 1989, 95(4), 427—443.

［269］ Richard, N., and E. Phelps, "Investment in humans, technological diffusion, and economic growth", American Economic Review Papers and Proceedings, 1966, 56, 69—75.

［270］ Saint-Martin, M. D., "L'Excellence scolaire et les valeurs du système d'enseignement français", *Annales Histoire Sciences Sociales*, 1970, 25(1), 147—175.

［271］ Samuelson, P. A., and Solow R., "Analytical aspects of anti-inflationary policy", *American Economic Review*, 1960, 2(50), 177—194.

［272］ Scacciavillani, F. and P. Swagel, "Measures of potential output: an application to Israel", *IMF Working Paper*, 1999, 96.

［273］ Shapiro, C., "Premiums for high quality products as returns to reputations", *Quarterly Journal of Economics*, 1983, 98(4), 659—79.

［274］ Sims, C. A., "Comparison of interwar and postwar business cycles: monetarism reconsidered", *Nber Working Papers*, 1980, 70(2), 250—257.

［275］ Singh, N., and O. Cortuk., "Structural change and growth in India", *Economics Letters*, 2010, 110(3), 178—181.

［276］ Smets, F., "Output gap uncertainty: does it matter for the taylorrule?", *Empirical Economics*, 2002, 27, 113—129.

［277］ Smith, A., *The Wealth of Nations*. Modern Library Press, 1972.

［278］ Stracca, L., "Dose liquidity matter? properties of a divisia monetary aggregate in the euro area", *Oxford Bulletin of Economics and Statistics*, 2004, 66(3), 309—331.

［279］ Syrquin, M., "Resource allocation and productivity growth", In: Syrquin, M., Taylor, L., Westphal, L. E. (Eds.), *Economic Structure Performance Essays in Honor of*

Hollis B. Chenery. Academic Press, 1984, 75—101.

[280] Tatom, J. A., "We are all supply-siders now", in Bruce Bartlett and Timothy P. Roth (Eds.), *The Supply-Side Solution*. London: MacMillan Publishers Ltd, 1983.

[281] Temple, J. R. W., "Generalizations that aren't? evidence on education and growth", *European Economic Review*, 2001, 45(4—6), 905—918.

[282] Tetlow, R., and D. Laxton, "A simple multivariate filter for the measurement of potential output", 1992.

[283] Tinbergen, J., and P. D. Wolff., "A simplified model of the causation of technological unemployment", *Econometrica*, 1939, 7(3), 193—207.

[284] Timmer, P. M., and A. Szirmai, "Productivity growth in asian manufacturing: the structural bonus hypothesis examined", *Structural Change and Economic Dynamics*, 2000, 11(4), 371—392.

[285] Tobin J., "Inflation and unemployment", *American Economic Review*, 1972, 62(1), 1—18.

[286] Vetlov, I., T. Hlédik., M. Jonsson., K. Henrik., and M. Pisani, "Potential output in DSGE models", *Bank of Lithuania Working Paper*, 2011.

[287] Wang, Y, and Y. Yao, "Sources of china's economic growth 1952—1999: incorporating human capital accumulation", *China Economic Review*, 2003, 14, 32—52.

[288] White, M. W., P. L. Joskow, and J. Hausman, "Power struggles: explaining deregulatory reforms in electricity markets", *Brookings Papers on Economic Activity: Microeconomics*, 1996, 201—250.

[289] Woodford, M., "Bank communication and policy effectiveness", paper presented at Federal Reserve Bank of Kansas City Economic Symposium at Jackson Hole, 2005, August.

[290] Young, A., "Gold into base metals: productivity growth in the people's republic of china during the reform period", *Journal of Political Economy*, 2003, 111, 1220—1261.

[291] Zak, P. J., and S. Knack, "Trust and growth", *The Economic Journal*, 2001, 111(470), 295—321.

[292] Zhang, C., and Y. Murasawa, "Output gap measurement and the new keynesian phillips curve for china", *Economic Modelling*, 2011, 28(6), 2462—2468.